Michael Roes

MELANCHOLIE DES REISENS

Schöffling & Co.

Erste Auflage 2020

Satz: Fotosatz Amann, Memmingen
Druck & Bindung: Pustet, Regensburg
ISBN 978-3-89561-179-7

www.schoeffling.de

Melancholie des Reisens

Er läuft über den sandigen Boden der Sage
Und sein Fuß ist leicht.
Giuseppe Ungaretti: *Caino*[1]

Kains Grab

Aden, Dezember 2009 / Januar 2010

I

A*den, den 14.12.2009* Auf Mücken war ich vorbereitet, aber nicht auf die vielen Fliegen, die in die Augenwinkel und in die Nasenlöcher schlüpfen, Dutzende, ein unentwegter Alptraum, der mich an Flussblindheit und Bilharziose denken lässt.

Von meinem Hotel aus blicke ich direkt auf die kargen, steilen Kraterwände, die sich wie ein riesiges versteinertes Reptil um die Stadt in ihrer Mitte legen. Bisher habe ich kein einziges europäisches Gesicht gesehen. Gibt es in Aden keinen anderen Europäer? Vierzig, fünfzig Jahre alte Autos entdecke ich in den engen Straßen, laut, stinkend, doch offenbar unverwüstlich.

Die Menschen hier wirken auf mich freundlicher, entspannter, sanfter als in Sanaa, auch wenn die Lebensbedingungen in der »Winterhauptstadt« des Jemen ungleich härter scheinen. Aber das sind nur erste, flüchtige Eindrücke.

Ein Verwirrter kommt an meinen Tisch, reicht mir seine schmutzige Hand, redet mit kurzen, abgehackten Sätzen auf mich ein und schlägt sich unterdessen ständig ins Gesicht. Die anderen Gäste geben mir mit unmissverständlichen Gesten zu verstehen, dass der Mann verrückt sei. Als ob ich das nicht selbst bemerkt hätte. Aber keiner schreitet ein, beruhigt den Mann oder führt ihn fort. Sie lassen mich allein mit der Frage, ob ich die ausgestreckte Hand hätte zurückweisen oder dem speichelgetränkten Wortgemetzel aus dem zahnlosen Mund durch eine höfliche, aber bestimmte Aufforderung ein Ende bereiten dürfen.

2

Aden, den 15.12.2009 Ich habe mir Aden weiß und blau vorgestellt, eine weißblaue Stadt am Meer. Nun finde ich einen Ort aus Vulkangestein und Asche vor. Und statt der Möwen Krähenschwärme über dem Himmel der Stadt und auf den Schlafbäumen, deren Namen mir niemand nennen kann. Krähengeschrei zerfetzt die Luft, ärgerlichen Menschen ähnlich, selbst die Gesänge der Muezzine und den Verkehrslärm übertönt es.

Doch das erste, was der Körper spürt und unmittelbar ins Bewusstsein dringt, wenn man aus der dünnen Höhenluft Sanaas kommt, ist die dichte, fast mit Händen zu greifende Seeluft, salzig, feucht und schwer, ein Gemisch aus faulendem Fisch, trocknenden Netzen, Teer. Diese Luft hat einen eigenen Körper, in dem ich mich anders bewege als im Gebirge, sie ist wie Asche, dieser feinste, nachgiebigste Aggregatzustand unseres Daseins.

3

Aden, den 17.12.2009 Rimbauds Kontor, das nach der Wiedervereinigung des Jemen zu einem französischen Kultur- und Forschungszentrum umgebaut wurde, ist von den Franzosen – angeblich wegen Baufälligkeit – wieder aufgegeben worden. Nun beherbergt das historische Gebäude, ohne sichtbare Zeichen irgendeiner Erneuerung, das Hotel *Ram-*

bow, eine Rückübersetzung des berühmten Dichternamens aus dem Arabischen ins Englische, die dem Dichter selbst vielleicht sogar gefallen hätte.

Das heutige Rambow ist ein zweistöckiges Gebäude, grau verputzt, mit weißgetünchten romanischen Bögen über den kleinen rechteckigen Fenstern zur Hauptstraße, der Schari'a Arwa hin; vielleicht nachträglich verkleinert, der Hitze und des Lärms wegen. In der Schari'a Arwa gibt es nur noch wenige erhaltene Häuser mit den einst für Aden charakteristischen hölzernen Erkern, Fensterläden und Veranden, die an das koloniale Bombay erinnern.

Der Hotelmanager antwortet mir auf meine Frage, warum es in Aden keine Möwen, sondern nur Krähen gebe, die Briten hätten die Krähen aus Indien nach Aden gebracht, zur Rattenbekämpfung. Ratten gebe es heute immer noch, aber keine andere Vogelart mehr.

Das Erdgeschoss hat hohe Decken und könnte sehr gut als Lager und Kontor gedient haben. Ob dieses Haus jedoch tatsächlich Rimbauds Arbeits- und Wohnort in Aden gewesen ist, weiß niemand mehr mit Sicherheit zu sagen.

Vielleicht ist das auch gar nicht wichtig. Die ganze Stadt ist eine Art siecher Mythos seiner selbst, eine dunkle Schöne auf den dritten Blick; zerbröckelnde Gebäude aus grauschwarzem Basalt, hölzerne Vorbauten aus dunklem Zedern- oder hellerem Palmholz, statt Fensterscheiben Flecht- und Schnitzwerk, das nur den dampfenden Wind und feinen Staub, aber keine neugierigen Blicke hindurchlässt. Hier finde ich die Erklärung für die Wurzel des arabischen Wortes für »Fenster«, *schubak*: *schabaka*, schnitzen, herausschneiden.

Dann wieder erinnert Aden an die große Zeit der Hafenstädte, Tanger, Marseille, Havanna, eine Zumutung für alle Sinne, ungesund, zwielichtig, syphilitisch, sinnlich, so dass manch Reisender wünschte, diese Stadt sei nur geträumt. Trotzdem möchte er dieses Abenteuer geheim und für sich behalten, damit nicht andere kommen und diesen Traum zerstören.

Er ist sich bewusst, dass sich auf diesem kargen Flecken erkalteter Lava einst das Paradies befand. Er muss nur geduldig sein und lang genug ausharren, und der Garten Eden wird genau hier, zwischen diesen schwarzen Kraterwänden, wieder erblühen.

4

Aden, den 18.12.2009 Ich habe das Zimmer 106 bezogen, weil hier angeblich Rimbaud während seines Aufenthalts in Aden gewohnt haben soll. Das Zimmer mag dasselbe sein, vermutlich das ruhigste und kühlste im ganzen Haus. Die Holzbalkendecke und die weißgetünchten Wände scheinen seit hundert Jahren unverändert. Nur der fleckige Teppichboden mag jüngeren Datums sein, wenn auch nicht sehr viel jünger.

Unter genau diesen schwarzen Balken, von denen sich die Zecken und Wanzen nun auf mich stürzen, hat sich womöglich Rimbaud in schlaflosen Nächten gewälzt, das Leben im Allgemeinen und diese Stadt im Besonderen verfluchend. Aus diesem Fenster hat er auf den tiefhängenden Adener Himmel geschaut.

Rimbaud ist fünfundzwanzig Jahre alt, als er von der Sonne verbrannt, müde und vom Fieber erschöpft, ohne Geld, ohne Beruf, ohne Plan an diesem äußersten Rand der arabischen Welt strandet. Damit beginnt der erste Tag vom Ende seines Lebens.

Immerhin, er spricht Französisch, Englisch, Deutsch, hat Kenntnisse in Italienisch, Griechisch und Latein und beginnt, Arabisch zu lernen, nachdem der französische Kaffeehändler Alfred Bardey ihn als Vorarbeiter eingestellt hat.

Der Lärm des Straßenverkehrs brandet ins Zimmer. Zumindest davon ist Rimbaud verschont geblieben. Doch war die Stadt wirklich stiller?

Auf jeden Fall war sie staubiger, kaum eine Gasse war gepflastert, und beständig wühlten Karrenräder und Viehhufe den Dreck in den wie mit dem Lineal gezogenen Straßen auf.

Blicke ich aus dem Fenster, schaue ich auf ein freistehendes, weiß gekalktes Minarett, das älteste noch erhaltene Gebäude in Crater. Ob es je eine dazugehörige Moschee gab, wissen die Historiker nicht.

Links vom Minarett befindet sich die Hauptpost, rechts das Stadion von Crater. Die meisten Gebäude, die ich von meinem Fenster aus sehe, wurden nach Rimbauds Aufenthalt in Aden errichtet. Vermutlich konnte er vom oberen Stockwerk seines Kontors bis zu den Befestigungsanlagen auf den Bergrücken blicken, die ältesten aus dem zwölften Jahrhundert, zunächst zur Sicherung der Stadt gegen Überfälle von Beduinen. Dieser Stützpunkt mit dem besten Naturhafen der arabischen Halbinsel weckte natürlich Begehrlichkeiten.

5

Aden, den 19.12.2009 Die Kinos in Aden sind offene Höfe ohne Regen- oder Sonnendach. Nichts trennt den Zuschauer von den Mückenschwärmen und dem nahen Himmel. Die Tage am Meer beginnen bewölkt und enden sternenklar.

Es läuft ein alter, verstümmelter Bollywood-Streifen. Ich will schon wieder gehen, da tauchen plötzlich kurze pornographische Szenen auf, die definitiv nicht in den Film gehören, aus dem ja selbst die harmlosesten Kussszenen herausgeschnitten wurden. Nach wenigen Minuten ist der schockierende Spuk vorbei, und die ausgeblichenen und zerkratzten Tanzszenen am Ganges nehmen ihren unterhaltsamen Lauf. Mit mir verlassen nun auch alle anderen Männer, von dem kurzen, offenbar nicht unerwarteten Intermezzo schon befriedigt, dieses Freiluftkino.

Der Reisende braucht und verbraucht Vor-Urteile. Jedes Urteil ist nur Durchgang. Und so ist es auch seine Haut, ist es sein Körper, jeder seiner Sinne.

Kleinigkeiten, die das Leben in dieser Stadt angenehm machen: Der Schneider mit der alten Singer-Nähmaschine, der sofort den kleinen Riss in meiner Jacke näht; der Schuster, der mit Leim, Ahle und Zwirn mein die langen Fußmärsche nicht mehr gewöhntes Schuhwerk wieder gehtauglich macht; der noch zappelnde Fisch am frühen Morgen kurzerhand aus den Fangbooten geholt; und das heiße Fladenbrot geradewegs aus den Öfen geklaubt. Nur der Sonnenbrand auf der Stirn und im Nacken wird dem Wanderer stets zu spät bewusst, scheint die Sonne doch den ganzen Tag in einen milchigen Dunst gehüllt.

Weiß noch immer nicht, wie ich mit den vielen Bettlern umgehen soll. Am Ende mache ich es wie die Einheimischen, weise auf den Himmel, das heißt, Allah werde sich schon kümmern, doch komme mir zynisch vor, da ich nicht davon ausgehe, dass dort oder sonst wo jemand ist, der sich um uns sorgt.

Das Schlimmste ist nicht die Armut, sondern dass wir uns ihrer schämen.

6

Aden, den 20.12.2009 Crater, der älteste und lebendigste Stadtteil Adens, liegt tatsächlich in einem Krater und ist von einer bis zu fünfhundert Meter hohen Vulkanwand umgeben; die steilen Hänge sind ohne jedes Grün; und jeden Augenblick fürchtet der fremde Besucher, der Vulkan könne zu neuem Leben erwachen.

Aber auch ohne frisches Magma kocht die Luft in diesem großen Felskratertopf in den Sommermonaten, wenn die Luft sich hier bis auf fünfzig Grad aufheizt, ohne dass ein kühlender Seewind Zugang zu diesem eingeschlossenen Viertel fände. Das ist nicht nur der Vorhof zur Hölle, hier werden die Bewohner allsommerlich bei lebendigem Leibe gekocht.

Was führt in Rimbaud zum vollkommenen Einbruch des Begehrens, des Begehrens zu dichten? Ist es der Schock der Erkenntnis, dass er zwar effektvolle und poetische Ideen von der Welt hatte, aber eben nur Ideen? Die Poesie ist für Rimbaud zweifellos eine notwendige Überlebensstrategie in der Zeit seiner tiefsten seelischen Krise, seines Coming-outs. Später macht er gerade dieses Rettungs-Werk mitverantwortlich für seine »Schande«, das Öffentlichwerden seiner Homosexualität. Hier liegt ohne Frage ein wesentlicher Grund für das plötzliche Verstummen des Dichters Rimbaud: Eines Abends saß mir die Schönheit auf dem Schoß. Sie schmeckte bitter. Und ich verfluchte sie.[2]

Er versucht, sich durch Flucht und einen Neuanfang in der Fremde noch einmal zu erfinden. Sein Leben, Denken und Schreiben in Afrika ist seinem Pariser Bohemien-Dasein in so gut wie allen Eigenschaften entgegengesetzt. Rausch,

Mystik, Verfeinerung, Dekadenz werden abgelöst von Nüchternheit, Askese, wissenschaftlichem Denken und kaufmännischem Ehrgeiz: Inzwischen kann ich sagen, dass Kunst Dummheit ist.[3]

7

Aden, den 21.12.2009 Ich fühle mich wie ein Gefangener hier, schreibt er im Jahr seiner Ankunft in Aden an seine Mutter. War es nicht das, was er am meisten bewunderte und zu sein wünschte: ein Banjo-Häftling?

Man muß schon in größter Not sein, um sich in einer solchen Hölle anstellen zu lassen. Außer dem hiesigen Gesindel hat man überhaupt keine Gesellschaft und wird wohl in kürzester Zeit zu einem vollständigen Trottel.[4]

Manche reisen, um eine Sprache zu finden, andere, um zu verstummen. Obgleich Rimbaud nur wenig redet, erfährt sein Chef Alfred Bardey doch nach und nach einige Einzelheiten aus seiner Vergangenheit. Rimbaud begleitet seine Auskünfte mit kleinen, scharfen Gesten, so Bardey, die dem Rhythmus der Rede geradezu entgegengesetzt sind. Sein nahezu gleichaltriger Arbeitgeber beschreibt ihn als einen Menschen, dessen Körper niemals vollkommen im Einklang mit seinem Verstand gewesen sei.[5]

Dafür, dass etwas aus dem Takt geraten ist, sprechen auch die vielen ernsthaften Erkrankungen während der vergangenen Jahre, die immer wieder zu längeren Klinikaufenthalten und erzwungenen Reiseabbrüchen führen. Rimbauds Klagen über Aden betreffen vor allem Beschwerden über die körperlichen Zumutungen und Leiden. Doch trotz seines Missbehagens bleibt er in Aden. Zuvor hat er es nie länger als wenige Wochen an einem Ort ausgehalten. Hier aber scheint es, als gäbe ihm das permanente körperliche Fremdsein ein gewisses inneres Gleichgewicht.

8

Als Alfred Bardey auf Rimbauds Vergangenheit als Dichter stößt, reagiert Rimbaud abweisend. Er hat mir nie erlaubt, schreibt Bardey sechs Jahre nach Rimbauds Tod an dessen Schwager Paterne Berrichon, seine früheren literarischen Werke zu erwähnen. Wenn ich ihn trotzdem manchmal fragte, warum er das Dichten nicht wieder aufgreife, war alles, was er mir je zur Antwort gab: »Absurd, lächerlich, ekelhaft!«[6]

Offenbar verbindet Rimbaud seine Zeit als Dichter mit einem Lebenswandel, der ihm bis in die Gegenwart als verabscheuenswürdig erscheint. Jede Einmischung seiner literarischen Vergangenheit in das Leben, das er in Aden und Harar führt, beantwortet er mit scharfer Ablehnung. In Vorbereitung auf die bevorstehende Veröffentlichung der *Illuminations* in *La Vogue* schickt Verlaine ihm einen Brief nach Aden, in dem er den ehemaligen Freund bittet, ihm neue Gedichte zu schicken. Obwohl der genaue Wortlaut des Briefes nicht bekannt ist, gibt Bardey Rimbauds Antwortschreiben auf diesen letzten Kontakt mit Verlaine recht anschaulich wieder: Rimbaud gab mir den Brief nicht zu lesen, aber er sprach mit mir darüber, zeigte mir die Adresse, und seine Erklärungen machten deutlich, dass seine Antwort äußerst knapp gehalten war und so zusammengefasst werden konnte: »Lass mich verdammt nochmal in Ruhe!« Und seine Augen bestätigen es: »Dies ist mein letztes Wort.«[7]

9

Aden, den 22.12.2009 Im Kessel. Weichgekocht. Und ich in meinem Krater aus Ehrgeiz, Missvergnügen und Neid. Ein alternder Europäer, immer noch auf der Suche nach dem zärtlichen Krieger. Warum ist uns der eigene Körper ein Problem? Der Hiatus zwischen Wahrnehmen und Begreifen, Rührung und Entscheidung, den uns unser Selbst-Bewusstsein beschert hat, diese Lücke trennt uns nun auch von unserem Leib, den wir nicht mehr als selbstverständlich gegeben hinnehmen, sondern der uns immer wieder als zutiefst fremd gegenübersteht, Gegenstand unserer Beobachtung und unseres Misstrauens, doch selten unserer Beherrschung. Wie oft zwingt er uns seinen eigenen Willen auf, gibt uns die Grenzen vor, lässt uns unterliegen! Wir sind mit ihm geschlagen, doch ohne ihn sind wir nichts.

Die Sprache hat ihn aufgerissen, diesen Spalt, und die Flucht in die Fremde hat ihn noch vergrößert. Hier zwischen diesen Kraterwänden kann man seinem Körper nicht entkommen, hier ist das Fieber Teil des Klimas.

Und die Körper der anderen verweisen unweigerlich auf die Fremdheit des eigenen. Sie sind dunkler, nackter, magerer. Ihr geringerer Hiatus vergrößert den eigenen noch. Ein unmittelbares, absichtsloses Lächeln, eine zufällige und gleichermaßen zutiefst menschliche Berührung, ein plötzlicher Gewaltausbruch, Schläge, Bisse, Blut, selbst die vollkommene Hingabe vermag das, was uns zu Menschen macht, die Lücke zwischen dem, was uns widerfährt, und seiner Annahme oder dem Aufstand dagegen, nicht zu schließen.

10

Aden, den 23.12.2009 Den ganzen Tag habe ich unter dem mehlfarbenen Himmel gelitten. Er heizt auf mit einer Rücksichtslosigkeit, die ihn selbst nicht zu rühren scheint. Hier ist der Himmel weiblich. Ein Mädchenname. Ist das der Grund, warum sie sich verschleiern müssen?

Die Erde ist grau und verbrannt bis in die blinden Farben des Gesteins hinein, nicht nur von der Sonne, sondern von innen heraus, erkaltetes Magma, Tuffgestein.

Aden. Eden. Paradiesgarten. Hier erschlug Kain seinen Bruder Abel. Hier liegt der Brudermörder begraben. Die Undurchsichtigkeit des Himmels provozierte den Mord.

11

Aden, den 25.12.2009 Die Seelen seien von gleicher Gestalt wie die Körper, die sie beseelten, sagt Antisthenes. Nicht nur ich stecke tief im Aden-Blues. Das Betäubende des Lärms, die Hitze, die ständige Nähe anderer Menschen, das Schrumpfen der Lücke, die Sprache, die Schlimmste der Belästigungen und paradoxerweise das Mittel zur Rettung, jener Steg, die Lücke zu überbrücken oder auch zu vergrößern.

Unfruchtbare Teehausgespräche. Für eine konsistente Weltbeschreibung braucht es keinen Gott. Im Gegenteil, die Existenz eines Gottes würfe mehr Fragen auf, als sie beantworten würde. In der Regel meide ich auf meinen Reisen Diskussionen über Religion und Politik, auch wenn man mich immer wieder fragt, wie ich es denn mit der Dreifaltigkeit oder Adolf Hitler halte.

Die vorwitzigen Ziegen blicken neugierig aus den zerbrochenen Fenstern im ersten Stock des zerbombten Hauses auf die Männer im Straßencafé, die mit ihren barschen Stimmen den Gebetsaufruf der Muezzine zu übertönen versuchen. Am Ende lassen sie ihre Teetassen stehen, um doch noch ihre Teppiche auszurollen.

12

Aden, den 26.12.2009 Abend für Abend begegne ich im Café Sakran einer Gruppe von fünf, sechs gehörlosen Jugendlichen, die sich, vollkommen abgeschottet von ihrer lärmenden und auf sie herabblickenden Umgebung, hier nach der Schule oder ihrer Arbeit treffen und sich in Gebärdensprache unterhalten. Ihre Gesten sind voller Anmut, Kraft und körperlicher Präsenz, wie ich sie selbst bei herausragenden Schauspielern nur selten erlebt habe. Diese außerordentliche Körper-Gegenwart gründet sich sowohl auf der Besonderheit ihrer Kommunikation, dem Gebärden, als auch auf ihrem Außenseitertum in diesem Land. Die meisten ihrer Mitmenschen verstehen den bewussten Einsatz von Mimik, Gestik und Körperhaltung nicht als Vokabular und Grammatik einer eigenen, vollständigen Sprache, sondern als wildes, anarchisches Grimassieren und unkontrolliertes Gestikulieren. Dabei sind das genaue Hinsehen und die uneingeschränkte Aufmerksamkeit für das Gegenüber gerade bei Gehörlosen die unbedingten Voraussetzungen für ein gelingendes Gespräch.

Mit jedem Augenblick nimmt meine Faszination zu, und ich stelle mir vor, mit diesen Jungen an diesem Ort, hier in Crater, Aden, inmitten eines erloschenen Vulkans einen Film zu drehen, in dem es genau um diese Fragen geht: Wie reden wir miteinander, wie hören wir einander zu? Wie reagieren wir auf Ausgrenzung, wie überwinden wir sie? Was besitzen diese Jugendlichen, was andere nicht haben, und was können sie mir über das Land, in dem sie leben, erzählen, von dem die Hörenden nie gehört haben?

13

Im August 1880, also wenige Tage nach seiner Ankunft, schreibt Rimbaud an seine Familie: Aden ist ein scheußlicher Fels, ohne einen einzigen Grashalm oder einen Tropfen guten Wassers: man trinkt destilliertes Meerwasser. Die Hitze ist ungeheuer groß, vor allem von Juni bis September, den Hundsmonaten.[8]

Die Firma hat auch Karawanen in Afrika, schreibt er einen Monat später, und es gibt noch die Möglichkeit, daß ich dorthin gehe, wo ich mir Vorteile schaffen und mich weniger langweilen würde als in Aden, das, wie jedermann zugibt, der widerwärtigste Ort der Welt ist, jedenfalls nach dem, den Ihr bewohnt.[9]

Dass seine Heimatstadt Charleville ein noch widerwärtigerer Ort als Aden sei, ist sicher nicht oder nicht nur ironisch gemeint, denn alle seine Briefe an die Familie sind von einer bemerkenswerten Nüchternheit und frei von jedem Witz und jeder Poesie. Doch deutet sich in diesen Briefen eine wichtige Veränderung im Wesen Rimbauds an: Sein Blick wendet sich von innen, von den Verletzungen, dem Begehren und Aufbegehren der äußeren, objektiv erfahrbaren Welt zu. Er lässt sich aus Europa eine Fachbibliothek nach Aden schicken. Sie umfasst Abhandlungen über Schiffsbau,

Dampfmaschinen, artesische Brunnen, Metallverarbeitung, Textilrohstoffe und Mineralogie. Auf welches neue Projekt er sich damit vorbereitet, lässt sich zunächst nur ahnen. Aber aus seiner Korrespondenz wird deutlich, dass diese technische Bibliothek das Rückgrat einer umfassenden ethnographischen Forschung werden soll.

14

Aden, den 27.12.2009 Meine Missgestimmtheit macht mich überempfindlich und unduldsam. Warum müssen die Männer an den Nachbartischen brüllen, sitzen sie doch enggedrängt beieinander? Raue, heisere Stimmen, rechthaberisch, einander ins Wort fallend, als stünden sie fortwährend auf einer Bühne und sprächen vor großem Publikum. Ist es das, eine Inszenierung? – Die Jungen, ihre Söhne, sind stiller. Älter werden heißt, lauter werden, heißt, das Recht zu haben, seine Stimme zu erheben, wann und wo immer das Familienoberhaupt es will. Hört mir zu!, brüllen sie einander an, doch niemand will im Kreis der Familienoberhäupter das zuhörende Kind sein.

Verständnisvoller Blickwechsel mit meinen gehörlosen Freunden.

15

Aden, den 28.12.2009 Von 1880 bis 1891, fast elf Jahre, lebt Rimbaud hier in Aden und in Harar, auf der anderen Seite des Roten Meers, in Abessinien, und arbeitet als Kaffee- und

Waffenhändler. Auch wenn er immer wieder über das Klima, die Menschen und die Lebensumstände am Horn von Afrika klagt, will er, wie seine Schwester Isabelle berichtet, am Ende im Hospital von Marseille, bereits dem Tod nahe, dorthin zurückkehren, in das Land, das er über alles liebt, und ohne das er nicht leben kann.[10]

Ein von Rimbaud ausgearbeiteter Forschungsbericht über die somalischen Stämme im Ogaden für die Société de Géographie zu Paris ist bemerkenswert für seinen neuen, rein technischen und sachlichen Schreibstil. Der Bericht enthält keinerlei Sätze, die über die rein nüchterne und distanzierte Darstellung von Informationen hinausgehen. Und trotzdem erinnert die Sprache in ihrer fremdartigen Kraft an Henri Michaux' oder Raymond Russels Afrika-Impressionen:

Die Ogadeni, zumindest jene, die wir gesehen haben, sind groß und haben häufiger rote als schwarze Haut; sie tragen den Kopf unbedeckt und die Haare kurzgeschoren, umhüllen sich mit sauberen Gewändern, tragen die Sigada über der Schulter, den Säbel und die Feldflasche für die Waschungen am Gürtel, in der Hand einen Stock, eine große und eine kleine Lanze, an den Füßen haben sie Sandalen.

Ihr Tagwerk ist, sich in Gruppen unter die Bäume zu kauern, in einiger Entfernung des Lagers, und, ihre Waffen in der Hand, endlos über ihre verschiedenen Geschäfte als Hirten zu beraten.

Außerhalb dieser Sitzungen, und neben den berittenen Patrouillen bei der Viehtränke und den Überfällen auf die Nachbarn, sind sie vollkommen untätig. Den Kindern und den Frauen wird die Pflege der Tiere, die Herstellung der Utensilien für den Haushalt, die Errichtung der Hütten und die Vorbereitung zum Aufbruch der Karawanen überlassen. Bei den Utensilien handelt es sich um den von den Somalis bekannten

Milchgefäßen und um Matten für die Kamele, die auf Pflöcke gespießt die Häuser der nomadischen Gacias (Dörfer) bilden.

Die Ogadenkrieger benutzen auch vergiftete Pfeile. Das Gift, Ouabay genannt und im ganzen Somal verwendet, wird aus den zerstoßenen und gekochten Wurzeln eines Strauchs gewonnen. Nach Angaben der Somalis ist der Boden in der Umgebung dieses Strauches immer von toten Schlangen übersät, und alle anderen Bäume um ihn herum trocknen aus.

Dieses Gift wirkt übrigens recht langsam, und die von den Pfeilen verwundeten Eingeborenen schneiden den betroffenen Körperteil wenn möglich ab, um zu überleben.[11]

Es ist zumindest außergewöhnlich, dass jener Mann, den die Kritik eines Tages zu einem der größten französischen Dichter erklärt, so kühl, distanziert und trocken geschrieben haben könnte. Die Ausdrucksweise ist in ihrer Sterilität so extrem, dass man sie fraglos als einen wohlüberlegten »Anti-Stil«, als eine bewusste Rebellion gegen jedwede poetische Form betrachten muss.

16

Die Ironie des Schicksals will es, dass gerade denjenigen, für den die Bewegungsfreiheit so entscheidend im Leben war und der in seiner Jugend halb Europa zu Fuß erwandert hat, nun die drohende Amputation seines rechten Beins am Ende an den Ort seiner Kindheit zurückführt. Sein literarischer Ruhm hat sich inzwischen selbst bis in die Ardennen verbreitet, und die Frage nach seiner Vergangenheit stellt sich zumindest bei den wenigen an Poesie Interessierten. Der Hausarzt Dr. Pierre-Henri Beaudier, der natürlich nichts von Rimbauds tiefer Aversion gegen seine dichterischen

Jugendsünden wissen kann, spricht das Thema seines literarischen Ruhms ganz unbefangen an. Uns kann die Antwort Rimbauds indes nicht überraschen: Unmissverständlich schroff und feindselig erwidert er dem Arzt, das interessiere ihn nicht, er scheiße auf die Poesie.[12] Bis zu seinem bitteren Lebensende vermag er es nicht, sich mit den Grenzüberschreitungen seiner Jugend zu versöhnen.

Wie auch? Der eigene Bruder Frédéric erpresst, während Arthur in Aden ein neues Leben zu beginnen versucht, Mutter und Schwester mit der Drohung, die Schande seines jüngeren Bruders weiter öffentlich zu machen, sollten sie seiner Geldforderung nicht nachkommen. Und Rimbaud, der von dieser Schmach erfährt, versichert seiner Mutter und Schwester, dass er nun ein durchaus anständiges und respektables Leben führe: Wenn er (Frédéric) übrigens sein Maul auf meine Kosten aufreißt, so ist mein Lebenswandel hier (in Aden) wie anderwärts hinreichend bekannt. Ich kann Euch das Zeugnis außerordentlicher Zufriedenheit schicken, das mir die liquidierte C(ompan)ie Mazeran für vier Arbeitsjahre von 1880 bis 1884 ausgestellt hat, und ich habe hier einen sehr guten Ruf, der mir gewährleistet, meinen Lebensunterhalt auch weiterhin auf schickliche Weise zu verdienen. Mag ich früher auch einmal unglückliche Anwandlungen gehabt haben, habe ich doch nie versucht, auf Kosten anderer Leute oder mit üblen Mitteln zu leben.[13]

17

Aden, den 2.1.2010 Man sieht und berührt nichts als Lava und Sand, die nicht das winzigste Gewächs hervorbringen. Und die Umgebung ist eine einzige Sandwüste. Die Kraterwände aber lassen keine Luft hinein, und wir braten am Grund dieses Lochs wie in einem Kalkofen.[14]

In den letzten hundert Jahren hat sich am Klima und der Topographie Adens nichts geändert. In den letzten Tagen habe ich mich wie ein lebender Toter durch die Stadt bewegt, eine Stadt der Kulissen ohne ein darin aufgeführtes Drama.

Ich hatte nicht den Mut, in dem heruntergekommenen Haus meiner jungen neuen Bekannten in Basatin, nahe am Hafen, zu übernachten. Eine Erwartung, eine Neugier, eine gefährliche Spannung lag in der Luft. Was habe ich befürchtet? Ja, irgendetwas wäre geschehen, aber wohl nichts, was ich hätte fürchten müssen.

Friedlich ist es nur in den Augenblicken des Gebets, wenn die Männer in der Moschee und die Straßen menschenleer sind. Fast unheimlich, weihnachtlich ist die Stille dann, kein Verkehrslärm, kein Menschengebrüll, plötzlich hört man die Tiere, Ziegen, Schafe, Katzen, Krähen, von denen die Stadt voll ist. Das ganze Leben sollte ein Gebet sein.

Indessen wüsste ich nicht, wann und wo der Einfluss der Religion auf unser Leben die Menschen je besser gemacht und der Welt etwas Gutes gebracht hätte. Alle großen Reformbewegungen der Neuzeit wurden gegen den erklärten Widerstand der Religionen und ihrer höchstirdischen Repräsentanten durchgesetzt oder sind an ihnen gescheitert.

18

Aden, den 4.1.2010 Ein steiler Schotterpfad führt hinauf zum alten Farsi-Begräbnisplatz. Einen Leichnam schafft man auf diesem abschüssigen Weg wohl kaum noch hinauf. Indessen haben Flüchtlinge vom jenseitigen Ufer des *Bab al-*

Mandab, des Tors der Tränen, Wellblech, Pappe und Holzpaletten die halbe Kraterwand hinaufgeschleppt und verborgen vor den Blicken der Bewohner des Kratergrunds am steilen Hang ihr Hüttendorf errichtet. Hüfthohe Stromkabel spannen sich wie Stolperdrähte über den Pfad, damit man, wenn es schon kein Wasser und keine Kanalisation gibt, zumindest das Fernsehprogramm aus der Heimat empfangen kann.

Trotz der schreienden Armut und des drohenden Krieges fliehen immer noch Menschen aus Somalia, Eritrea oder Sudan hierher in den Jemen. Wovor bist du geflohen? Was erhoffst du dir hier? Hattest du überhaupt eine Wahl? Du weißt, dass es von hier aus nirgendwo hingeht, oder?

Oben auf den Katerzinnen dann die heilige Stätte für das Grab in den Lüften, das Himmelsbegräbnis, eine riesige runde Tafel für die Vögel, und ein weiter, ungehinderter Blick über die Vulkaninsel aufs Meer. Für jene, die nur das Gemetzel der Aasvögel vor Augen haben, mag dies ein unheimlicher Ort sein. Ich aber spüre durchaus die Würde und das Erhabene, seinen zurückbleibenden Leib anstatt den Würmern oder dem Feuer den Vögeln anzuvertrauen.

Ist es nur ein weiterer Obdachloser, der an diesem ehemaligen Bestattungsplatz seinen Unterschlupf gesucht hat, oder ist es ein Wächter dieser heiligen Stätte? Er kaut sein Brot so sanft, als sei er selbst das Brot. Er geht und schaut wie im Schlaf, das Gesicht eines Kindes, die Füße eines alten Mannes. Haare und Bart lässt er wachsen, er wartet, bis die Fingernägel von selbst abbrechen, die Zehennägel wetzt er sich an den Lavasteinen ab. Er riecht nach Salz, weil er sich mit Meerwasser wäscht, ehe er sich ganz alleine niederkniet. Er blickt mir weder einladend noch abweisend entgegen. Er schaut mich an, als sei ich zu früh gekommen.

19

Aden, den 5.1.2010 Eine Kultur der Stille. Stille als Wesensmerkmal kultureller Distinktion. Ist es nicht tatsächlich so, dass Würde und Verfeinerung leise daherkommen und Lärm immer ein Element der Gewalttätigkeit enthält? Der Geist brüllt nicht.

Natürlich gibt es auch die unheimliche, die Friedhofsstille und jenes dumpfe Schweigen bei jenen, in denen selbst nichts klingt oder widerhallt.

Mit jeder Seelenerkundung begibt man sich auf ein vermintes Gelände, um wie viel mehr mit der Analyse einer fremden Gesellschaft oder Kultur. Westliche Konzepte, der Ethnozentrismus, die Kontingenz unserer Begriffe, der fatale Dualismus von normal / anormal, vertraut / fremd, Ich und der Andere, die uns den Blick verstellen, und doch kommen wir ohne Begriffe und Modelle zur Beschreibung und Deutung der Welt nicht aus. Und diese Konzepte, so weit sie auch gefasst sein mögen, sind immer unsere eigenen oder angeeigneten. Es gibt keinen Standpunkt außerhalb.

20

Aden, den 7.1.2010 Ein französischer Staatsbeamter, der von 1906 bis 1925 in Somalia diente, veröffentlichte 1934 seine *Nachforschungen über die ersten Franzosen am Roten Meer und in Äthiopien*, in denen er auch Rimbaud erwähnt:

Rimbaud war körperlich ein ziemlich schlanker Mann, von einer über dem Durchschnitt großen Gestalt, eher mager, und hatte ein wenig sympathisches, eher häßliches Gesicht, das seine Wirtin zu der Bemerkung veranlaßte: »Auch mit dem da erhält Abessinien noch kein bemerkenswertes Exemplar der französischen Rasse.«

Mit seiner schwarzbraunen Haut, seinen sehr strahlenden, beinahe fieberhaften Augen, seinem zerfurchten Gesicht, eingerahmt von einem zu einer Art Halsband gestutzten Bart, brachte er in seine Beziehungen zu den Eingeborenen eine gewisse Vornehmheit, die, verbunden mit seiner Kenntnis der Sprache und der Sitten, allen seinen Dienern Ehrfurcht einflößte. (...)

Dieser reich begabte Geist war von einer merkwürdigen Ursprünglichkeit und begierig nach Unbekanntem und mit einem zähen Willen ausgestattet. Er schlief mitten unter seinen Lasttieren, und auf dem Marsch entfaltete er eine überraschende Tätigkeit, da er seinen Blick überall hatte. Obwohl beritten, machte er Dreiviertel des Weges zu Fuß. Er war übrigens ein unermüdlicher Fußgänger, der Hunger und Durst aushalten konnte, wenn es nötig war.

So aktiv Rimbaud während der Karawane war, so abweichend verhielt er sich in der Ruhezeit; Alkohol in allen Formen, Tabak, Haschisch, sogar Opium waren ihm vertraut. In Zeiten der Niedergeschlagenheit und des Lebensüberdrusses stumpfte er sich in ausgedehntem Genuß all dieser Drogen ab. Aus diesen Zeiten des Mißmuts kam er mitgenommen, zerfahren und verdrossen hervor; er aß kaum, trank aber genug.[15]

21

Aden, den 9.1.2010 Es geht mir wirklich auf die Nerven, dieses ständige Herumlavieren der Biographen, was denn nun zur abrupten Wende vom mädchenhaften Musterschüler zum frechen Strolch und Streuner geführt haben möge, als genügten nicht Begabung, Empfindsamkeit, die Erschütterungen der Pubertät und die nicht mehr zu leugnende Erkenntnis, ein Anderer als jener zu sein, für den alle und er sich selbst gehalten hat, ein Schwuler, ein Verachteter, un pédé, tarlouze, tafiole, enculé, tante, tapette … verdammt, seit immer, für alle Zeit.[16] Wie soll man als Fünfzehnjähriger darauf reagieren? In der bisher vertrauten Welt darf man nicht auf Unterstützung hoffen, die Mutter ist streng und bigott, der Vater fern, eine mythische Gestalt, Soldat, Kriegsheld. Bestenfalls beantwortet man die Geringschätzung jener, die einen herabwürdigen, mit einer noch größeren Verachtung für ihr Kleinbürgertum, ihre geistige Enge, ihre verlogene Moral, für die Heuchelei, die Kirche, Gott; mit der Suche nach Gleichgesinnten, mit übersteigertem Stolz, um die ständige Verletzung des Selbstwertgefühls wenn schon nicht zu heilen, so doch wenigstens vernarben zu lassen, und mit dem Ehrgeiz, besser als alle anderen zu sein und sie, wenn sie schon den Menschen verachten, keinesfalls sein Werk ignorieren können. Was soll man tun in einer Umgebung, die einen für verwerflicher als jeden Kriminellen hält, als fortzugehen und Glück, Anerkennung und Wertschätzung woanders zu suchen, in der Fremde, wo alle einander fremd und damit gleich sind?

Ja, Ich ist ein Anderer. Das ist kein poetisches Geschwafel, das ist bittere Realität. Niemand nimmt den Jungen in den Arm und sagt: Hey, Arthur, es gibt keinen Grund, dich zu schämen und zu hassen, du bist einfach in einer miserablen Zeit an einem miserablen Ort zur Welt gekommen.

Enid Starkie schreibt: In dieser kritischen Zeit seiner Entwicklung lernt er (Rimbaud) Verlaine kennen. Es war vermutlich das aufwühlendste Erlebnis seines Lebens – vielleicht sogar das einzige Mal, daß seine Leidenschaft wirklich beteiligt war, um im abschließenden Halbsatz, wie so viele Rimbaud-Biographen zu behaupten: trotzdem scheint er (Rimbaud) nicht homosexuell veranlagt gewesen zu sein,[17] als müsse sie den Dichter für den »normalen« Lyrikliebhaber von diesem abscheulichen Makel freisprechen. Und Henry Miller gelingt das Kunststück, in seinem hundertseitigen Rimbaud-Essay *Vom großen Aufstand*, Rimbauds brutale und lebensentscheidende *Amour fou* mit Verlaine kein einziges Mal zu erwähnen, so dass am Ende das Bild eines bedauernswerten heterosexuellen Rebellen entsteht, der für die »Reinheit« seiner Dichtkunst ein Leben in Entsagung und Askese geführt habe.[18]

Enid Starkie lässt in ihrer für Jahrzehnte maßgeblichen Rimbaud-Biographie keinen Zweifel daran, wer in der Beziehung zwischen Rimbaud und Verlaine der wahre und einzige Homosexuelle war, und spart in ihrer Charakterisierung Verlaines nicht an herabsetzenden und klischeehaften Zuschreibungen: Verlaine, die charakterschwache, weinerliche Tunte; Rimbaud, der rebellische Provokateur.

Dabei ist gerade das, was die Biographen hier so grotesk zu leugnen versuchen, der Schlüssel zu Rimbauds *Zeit in der Hölle*, die auch nach den Affären mit Verlaine und Germain Nouveau nicht endet, sondern nun gar aus freien Stücken (?) aufgesucht wird, Batavia, Aden, Harar, die »Friedhöfe Europas«, als habe der Verworfene es nicht besser verdient, Sühne für die adoleszente Auflehnung zu leisten.

22

Benjamin Fondane behauptet im Anhang seines Essays *Rimbaud der Strolch*, er habe kein Problem mit der Homosexualität Rimbauds, aber zeigt ebenso wenig Sinn für die Möglichkeit, dass Rimbaud selbst ein Problem mit seiner Homosexualität gehabt haben könnte, zumal er aus einem streng katholischen Elternhaus stammt und sich als Kind durchaus noch eins fühlte mit dem Glauben und den Werten seiner kleinstädtischen Umwelt.[19] Seine Mutter war eine stolze Frau und stellte die höchsten Erwartungen an ihren hochbegabten Sohn. Indessen unterstellt Fondane dem Dichter eine mutmaßliche Impotenz, weil er sich letztendlich nicht damit abfinden will, dass Rimbaud am sexuellen Verkehr mit Frauen einfach nicht interessiert sein könnte: Ich liebe die Frauen nicht. Die Liebe muss neu erfunden werden ...[20]

Warum wollen alle Interpreten es besser wissen als die Beteiligten selbst? Immer noch scheinen die Mehrheitsgesellschaft und selbst die Intellektuellen in ihr die Verletzungsbiographien von Außenseitern nicht zu begreifen. Nicht einmal die Art des Außenseitertums wagen sie zu benennen und fügen den vielen Entwürdigungen noch eine letzte, tödliche hinzu. Rimbaud und Verlaine haben aus der Art ihrer Beziehung keinen Hehl gemacht. In London wurden sie aus der sozialistischen Kommune geworfen, als die Kommunarden sich der Art der Freundschaft ihrer beiden Gäste klar wurden, und selbst in den Pariser Künstlercafés schlug ihnen am Ende unverhohlene Verachtung entgegen. Verlaines Gefängnisstrafe für seine Schüsse auf Rimbaud wird nach einer erniedrigenden, aber nicht unüblichen ärztlichen Untersuchung hinsichtlich seines »sodomitischen« Verkehrs noch verschärft. Einige Monate später ist Madame Verlaine von ihrem sittenlosen und in aller Öffentlichkeit gedemütigten Gatten endlich geschieden.

Die *Törichte Jungfrau* und der *Dämonenbräutigam* aus der *Jahreszeit* stellt eine kaum verhüllte Beschreibung von Rimbauds Beziehung zu Verlaine dar. Sein Bemühen, den Text trotz der tragischen Ereignisse in Brüssel zu veröffentlichen, zeigt, dass Rimbaud zunächst nicht nur unbesorgt über den Skandal war, sondern auch, dass er versuchte, der Heuchelei zu entkommen und endlich die Wahrheit über sich zu offenbaren. Obwohl das Poem vorgibt, eine launische und aufreibende heterosexuelle Beziehung zu beschreiben, ist für alle, die Rimbaud und Verlaine gut gekannt und die Art ihrer Beziehung erlebt haben, der autobiographische Bezug leicht zu durchschauen. Das Gedicht lässt keinen Zweifel am körperlichen Ausdruck ihrer Leidenschaft und zeigt Rimbaud, dargestellt durch die Titelrolle des Dämonenbräutigams, als die dominante Persönlichkeit in dieser *Amour fou*. Die Kühnheit Rimbauds, auf diese Weise die Wahrheit sagen zu wollen, findet indes ihren poetischen Ausdruck, ehe er die vollkommene Schmach und Verachtung, die ihn und Verlaine nach dem öffentlichen Prozess treffen werden, in ihrer ganzen Grausamkeit ermessen kann.

23

Aden, den 10.1.2010 Selbst so simple Dinge wie das Abwischen eines Tisches oder das Hochstellen eines Stuhls müssen gelernt werden. Der etwa zwölfjährige Hilfskellner im Café Sakran hat es offenbar noch nicht gelernt. Geradezu hilf- oder vielleicht auch nur lustlos gießt er einen halben Eimer Wasser auf die Tischplatte, so dass die Gäste nassgespritzt und voller Ärger aufspringen. Dann malt der Junge mit dem teergrauen, klatschnassen Wischtuch schmierige Kreise auf dem zerkratzten Plastikbezug und verteilt Pistazienschalen, Teebeutel und Zigarettenstummel ohne jeden Sinn für Ästhetik auf der glänzenden Tafel. Nichts scheint selbstverständlich, nicht einmal ein Gefühl für Ordnung und Symmetrie. Ein älterer Kellner, vielleicht fünfzehn Jahre alt, erklärt dem Jungen, wie man den Scheuerlappen auswringt und die Tischabfälle auf den Boden fegt, ohne dass sie im Schoß der Gäste landen. Das Reinigen des Bodens ist ein Kapitel für sich.

Mit der Zeit gewinnen die Menschen in dieser Straße unweit meiner Unterkunft ein Gesicht und Eigenarten, zum Beispiel der junge Mann, der auf seinem Spaziergang jede rechte rote Bremsleuchte der am Straßenrand parkenden Autos berühren muss. Es ist offenkundig, welche Befriedigung ihm diese harmlose Zwangshandlung gibt. Mir fehlt die Bremsleuchte in meinem Leben, die meiner Schwermut einen gewissen Halt geben könnte.

24

Aden, den 11.1.2010 Der jemenitischen Jugend ist es nicht erlaubt, unglücklich zu sein. Aber sie ist es, weil sie inzwischen weiß, dass das Leben auch anders sein kann, an anderen Orten anders ist und es dort eine Wahl gibt, die sie nicht haben. Wie lange wird sie noch stillhalten?

Kurz vor Betriebsschluss – die Stühle an den unbesetzten Tischen sind schon hochgestellt – setzt sich ein für Aden merkwürdiger Mann an den Tisch meiner gehörlosen Freunde. Er trägt mehrere auffällige Ringe an den Fingern beider Hände, sein Haar ist lang und strähnig und wird von mehreren schillernden Haarspangen aus dem Gesicht gehalten, seine Wangen sind glattrasiert und glänzen wie frisch eingefettet, seine Gebärden wirken ausgesprochen feminin, aber sein Körper ist der eines athletischen jungen Mannes. Meine Freunde scheinen in keiner Weise irritiert, sondern kommen sogleich mit ihm ins Gespräch, als sei er ein alter Bekannter. Ich kann ihren Gebärden nur mit Mühe folgen, obwohl nun alle ihre Gestik dem Gast anpassen und diese mir übertrieben theatralisch und affektiert erscheint. Schließlich frage ich sie, was es so Aufregendes zu debattieren gebe. Sie erklären mir heiter, dass sie ihrem alten Bekannten, der gerade erst nach einem mehrjährigen Aufenthalt aus den Emiraten zurückgekehrt sei, erzählt hätten, wer ich sei und was mich nach Aden geführt habe, nämlich eine Verfilmung von Nigel Williams' *Class Enemy*. Ich lächle, doch kann diese Szene beim besten Willen nicht heiter finden. Sie verhalten sich tatsächlich so, als sei ich hier der Freak.

Zum Wesen jeder Reise gehört, missverstanden zu werden. Sogar sich selbst gegenüber muss der Reisende missverständlich werden.

25

Aden, den 12.1.2010 Der größte Lebenshunger zeigt sich in der steten Gefährdung des Lebens. Was bedeutet es, wenn der Lebenshungrige ständig sein Leben aufs Spiel zu setzen hat, um sich lebendig zu fühlen? Irgendetwas muss von Anfang an in ihm bereits lebensmüde, todessehnsüchtig sein.

Seine Reise hat kein Ziel. Sie braucht einen Vorwand, aber keinen Grund. Der ziellos Reisende gewinnt die Welt nicht, er verliert sich in ihr, wird von ihr umarmt, erstickt, verschlungen. Er reist rückhaltlos, wirft sein ganzes Dasein in die Reise, geht sich selbst verloren.

Die Reise verzehrt ihn. Er kehrt nicht als Sieger heim, sondern bestenfalls als Überlebender. Er kehrt ärmer zurück, als er aufgebrochen ist.

26

Aden, den 13.1.2010 Die Fremde liebt den Reisenden nicht. Sie wehrt sich gegen ihn, bekämpft ihn, isoliert ihn, stellt ihn unter Quarantäne, eliminiert ihn. Die Rituale der Gastfreundschaft sind Strategien der Einhegung und Kontrolle. Und die Fremde hat ja nicht unrecht, den Besucher als Virus, als Infektionsherd zu betrachten. Denn allzu oft hat er tatsächlich mit seinem bloßen Auftauchen ganze Völker ausgelöscht. Ein Handschlag, ein gemeinsames Mahl nur, und Länder lösen sich auf.

Ich komme hierher und beginne, in dem dichten, feuchten, handgreiflichen Mangel mich selber wieder zu spüren. Und ich weiß, dass dieses Gefühl des Da-Seins, soll es mich ganz und gar ausfüllen, einer sprachlichen Leere, eines Schweigens bedarf.

Bei Windstille fällt das Fleisch von den Knochen, und Krähen und Möwen stürzen tot von den Stromtrassen. Seit zehn Jahren hat es in Aden nicht mehr geregnet. In den Zisternen spielen die Jungen Fußball, und im Wadi errichten die Wohnungslosen ihre Baracken, bis sich eines Nachts doch überraschend ein Wolkenbruch über Aden ergießt, die Trockentäler binnen weniger Minuten flutet und alles fortschwemmt, was die Dürre für endgültig hielt.

Den Ziegen im ersten Stock des zerbombten Hauses ist das gleich, sie haben schon immer das alte, trockene Brot dem frischen Gras vorgezogen.

27

Aden, den 14.1.2010 Ein Gast macht sich über die unartikulierten Laute der Jungen lustig. Doch ist er mit dieser Posse wohl an die Falschen geraten. Mohammed, fast schwarz gebrannt von der Sonne, ein junger Fischer, steht auf und lässt einen Schwall eben dieser parodierten Laute auf den Witzbold los, seine Gebärden sind hitzig und aufgebracht. Der Gast grinst zunächst dümmlich, äfft nun auch noch die scheinbar fahrigen Gesten nach, und es fehlt nicht viel, dass Mohammed zuschlägt. Nun mischt sich der mürrische und bisher eher schweigsame Wirt in den Streit und beginnt seinerseits, die Gehörlosen zu beschimpfen, die jeden Tag stundenlang in seinem Café herumhingen, kaum etwas tränken und mit ihren barbarischen Lauten und ihrem schwachsinnigen Gefuchtel die anderen Gäste vergraulten.

Ich will dazwischengehen, doch Amir hält mich zurück. Das sei alles halb so schlimm, gebärdet er. Morgen sei alles vergessen und man sitze wieder friedlich zusammen.

28

Aden, den 15.1.2010 Baustellenlärm. Seit sechs Uhr. Das Singen der Eisensäge, das Hämmern auf das Verschalungsholz. Doch inzwischen stört es mich erstaunlich wenig. Die Arbeit muss getan werden, bevor die Hitze unerträglich wird.

Anders das Krächzen der Krähen. Es ist, als wollten sie mich verhöhnen, rufen beharrlich immer denselben Laut: Ich Ich Ich! oder Nicht Nicht Nicht! Hätte ich ein Schrotgewehr, würde ich auf sie schießen. Verstehe, dass die Menschen sie aus ihren Gärten vertrieben haben. Todesvögel. Ohne jede Anmut. Aber voller Verschlagenheit.

Sitze im Café Sakran und warte. Warten ist nicht Muße, sondern geraubte Zeit. Warum bin ich noch hier? Alle anderen Europäer haben schon vor Wochen das Land verlassen.

Ein magerer, nur mit einem *Futah*, einem Wickelrock bekleideter Greis, dunkle, faltige Haut wie ein indischer Fakir, setzt sich an einen Nachbartisch. Auf den ersten Blick könnte er einer der vielen Obdachlosen und Bettler der Stadt sein, und der Kellner kommt nur widerwillig an seinen Tisch. Befürchtet er, dieser halbnackte Gast werde seinen Tee nicht bezahlen? Der Greis wirft vierzig Rial auf den Tisch, der Kellner bringt den Tee, das Gesicht des Gastes bleibt unbewegt.

Ein Junge, sieben oder acht Jahre alt, in sauberer Schuluniform und blankgeputzten Schuhen, bleibt unvermittelt vor dem Barfüßigen stehen und starrt ihn mit einer Mischung aus Faszination und Abscheu an. Der Alte zieht eine Zwanzig-Rial-Münze aus dem Gürtel und drückt sie dem Jungen in die Hand. Der dreiste Bengel ist zu überrascht, um sie zurückzuweisen. Der Alte trinkt ruhig seinen Tee aus, nimmt seinen Stock und geht, ohne irgendeinen von uns übrigen Gästen noch einmal anzublicken.

29

Während ich mir diese Notizen mache, reißen mich plötzlich Gewehrsalven und heftige Explosionen aus der Arbeit. Zunächst denke ich an ein Feuerwerk, wie es manchmal während Hochzeitsfeiern abgebrannt wird. Doch ein kurzer Blick auf mein Handy sagt mir, dass es halb drei in der Nacht ist. Bei der nächsten Explosion beben die Wände des Hotels. Es scheint, als wären in meiner unmittelbaren Nachbarschaft heftige Gefechte ausgebrochen. Vor meinem inneren Auge sehe ich die Glastür des Hotels bersten und Vermummte ins Foyer eindringen. Sie schießen den Nachtportier nieder, greifen ins Schlüsselbrett nach den Passkopien, blättern sie rasch durch und sortieren sie nach Nationalitäten. Dann notieren sie sich die Zimmernummern und stürmen los.

Ich ziehe mich an, gehe hinunter zur Rezeption und erkundige mich, was draußen auf der Straße los sei.

Der Nachtportier zuckt gleichgültig die Achseln: Das Verlagsgebäude von Al-Ayyam werde gerade von Regierungstruppen zusammengeschossen.

Ein Terroristennest?, frage ich.

Eine oppositionelle Zeitung, antwortet der Portier.

Ich weiß nicht recht, ob mich diese Erklärung wirklich beruhigt. Der Beschuss eines Verlagshauses mitten in der Altstadt Adens mit Maschinengewehren und Mörsergranaten auf Grund einiger regierungskritischer Artikel erscheint mir in seiner Maßlosigkeit dann doch weitaus beunruhigender als das befürchtete Wiederaufflammen des Bürgerkriegs. Aber Maßlosigkeit ist wohl ebenfalls ein Charakteristikum dieses Landes.

Gibt es Tote?, frage ich.

Wahrscheinlich, antwortet der Portier. Aber machen Sie sich keine Sorgen. Hier sind Sie sicher!

Es ist der schwere Übergang zwischen zwei Arten zu leben.
Wer angekommen ist, hat weit zu gehen.
Tomas Tranströmer: *Aus einem afrikanischen Tagebuch* [21]

Jenseits der Mauer beginnt die Stadt

Kabul, April / Mai 2012

I

Jede Reise beginnt im Kopf. Es gibt bereits Bilder, Geräusche, Gerüche, bevor ich aufbreche. Der Schock des Da-Seins überfällt mich erst, wenn mein Körper die andere Luft, Hitze, Feuchtigkeit spürt, ja die andere, ganz eigene Schwerkraft des fremden Ortes. Fremdheit ist ein körperliches Gefühl, genauer noch: ein Körper-Bewusstsein.

Kabul. Der Kopf ist angefüllt mit Nachrichten, Erwartungen, Phantasien, darunter durchaus beunruhigenden. Normalerweise haben Besucher aus Deutschland, die sich dort länger aufhalten wollen oder müssen, ein Sicherheitstraining bei der Bundeswehr zu absolvieren: Keine langen Spaziergänge in der Stadt, keine Benutzung von öffentlichen Verkehrsmitteln, Fahrten nur mit einem Taxifahrer des Vertrauens, längere Fahrten nur mit zwei Wagen, damit im Notfall ein Fluchtfahrzeug zur Verfügung steht ... Habe ich Angst? Nein. Ist es leichtsinnig, keine Angst zu haben?

Jeder Aufbruch ist mit Wochen voller Melancholie verbunden, einer Melancholie, die fast die Symptome einer Depression trägt. Eine gedämpfte, missmutige und freudlose Stimmung, das Denken und die Bewegungen verlangsamt, antriebslos, ein Schutzpanzer vor den Ängsten, den wirklichen und den befürchteten Gefahren und Enttäuschungen. Nahezu jeder meiner längeren Reisen geht diese wochenlange Zeit der Schwermut voraus. Etwas stirbt, etwas Neues kämpft sich ins Leben.

2

Man kann nicht reisen ohne ein Grund- oder Urvertrauen in die Menschen.

Natürlich kann meine Liebe zu den Menschen enttäuscht, missbraucht oder verraten werden, weil es nie die Menschheit, sondern immer Einzelne sind, denen ich begegne. Und manchmal bin auch ich es, der diese Liebe enttäuscht, missbraucht oder verrät, weil ich den Menschen zwar grundsätzlich vertraue, aber in jeder individuellen Begegnung doch eine Wahl treffe.

Wenn ich ehrlich bin, überwiegt vielleicht sogar die gegenseitige Enttäuschung, denn ist das nicht im Grunde das Ziel jeder Reise und Begegnung: die Ent-Täuschung? Dass ich trotzdem nicht zulasse, dass von diesen gesuchten oder mich überwältigenden Erfahrungen mein Urvertrauen erschüttert wird, grenzt an Selbstbetrug. Oder sind die seltenen Augenblicke geglückter Wahl so tiefgreifend, dass sie die vielen Episoden des einander Verfehlens mehr als aufwiegen?

Im tieferen Sinn ist mein Reisen dem Fortschreiten entgegengesetzt, nämlich ein absichtsvolles Zurücktreten, eine Sehnsucht nach dem Vorher, dem Nochnicht, der Erwartung. Ich bewege mich nicht nur in ein Anderswo, sondern auch in eine andere Zeit oder zumindest ein anderes Zeitgefühl, eine anders strukturierte Gegenwart. Natürlich bin ich dort selbst der Andere, der aus Ort und Zeit Gefallene.

Warum ein Zurücktreten? Warum nicht ein Vorwegnehmen? Weil Zukunft unweigerlich Angleichung und Aufhebung der Fremdheit bedeutet.

Jedes Reisen ist von der Angst vor einem unwiederbringlichen Verlust begleitet.

3

Ich werde nicht der einzige Fremde in Afghanistan sein. Halbe Kinder noch, mit ausrasierten Nacken, ihr helles, streichholzkurzes Haar unter Stahlhelmen verborgen, damit sie nicht mehr wie Kinder aussehen, aus Magdeburg und Münster, sind nicht auch sie Reisende? Bis zur Hüfte stehen sie in ihren Schützenpanzern, die Oberkörper in den leopardgemusterten Parkas sind dem kalten, staubigen Wind ausgesetzt. Was sehen diese Männer? Wie werden sie gesehen? Wie finden unter diesen Umständen Begegnungen statt? Bin ich anders als sie? Und wissen auch die Einheimischen, mich anders wahrzunehmen?

Die Männer in diesen Panzern hören nur den Lärm des Motors, selbst wenn sie quer über einen belebten Markt fahren. Und auch die Marktbesucher hören nur diesen Lärm. Mütter halten ihren Kindern mit beiden Händen die Ohren zu.

An den Wegrändern außerhalb der Stadt die rostenden Wracks sowjetischer Panzer. Die Straßen sind nicht mehr als schlaglöchrige Pisten. Doch der größte Kampf meiner Landsleute in Uniform ist der Kampf gegen die einschläfernde Routine, gegen die Unaufmerksamkeit. Denn größtenteils bleiben sie in ihren Camps unter sich und vertreiben sich die Zeit an ihren Computern mit Ego-Shootern.

Hin und wieder trifft ein Stein die Panzerung. Meistens ist es ein Kind, das ihn geworfen hat. Das ist auch mir schon widerfahren, ganz ungepanzert und zu Fuß, in abgelegenen Dörfern im Jemen oder in der Kabylei. Ich konnte und wollte die Steinwürfe nicht einfach ignorieren, sondern habe meinerseits zu einem Stein gegriffen und bin auf den oder die

Steinewerfer zugestürmt. Immer haben Erwachsene rechtzeitig eingegriffen und damit Schlimmeres verhütet.

4

Ich stelle mir Kabul als eine hässliche Stadt vor, eine Ansammlung flacher, farbloser, zum Teil zusammengeschossener oder zerbombter Bauten ohne einen besonderen architektonischen Reiz. Im Stadtbild haben alle, die einmal hier waren, Paschtunen, Briten, Russen, ihre Spuren hinterlassen.

Kabul liegt 1800 Meter über dem Meeresspiegel. Im Sommer verbrennt die Sonne die Bewohner, im Winter friert und schneit es wie in den Karpaten. Durch die jahrelangen Kriegswirren gibt es viele Flüchtlinge in der Stadt. Auch sie sind Fremde hier, leben in Zelten und Baracken an den staubigen Ausfallstraßen, schätzungsweise 35.000, die afghanischen Behörden kennen selbst nicht die genauen Zahlen und wollen sie vielleicht auch gar nicht kennen. In den Januarnächten wird es bis zu minus zwanzig Grad kalt. Wie lebt es sich da in einem Zelt?

Es sind selten schöne Orte, an die es mich auf meinen Reisen verschlägt, schön zumindest nicht dem ersten Augenschein nach. Es gibt keine plötzliche Verzauberung, keine Liebe auf den ersten Blick, sondern meist erst mal eine tiefe Verstörung und Orientierungslosigkeit. Mit diesem Orientierungsverlust beginnt die Reise. Jede Reise.

Wenn sie glücklich verläuft, hat sich am Ende mein Blick auf den Ort verändert. Habe ich Schönheit dort entdeckt, wo ich sie nicht vermutet hätte, hat ein zweiter, genauerer Blick sie vielleicht erst geschaffen; oder der Ort hat mit der Zeit meinen Blick geschärft. Nein, nicht geschärft, gemildert.

Mit den Menschen ist es ähnlich. Lässt sich ein Ort überhaupt ohne seine Bewohner denken?

Über dreißig Millionen Einwohner hat Afghanistan, davon ist die Hälfte unter vierzehn Jahren. Die Kindersterblichkeit liegt bei zwanzig, die Rate der Analphabeten unter den Erwachsenen bei vierzig Prozent. Mehr als die Hälfte des Exports besteht aus Rohopium. Aber was besagen diese Zahlen schon über den Alltag, die tatsächlichen Sorgen und, ja, auch das gelegentliche Glück der Bewohner?

5

In einem Postskriptum zur *»Anmut der Eritreer«* schreibt Pasolini: Die wahre Natur der Eritreer ist, wie sich herausgestellt hat, ganz anders, als ich geglaubt hatte. Hinter ihrer Anmut verbirgt sich eine kranke, abnorme Empfindlichkeit.[22]

Sein Reise- und Arbeitsjournal ist ein Dokument ständig enttäuschter Erwartungen, im Grunde – und da würde mir Pasolini vermutlich nicht widersprechen – erotischer Erwartungen. Jede Szene beginnt mit einer Verzauberung. Einer Verzauberung aus Unkenntnis. Ein erster, noch ganz und gar oberflächlicher Eindruck setzt eine Flut von Phantasien in Gang, diese Phantasien gerinnen zu einer eigenen Realität, manchmal die des Films, im Fall seiner Aufzeichnungen auch die der Literatur. Doch das ist es nicht, was Pasolini wirklich ersehnt. Film und Literatur sind nur das Alibi für seine obsessive Suche nach unkorrumpierten Körpern. Doch spätestens in der realen Begegnung mit diesem erotisch besetzten Fremden verliert sich die Anmut.

Pasolini sucht die unschuldige Nacktheit (oder die Nacktheit der Unschuldigen) im vermeintlichen Paradies, und zugleich will er sie *erkennen*. Doch beides, paradiesische Unschuld und Erkenntnis, ist bekanntermaßen nicht zu haben.

6

Ich falte den Stadtplan von Kabul auseinander. Er ist von 2012, erste Auflage. Eine Karte der Hoffnung. Das Papier riecht neu, nach Lack und Klebstoff. Wenn ich mich zu tief darüber beuge, erfasst mich ein leichter Schwindel.

Auf der einen Kartenseite der Osten Afghanistans mit Kabul im Zentrum, ein gelber Fleck auf rosafarbenem Grund, eine karge Hochebene, die von drei- bis viertausend Meter hohen Pässen umgeben ist. Grün ist die Karte nur östlich von Dschalalabad entlang des Darya-ye Kabul Richtung Pakistan.

Auf der anderen Kartenseite der Stadtplan der Hauptstadt, sechzehn Distrikte und exakt 72 Namen im Straßenverzeichnis, von A wie Airport Road bis T, Toilet Street.

Der Flughafen begrenzt die Stadt im Norden, Reste der historischen Stadtmauer markieren die Stadtgrenze im Süden. Im Herzen der Kapitale oder zumindest im Zentrum des Stadtplans der Präsidentenpalast inmitten eines parkähnlichen Gevierts.

Doppelt so groß wie das Areal um den Präsidentenpalast ist das grüne Parallelogramm des Universitätsgeländes am westlichen Stadtrand. Dort, auf dem Campus, werde ich wohnen. Von dort sind es sechs, sieben Kilometer ins Stadtzentrum, zu weit und zu gefährlich, um dorthin zu Fuß zu gehen.

Auf der Karte finde ich den urbanen Mittelpunkt nicht, den zentralen Markt, die Hauptmoschee, das Rathaus, einen Platz, auf den die Hauptstraßen zuführen oder wo sie sich kreuzen. Die Stadt wirkt wie zwischen steilen Hängen hingewürfelt und an den Rändern ausgefranst. Dieser Mangel an Ordnung und Geschlossenheit überträgt sich in ein Gefühl des Ungeschütztseins.

7

Schon Wochen vor dem geplanten Reiseaufbruch beginne ich, wichtige Dinge für die Reise bereitzulegen, Dinge, die ich in der Zwischenzeit nicht mehr brauche, die man leicht vergisst oder am Zielort nicht erstehen kann. Ich habe noch auf keiner Reise je irgendetwas Unersetzbares Zuhause vergessen. Ebensowenig habe ich je einen Zug, ein Flugzeug oder ein Schiff verpasst. Wenn ich schon ins Ungewisse aufbreche, soll die Odyssee zumindest nicht an meiner eigenen Zerstreutheit, meiner eigenen Gedankenlosigkeit scheitern.

Ist eine Reise ohne das Risiko, sich zu verirren oder sein Ziel womöglich gar nicht zu erreichen, überhaupt noch eine Reise? Besteht das wahre Reisen nicht vor allem aus seinen Umwegen?

Meine innere Uhr tickt so präzise und mein topographisches Gedächtnis ist so genau, dass ich mich nicht erinnern kann, je die Orientierung verloren zu haben. Es müsste schon etwas sehr Grausames geschehen, dieses ausgeprägte Raum- und Zeitgefühl in die Irre zu führen.

Bisher habe ich immer genau gewusst, wo ich bin. Ist das ein Attribut des souveränen Reisens, oder ist es nicht eher ein Symptom der Angst und der Zwanghaftigkeit? Ermöglicht mir diese beduinische Orientierungskunst erst das Abenteuer der Ungewissheit, oder verhindert sie nicht gerade jegliches Abenteuer?

Nein, ich bin kein ängstlicher Reisender. Zu wissen, *wo* ich bin, erleichtert mir die mit jeder Reise zunehmende Ungewissheit, *wer* ich bin.

Der Körper bewegt sich durch den Raum, der Raum reist durch mein Ich. Der Körper hinterlässt Spuren im Raum, der Raum hinterlässt seine Spuren im Ich. Wer ist dieses Ich?

Auf Reisen erfahre ich mein Ich als etwas Hautloses, Offenes, zutiefst Verletzliches. Das, was ich mir immer als Kern meines Selbst vorgestellt habe, löst sich auf, war womöglich von Anfang an eine Illusion. Es schien diesen festen Kern zu geben, solange es ein stabiles und vertrautes Netz von Beziehungen gab, die mein Selbst als Kern meiner Identität bestätigten, wenn nicht gar erst konstituierten.

8

Ich reise. Merkwürdig, dass es von diesem Verb keine Passivform gibt. Dabei reist es doch meistens mich. Weder suche ich mir die Reiseziele aus, noch bin ich Herr der Routen und Begegnungen. Es reist mich, wie das Werk mich schreibt. Ja, ich verstecke mich im Text, aber der Text durchdringt auch mich und rumort in mir.

Die Reise bewegt, berührt, verändert mich, sie verändert mich mehr, als ich das Bereiste verändere. Vielleicht ist sogar derjenige, der sich aktiv und zielstrebig fortbewegt, schon kein Reisender mehr, sondern Kaufmann, Eroberer, Sinnsucher, Tourist. Der wahre Reisende erleidet seine Reise, gibt sich der Fremde hin, wird krank, schwitzt im Fieber, erbricht sich, bezahlt die Gastfreundschaft mit Durchfällen, Parasiten, Hautausschlag, löst sich an den Rändern auf, wird porös, durchlässig, aufnahmebereit. Er stellt keine Bedrohung dar, sondern erweckt Mitleid. Seine Ohnmacht und Bedürftigkeit eröffnen erst den Raum für die Achtung und die Gastfreundschaft, die man ihm möglicherweise entgegenbringt. Und seine Ohnmacht ist die Achtung, die er der Fremde und den Fremden gegenüber zeigt.

Der Reisende ist nicht glücklich. Er fühlt sich alleingelassen, ausgeschlossen, auf sich gestellt, der Verzweiflung nah. Dann, und nur dann geschieht es manchmal, dass ein Fremder sich seiner erbarmt und ihn mit seinem befristeten Schutz beglückt. Das Glück des Reisens kann nicht gefordert, gekauft oder erzwungen werden. Es muss dem Reisenden geschenkt werden.

9

Muss ich bereits möglichst viel von dem Ort wissen, an den ich reise? Werde ich tatsächlich nur das sehen, hören, schmecken, das ich bereits kenne, wenn auch nur aus der Lektüre, den Erfahrungsberichten anderer? Oder ist es nicht im Gegenteil so, dass dieses Vor-Wissen, diese Vor-Urteile mir den unbefangenen, frei-schwebenden Blick auf etwas Neues, Unbekanntes nehmen?

Immer ist bisher allen meinen Reisen eine Reise im Kopf, eine Reise durch Bücher vorangegangen. Immer habe ich zunächst alles über mein Reiseziel in Erfahrung zu bringen versucht, nicht selten mit dem Ergebnis, dass die Reiselust mit dem Fortschreiten der Lektüre nach und nach schwand. So ging es mir mit China, und so geht es mir nun mit Afghanistan. Die aktuellen Berichte sind nach wie vor erschreckend. Und das Vorkriegsafghanistan (vor welchem der vielen Kriege?), jenes des Hippie-, Kiffer- und Aussteigertransits, existiert nicht mehr, ist aus der Topographie und aus den Seelen weggebombt. Anderes erinnert mich an die ebenso kriegerische Stammesgesellschaft des jemenitischen Hochlands. Dort aber hatte es bei meinen ersten Aufenthalten noch nicht die Verrohung moderner Kriege gegeben, wie sie in den letzten dreißig Jahren dieses Schlachtfeld am Hindukusch geprägt hat.

Kann man an einen Ort reisen wollen, an dem man nicht ohne Angst oder zumindest ein ständiges Unbehagen durch die Straßen, durch irgendeine Straße schlendern, nicht den Basar besuchen, nicht in einem Café sitzen kann, weil allein schon die ständige Erkennbarkeit als westlicher Ausländer eine akute Gefährdung bedeutet? Aber wenn alles das, was meine Art zu reisen legitimiert, dort ausgeschlossen ist, was habe ich dann dort zu suchen?

Die Reiseberichte sagen nichts, können nichts sagen über das, was am Ende jede Reiseerfahrung kennzeichnet: die persönlichen Begegnungen. Mag sein, dass Kabul tatsächlich immer noch die graue, zerbombte Ruinenstadt ist, wie sie in den Reportagen der letzten Jahre geschildert wird. Aber seit wann sind es die Farben und Fassaden, die mich an einem Ort willkommen geheißen und zur Wiederkehr veranlasst haben? Es waren immer und ausschließlich die Erfahrungen mit Menschen.

Ja, es ist gut, möglichst viel von dem Ort zu wissen, an den wir reisen. Denn wir wissen ohnehin schon immer *etwas*. Die Vorbereitung hilft uns, den ersten Schock zu mildern, uns vor zu großer Enttäuschung zu schützen und uns für das einzig Wesentliche, die menschlichen Begegnungen, offen zu halten.

10

Das eigentliche Schauspiel war – für jemanden, der wie ich *in alle* Eritreer verliebt ist – das Publikum: Es war ein freundliches, gesittetes Publikum, durchaus humorvoll, aber mit einigen buchstäblich wilden Gewaltausbrüchen an den Eingangstoren, wo randalierende Grüppchen von Jugendlichen mit ebenso großer Wildheit von Polizisten verprügelt wurden. Aber es muss gesagt werden, dass diese Gewalt in keinem Widerspruch stand zur Anmut. Sie gehört zu den vielen Dingen, die im Leben passieren.[23]

Ich kenne das trügerische Gefühl der allumfassenden Liebe, von der Pasolini hier spricht. In manchen, wenigen Augenblicken meines Reisens empfinde ich ähnlich. Aber dieses *alle* ist kein konkretes Gegenüber, tatsächlich beschreibt es die größtmögliche Distanz, eine Zuneigung ohne ein identifizierbares Objekt. Am Ende bleibt diese Liebe ein reines, auf den Liebenden beschränktes Gefühl.

Vielleicht ist der Begriff für dieses Gefühl einfach falsch gewählt. Handelt es sich nicht eher um eine Art von Euphorie als um Liebe, eine Euphorie des nackten Daseins, das die anderen, *alle* anderen mit einschließt, aber im Grunde nicht braucht?

Euphorion, geflügelter Sohn des Achill und der Helena, wird auf der Insel der Seligen geboren. Als er aber die Liebe des Zeus nicht erwidert, wird er von dem gekränkten Gott mit einem Blitzstrahl getötet.

Am Anfang der Reise sind es noch *alle*, die mir als andere gegenübertreten. Solange ich sie noch nicht unterscheiden und als Einzelne erkennen kann, bin ich noch nicht angekommen. Mein Lieben bleibt phantasmatisch und masturbatorisch. Eben ein wahlloses Lieben, ein Lieben ohne Erkennen.

11

Das Motiv des Reisens hat sich seit unseren nomadischen Anfängen nicht geändert. Wir jagen und sammeln, sammeln Erinnerungen.

Doch manchmal wird die Jagd zur Obsession. Wir sehnen uns nach einem Ort, als hinge unser Seelenheil davon ab. Wir erinnern uns an diesen Ort, ohne je dagewesen zu sein. Und unsere Reise dorthin stellt eine Art Rückkehr dar, um eine offene Wunde zu schließen. Dieser Gral ist auf magische Weise ein Teil meiner Selbst, wie es sonst vielleicht ein Mensch ist, nach dem wir uns sehnen. Vielleicht gilt das platonische Gleichnis vom halbierten Menschen, der verdammt ist, seine fehlende Hälfte zu suchen, ja auch für Orte, Orte, die uns ganz machen.

Mir ist es in Jerusalem so ergangen, auf der Akropolis und in Sanaa. Die Grenzen des Ichs lösen sich auf, die Stadt oder Stätte wird zu meinem Körper, atmend, pulsierend, denkend. In diesem Augenblick bedeutet das Reisen eine Heimkehr.

Ja, je tiefer ich darüber nachdenke, desto sicherer bin ich mir: Wir suchen auf unseren Reisen Vollkommenheit und Ganzheit. Das zeigt sich bereits an der Wahl unserer Ziele und Routen: historisch gewachsene, unversehrte Städte; Wege durch weitgehend unberührte Natur. Das schlichte Dortsein soll uns heilen, die Schönheit des Ortes soll auf magische Weise auf uns abfärben, uns erfüllen und selbst vervollkommnen. – Leider verläuft die Infektion in der Regel in umgekehrter Richtung.

12

Es ist nicht immer der Fremde, der die Pest in die Stadt einschleppt. Manchmal wütet sie dort bereits, und der Fremde begibt sich in Gefahr, als Sündenbock für die Epidemie herhalten zu müssen.

Der Reisende ist immer auch Zeuge. Das weckt den Argwohn der Einheimischen und macht ihn über alle Maßen verdächtig. Aber genau diese Zeugenschaft ist auch eine ganz wesentliche, vielleicht sogar die einzige Legitimation seines Reisens.

Erst der Blick des Anderen zwingt dazu, das eigene Selbst-Verständnis in Frage zu stellen und zu rechtfertigen. Der Blick des Anderen ist erzwungene Reflexion. Mit all den unberechenbaren Folgen von Abwehr bis Einsicht.

Ob wir diese Art der Begegnung und Zeugenschaft zulassen oder gar wünschen, hängt davon ab, wie sehr die Aufeinandertreffenden sich in Frage stellen lassen wollen oder können. Hier beginnen die inneren und äußeren Konflikte des Reisens. Aber auch alle Entwicklungs- und Reifungsprozesse.

13

Der wahre Reisende ist ein eher schweigsamer Mensch. Er wartet, bis er angesprochen wird. Selbst wenn er sich verlaufen, verrannt hat. Ja, gerade dann!

14

In den Nachrichten die Meldung, dass es im Zentrum Kabuls mehrere Explosionen gegeben habe, unter anderem auch in unmittelbarer Nähe der deutschen Botschaft. – Es sind nur noch wenige Tage bis zu meinem Reisebeginn.

Seit dem frühen Morgen treffen Kurzmitteilungen auf meinem Handy ein, die mich über die Situation in der Hauptstadt unterrichten. Ich habe mich bereits auf der Website des RMO, des International Risk Management Office für alle Expats in Afghanistan, angemeldet. Das letzte Update lautet:

White City remains. Fighting is still ungoing in several areas. Stay inside!

Weiße Stadt, so lautet das Codewort für eine Gefahrenlage in der Innenstadt. Handelt es sich um das kalte, unbarmherzige Weiß aus Melvilles *Moby Dick*?

Mein Reiseaufbruch ist gefährdet. Obwohl jeder Anschlag, der vor meiner Ankunft stattfindet, einer weniger ist, der mich in Kabul erwartet. Aber der DAAD wird mich nicht reisen lassen, wenn er meine Sicherheit nicht gewährleisten kann. Ob ich meine Gastprofessur in Kabul antreten darf, wird von heute auf morgen entschieden.

15

Reisen. Dem Gefängnis der schönen Wohnung entkommen. Dem Mich-eingerichtet-haben im Vertrauten. Dem Gefühl, mein eigener Herr zu sein. Und plötzlich diese Schutzlosigkeit, diese Mittellosigkeit. Diese Freiheit. Jemand wählt mich aus, nimmt mich an die Hand, nimmt mich ins Visier. Doch nur wenige sterben auf der Reise. Die meisten sterben in ihren eigenen vier Wänden.

16

Darf ich in Kabul spazieren gehen? Nur zu Fuß lernt man einen fremden Ort kennen. Wahrnehmen und Denken sind unserem Gehen angepasst. Schon das Rennen gehört zur Jagd oder zur Flucht.

Eine fremde Stadt muss ergangen werden. Doch für Kabul empfehlen die Sicherheitsexperten, möglichst wenig und niemals unbegleitet zu Fuß zu gehen und immer im Sichtkontakt mit dem Wagen zu bleiben. Welchem Wagen?

Außerdem soll der europäische Besucher jede feste und damit vorhersehbare Angewohnheit meiden. – All diese Sicherheitsempfehlungen widersprechen fundamental meinen bisherigen Reisegepflogenheiten. Normalerweise reise ich allein, weil ein Begleiter, womöglich gar ein Landsmann, mich daran hindert, wirklich in der Fremde anzukommen und mich ihr ganz und gar auszusetzen. Gleich am ersten Tag etabliere ich feste Angewohnheiten und Rituale, damit auch die anderen, Einheimischen sich mit mir vertraut machen können. Und wenn es irgend geht, vermeide ich es, mich in einem Wagen fortzubewegen, diesem mobilen Aquarium, in dem ich selbst mich nicht bewege, sondern isoliert bin von dem Geschehen um mich herum.

Kann ich eine Reise unter derartigen Bedingungen noch Reise nennen?

17

Wir sprechen von einer Lebensreise. Doch reisen wir, wie wir leben? Leben wir, wie wir reisen? Bis auf die wenigen noch nomadisierenden Völker hat für die meisten Menschen das Leben die Eigenschaft des Reisens verloren, doch das Reisen umso mehr den Charakter der Sesshaftigkeit angenommen. Überwiegend sitzend begeben wir uns an den Zielort, um auch dort die gewohnten Annehmlichkeiten unseres Herkunftsortes wiederzufinden.

Der wirklich Reisende gehört nicht sich selbst, sondern dem Anderen, der Fremde und den Fremden. Das Reisen eröffnet ihm den Weg zu einer anderen Sprache, einer anderen Logik des Daseins, zu einer anderen Zeit, einem anderen Klang, einer anderen Bewegung. Der Lebensreisende folgt keinem Navigator, er *schweift*.

18

Für nicht wenige Reisende ist die Reise ein *Ausweg*. Ein Ausweg in weniger katastrophenhafte Zustände als jenen, die am Aufbruchsort herrschen. Aber die Zustände am Zielort können natürlich nicht mehr als Mutmaßungen sein.

Der Reisende trennt sich. Der Aufbruch kann auch ein Rückzug sein. Oder ein Sichdavonmachen. Irgendetwas hatte sich festgefahren, steckte fest, ging nicht mehr vor noch zurück. Also dieser radikale Schnitt: Ich reise. Vielleicht eine Lösung, wenn es mir gelingt, die Katastrophen wirklich zurückzulassen. Nicht wenige Katastrophen sind ja innere Katastrophen.

19

»Wohin reitet der Herr?«

»Ich weiß es nicht«, sagte ich, »nur weg von hier, nur weg von hier. Immerfort weg von hier, nur so kann ich mein Ziel erreichen.«

»Du kennst also dein Ziel«, fragte er.

»Ja«, antwortete ich, »ich sagte es doch. Weg-von-hier – das ist mein Ziel.«[24]

So endet eine kurze Prosaskizze Kafkas aus dem Jahr 1922. Offenbar handelt es sich bei dem Ich-Erzähler weniger um einen Reisenden, als vielmehr um einen Fliehenden. Würden wir selbst dann im Anderswo unseren Sehnsuchtsort suchen, wenn wir im Hier glücklich wären? Denn Reisen ist immer Anstrengung und Last. Und mehr denn je ist es gegenwärtig ein Privileg, nicht reisen zu müssen.

20

Nicht immer hat das Reisen ein Ziel, aber immer ist es ein Fort von einem vertrauten Ort – und nicht selten eine Flucht.

Das Reisen als Flucht ist ein Klischee. Doch in jedem Klischee steckt ein wahrer Kern, um den sich das Fett der Stereotypisierung angesammelt hat.

Manche fliehen nur vor chronischer Langeweile, Armut, Erschöpfung. Und sie suchen nicht das Fremde, sondern schlicht das, an was es ihnen mangelt: Erholung, Wohlstand, Abwechslung, Zerstreuung.

Plötzlich kommt mir die bevorstehende Reise nach Afghanistan vollkommen surreal vor. Noch liege ich hier im stillen, friedvollen Zimmer, wo alles, was mit dem Wort Afghanistan zusammenhängt, ferne, wenngleich beängstigende Nachrichten sind. Unvorstellbar, dass es dieses Land wirklich gibt. Und ich in naher Zukunft ein Gast in diesem imaginären Land sein werde.

Je öfter dieser Ort in den Nachrichten auftaucht, desto unwirklicher wirkt er. Das Fernsehen ist eine Fiktionalisierungsmaschine.

21

Und doch fühlen wir uns nie lebendiger als bei neuen Begegnungen. Neue Begegnungen sind Wiedergeburten. Solange die neue Begegnung noch nicht in eine längere Bekanntschaft übergegangen ist, besteht Hoffnung. Noch scheint die neue Beziehung vollkommen unkompliziert. Die Komplikationen ergeben sich erst mit zunehmender Vertrautheit.

Reisend komme ich wieder in Gang. Und fühle mich leicht.

22

Dann das Gefühl, das jeder Alleinreisende kennt: Verlassenheit. Alles Volk um mich herum besteht aus Familien, Paaren, Cliquen. Niemand von ihnen braucht mich, hat auf mich gewartet oder nimmt mich auch nur wahr. Ich bin nicht unsichtbar, aber überflüssig, ausgeschlossen, fehl am Platz. Ich erwecke keine Neugier, kein Interesse, kein Begehren, nicht einmal Ablehnung oder Wut. Ich bin ein harmloses, vorübergehendes Übel.

Nun hilft nur, lange zu schlafen. Ausgeschlafen sein. Gut gefrühstückt zu haben. Und jedes leiseste Anzeichen von Bedürftigkeit auf der Nachtstatt zurückzulassen.

Morgenhelle. Nichts haben, nichts besitzen wollen. Schwerelosigkeit. Ja, ich bin glücklich, hier zu sein, auch wenn es mich traurig stimmt.

Ich gebe mich dieser Glückstrauer hin, ohne mich vor dem Sterben zu fürchten. Denn auch das ist das Reisen, ein Zugrundegehen.

23

In den Wochen der Reisevorbereitung habe ich nicht einmal von meinem Reiseziel geträumt. Vielleicht, weil ich noch nie dort war und alle Bilder im Kopf vermittelte sind. Heute Nacht dann ein verwirrender Traum, ich in einer Gruppe von Menschen an einem Ort ohne besondere Merkmale, von dem ich aber weiß, dass er in Afghanistan liegt. Dann sehe ich ein Schild: Deutsches Kulturinstitut, Kabul.

Meine Bücher sind bereits vor mir eingetroffen. Ich biete der Direktorin eine Lesung an. Sie scheint nicht gerade begeistert und vertröstet mich auf die Zeit meines nächsten Besuchs. Dabei ist ein weiterer Aufenthalt gar nicht geplant.

Ich bin ausschließlich von Deutschen umgeben. Beim Erwachen bleibt nur eine Ahnung, dass es in irgendeinem Traumwinkel auch einen jungen Afghanen gegeben haben muss, eben jener Akteur, der dem Traum trotz aller Frustrationen eine zuversichtliche Stimmung gegeben hat.

Erinnere ich mich da an eine Spur von Sehnsucht? Nun gehörte Kabul nie zu meiner Liste von Sehnsuchtsorten. Aber beim Erwachen ist mir klar, dass ich ihn, diesen mich ermutigenden fremden jungen Mann finden muss. Meine Landsleute indes haben mich gelangweilt. Selbst in der Fremde hatten wir einander nichts zu sagen.

24

In der letzten Nacht vor meiner Abreise träume ich, dass meine über vierzig Jahre alte Armbanduhr, ein Geschenk meiner Großeltern zur Erstkommunion, auf die Dielen fällt und zerbricht.

Im Traum wohne ich in einem schäbigen Altbauzimmer mit fremden Möbeln, aber es scheint meine Wohnung zu sein.

Nachdem die Uhr in alle Einzelteile zerstoben ist, höre ich einen merkwürdigen Gesang. Ich suche nach der Quelle und finde nur ein hässliches, schabenartiges Insekt. Ich will es einfangen oder erschlagen, doch bevor ich es zu packen bekomme, zerplatzt es. Mir ist klar, dass ich in diesem Zimmer nicht weiter wohnen kann und mir nach meiner Rückkehr ein neues suchen muss.

25

30.4.2012 Wie kann man Menschen so viel Nähe zumuten? Wie halten Menschen diese Nähe aus, ohne sich gegenseitig an die Gurgel zu gehen?

Zum Fliegen ist bereits alles gesagt. Was vielleicht ohnehin nie ein Hafen war, verdient diesen Namen weniger denn je. Mit atemberaubender Schnelligkeit hat sich der Menschheitstraum vom Fliegen erfüllt, mit derselben Rasanz hat er jeden Reiz und jede Schönheit verloren. So sterben Träume, noch während sie sich erfüllen.

Doch diesmal habe ich Glück, sitze Ellbogen an Ellbogen neben einem jungen türkischen Fußballer, an meiner linken Seite der Gang. Wir unterhalten uns über die Bedeutung von Träumen für das alltägliche Leben. Nicht nur sammelt er seit Jahren alle seine Träume, er hat auch ganz eigene Methoden zu ihrer Deutung entwickelt. Im Traum erteile er sich selber Ratschläge. Der Traum bereite ihn auf seine Spiele vor.

In den bedeutsamen Träumen, sagt er, geht es immer um Leben und Tod.

Und wie unterscheidet man die bedeutsamen Träume von den unbedeutenden?

Das weiß man spätestens beim Erwachen.

Er ist der einzige Passagier dieser Turkish-Airlines-Maschine, der sich koscheres Essen bestellt hat.

Es gibt zwei Arten von Träumen, fährt er nach dem Essen fort, die Zustandsträume, die sich auf deinen leeren Magen oder deine platzenden Eier beziehen, und die Erkenntnisträume, die dir verraten, wer du wirklich bist.

Für mich sind im Grunde nur jene Träume interessant, die mich bereits vor dem Flugzeugabsturz warnen, bevor ich in die Maschine gestiegen bin.

Nein, so einfach entkommt man seinem Schicksal nicht. Aber es ist immerhin nicht schlecht, wenn man weiß, was einen erwartet. Dann lässt man sich davon nicht so schnell aus der Fassung bringen. Und das ist doch wohl mit Abstand das Schlimmste, was uns zustoßen kann, nicht wahr?

Zwischenlandung in Istanbul. Alle Wartenden vertreiben sich mit ihren Laptops oder Smartphones die Zeit. Eigentlich wollte ich ein wenig lesen, aber die allgemeine Surfsucht steckt mich an.

Indessen weigert sich mein Laptop beharrlich, sich mit dem WLAN zu verbinden. Ich könnte mein Hilfsprogramm aktivieren und auf Fehlersuche gehen. Stattdessen bitte ich den Netzjunkie am Nebentisch um Hilfe. Immer habe ich mir die Dinge lieber zeigen lassen, als die Gebrauchsanweisungen zu studieren.

Am Ende hat er mir zwar keinen Netzzugang verschaffen können, mir aber geholfen, die fünf nächtlichen Wartestunden auf dem Istanbuler Flughafen in angenehmer Gesellschaft herumzubekommen.

Und was sind schon fünf Stunden in einer Abflughalle, wenn andere ihr halbes Leben auf einem Flughafen verbringen? Früher sind sie mir nicht aufgefallen. Doch in den langen Stunden des Wartens entdecke ich sie, die wie Reisende verkleideten Obdachlosen, die sich in den Waschräumen rasieren oder dort ihr einziges Paar Socken waschen, und dann treffe ich sie wieder, wie sie sich an die unabgeräumten Tische der Selbstbedienungsrestaurants setzen und die Reste der Weitergereisten verzehren. Die großen Flughäfen sind inzwischen ja kleine Städte. Trotz des allgemeinen passageren Gewimmels finden sich selbst hier noch Nischen der Sesshaftigkeit.

26

1.5.2012 Meine erste Nacht in Kabul. Hundegebell weckt mich. Den Rudeln wilder Hunde bin ich schon gestern Nachmittag bei meinem ersten Rundgang über das Universitätsgelände begegnet, eine struppige, brachliegende Fläche von

Staub und verbranntem Gras. Die Hunde kamen plötzlich aus dem Nirgendwo auf mich zugerast. Ich tat so, als griffe ich nach einem Stein, das hat sie auf Abstand gehalten.

Erstes Dämmerlicht dringt vom Rosengarten in das kleine Zimmer des Gästehauses, in dem ich in den nächsten zwei Monaten wohnen werde. Ich schaue auf die Uhr, es ist kurz nach vier. Das Hundegebell wird lauter und bösartiger. Dann spüre ich die Erschütterungen von Explosionen und Geschützfeuer, nicht in unmittelbarer Nachbarschaft, aber zweifellos noch innerhalb des Stadtgebiets. Die restlichen Stunden bis zum Morgen bleibt mein Schlaf unruhig. Ich bin nicht ängstlich, aber mein Ohr bleibt wachsam und lauscht, ob der Kampflärm nicht plötzlich näher rückt. Vielleicht sollte ich den Hunden dankbar sein.

Die zweite Hälfte meiner Reise, den Nachtflug vom Bosporus nach Kabul, habe ich dösend verbracht, zumal meine beiden Sitznachbarn mir auch keinen Grund gegeben haben, mich wach zu halten und ein Gespräch zu beginnen. Zumindest im Anflug auf die Hauptstadt habe ich noch einen flüchtigen Eindruck von der schroffen Kargheit der afghanischen Berge gewinnen können. Nur in den steilen Tälern entdecke ich hin und wieder wenige dunkle Flecken von Vegetation, ansonsten nackter aschgrauer Fels, die Dörfer, die es dort doch auch geben muss, wohl aus demselben unscheinbaren Stein errichtet.

Nur diese eine Maschine aus Istanbul landet an diesem Morgen auf dem Flughafen von Kabul. Trotzdem warten wir eine Ewigkeit auf unser Gepäck. Dabei scheinen die Kontrollen unerwartet lässig. Offenbar ist es nicht der Luftweg, auf dem der afghanische Grenzschutz verdächtige Reisende erwartet.

Erste Fahrt durch die Stadt. Es ist ein friedlicher, sonniger Maitag. Zwei junge Männer holen mich vom Flughafen ab. Der eine, Amin, ist für meinen sicheren und korrekten Empfang zuständig, der andere, Mansoor, ist der Chauffeur des gepanzerten Geländewagens. Es geht nur langsam voran, die Straßen Kabuls sind für diese Explosion von Fahrzeugen nicht gebaut. Die Häuser am Straßenrand sind ein-, allenfalls zweistöckig und in einem uneinheitlichen, rein zweckdienlichen Stil errichtet. Die Passanten wirken entspannt, es wird wenig gehupt, beunruhigt bin ich allein von den bewaffneten Polizisten und Soldaten an allen Kreuzungen, ihre Maschinenpistolen im Anschlag.

Das Gästehaus auf dem Universitätsgelände stellt sich indessen als eine Oase des Friedens heraus. Es liegt fern der Hauptstraße, in einem parkähnlichem Gestrüpp verborgen. Die Zimmer sind bescheiden, aber nicht ohne Geschmack eingerichtet. Jeder Raum hat eine zweite Tür, die in den Rosengarten hinausführt. Die einzige Gefahr, die hier droht, liegt darin, über diese Insel der Geborgenheit die Welt da draußen zu vergessen. Hier scheint sie weit entfernt, fast unwirklich, als würden die mannshohe Mauer und das bisschen Grün ausreichen, uns vor ihr zu schützen.

27

2.5.2012 Zumindest meine unmittelbare Umgebung, das Universitätsgelände, will ich selbständig erkunden. Man kann sich nicht in der Fremde aufhalten und sich ständig bedroht fühlen. Zumindest nicht, wenn man einigermaßen gesund bleiben will. Also gilt es, eine Balance herzustellen zwischen berechtigten Ängsten und realen Bedrohungen einerseits und der notwendigen Offenheit und dem Vertrauen für neue Begegnungen andererseits.

Im Grunde gibt es diese Spannung zwischen Angst und Vertrauen bei jeder Begegnung mit Fremden. Um zu lernen, das rechte Gleichgewicht zu finden, sollte man indes seine Reiselehrzeit nicht gerade in Afghanistan beginnen.

Wenn es ein Film wäre, könnte man ihn einfach stoppen, wenn man die Spannung nicht mehr erträgt. Aber als Reisende sind wir Teil des Films. Wir können nicht einfach den Projektor anhalten und aus dem Zelluloid aussteigen.

Alle Zugänge werden von einer Campuspolizei überwacht. Ich falle auf. Die Studenten beobachten mich, aber nur wenige grüßen. Eine Gruppe junger Männer winkt mich heran. Die Hälfte von ihnen trägt traditionelle paschtunische Kleidung, die anderen tragen Jeans, T-Shirts und Sneakers.

Die Studentinnen haben Kopftücher umgebunden, sind aber unverschleiert. Zumindest im Freien bleiben die Geschlechter unter sich. Das sind nur allererste Eindrücke. Nichts davon ist überraschend. Noch ist es schwer vorstellbar, mit ihnen im Rahmen meines Seminars ein Theaterstück zu inszenieren. Aber ich bin auch noch nicht einmal vierundzwanzig Stunden im Land.

28

Nie zuvor war ich an einem Ort wie diesem. Um das Ungewöhnliche meiner Situation zu erfassen, suche ich noch nach den richtigen Worten. Heute habe ich mich bis zum schwerbewachten Haupttor vorgewagt, und die grimmig dreinblickenden Soldaten dort haben mir signalisiert, noch einen Schritt weiter, in die Wirklichkeit dieser Stadt, und sie könnten für meine Sicherheit nicht garantieren. Ich spüre, wie ihre Drohung mich infiziert. Ist es nur Einschüchterung, nur Paranoia? Mit klopfendem Herzen ziehe ich mich wieder ins Universitätsreservat zurück. Für heute zumindest.

Tatsächlich gibt es für einen Europäer in Kabul keine Möglichkeit des gefahrlosen Flanierens. Ein Europäer ist ständig und überall als Fremder erkennbar, und ständig und überall repräsentiert er nicht nur sich selbst, sondern die Heere an Invasoren, die das Land besetzt halten, sei es, um es vor weiterer (Selbst-)Zerstörung zu schützen, sei es, um es (wieder)aufzubauen.

Am Ende ist Afghanistan nur ein extremes Beispiel für die ambivalente Rolle des Europäers als Reisender in außereuropäischen Ländern. Immer findet er bereits eine Geschichte vorangegangener Begegnungen mit Europäern vor, und nur in den seltensten Fällen eine gelungene oder glückliche. Und immer wird er als gegenwärtiger Teil dieser Geschichte wahrgenommen, ehe noch das erste Wort miteinander gewechselt wurde. Sich an eine authentische Begegnung heranzutasten, ist immer ein langer, steiniger Weg, der im Übrigen nur gangbar ist, wenn beide ihn gehen wollen. Ansonsten bleibt es bei einem Aufeinanderprallen der Bilder im Kopf, die man voneinander bereits mitbringt, bevor man aufeinander trifft.

29

3.5.2012 Nein, Kabul ist nicht hässlich, geschweige denn unscheinbar. Zerbombt, ja, von Betonwänden mit Stacheldrahtkronen entstellt, staubig, laut, chaotisch, aber immer noch stehen im Schatten der Betonmauern die zweistöckigen Häuser einer Kleinstadt, die Kabul einmal war, und werden, aller fortwährenden Anschläge zum Trotz, sogar restauriert. Immer noch fließt der Kabulfluss mit seinem laugengrauen Schmelzwasser aus den Bergen durch die Stadt. Die Menschen simulieren Normalität und lassen sich, zumindest auf der Straße, von der alltäglichen Bedrohung nichts anmerken.

Besuch im Hauptquartier der Internationalen Schutztruppen, einer Stadt in der Stadt, mit ganz eigenen Gesetzen, Strukturen, Ritualen, der erste Ort, gesichert wie kein anderer auf der Welt, an dem ich mich in Kabul frei bewegen kann, zwischen Baracken mit Geschäften, Unterkünften, Büros, Friseursalons, Biergärten, Cafés und Fitnessstudios. Die überwiegend jungen Soldaten aus der ganzen Welt begegnen mir freundlich, locker, cool; auch hier die Simulation einer Normalität, die es in der Stadt nicht wirklich gibt. Aber man will sich das friedliche und kameradschaftliche Miteinander zumindest in dieser exterritorialen Zone nicht zerstören lassen.

Parallelwelten. Jeden Augenblick ändert sich die Szene, der Film, das Genre. Natürlich sind Hollywoods Set-Designer und Ausstatter so versiert, in ihren Afghanistanfilmen mit nahezu ethnographischer Genauigkeit diese Wirklichkeiten nachzustellen. Alles stimmt, die sonnenverbrannten GIs mit ihren gepanzerten Westen und Ray-Ban-Brillen, ihr Cowboy-Gang, ihr gegenseitiges Abklatschen, vom ersten Augenblick an wirkt alles vertraut, obwohl ich noch nie hier war und mir bis vor wenigen Tagen auch nicht hätte träumen lassen, hier plötzlich als Zivilist durch diese kriegerischen Kulissen zu schlendern. Auf beunruhigende Weise fühle ich mich unter diesen Rednecks sogar wohl, obwohl ich doch auf die andere Seite der Mauer gehöre.

Eine der Bürobaracken ist mit dem Schild *Theater Budget* gekennzeichnet. Doch ehe ich auch nur auf die Idee komme, mir hier im Camp die Hauptdarsteller meines Theaterprojekts zu casten, erklärt mir mein Begleiter, dass im Soldatenjargon das Wort *Theater* für den Kampfeinsatz steht.

30

Die Kameralinsen können unsere Augen täuschen, sie können aber auch unseren Blick schärfen. Ich habe beide Erfahrungen gemacht, ganz am Anfang meines Reisens, als ich noch mit einer Photokamera unterwegs war, in Israel und im Jemen, und ihr Objektiv mir den unmittelbaren Blick auf die Menschen verstellt hat. Auf meinen letzten Reisen nach China indessen war meine Videokamera der Vermittler, der mir erst den Zugang zu den Menschen eröffnet hat. Wie ist das zu erklären? Der zeitliche Abstand von zwanzig Jahren, die allgemeine Vertrautheit mit den neuen technischen Medien spielen natürlich eine Rolle und zweifellos die unterschiedlichen kulturellen Einstellungen zum Bild. Aber sie erklären nicht allein und vollständig das gewandelte Verhältnis zur Kamera. Auch meine eigene Beziehung zu diesem Werkzeug hat sich gewandelt. Ich benutze es nicht mehr zum Schießen oder Einfrieren von Erinnerungswertem, sondern zur Herstellung einer neuen, inszenierten Wirklichkeit, die mehr sein will als ein Abbild.

31

4.5.2012 Gestern Nachmittag habe ich das Theater- und Filmdepartment der Universität besucht. Ich habe nicht einmal geahnt, dass es einen derartigen Fachbereich hier in Kabul geben könnte. Die Theater der Stadt sind zerstört, eine künstlerische Filmproduktion existiert schon seit Jahrzehnten nicht mehr, und die lokalen Fernsehsender beschränken sich auf die Ausstrahlung von Nachrichten, Bollywoodfilmen und pakistanischen Soaps.

Tatsächlich treffe ich im Probenraum ein Dutzend älterer Männer bei ihren Lockerungs- und Improvisationsübungen an. Falls sie noch Studenten sein sollten, dann in einem sehr fortgeschrittenen Semester. Nacheinander stellen sie unterschiedliche Tiere da, die von ihren Kommilitonen erraten werden müssen. Es fällt mir kein einziges Stück aus der dreitausendjährigen Dramengeschichte ein, das sich mit dieser Studententruppe einstudieren ließe.

32

Amin und Mansoor nehmen mich auf einen Ausflug außerhalb der Campusmauern mit. Beide sind sie Englischstudenten und Mitarbeiter des Gästehauses. Das Tor zum Universitätsgelände ist verschlossen, der Wachsoldat will es nicht für uns öffnen, weil Wochenende sei. Doch Amin und Mansoor kennen Schleichwege und Schlupflöcher, so dass wir in wenigen Minuten jenseits des Zauns sind, ohne auch nur einer Wache begegnet zu sein. So viel zu den martialischen Maßnahmen zum Schutz vor Eindringlingen.

Wir sind nicht die einzigen an diesem vorlesungsfreien Donnerstag, die sich vom Campus schleichen. Vor einigen Jahren gab es noch auf dem Gelände selbst Cafés, Kioske und Erfrischungsstände, aber alle sind aus unerfindlichen Gründen inzwischen geschlossen, selbst ein Glas Tee ist hier nicht mehr zu bekommen.

Die Straße nördlich der Universität ist weniger stark befahren als die große Ausfallstraße unweit des Gästehauses. Doch die wenigen hundert Meter, die wir auf ihr neben einem offenen Abwasserkanal entlanggehen, reichen, dass sich Staub, Ruß und Gestank in allen unseren Fasern und Poren festsetzen. Aber wir lassen uns davon nicht unsere ausgelassene Stimmung trüben. Wir fühlen uns wie heldenhafte Ausbrecher.

Das nächstgelegene Café ist geschlossen. Am Abend soll hier eine Hochzeit gefeiert werden. Amin erzählt, dass es früher ein beliebter Studententreffpunkt gewesen sei, da es hier den besten Kebab der Stadt gegeben habe. Vor einigen Monaten aber habe es eine blutige Auseinandersetzung gegeben, seither seien die Studenten nicht mehr erwünscht.

Was ist passiert?

Seit jeher war es üblich, dass sich alle hier trafen und gemeinsam am Tisch saßen. Doch dann kamen mehr und mehr Bärtige und beschwerten sich beim Besitzer, dass es keine getrennten Räume für die Frauen gebe. Am Ende kam es zu einer Prügelei zwischen den Bärtigen und den Studenten. Einige haben das Fleisch von ihren Spießen geschoben und damit auf ihre Gegner eingestochen. Es hat gottlob keine Toten, aber mehrere Schwerverletzte gegeben. Da der Besitzer keinen weiteren Ärger wollte, hat er den Studenten Hausverbot erteilt.

Wir suchen weiter nach einem geöffneten Café, doch dieser Donnerstagnachmittag gleicht in fataler Weise den Sonntagnachmittagen in einer westfälischen Kleinstadt. Wir machen uns auf den Rückweg, um vor Sonnenuntergang wieder im Gästehaus zu sein. Die Torwache will uns nicht aufs Campusgelände lassen. Amin versucht, dem Soldaten zu erklären, dass wir hier leben. Der Soldat kann oder will ihn nicht verstehen. Geht es nur um ein Bakschisch? Ich will dem uneinsichtigen Wächter meinen ausländischen Pass vorlegen, doch Amin winkt ab. Lass ihn stecken, *Habibi*, dein Ausweis macht es nur noch komplizierter. Wahrscheinlich kann er ihn nicht mal lesen und müsste seine Vorgesetzten verständigen. Dann stehen wir bis zum Wochenanfang hier. Nein, wir schleichen uns hinein, wie wir uns herausgeschlichen haben.

Und wenn man uns erwischt und auf uns schießt?

Dann haben sie immerhin ihre Pflicht erfüllt.

33

Die beiden Frauen, die sich um die Küche, die Wäsche und die Sauberkeit des Gästehauses kümmern, haben am Wochenende dienstfrei. Da unsere Suche nach einer Mahlzeit vergeblich war, machen sich nun Amin und Mansoor an die Zubereitung eines gemeinsamen Abendessens. Ich sitze dabei, erfreue mich einfach am Zusehen, wie sie aus den Essensresten im Kühlschrank ein kleines Festmahl zaubern und sich dieser Rolle als Küchenfeen in keiner Weise schämen.

Das Essen dauert bis tief in die Nacht, erfüllt von einem freundschaftlichen Gespräch über die Dinge, die in ihrem und in meinem Leben wichtig sind und die sich am Ende nicht wesentlich unterscheiden.

34

5.5.2012 Ausflug zum Babur-Garten. Einheimische bezahlen zwanzig Afghani Eintritt, Ausländer bezahlen das Zehnfache. Ich wünsche diesem Land, dass es sich irgendwann (wieder) leisten kann, großzügig zu sein und Ausländer und Einheimische gleich gastfreundlich und respektvoll zu behandeln.

Der Garten Babur Shahs ist in seiner alten Pracht wieder hergestellt worden. Nur die noch jungen und zerbrechlich wirkenden Obstbäume erinnern daran, dass dieser Park vor wenigen Jahren eine einzige Schuttwüste war.

Alle Besucher müssen am Eingang ihre Waffen abgeben. So sitzen denn junge Soldaten neben Familienvätern, verschleierten Frauen und spielenden Kindern friedlich im löchrigen Schatten der noch dürftigen Baumkronen, trinken Tee, rauchen, starren in den staubgrauen Himmel.

Der Geruch nach Haschisch weht zu uns herüber. Es ist ein alter Mann, der es in einer Wasserpfeife raucht. Amin und Mansoor schauen mich betreten an. Nicht nur in dieser Hinsicht scheint mir die junge Generation strenger und unduldsamer als die Großelterngeneration zu sein, die in einem vollkommen anderen Land aufgewachsen ist. Amin und Mansoor kennen mit ihren zwanzig Jahren nichts anderes als Krieg, wenn auch mit wechselnden Fronten.

Auf dem Rückweg zum Gästehaus frage ich die beiden, warum die Straßen nicht asphaltiert sind. Die Stadt erstickt im Staub.

Aber die Straßen seien doch asphaltiert, antwortet Mansoor. Die Regierung beauftragt eine Straßenbaufirma und bezahlt zweitausend Dollar pro Kilometer. Die Firma gibt den Auftrag an ein Subunternehmen weiter, bezahlt ihm tausendfünfhundert Dollar pro Kilometer und behält fünfhundert Dollar als Aufwandsentschädigung und Provision ein. Das Subunternehmen beauftragt seinerseits ein Subsubunternehmen und bietet ihm tausend Dollar pro Kilometer. Die Aufwandspauschale bleibt dieselbe. Das Subsubunternehmen arbeitet mit einem Subsubsubunternehmen zusammen, das verspricht, den Auftrag für fünfhundert Dollar zu erledigen. Selbstverständlich geht der größte Teil dieser Summe für die Auftragsverwaltung drauf. Und den baulichen Rest siehst du ja.

35

Gibt es Erfahrung nur innerhalb der Sprache? Die Moderne in der westlichen Kultur hat alle wesentlichen Erfahrungen versprachlicht, sie ihrer gestischen Dimension enteignet und zugleich den Körper als Feld wesentlicher Erfahrungen erschlossen. Eine der wenigen Gesten, die sich dieser Dialektik der An- und Enteignung entzieht, ist das Lachen.

Nach wie vor gibt es zwei Extreme von Erfahrungen, vielleicht ihre äußersten Pole, die sich der Versprachlichung widersetzen: das Opfer und die Ekstase. Jede Kunst, jede Literatur kreist um sie. Jede Reise ist eine geheime Suche nach ihnen.

Gibt es eine Erfahrung, in der sich beide Pole annähern und Opfer und Ekstase zusammenfallen?

Sobald ich darüber spreche, ist es keine Erfahrung der Grenzüberschreitung mehr. Die Sprache markiert diese Grenze, innerhalb der ein Körper noch eine Erfahrung machen kann, ohne sich selbst aufzugeben oder zu zerstören.

36

6.5.2012 An diesem Morgen bin ich zu Gast bei Germanistikstudenten der Kabul University. Unter ihnen wähle ich einige Studenten aus, die das Kernteam dieser Filmreise bilden sollen. Die erste Arbeit besteht aus Übersetzung: Das europäische Stück (Nigel Williams' *Class Enemy*) muss in den afghanischen Kontext übertragen werden. Darüber hinaus kann ich mir meine jugendliche Truppe auch als Darsteller auf der Bühne oder vor der Kamera vorstellen. Aber am Ende müssen vor allem sie selbst es sich vorstellen können.

Reise ich noch, wenn ich in der Fremde eine Arbeit aufnehme? – Es kommt wohl auf die Art der Arbeit an. Film ist selbst eine Bewegung, die Arbeit am Film eine Reise mit ungewissem Ausgang.

37

7.5.2012 Durchfall und Fieber. Mein Körper fällt aus, verweigert sich, glaubt zu sterben. Ihm ging die Ankunft zu schnell, die Höhe, die dünne, staubige Gebirgsluft, die gnadenlose Sonne, das fremde Essen, die vielen Hände, die zu schütteln waren …

Ich kenne diese Rückschläge oder Rückfälle von jeder Reise. Spätestens nach einer Woche zwingt mein Körper mich zur Ruhe, damit ich ihm die nötige Zeit zur Anpassung gebe. Technik und Geist haben ihn zu rasch in diese neue Welt katapultiert. Doch am Ende zählt nur er.

Ich schaue nicht, in meiner spartanischen Gästeklause gibt es nichts zu schauen. Aber das Ohr hört mehr als sonst und reagiert empfindlicher. Alle Geräusche, die an mein Krankenbett dringen, wirken schmerzhaft verstärkt. Die Alltagslaute sind von den verzerrten Geräuschen meines Fiebertraums nicht mehr zu unterscheiden.

Am Nachmittag raffe ich mich auf, dusche, rasiere mich, will die Studenten nicht warten lassen. Unsere Übersetzergruppe hat sich vergrößert, zwei weitere Studenten und eine Studentin sind dazugestoßen. Indessen fühlen sich die Studenten durch die Anwesenheit ihrer Kommilitonin gehemmt. In Gegenwart von Mädchen oder Frauen benutzen sie nicht dieselbe Sprache, denselben Jargon wie untereinander, selbst wenn das Mädchen gleichaltrig ist und zur selben Clique gehört. Und der Jugend- oder Straßenjargon des zu übersetzenden Stücks ist so drastisch, dass wir in dieser Konstellation nicht weiterkommen. Was in den Gesprächen untereinander gebräuchliche Obszönitäten sind, kommt ihnen an diesem Nachmittag nicht über die Lippen. Nicht einmal aufzuschreiben wagen sie die Wörter.

Am Abend steigt das Fieber auf über vierzig Grad. Ich kann nicht einmal zum Abendessen in den kleinen Speisesaal gehen. Amin, der heute Abend Dienst hat, bringt mir eine Kanne Tee und Zwieback ins Zimmer. Er bleibt eine Weile an meinem Bett sitzen, ohne zu reden. Er ist einfach nur da.

38

8.5.2012 Den dritten Tag in Folge ans Krankenlager gefesselt. Allmählich wird die Lage beunruhigend und – langweilig. Seit Stunden regnet es, und die andauernden Schauer verwandeln Kabul in eine Schlammstadt. Fällt die angedrohte Frühjahrsoffensive der Taliban buchstäblich ins Wasser?

Am Nachmittag schleppe ich mich trotz des anhaltenden Fiebers und der Magenkrämpfe zum germanistischen Institut. Ich kann meine Studenten nicht einfach versetzen.

Irgendetwas hat sich in der Zwischenzeit gelöst. Voller Leidenschaft übersetzen sie die deutschen Dialoge ins Dari. Dari wird mit arabischen Buchstaben von rechts nach links geschrieben. Ich bitte sie, zu jeder Dari-Zeile auch eine Lautschrift in lateinischen Buchstaben hinzuzufügen. Kein Problem, antworten sie, sie könnten auch ganz auf die arabischen Buchstaben verzichten und die Dari-Version gleich in lateinischen Lettern festhalten. Sie schrieben ja auch alle ihre Kurzmitteilungen und E-Mails in lateinischen Buchstaben.

Offenbar braucht es keinen radikalen Reformer à la Atatürk mehr, um einer ganzen Nation einen Schriftwechsel zu verordnen. Die neuen Kommunikationsmittel schaffen diese Revolution sanft, schleichend und spielerisch.

Am Abend verabrede ich einen Behandlungstermin mit Guardian Medevac, der medizinischen Organisation für die vielen Tausend Helfer hier im Land.

39

9.5.2012 Zu behaupten, ich fühlte mich wie neugeboren, wäre zweifellos übertrieben. Ich fühle mich schwach, ausgezehrt, klapprig auf den Beinen, aber entschieden besser als in den vergangenen Tagen. Es kommt mir vor, als habe die Fremde mir eine Lektion über die Verletzlichkeit meines Körpers erteilen wollen.

Mag der Körper auch noch ein paar Tage der Erholung brauchen, mein Kopf ist kühl und klar.

Green Village, ein Containerdorf am Stadtrand von Kabul, Hochsicherheitsgelände für die internationalen Polizeiausbilder und weiterer, nicht genauer benannter Trainer. Lieblingsziel für Anschläge aller Art. Hier befindet sich auch das medizinische Behandlungszentrum, über eine Stunde gepanzerter Autofahrt vom Gästehaus entfernt. Glücklicherweise ist es nur der Verdauungstrakt, der aus dem Tritt geraten ist, und nicht das Herz.

In kürzester Zeit ist die bakterielle Magen-Darm-Infektion diagnostiziert und das probate Antibiotikum verschrieben und ausgehändigt. Die Rückfahrt zum Gästehaus braucht nur die Hälfte der Zeit, da die eben noch zugestauten Straßen plötzlich menschenleer sind. Offenbar liegt Gefahr in der Luft, obwohl unsere Handys bisher noch schweigen. Als Mansoor einige Abkürzungen durch die engen Gassen der Wohnviertel nimmt, komme ich mir wie in einem amerikanischen Kriegsfilm vor. Mein Fahrer rast mit unverminderter Geschwindigkeit durch die vom Regen noch matschigen Gassen und nimmt weder auf Obst- und Gemüsestände noch auf Katzen oder Hunde Rücksicht. Menschen sind glücklicherweise auch hier nicht zu sehen.

Alles geht gut, und ich bin rechtzeitig bei meinen Seminaristen. Die Kurzmitteilung des RMO, unsere Unterkünfte nicht zu verlassen, nehme ich nur noch am Rande zur Kenntnis.

Die Studenten begreifen genau, um was es in dem Stück geht, auch wenn es in einer Schule am Londoner Stadtrand spielt. Sie übersetzen die Dialoge nicht nur, sie führen sie in unserer kleinen Runde bereits in verteilten Rollen auf. Morgen früh werden wir gemeinsam zum Theater- und Filmdepartment gehen und um einen Probenraum bitten. Das verrufenste Viertel Kabuls, in dem wir die afghanische Fassung des Stücks ansiedeln wollen, heißt im Volksmund, so erfahre ich von meinen Studenten, tatsächlich *Guantánamo.* Dass einer der Protagonisten des Stücks offenkundig schwul ist, stört sie nicht weiter.

40

10.5.2012 Nach zehn Tagen unter eingeschränkter Bewegungsfreiheit und gelegentlichen Magenkrämpfen muss ich gestehen: Ich bin fast glücklich hier. So glücklich, dass ich über die genaueren Gründe nicht nachdenken will. Ich gehe ganz in einer gewissen Passivität auf. Sitze unter den Studenten und lasse geschehen. Ja, im Grunde mache ich nichts anderes, als ihnen zuzuhören und ihren Ideen zur Umsetzung zuzustimmen. Sie haben begriffen, dies ist nicht nur eine Übersetzungsübung, das Stück hat unmittelbar mit ihnen selbst zu tun, ihren geheimen Ängsten und Schwächen, ihrer unterdrückten Wut, ihrem unerfüllbaren Begehren, ihrer Angst vor der Zukunft. *Class Enemy* handelt von einer Gruppe aufsässiger Schüler, die auf einen neuen Lehrer warten. Während des Wartens beginnen sie, einander selbst zu unterrichten. Alte Wunden brechen auf, das ganze Experiment gerät außer Kontrolle. – Offenbar ist es uns gelungen, wenigstens hier im Institut einen geschützten Raum zu schaffen, in dem jeder seine Verletzlichkeiten zeigen kann, ohne gleich einen Gesichtsverlust fürchten zu müssen.

Womöglich ist es voreilig und leichtfertig zu vergessen,

wo ich hier bin. Für einen Moment glaube ich nicht mehr an unüberbrückbare kulturelle Differenzen. Ein selbst in Europa umstrittenes Theaterstück wird hier lebendig, als sei es für Kabul geschrieben worden. Sadam, unser *Habibi*, weiß, dass er dem jungen Schwulen im Stück seine Stimme leiht, alle anderen wissen es auch, aber er nimmt es gelassen und mit Humor, ohne seinen Charakter zu verraten. Woher nimmt er diese Souveränität? Wird er sie auch auf der Bühne vor einem größeren Publikum wahren?

Vielleicht ist unsere Arbeit ja eine Art lustvoller Protest gegen die allseitigen Zwänge, in denen sie sonst gefangen sind. Ich hoffe nur, dass man uns diesen Freiraum lässt.

41

12.5.2012 Kleiner geheimer Spaziergang mit Mansoor ins nächste Wohnviertel. Die ungepflasterten Straßen wieder so staubig, als habe es seit Jahren nicht mehr geregnet, die offenen Abwasserkanäle beiderseits der Fahrbahn mit zähfließender Scheiße gefüllt, in wenigen Tagen wird auch sie Teil des allgemeinen Stadtstaubs sein. Zwischen den Kanälen und der Schlaglochpiste die Stände der Straßenhändler. Vergeblich versuchen sie, ihr Gemüse mit regelmäßiger Wässerung frisch aussehen zu lassen. Liegt hier die Quelle meiner Magen-Darm-Verstimmung?

Eine überraschende Vielfalt an Gesichtern, die alle Ethnien Eurasiens zu umfassen scheint. Hauptsächlich Männer führen die Geschäfte, kaufen ein, verkaufen; Frauen sehe ich nur wenige auf der Straße, und die wenigen sind durchweg modern gekleidet und unverschleiert. Das Straßenbild scheint voller Widersprüche. Wissen die Afghanen selbst, welche

Regeln gerade wieder oder schon nicht mehr gelten? Scheren sie sich darum?

Ich spüre keine besondere Aggression auf der Straße, auch keine besondere Neugier mir gegenüber. Liegt es am Stadtviertel, an der Nähe zur Universität, oder liegt es an meinem jugendlichen Begleiter, unter dessen besonderem Schutz ich stehe?

Kaum sind wir zurück im Gästehaus, hören wir Schüsse und Explosionen aus eben jenem benachbarten Viertel, durch das wir gerade gestreift sind. Erstaunlicherweise beunruhigt mich dieser neuerliche Straßenkrieg nicht. Es sind nicht dieselben Menschen, an deren Marktständen wir gerade noch vorbeigeschlendert sind, die nun wild um sich schießen. Und die Angriffe gelten nicht mir, nicht mir persönlich, sondern einem imaginären Feind, wenn überhaupt einem Feind. Vielleicht zählt auch nur die Geste, die Aktion an sich. So gut wie nie sind in diesem Krieg die Opfer die tatsächlichen Gegner. Die Gegner brauchen einander lebendig.

Am Abend höre ich in den Nachrichten, zwölf Menschen seien bei diesem Anschlag und dem anschließenden Schusswechsel ums Leben gekommen.

42

Das Schreiben hilft gegen die Gefahr. Es ist bereits eine Einübung ins richtige Reisen: Beobachten, Nachdenken, Schweigen, Zuhören … Schreibend kann mich der Tod nicht überraschen.

Das Schreiben ist Arbeit an der Wirklichkeit. Es geht über das Wahrnehmen und Denken hinaus, es verwandelt das Erlebte in Handlung. Erst dadurch wird es wahr.

Das Schreiben ist auch eine Einübung ins Lesen. Die Wirklichkeit muss gelesen werden, damit wir sie begreifen können. Ebenso eignet sich der Schreibende sich selbst als Schreibender an. Er ist nicht einfach da, selbstverständlich, gegenwärtig. Schreibend tritt er mit sich selbst in ein Gespräch, wird sein eigener Reisegefährte, teilt mit ihm die Aufmerksamkeit und das Erleben.

Das Schreiben ist ein Weg, eine Bewegung wie die Reise selbst. Es wiederholt die Reise nicht als Bericht, es schafft die Reise erst.

43

13.5.2012 Heute wache ich noch früher als an den vorangegangenen Tagen auf. Nach der Flut der Eindrücke verspüre ich plötzlich eine große Leere in mir. Die eingeschränkte Bewegungsfreiheit erscheint mir als zunehmende Last. Was mache ich hier? Nie zuvor war auf einer Reise mein Erkundungsradius so begrenzt.

Doch sollte ich die große manipulative Kraft einer Depression nicht unterschätzen. Auch sie befähigt zu Grenzüberschreitungen. Auf einmal haben Sicherheitsbedenken keinen Vorrang mehr vor Abenteuerlust und Risikobereitschaft. Lebensgefahr ist zweifellos ein hervorragendes Antidepressivum.

Während ich noch unentschieden bin, heute Morgen überhaupt aufzustehen, erschüttern Bombenexplosionen das Universitätsgelände. Dann Schusswechsel in unmittelbarer Nähe, der Rotorenlärm mehrerer Helikopter, Rufe der Wachen am Haupttor und eine beunruhigende Stille hier im Gästehaus. Ich nehme diese ganze differenzierte Geräuschkulisse wahr, ohne etwas Besonderes zu empfinden. Der Hubschrauberlärm wird immer ohrenbetäubender und übertönt schließlich jeden anderen Laut, ein tiefer, elementarer, fast schon mythischer Lärm, einem Erdbeben, einem Tornado gleich, der Urinstinkte berührt. Für einen Augenblick bin ich kein Lauschender mehr, sondern bin dieser Lärm.

44

14.5.2012 Ich lasse mir von Mansoor eine Leiter geben, steige auf das kochendheiße Zinkdach des Gästehauses und filme über die drei Meter hohe Mauer hinweg die kahlen Hügel, die Kabul von allen Seiten einschließen. Ich kann bis zu den eisbedeckten Gipfeln des Salang blicken. Nach dem Regen in der vergangenen Nacht ist die Luft klar.

Es gibt ein neues Tor zum Gelände des Gästehauses, zweifellos sicherer als das Gatter, das dort zuvor eher symbolisch unseren gepflegten Rosengarten von der wildwuchernden Campussteppe abgegrenzt hat. Doch nun gleicht unsere behütete Welt mehr denn je einem geschlossenen Anstaltspark.

Von den Studenten, die dort wohnen, weiß ich, dass die malerischen Häuser an den Hängen der Kabuler Stadtberge nicht ans Wassernetz angeschlossen sind. Jeden Morgen müssen die Hausbewohner, in der Regel die Frauen oder Kinder, den Tagesvorrat in Kanistern von Hydranten im Tal die steilen Schotterwege hinaufschleppen. Amin und Mansoor verstehen nicht, warum es mich dorthin zieht, ins Elend jenseits der Mauer, wo es mir hier doch an nichts fehlt.

Der Film ist von nun an das Alibi, die Drehortsuche zwingt mich, die Geborgenheit des Gästehauses zumindest kurzfristig aufzugeben und mich hinaus in die unberechenbare Stadt, ja selbst ins lebensgefährliche Guantánamo zu wagen. Das scheint doch ein vernünftiger Grund zu sein, vernünftig zumindest in den Augen eines filmbesessenen Ausländers. Insgeheim denken sie, welcher Idiot wird sich für einen Film, mit dem sich am Ende nicht einmal Geld verdienen lässt, entführen, erschießen oder in die Luft jagen lassen!

Doch es ist entschieden, innerhalb dieser Mauern verhungern alle Sinne. Morgen früh geht es hinaus, wenn auch nur auf die Suche nach einer heruntergekommenen Schule, die uns einen schäbigen Klassenraum überlässt, den wir mit unserer Inszenierung vollständig demolieren können. Indessen möchte ich nicht in der Haut meiner beiden Beschützer stecken.

45

Am Nachmittag treffe ich meine Studenten. Sie wirken bedrückt, ich ahne, sie haben mir etwas Unangenehmes mitzuteilen. Also raus mit der Sprache!

Sie hätten nachgedacht, sagen sie, und mit ihren Eltern und Professoren gesprochen. Sie könnten in dem Stück nicht mitspielen. Es sei zu radikal, zu unislamisch. Unislamisch?, frage ich nach.

Wörter dürfen uns nicht erregen, erklärt Omed. Schon ein lüsterner Gedanke macht uns unrein.

Woher plötzlich dieser Sinneswandel? Sind es die Studenten, die hier reden, oder sind es ihre Väter und Dozenten? Es ist wahr, die Jungs in Nigel Williams Stück sprechen das gröbste Londoner Cockney. Wir haben es in unserer Übersetzung in ihre eigene Umgangssprache bereits stark abgemildert. – Ich fühle mich elend. Habe ich ihre Autonomie überschätzt? Hatte ich überhaupt ein Recht dazu, sie in diese Lage zu bringen?

Aber welches Stück gäbe es, das jene, die das Theater und den Film an sich schon für unislamisch halten, als Unterrichtsstoff billigen würden?

Während ich noch zweifle und hadere, haben sie bereits Vorschläge, wie wir einzelne Dialoge und Szenen entschärfen und unser Projekt vielleicht retten könnten. Natürlich stimme ich zu, auch wenn wir uns nun auf den heiklen Weg der vorauseilenden Selbstzensur begeben haben. Aber ich liebe diese Arbeit mit den Studenten und will sie nicht auf Grund eines künstlerischen Fundamentalismus meinerseits scheitern lassen.

46

16.5.2012 Zu schnell vergessen sind die vielen langweiligen Stunden, denen wir auf Reisen unweigerlich ausgesetzt sind, die Stunden des Wartens, der Ereignislosigkeit, der Leere. Daheim hat unser Tagesablauf seinen vorgegebenen Rhythmus, für die wenigen freien Augenblicke haben wir unsere persönlichen Rituale, all das gerät während einer Reise aus dem Tritt. Dann wachen wir plötzlich am Morgen auf und wissen nicht, warum wir aufstehen sollen.

An diesem Morgen verschärft sich die Krise noch. Professor W. vom Germanistischen Institut ruft im Gästehaus an und bittet mich, mein Übersetzungsseminar vorerst einzustellen. Ich frage nach dem Grund. Es seien Gerüchte im Umlauf, wir würden uns im Seminar mit unislamischen Dingen beschäftigen. Natürlich tun wir das, entgegne ich, soweit

Büchner oder Brecht eben unislamisch seien. Warum sollte ich als deutscher Gastdozent mit Germanistikstudenten auch ein islamisches Stück zum Thema machen? Dafür gibt es sicher Berufenere.

Professor W. beharrt auf seiner Bitte, den Unterricht vorerst abzubrechen, bis die Universitätsleitung die Vorwürfe geprüft habe. Vorwürfe von wem? Professor W. will keine Namen nennen. Ich biete an, der Universitätsleitung Rede und Antwort zu stehen. Doch Professor W. legt auf.

Ich rufe in Bonn an und informiere den DAAD über den drohenden Konflikt, dessen genaue Ursachen und Hintergründe mir noch nicht ganz klar sind. Geht es tatsächlich um das Stück? Geht es um das Seminarziel, eine afghanische Fassung davon zu inszenieren und womöglich öffentlich aufzuführen? Reicht schon meine schiere Anwesenheit als Provokation, meine Art des Umgangs mit den Studenten, die so ganz im Gegensatz zu dem hier noch üblichen streng hierarchischen und autoritären Stil steht? Haben sie, Professoren, Studenten, Angst, bei den Strenggläubigen in Verdacht zu geraten und Ziel ihrer Angriffe zu werden? Geht diese Angst so weit, dafür auch die Freiheit der Lehre aufzugeben?

Im Augenblick denke ich nicht daran, das Seminar abzubrechen. Die Studenten warten wie jeden Nachmittag auf mich, aber sie sind verunsichert. Alles in Afghanistan sei Politik, sagen sie, selbst ein Literaturstudium. Ihre Dozenten seien nicht auf Grund ihrer besonderen Qualifikationen Professoren geworden, sondern auf Grund ihrer Beziehungen und ihrer opportunistischen Gesinnung. Es gebe hier Germanistikdozenten, die nicht einmal Deutsch sprächen. – Sie haben recht, ich bin ihnen bereits begegnet. Soll der DAAD davon nichts erfahren? Immerhin kommt der größte Teil des Institutsbudgets aus Deutschland.

Plötzlich wird mir klar, dass diese Reise auch scheitern kann. Nicht alle Erfahrungen sind gute Erfahrungen. Es gibt auch Reisen, an die ich mit Bitterkeit zurückdenke und von denen ich im Nachhinein wünschte, ich hätte sie nicht unternommen.

47

18.5.2012 Fahrt zum Qargha-Staudamm im Nordwesten der Stadt. Der Leiter der Kabuler Handelskammer begleitet uns. Er gehört zu den Honoratioren der Stadt, seine Anwesenheit öffnet uns die Schranken an den Checkpoints. Am Seeufer dann die Überraschung: Ein großer, belebter Vergnügungspark mit Restaurants, Kiosken, Spielplätzen, Karussells, Väter mit ihren Kindern in grellbunten Schwanentretbooten, junge Paare unter Sonnensegeln, die Gesichter der Frauen unverhüllt, der See still, unbewegt, ein unverstellter Blick auf die sanftgrünen Hänge der Umgebung, nur die allgegenwärtigen Soldaten mit ihren stahlgrauen Schutzwesten und griffbereiten Waffen stören die Idylle. Als ich meine Videokamera auf sie richte, weisen sie mich schroff zurecht.

Die zehn Kilometer lange Fahrt führt an Flüchtlingslagern, Plattenbausiedlungen, Armeekasernen und Straßenmärkten vorbei. Überall wirkt die Erde spröde, aufgerissen, verwundet, Schlaglöcher, hüfttiefe Pfützen, in denen Kinder sich waschen, Bombenkrater, willkürlich errichtete, unfertige Rohbauten, hilflose Verkehrspolizisten mit teerschwarzem Mundschutz, Bettler mitten auf der Fahrbahn, sitzend, liegend, stellen sie ihre Versehrtheit zur Schau und scheren sich nicht um die Staus, die sie verursachen, deshalb verharren sie ja dort, inmitten des sechsspurigen Verkehrs.

In unmittelbarer Nähe des Qargha-Staudamms befindet sich der berühmte Kabul Golf Club, der 2004 wiedereröffnet wurde. König Habibullah brachte den Golfsport bereits 1919 ins Land. Nach einer mehrjährigen Unterbrechung während der Talibanherrschaft finden dort nun wieder internationale Turniere statt.

Ich kenne mich im Golfsport nicht aus, habe keine Ahnung, ob neun Löcher viel oder wenig sind und ob das Green so schlammbraun sein darf wie hier, wo sie den Sand mit altem Motoröl vermischt haben, damit sich die Bälle besser abschlagen lassen. Auf jeden Fall wird der Platz genutzt, und unser Begleiter, der Leiter der Kabuler Handelskammer und Ehrenmitglied des Clubs, hofft, dass beim nächsten internationalen Turnier im August, dem Desert Classic Tournament, Tiger Woods persönlich teilnehmen werde.

Ich sehe schroffe Gegensätze, die kein Ganzes ergeben, kein Gemeinsames, keine Stadt. Dasselbe gilt für das ganze Land. Ein Staat Afghanistan ist nicht mehr als eine substanzlose Behauptung. In Wirklichkeit verteidigt jeder Stamm, jeder Clan, jede soziale Klasse und jede religiöse Gruppe nur ihre eigenen Territorien und Interessen.

Jede Begegnung ist von einem tiefen Misstrauen geprägt, nicht nur mir, dem Fremden gegenüber. Alle sind sie hier in gewisser Weise fremd. Wer ist der andere, welcher Volksgruppe, welcher Religion gehört er an? Kann ich ihm trauen? Wie kann man unter diesen Voraussetzungen zusammenleben?

48

19.5.2012 Mansoor und ich fahren in die Innenstadt, ins Viertel Shahr-I-Now, ehemals einer der elegantesten Stadtteile Kabuls. Die einstige Prachtstraße Jada-I-Torabaz-Khan sieht nun wie der Berliner Ku'damm im Mai 1945 aus.

Wir essen im Restaurant Herat zu Mittag, in einem großen, schattigen Garten, in dem Kraniche mit gestutzten Flügeln und wütende Graugänse frei herumlaufen. Es gibt nur wenige und ausschließlich einheimische Gäste hier. Unter den Platanen scheint der tägliche Terror jenseits der Gartenmauer einer anderen Welt anzugehören.

Nach dem Essen spazieren wir noch durch den Park Shahr-I-Now, eine etwas verwahrloste, aber doch grüne und schattige Oase in der Großstadt, so dass er voller Besucher ist, Volleyball- und Schachspieler, picknickende Familien, Portraitphotographen mit altmodischen Rollfilmkameras. Auch hier scheint auf den ersten Blick alles entspannt und friedlich zu sein.

Auf dem Rückweg filme ich ein wenig aus dem fahrenden Wagen. Eine Polizeistreife hält uns an, zwei Uniformierte stürmen auf uns zu, reißen die Fahrertür auf und richten ihre Maschinenpistolen auf Mansoor. Meine Kamera ist schuld, begreife ich erst jetzt und versuche, die Situation zu beruhigen. Sie wissen natürlich, dass ich ein Ausländer bin, trotzdem oder gerade deswegen wollen sie entweder meine Kamera beschlagnahmen, ich könnte mit ihr ja Militärgeheimnisse oder mögliche Anschlagsorte ausspioniert haben, oder ein Bußgeld von zehntausend Afghani kassieren. Mansoor erklärt ihnen, ich sei ein Gast der Regierung, er kennt derlei Situationen zur Genüge, aber die Polizisten sind in diesen

Geschäften ja nicht weniger erfahren und stoßen ihre Pistolenläufe noch brutaler in Mansoors Rippen. Mich wagen sie indessen nicht direkt zu bedrohen. Mansoor greift in seine Jackentasche, doch statt des geforderten Wegezolls zieht er sein Handy heraus und wählt eine gespeicherte Nummer, ehe die Polizisten es ihm untersagen können. Nach einem kurzen Wortwechsel reicht er den Uniformierten sein Handy, einer hält es sich ans Ohr, lauscht eine Weile, ohne ein Wort zu erwidern, dann gibt er Mansoor sein Handy zurück und wirft uns einen letzten mürrischen Blick zu. Warte nur, Kleiner, wir sehen uns irgendwann wieder – so deute ich diesen Blick.

49

Am Nachmittag gönnen wir uns eine weitere leichtsinnige Freiheit und besuchen die Grabmoschee in Karti Sakhi. Die Moschee und das umliegende Stadtviertel liegen an einem kargen Hang östlich vom Campus. Zwischen Universitätsgelände und Moschee erstreckt sich ein riesiger Friedhof, den die Stadtbewohner und die ansässigen Schafe und Ziegen zwangs- und pietätlos als Erholungsstätte nutzen. Sie picknicken auf den Gräbern oder suchen unter den Dächern kleiner Mausoleen Schutz vor der sengenden Sonne. Einige schlafen auf den Grabplatten, eine Gruppe kleiner Jungen spielt im Staub zwischen den Steinen Murmeln. Auf einer schmalen Straße, die das Friedhofsareal zerschneidet, befinden sich Verkaufsstände mit Spielzeug, Losbuden, kleine Imbisszelte und Teestuben. Alles in allem wirkt dieser Friedhof an diesem Freitagnachmittag wie der bunte und lebendige Vorplatz eines Wallfahrtsortes, der er auch wohl ist.

Die blauen und weißen Mosaiksteinchen der Moscheefassade und die drei vergoldeten Kuppeln blenden die Augen. Diese Moschee und ihr belebter Hof sind der bisher heiterste und schönste Ort, den ich in Kabul besucht habe. Wir wirken hier wie Pilger unter Pilgern. Die Atmosphäre ist friedvoll, die anderen Besucher rücken zusammen und machen uns Platz im Schatten der Hofmauer, sie reichen uns Käse und Brot und beginnen wie selbstverständlich ein Gespräch, freundlich, ohne Neugier, mit langen Pausen des Schauens und Nachsinnens.

Ich schreibe auf dieser Reise, ich schreibe von dieser Reise. Aber diese Augenblicke des Schauens, des Schweigens sind die des eigentlichen Da-Seins.

50

20.5.2012 Professor W. lässt mir durch einen Studenten mitteilen, auch heute müsse mein Seminar ausfallen. Solange die Universitätsleitung kein abschließendes Urteil gefällt habe, könne er uns keinen Raum im Institut zur Verfügung stellen.

Also lade ich meine Seminarteilnehmer ins Gästehaus ein. Amin bringt uns Tee in den Rosengarten, unsere Übersetzung ist fast abgeschlossen, wir könnten schon bald mit der Inszenierung beginnen.

Ich schreibe der Universitätsleitung eine E-Mail und bitte erneut um ein Gespräch oder zumindest um eine rasche Stellungnahme. Nach wie vor bin ich hier Gast, niemand kann sich einen Eklat leisten, aber falls meine Arbeit hier nicht mehr erwünscht sein sollte, ist diese Hinhaltetaktik natürlich eine glänzende Strategie, den Fortgang meiner Arbeit zu behindern, ohne gleich einen Skandal zu provozieren.

Ich verstehe natürlich, dass die Fakultät die finanzielle Unterstützung aus Deutschland nicht verlieren will. Zugleich will sie aber auch verhindern, dass ich durch meine Art des Unterrichts und durch den gewählten Stoff die hier üblichen Hierarchien und Methoden in Frage stelle. In all dem, was ich tue, ist nach ihrem Geschmack zu viel Leidenschaft. Die Studenten könnten ja beginnen, sich nach Freiheiten des Denkens und Studierens zu sehnen, die man ihnen doch mit aller Macht vorzuenthalten versucht.

51

21.5.2012 Die Übersetzung ist abgeschlossen, aber ich sehe kaum noch eine Chance, unser Stück auf die Bühne zu bringen oder wenigstens unter dem Radar des zunehmenden Misstrauens zu verfilmen. Ich stehe inzwischen unter ständiger Überwachung. Drohungen gegen mich und meine Studenten seien bei der Universitätsleitung eingegangen, lässt Professor W. mir mitteilen. Auch auf dem Campus sei ich nicht mehr sicher. Will er mich einschüchtern, zur Aufgabe zwingen? Auf jeden Fall habe ich die Gegensätze und Spannungen unterschätzt, mein Anspruch an die Freiheit der Lehre und Kunst einerseits, ihr System, den fragilen Status quo zu wahren, niemanden herauszufordern, vor allem nicht mit westlichen Freiheiten auf der anderen, nunmehr gegnerischen Seite. Es ist bitter, wie vor allem der Wunsch der Studenten nach Gedanken- und Debattenfreiheit frustriert wird. Wäre ich als Ethnograph hier, würde ich mich in allen meinen Äußerungen zurückhalten und mich auf die Rolle des Beobachters beschränken. Aber ich bin als Lehrender eingeladen worden.

Professor W. meidet jedes direkte Gespräch mit mir, als könne eine persönliche Begegnung auch ihn in den Augen der Radikalen bereits verdächtig machen.

In der europäischen Geistesgeschichte gibt es eine lange Tradition der Suche nach dem wahren Selbst, seiner Befreiung aus Verdunkelung und Entfremdung. Es war immer auch eine gefährliche Suche, da ihr der Ruch des Blasphemischen, der Auflehnung, der Selbsterschaffung, der Hybris anhaftete. Ist es das, was unsere Kulturen trennt? Oder verhält es sich schlicht so, wie Amin mir die Situation zu erklären versucht: Professor W. habe einfach Angst, um sich, und mehr noch um mich.

Ich habe bisher wenig Angst verspürt. Daher kann ich mir nicht wirklich vorstellen, wie es ist, mit andauernder Angst vor dem falschen Wort zu unterrichten. Ist es besonders diese Generation von Professor W., der in den letzten dreißig Jahren mehrfach alle Gewissheiten zerstört wurde? Bringe ich ihn und mich durch meine unzensierte Arbeit tatsächlich in Gefahr?

Angst frisst Freiheit auf. Ich will mich von ihr nicht auch noch anstecken und lähmen lassen. Denn Angst ist hier immer auch ein Teil des Machtspiels.

52

22.5.2012 Immerhin ist es diesen undurchschaubaren Machenschaften der letzten Tage gelungen, mir die Freude an meinem Aufenthalt hier gründlich zu verderben. Nach wie vor treffe ich mich mit meinen Studenten, aber man gibt uns keinen Raum mehr. Wider alle Sicherheitsregeln verlassen wir den Campus, halten ein Sammeltaxi an und machen uns auf den Weg zum Qargha-Staudamm. Doch diesmal ist alles anders.

Heute, mitten in der Woche, haben wir das Seeufer fast für uns alleine. Dieser ganze Vergnügungspark ist ohne Besucher von einer herzzerreißenden Tristesse. Murtaza und Mahsi lassen sich von einem verzweifelten Pferdeverleiher zu einem kleinen Ausritt überreden, ein Dollar pro halbe Stunde, sie sind ausgelassen wie Kinder und reiten so sicher, als seien sie mit Pferden aufgewachsen.

Wir treffen noch eine andere Gruppe, jünger als meine Studenten, Schüler noch, die offenbar die Schule schwänzen. Ich bin der Letzte, der es ihnen verübelt. Sie treiben denselben Unsinn wie ihre gleichaltrigen Kameraden an einer Neuköllner Schule, großspurig, unsicher, kumpelhaft, draufgängerisch, auf der Suche nach sich selbst. Ich filme sie, sie filmen mich. Dann ein Dutzend Selfies mit dem fremden, furchtlosen Besucher aus *Almanya*, wenige Sekunden später bereits auf Facebook gepostet.

In einem zum See hin offenen Pavillon essen wir zu Mittag, Brot, Kebab, Salat. Das Mahl ist schlichter als jenes, zu dem mich am vergangenen Wochenende der Leiter der Kabuler Handwerkskammer eingeladen hat, aber wesentlich vergnüglicher. Murtaza erzählt, dass er frisch verliebt sei, in ein Mädchen von der Technischen Hochschule. Allerdings kennen sie sich nur aus dem Chatroom und haben sich noch nie von Angesicht zu Angesicht gesehen, geschweige denn berührt. Wir streiten uns darüber, ob man diesen virtuellen Flirt schon Liebe nennen dürfe.

Natürlich fragen sie mich, wie die Frauen in Deutschland seien. Ich zeige auf mich und sage: Auch nicht anders als ich!

Vieles ist nicht vergleichbar. In den üblichen Seminaren wagen die Studenten nicht, ihren Mund aufzumachen, wagen nicht, ihre Meinungen und Ansichten offen zu vertreten oder ihren Professoren gar zu widersprechen, wenn sie es besser wissen. Sie sind zu keiner Zeit wirklich frei. Auch außerhalb der Universität bleiben sie Studenten, auch auf dem Campus bleiben sie Töchter und Söhne, ständig müssen sie Demut zeigen und ihr Verhalten vor den Autoritäten, den Vätern, Lehrern, Vorgesetzten rechtfertigen. Es gibt keine Trennung zwischen Studium und Privatleben, zwischen den vielen Identitäten, die ihre Kommilitonen an einer europäischen Universität leben.

Und doch ist im Wesentlichen nichts anders als in Deutschland, China oder Jemen. Wir sitzen zusammen und reden miteinander, wie ich vor einem halben Jahr mit Breakdancern vor einem Kaufhaus in Nanjing oder vor anderthalb Jahren mit Gehörlosen in einer Teestube in Aden zusammengesessen und mich unterhalten habe. Ich glaube nicht, dass es eine Grenze des Verstehens gibt. Aber man muss selbstverständlich erst einmal eine gemeinsame Sprache finden und vor allem sich verstehen wollen.

Wir sprechen Deutsch miteinander. Die fremde Sprache erlaubt ihnen, Dinge auszusprechen, die ihnen in ihrer Heimatsprache womöglich nicht so leicht über die Lippen kämen. Das haben wir bereits während unserer Übersetzungsarbeit erfahren. Ein *Fuck* lässt sich leichter ausstoßen als der entsprechende Ausdruck in unserer Muttersprache. Für eine gewisse Zeit setzt die innere Zensur aus, die sonst das Gespräch mit Älteren und Autoritäten beherrscht.

53

Wenn eine Reise nicht zugleich der Versuch ist, sich selbst zu ändern, war man nicht unterwegs. Genauer: Sich ändern zu lassen, das mitgebrachte Denken, Wahrnehmen und Fühlen. Die Veränderungen geschehen vor allem in den Momenten des Innehaltens und nicht in der Bewegung. Sie geschehen in jenen Augenblicken, in denen noch nicht entschieden ist, was man als Nächstes sagen oder tun wird.

Reisen heißt, in gewisser Weise alle Vorerfahrungen, alles Vorwissen zu löschen. Am Ende aber stellt man fest, dass ein großer Teil dessen, was man an Neuem erfahren hat, den vorangegangenen Erfahrungen recht ähnlich ist.

54

23.5.2012 Plötzlich ist das Ende meiner Reise da, schneller, als ich es erwartet habe. Zunächst teilt mir die Universitätsleitung mit, dass eine Inszenierung unseres unislamischen Stücks, sei es auf der Bühne, sei es als Film, auf gar keinen Fall in Frage komme. Wir hätten mit unserem Übersetzungsprojekt bereits genug Aufruhr unter den Studenten und Dozenten verursacht. Ein Aufruhr, von dem ich selbst allerdings kaum etwas wahrgenommen habe. Ein vorsichtshalber vorweggenommener Aufruhr in den Köpfen?

Inzwischen ist von diesem projektiven Aufruhr auch der ferne DAAD in Bonn beunruhigt und sorgt sich um meine Sicherheit. Auch sie halten inzwischen ein Ende meines Seminars für die beste Lösung. Und ohne Unterricht mache ein weiterer Aufenthalt in Kabul wenig Sinn, also solle ich baldmöglichst nach Deutschland zurückkehren. Keiner der Beteiligten fragt mich nach meiner Einschätzung der Lage. Vielleicht ist sie ja in der Tat irrelevant.

Erst jetzt wird mir klar, auf dieser Reise war ich kein Reisender. Ein Reisender mischt sich nicht ein, ein Reisender hält sich zurück, er will nicht verändern, verbessern. Wenn er nicht mehr erwünscht ist, reist er ab, kehrt dorthin zurück, von wo er gekommen ist. Auch diese Freiheit verzeihen ihm jene, die zurückbleiben müssen, nicht.

55

25.5.2012 BLUE FLAME SWIMMING POOL. Da meine Reise nun definitiv zu Ende geht, gönne ich mir das Vergnügen und die Leichtsinnigkeit, ganz allein zu einem in der Nähe gelegenen Hallenbad zu spazieren. Es gehört zum Restaurant Blue Flame, aber die Gäste sind gänzlich andere, junge kraftstrotzende Männer direkt aus dem Fitnessstudio gegenüber, die augenscheinlich aber alle nicht schwimmen können, sondern wie panische Welpen in dem zehn mal zehn Meter kleinen Becken herumplanschen. Nachdem sie sich nach meiner Nationalität und Profession erkundigt und sie für annehmbar befunden haben, nehmen sie mich in den nächsten Stunden als willkommenen Schwimmlehrer in Anspruch, mit eher mäßigem Erfolg, wie ich am Ende des Unterrichts zugeben muss. Meine Hilfestellungen vergrößern das allgemeine Chaos eher noch, so dass meine wesentliche Aufgabe vor allem darin besteht, den einen oder anderen vor dem Ertrinken zu bewahren.

Ich denke, am besten lasse ich sie in Ruhe. Ich habe mir das Schwimmen doch schließlich auch selbst beigebracht.

Ich ziehe mich zur allgemeinen und auch eigenen Entspannung in den Whirlpool zurück. Binnen Minuten schäumt das winzige Heißwasserbecken vom Ansturm testosterongesättigter Muskelprotze über. Selbst hier können sie es nicht lassen, ihre besten Kumpel freundschaftlich unter Wasser zu drücken, bis diese blau angelaufen sind und jeder Widerstand erstirbt.

So sehr meine Sympathien auch ganz und gar auf Seiten der afghanischen Jugend sind, so sticht mir einmal mehr diese unheimliche Mischung aus Verspieltheit und Aggression ins Auge. Es ist, als seien die Räume, in denen sich aufzuhalten ihnen erlaubt ist, zu eng für die geballten Energien, die sich in ihnen aufgestaut haben.

56

26.5.2012 Ist auch das Heimkehren noch eine Reise? Diesmal fühle ich mich ärmer als bei meinem Aufbruch, denn mir scheint es viel zu früh für eine Rückkehr. Aber ich sehe keine Möglichkeit, in eigener Verantwortung noch länger zu bleiben. Was gäbe es für mich hier denn noch zu tun? Ich würde aus lauter Frustration und Langeweile nur noch leichtfertiger mein Leben in Gefahr bringen. Eine Reise ist nur eine Reise, solange sie Grenzen hat.

Normalerweise gibt es in jeder Kultur ein Regelwerk für den Umgang mit dem der Sitten und der Gebräuche unkundigen Fremden. Hier in Kabul habe ich es nicht gefunden, oder nicht begriffen. Vielleicht wäre mir dieses Gastrecht noch unkorrumpiert auf dem Land, in den Dörfern begegnet, hätte ich mich weiter aus der Stadt herausgetraut, vielleicht aber hätte ich dort auch eine noch größere Verunsicherung angetroffen. Afghanistan ist ein verwundetes Land.

Ein Abschied muss schroff sein. Jeder Abschied, und ganz besonders dieser, ist ein Verrat. Alle Nähe erscheint durch die Abreise plötzlich wie ein Missbrauch an Vertrauen, gutem Willen und angeblicher Freundschaft. Der Besucher geht, fremder noch als bei seiner Ankunft.

Bei einem Wiedersehen vielleicht, wenn es das denn je geben sollte, darf man sich umarmen und die endlose Litanei der Begrüßungsfloskeln herunterbeten, und womöglich lässt man sich wider besseren Wissens noch einmal auf die Illusion einer wahren Nähe ein, doch solange der Fremde sich nicht entschließt zu bleiben, wiederholt sich der Verrat.

Mein Abschied ist übellaunig, kurz angebunden, fast böse, ebenso sind es die Abschiedsgesten meiner Freunde hier. Der Glanz in den Augen ist nicht von unterdrückten Tränen, sondern von den Zornesblitzen über meine Desertion verursacht. Die Vernunft weiß es zwar besser, aber das Gefühl behauptet seine eigene Wahrheit: Ich lasse sie zurück, ich lasse sie im Stich. Das können sie mir nicht verzeihen, so, wie man manchen Toten ihr Sterben nicht verzeiht.

57

27.5.2012 Zum ersten Mal, seit ich hier bin, in der letzten Nacht vor meiner Abreise, träume ich von Kabul. Ein junger Mann, der im Gästehaus arbeitet und der mir in den letzten Wochen zu einem jüngeren Bruder geworden ist, bastelt an einer künstlichen Echse, die er mir zum Abschied schenken will. Er pflanzt ihrem Schaumgummileib eine Mechanik ein, so dass sie sich frei bewegen kann. Stolz führt er mich in den

Garten, um mir zu zeigen, was seine künstliche Echse alles vermag, da gräbt sie sich plötzlich in die Erde und verschwindet. Während wir noch nach ihr suchen, besorgt, sie könnte sich in der Freiheit noch nicht allein zurechtfinden, fliegt sie plötzlich in die Luft.

Mein Handy summt, es ist sieben Uhr, Zeit aufzustehen.

Ich habe es mir nicht ausgesucht, in Tanger zu leben. Es kam einfach so. Es sollte nur ein kurzer Aufenthalt werden. Eigentlich wollte ich weiterreisen, immer nur weiter.
Paul Bowles[25]

Frühlings Erwachen

Tanger 1, März 2013

I

An ganz unerwarteter Stelle finde ich einen frühen Reisebericht nach Tanger, nämlich in Theodor Fontanes *Wanderungen durch die Mark Brandenburg*. In diesem nahezu ethnographischen Heimatbuch zitiert Fontane aus den Reisetagebüchern des Ruppiner Malers Wilhelm Gentz:

Von Cadix [Cadiz] ging ich mit einem kleinen vollgepackten Marktboot nach Marokko hinüber; die Fahrt sollte acht Stunden dauern, ein Sturm aber trieb uns vierundzwanzig Stunden umher. In Tanger sah ich zum erstenmal ein Stück fremden Erdteils, das sich mir tief einprägte und auf meine spätere Entwicklung einen großen Einfluß übte. Fast alles war anders wie in Europa, wo die nivellierende Kultur die sonst so verschiedenen Länder in der äußeren Erscheinung ziemlich gleich gemacht hat. Die Trümmer der Beschießung von Tanger und Mogador durch die Franzosen waren, eine Folge der großen Indolenz der Bewohner, noch nicht fortgeräumt. Am Strande (einen Hafen besaß Tanger noch nicht), und vor den Toren der Stadt lagen Hunderte von Arabern, Berbern und Kabylen, die von Algerien hierher verschlagen waren, in Fetzen und Lumpen, unter ebenso zerrissenen Zelten, halb nackt umher. Sie machten den Tag zur Nacht. Es war die Zeit des Fastenmonats Ramadan, wo von Sonnenauf- bis Sonnenuntergang nicht Speise noch Trank genossen werden darf. Ein Unglücklicher, der seinen Durst nicht bezwingen konnte, glaubte heimlich trinken zu können, ohne dabei bemerkt zu werden. Aber das wilde, scharfe Auge des Hafenkapitäns hatte den Sünder erspäht, und sofort riß er, in seinem religiösen Fanatismus, eine Latte vom Zaun (ein Nagel war darin stecken geblieben) und hieb auf den Armen ein, daß das Blut herumspritzte. Das war so ein Stück patriarchalische Rechtsprechung. [...]

Nach Spanien zurückgekehrt, glaubte ich mich in meine Heimat versetzt, so groß war der Unterschied zwischen europäischem und afrikanischem Leben.[26]

Gentz' erstes großes Gemälde, das ein Jahr darauf, 1849, in Paris entsteht, trägt den Titel: *Der verlorene Sohn in der Wüste*.

2

Kann man nach Tanger reisen und Paul Bowles ignorieren? Ich würde gerne alles vergessen, was Bowles über Tanger geschrieben hat und was über Bowles in Tanger geschrieben wurde, und die Stadt und seine Bewohner mit unschuldigen Augen entdecken. Aber es gibt keine unschuldigen Augen. Ihre Aufgabe ist es zu erkennen, und seit biblischer Zeit sind Schuld und Erkenntnis ein untrennbares Geschwisterpaar.

Der Legende nach hat Antaios, Sohn des Meeresgottes Poseidon und der Erdgöttin Gaia, die Stadt gegründet. Herkules spaltete an dieser Stelle die Landmasse und schuf so die Meerenge von Gibraltar, in der das Mittelmeer und der Atlantische Ozean ihre Wasser mischen.

Nach den Göttersöhnen kamen die Karthager, die Römer, die Byzantiner, bevor Mauretania Tingitana 702 von den Arabern erobert wurde.

1471 hielten die Portugiesen Einzug, 1580 folgten die Spanier und 1661 brachte Katharina von Braganza die Stadt als Mitgift in die Ehe mit Charles II. von England ein.

Kaum zwanzig Jahre später wurde Tanger den Alawiten übergeben, blieb aber Spielball europäischer Interessen, bis 1912 ganz Marokko seine Unabhängigkeit verlor und faktisch zwischen Frankreich und Spanien geteilt wurde. 1923 erklären acht europäische Staaten die Stadt zur internationalen Zone und sich selbst als Schutzmächte. Dieser Zustand hält, mit Ausnahme der Kriegsjahre, bis 1956 an, und in diesen Jahren entsteht der moderne Mythos von Tanger als Stadt der Schmuggler, Drogen, Stricher und Aussteiger. Und alle glauben dem Mythos und kommen: neben Paul und Jane Bowles André Gide, Jean Genet, Christopher Isherwood, Tennessee Williams, Jack Kerouac, Allen Ginsberg, Truman Capote, William S. Burroughs. Eine Stadt, wie geschaffen für die marokkanische Premiere von Wedekinds *Frühlings Erwachen*.

3

Bereits das Titelbild zur ersten Ausgabe führt den Leser in die Irre: Vor sanften Hügeln breitet sich idyllisch eine Wiese mit Schlüsselblumen, Gänseblümchen und Buschwindröschen aus, zwei junge Linden entfalten ihre Knospen, eine Schwalbe segelt über dieses Arkadien, eine andere sitzt auf dem Schriftzug des Titels *Frühlings Erwachen*. Das wie von Kinderhand gezeichnete Bild von Franz Stuck suggeriert eine pastorale Welt, die indes vom Untertitel brutal konterkariert wird: *Eine Kindertragödie*.

Heute wirkt das, was vor hundert Jahren ein Skandal war, etwas verstaubt, aber nur in jenem Teil der Welt, in dem das provokante Stück schon seit Langem Schullektüre ist. Wir leben aber in einer Welt der Ungleichzeitigkeit kultureller und gesellschaftlicher Entwicklung. Was für uns eine selbstverständliche Errungenschaft der Aufklärung darstellt, stößt andernorts immer noch oder schon wieder auf Ablehnung, Tabuisierung, Bestrafung. Auch die Erwachsenen in Wedekinds Drama wollen die Neugier der Kinder auf ihre erwachende Sexualität nicht dulden, ja nicht einmal wahrnehmen. Aufklärung ist für sie gleichbedeutend mit dem Verlust vermeintlich kindlicher Unschuld und dem Aufbegehren gegen die traditionellen Autoritäten. Unter Berufung auf Anstand und Sitte verletzen sie die Seelen der Jugendlichen, zwei enden auf dem Friedhof, einer landet im Erziehungsheim. »Es hat etwas Beschämendes, Mensch gewesen zu sein, ohne das Menschlichste kennengelernt zu haben«, bemerkt Moritz resigniert, bevor er sich das Leben nimmt.[27]

4

10.3.2013 Nur der Einsame reist. In einer Gruppe bewegt man sich vielleicht fort, aber verreist nicht wirklich, sondern verharrt im Vertrauten. Die Fremde bleibt uns Kulisse, jenseits des schützenden Walls der Gefährten. Der Gruppenreisende setzt sich dem fremden Ort nicht in all seiner Verletzlichkeit aus.

Nicht jeder ist in der Lage, allein zu reisen. Mehr noch als Mut und Gewandtheit bedarf es eines hohen Maßes an Leidensfähigkeit. Aber der Gewinn ist enorm: eine Intensität des Erlebens, unwattiert vom Geschwätz der Begleiter, eine gesteigerte Form der Lebendigkeit, die uns süchtig macht, und vor allem eine Rückeroberung unseres eigenen Körpers, der diese Bewegung erlebt oder erleidet.

Früher, auf meinen ersten Reisen, war ich vom Verlassen des Hauses an aufmerksam für alles, was mir unterwegs begegnete und widerfuhr. Schon der Bahnhof oder Flughafen war mir ein der Beobachtung wertes ethnographisches Feld. Nun macht mich die Routine blind. Was einmal Teil des Abenteuers war, ist nur noch Last. Ich öffne mich erst wieder nach der ersten Nacht im fremden Bett, endlich bereit, die besondere Luft, das andere Licht, die fremden Geräusche wahrzunehmen. Jetzt kann die Reise beginnen, nun kann ich meinen Geist nachholen an diesen fremden Ort.

Mich noch einmal strecken, noch eine Weile müßig liegen bleiben, nur lauschen, durch den Vorhangspalt in das gleißende Frühlicht starren, den Gerüchen der vielen Fremden nachspüren, die schon vor mir in diesem Bett lagen, nicht nur schlafend. – Willkommen im Hotel Rif, Tanger.

*

Neben dem Schock des fremden Klimas, den unsere Haut uns vermittelt, sobald wir die sauerstoffarme Kabine unseres Flugzeugs verlassen, sind es die unvertrauten Klangwelten, die uns bestürzen, die absolute Stille mancherorts, die wir aus unseren Wohnungen und Städten gar nicht mehr kennen, oder, noch öfter, ein geradezu schmerzhafter Lärm, wie er uns in den explodierenden Metropolen jenseits Europas entgegenbrandet, Lärm, durch unsere in die Ferne exportierten Techniken potenziert, so dass Menschen und Tiere einander überschreien müssen, um überhaupt noch gehört zu werden.

In Tanger ist es nicht anders, zumindest nicht in der ersten Nacht, die ich in meinem Hotel direkt am Stadtstrand verbringe. Nicht die Meeresbrandung, Diskothekenlärm wummert in mein Zimmer, hin und wieder durchbrochen vom wütenden Gebell wilder Hunde auf dem brachliegenden Nachbargrundstück.

Allein zu reisen ist so weit beglückend, so lange es keinen notwendigen Grund zur Rückkehr gibt. Nichts reißt mich aus dem Hier und Jetzt, der Augenblick ist unbegrenzt, kein Fernweh zerrt an mir, ich bin da.

5

11.3.2013 Tanger ist an einem Berghang erbaut und zieht sich bis zum Meer und dem weißkörnigen Strand hinunter. Die Gebäude am Rand der Lagune wirken wie das Halbrund eines antiken Theaters, dessen Spielfläche die See ist.

Steile Gassen winden sich von der Medina hinauf zur Kasbah und enden oft unerwartet vor schmucklosen Häusermauern. Wie viele arabische Altstädte bilden sie ein Eroberer wie Touristen verwirrendes Labyrinth.

Der Grand Socco, also der Große Suq, ist angeblich auf den Grundfesten des einstigen Forums von Tingis erbaut. Nordwestlich des großen Marktplatzes befindet sich das Bab Fahs, das Haupttor der Stadtmauer um die Medina. Die Rue Siaghine verbindet den Grand Socco mit dem Petit Socco, dem Kleinen Suq, den die Einheimischen Souk Dahel, Inneren Suq nennen. Dies war einst der berüchtigste Platz in Tanger. In den angrenzenden Cafés wurden die dunklen Geschäfte der Schmuggler, Rauschgift- und Menschenhändler getätigt. Hier suche ich mir nun meinen Stützpunkt, meinen Beobachtungsposten, meinen halböffentlichen Schreib- und Denktisch, mit einem Wort: mein Stammcafé.

*

Ich schaue dem Treiben auf der Straße zu, nicht um den Blicken der anderen Gäste auszuweichen, sondern aus einer wirklichen Sehlust. Ich bin Beobachter und zugleich immer auch ein Teil des Geschehens. Was ist dieses Geschehen? Zunächst einmal die verschwiegenen oder mir gar verborgenen Anlässe zum Aufbruch und meiner Gegenwart an diesem fremden Ort. Das reisende Ich ist absolutes Selbst und selbstlos zugleich.

*

Liebe. Sex. Begehren. Man redet nicht darüber, nicht einmal unter Ehepartnern. Eine anständige Frau weiß von diesen Dingen nichts. Und Kinder erst recht nicht. Liebe darf außerhalb der dafür eingerichteten Institutionen, der Ehe für die geschlechtliche Liebe, der Moschee und dem Gebet für die Gottesliebe, nicht existieren. Und trotzdem ist in jeder Geste und zwischen den Wörtern das Begehren stets anwesend, ist der Alltag voll mit Anspielungen, Anzüglichkeiten, Übergriffen. Und mit jedem Entgleiten und Entgleisen wächst das Schuldgefühl. Die Gleichzeitigkeit einer rigiden gesellschaftlichen Moral mit grenzenloser medialer Freizügigkeit verschärft den Konflikt noch. Wie drastisch müssen die Sanktionen sein, um das Begehren auch weiterhin unter Kontrolle zu halten oder zumindest den Schein von Tugend und Anstand zu wahren?

*

1881 fischt man den Leichnam des Primaners Frank Oberlin aus der Aare. Ein Jahr zuvor hatten bereits zwei andere Schüler ihrem Leben ein Ende gesetzt. 1885, kurz nach seinem Abitur, tötete sich Moritz Dürr, ein Freund und Schulkamerad Wedekinds. Alle diese Vorfälle verarbeitet Wedekind in seiner *Kindertragödie*.

*

In keinem muslimischen Land gibt es eine seriöse Statistik von Suizidfällen. Der Selbstmord ist ebenso schändlich und sündhaft wie jede sexuelle Verfehlung. Beide verstoßen sie gegen das göttliche Gesetz, nach dem wir nicht Herr unserer Körper sind, sondern sie von Gott nur geliehen bekommen haben. Sich selbst das Leben zu nehmen heißt also nichts anderes, als Gott seines Eigentums zu berauben.

6

Ein im Vergleich mit dieser existentiellen Frage unserer individuellen Freiheit eher marginales, aber unmittelbar zusammenhängendes Problem ist die freie Entfaltung der Künste. Durch die strikte Trennung zwischen privatem und öffentlichem Raum in der traditionellen muslimischen Gesellschaft fehlen die geschützten halb öffentlichen, halb privaten Kunst-Räume, Theater, Galerien, Salons, in denen für ein interessiertes Publikum Begehren ausagiert und Grenzüberschreitungen dargestellt werden dürfen, ohne dafür gleich gesteinigt zu werden. Um diese Frei-Räume zu dulden, braucht es ein Konzept des Als-ob, eine Vorstellung von einer spielerischen, un-wirklichen, gott-freien Welt. Diese Bühnen, diese Laboratorien gibt es immer weniger in der arabischen Welt, gehört das Theater doch ganz und gar dem öffentlichen Raum an und unterliegt dementsprechend strengster Zensur.

7

Die jungen Marokkaner in Tanger erinnern sich nicht mehr an Burroughs, Bowles und Kerouac, an Sex, Drogen und obszöne Romane. In dem Gebäude, das heute Tanger Inn heißt und damals die Pension Muniria war, schrieb Burroughs von 1945 bis 1956 seinen Roman *Naked Lunch*. Weltweit wurden davon über eine Million Bücher verkauft. Eine arabische Übersetzung gibt es nicht.

An den Wänden der Gaststätte hängen noch großformatige Photos von Burroughs und Ginsberg. Doch den Jugendlichen, die hier gegenwärtig ihre Cocktails schlürfen und ihren Joint rauchen, sagen die verlebten Gesichter auf den Schwarzweißpostern nichts. Vielleicht zu Recht. Sind sie denn tatsächlich Teil des kulturellen Erbes der Stadt? Einige Monate, bevor Burroughs nach Marokko übersiedelte, hat er bei einer missglückten Wilhelm-Tell-Travestie seine Frau erschossen. Und als sich Allen Ginsberg hartnäckig seinen sexuellen Avancen verweigert, ist er zunächst nach Rom und London geflohen, ehe er seinem großen Vorbild Bowles nach Tanger folgt.

Hier säuft er, kifft, raucht Opium, wäscht sich selten, vergreift sich an unzähligen Knaben und jungen Männern, verwahrlost und schreibt einen unglaublichen Roman.

*

Ab einer gewissen Reiseroutine häufen sich die Wiederholungen. Sie stumpfen den Reisenden nicht unbedingt ab, werfen ihn aber in anderer Weise auf sich selbst zurück. In Form von Ernüchterung und unausweichlicher Schwermut.

8

Tanger liegt an der Peripherie. An den Rändern sind andere Vermischungszustände möglich, ja geradezu charakteristisch, als im Zentrum. An den Rändern ist Strenge bereits in Auflösung und Reinheit im Übergang zur Verschmutzung begriffen.

War Tanger je eine streng religiöse Stadt? Das sind Hafenstädte doch nie.

*

1931 kam Paul Bowles zum ersten Mal nach Tanger und war von der Stadt und seinen Menschen gleich verzaubert. Er ist als Einzelkind in einer streng puritanischen Familie aufgewachsen. Der Alltag in Tanger musste ihm als vollkommener Gegenentwurf zu seinem behüteten und zugleich beengten amerikanischen Elternhaus erscheinen. Bei seinem ersten Besuch in der Hafenstadt war er einundzwanzig Jahre alt.

1947 kam er nach Tanger zurück, um hier seinen ersten Roman zu schreiben, *The Sheltering Sky*. Trotz ausgedehnter Reisen nach Sri Lanka, Indien oder Spanien blieb er dem Maghreb bis zu seinem Lebensende treu und begann, marokkanische Autoren zu unterstützen und ihre Werke ins Englische zu übersetzen.

1999 stirbt Paul Bowles im Italienischen Hospital in Tanger.

*

Es war Gertrude Stein, die Paul Bowles und seinem Kompositionslehrer und Freund Aaron Copland riet, Tanger zu besuchen. Bei seinem Parisaufenthalt 1931 nahm Bowles Kontakt zu ihrem literarischen Zirkel auf.

Nach diesem erfahrungsreichen Sommer verbrachte er die Wintermonate bei Stephen Spender und Christopher Isherwood in Berlin, um im kommenden Jahr in den Maghreb zurückzukehren und andere Teile Marokkos, die Sahara, Algerien und Tunesien zu erkunden.

9

Das Reisen macht aus uns Hybride, im Gegensatz zu den *Nomaden*, die gerade angesichts der Bedrohung einer zunehmenden »Bastardisierung« der Kulturen auf ihren tribalen Kern beharren.

Im Grunde birgt jede Begegnung die Gefahr der Hybridisierung. Fremdes und Vertrautes trifft aufeinander und vereinigt sich zu etwas Neuem. Jede Reise führt zu einer Verunreinigung, einer Verunreinigung des Reisenden und des bereisten Raums. Ja, in gewissem Sinne führt sie uns zurück in eine mythische Zeit der Mischwesen, in der jeder von uns Mensch und Tier oder Mensch und Gott zugleich sein konnte.

Im Verlauf unserer Sesshaftwerdung sind wir weniger, eindeutiger, ärmer geworden. Sesshaftigkeit ist auch ein Zustand, den Schmerz als etwas anderes, Wesensfremdes zu erleben oder erleben zu wollen.

*

Paul Bowles' Vater war ein New Yorker Zahnarzt in Queens.[28] Mutter und Sohn fürchteten Claude Dietz Bowles, diesen kalten, freudlosen Mann, der Frau und Kind jede Form des Spiels und der Unterhaltung verbot. Der Familienlegende nach hat er Paul kurz nach der Geburt für Stunden nackt ans offene Fenster gelegt, während durch die Straßen von Queens ein Schneesturm tobte, vielleicht, um seinen Sohn frühzeitig abzuhärten, vielleicht aber auch, um ihn umzubringen. – Paul Bowles war sein Leben lang davon überzeugt, dass diese Geschichte wahr sei. Zumindest ist sie bezeichnend für das von Furcht geprägte Vater-Sohn-Verhältnis.

*

Nach zehn Jahren zunehmend erfolgreicher Arbeit als Komponist für Bühnen- und Filmmusik, unter anderem für Joseph Losey, Orson Welles und Tennessee Williams, und seiner Heirat mit der Autorin Jane Auer kehrt er 1947 zum Schreiben und nach Tanger zurück.

Seine Ehe mit Jane kann man durchaus unkonventionell nennen. Beide unterhalten sexuelle Beziehungen zu Partnern desselben Geschlechts und betrachten ihre Ehe eher als einen Freundschaftsbund, der indessen bis zu Janes Tod, 1973 in Málaga, hält.

Er hat es satt, Musik für die Werke anderer Leute zu schreiben. Er reist in die Wüste, arbeitet an *Sheltering Sky*. Sein Verlag Doubleday weist das Manuskript zurück. »Wir haben einen Roman erwartet«, begründet sein Verleger die Ablehnung, »aber dieser Text ist kein Roman!« – Bowles muss den Vorschuss für sein Buchprojekt zurückzahlen.

Als das Buch endlich erscheint, kritisiert das *Time*-Magazin Bowles' unheroische Helden: arabische Zuhälter und Prostituierte, französische Fremdenlegionäre in heruntergekommenen Garnisonsstädten, ein unglaublich stupides und langweiliges Touristenpaar, Mutter und Sohn. – Innerhalb von zwei Monaten werden drei Auflagen gedruckt.

10

So viel tote Zeit, in der buchstäblich nichts passiert. Und dann überstürzen sich plötzlich die Ereignisse. Für den Reisenden aber gibt es nichts Unerwartetes. In jedem Augenblick kann das anscheinend so Selbstverständliche ins Miss- oder Unverständliche entgleisen. Das Gefühl für das Angemessene und Notwendige gerät ins Schleudern.

Aber als Reisender lernt man, mit diesen Verunsicherungen umzugehen und sich mit einem Schutzmantel der Unwissenheit und Naivität zu umgeben: Seht her, ich bin hier fremd, verzeiht mir, ich weiß es nicht besser.

Wer souverän zu reisen glaubt, reist nicht wirklich. Machtlosigkeit, ja Ohnmacht ist ein wesentliches Attribut des wahrhaft Reisenden. Das Tor öffnet sich nicht auf meinen Befehl. Selbst das Anklopfen ist schon zu barsch und aufdringlich. Der Reisende zeigt seine Erwartung, seine Ungeduld, seine Enttäuschung nicht. Er ist ein Pilger, der alles ergeben annimmt, was ihm widerfährt, ganz gleich, ob er es verdient hat oder nicht. Er ist nicht derjenige, der darüber zu urteilen hat.

*

Am Mittag holt K. mich im Hotel ab. K. ist Senior Professor an der Faculty of Humanities der Abdelmalek-Essaâdi-Universität Tétouan. Seine Frau und seine beiden Kinder sitzen bei ihm im Wagen, und er selbst trägt die Lederjacke und Schiebermütze eines Berliner Taxifahrers. Deswegen erkenne ich ihn erst, als er aus dem Wagen steigt und lächelnd auf mich zukommt.

Der Tochter zuliebe essen wir in einem Kentucky Fried Chicken. Danach bereiten wir mein Gastseminar vor.

Ich spüre seine Angst beim Thema *Frühlings Erwachen*. Die Zahl der radikal muslimisch gesinnten Studenten nehme selbst an der Universität ständig zu, gesteht er. Gespräche mit ihnen seien schon lange nicht mehr möglich. Es gehe ihnen nur noch darum, den öffentlichen Raum mit ihren rigiden Ansichten zu besetzen, ganz gleichgültig, wie sinnvoll oder unsinnig sie für Lehre und Forschung seien. Am besten wäre, sie würden von unserer Theaterarbeit gar nichts mitbekommen.

Gar nicht so leicht bei einem Projekt, für dessen Premiere schon jetzt mit Plakaten und Flyern geworben wird.

*

Am Abend endlich wieder für mich. Suche mein kleines Café am Petit Socco auf und schaue dem Treiben auf dem Platz zu. Plötzlich fühle ich mich schuldig. Alle meine Vorgänger finden sich in meinen Augen, meinem Gesicht, von Bowles bis Burroughs, verlebt, ausgehungert, voller unerfülltem Begehren. Es ist dieser Blick, der uns verrät.

Und die abschätzige Erwiderung, schon in den Augen der Knaben, wissend, als säße hier auf der Caféterrasse ein Monster. Herausfordernd greifen sie sich in den Schritt.

Die kommende Arbeit mit den Studenten, das Aufgehen darin ist der einzige Weg zur Nichtbeachtung.

Und nun ergreift er mich wieder, der unerträgliche, geradezu lustvolle Schmerz der Schwermut, in dem ich mich von nun an bewegen werde.

II

Für den Reisenden gibt es keine *Tatsachen* mehr. Alle Gegebenheiten sind fragwürdig und bedürfen einer zurückhaltenden Deutung.

Nicht nur das Wahrgenommene ist fremd, die Wahrnehmungsinstrumente selbst verändern sich während des Reisens, unsere Sinnesorgane lernen eine neue Empfindsamkeit für das bisher noch nie Gesehene, das Unerhörte, für Gerüche, Zwischentöne, Geschmacksrichtungen, Reibungen, Ungleichgewichte, von denen wir bisher nichts geahnt haben. Manchen allzu unvertrauten Reizen allerdings verschließen sie sich auch.

Irrational ist von nun an nur noch jedes Festhalten an Kausalität. Ursachen sind keine Gründe. Auch das Unerwartete, Unverständliche ist unausweichlich. Wenn es dem Reisenden bestimmt ist zu sterben, stirbt er, ganz gleich, ob er sich in sein Hotelzimmer einschließt oder das verrufenste Viertel der Stadt durchstreift. Sein Leben findet in einer Umgebung statt, die nicht mehr von Folgerichtigkeit, sondern von Partizipation, von Anteilnahme beherrscht wird. Er bewegt sich in einem Milieu ständiger Vermischung, Verwirrung und Trübung. Hier, im Trüben, verwandelt, tarnt, maskiert er sich. Von hier aus führt eine Spur von der Reflexion in die Dichtung. Es ist ein überaus ernstes Spiel.

12

Neben seiner schriftstellerischen Arbeit beschäftigt sich Bowles auch in Marokko weiter mit Musik. Er komponiert eigene Stücke und sammelt Aufnahmen verschiedener traditioneller marokkanischer Musik, unter anderem in den jüdischen Gemeinden von Meknès und Essaouira. Fast könnte man von einer Art Musikethnographie sprechen.

Außerdem beginnt er, junge marokkanische Autoren wie Mohamed Choukri, Ahmed Yacoubi oder Larbi Layachi zu fördern und zu übersetzen. Freundschaft und Protektion lassen sich nicht immer deutlich trennen.

Angesprochen auf sein gesellschaftliches Leben in Tanger, antwortet Bowles 1988, achtundsiebzig Jahre alt: Ich weiß nicht, was das ist, ein gesellschaftliches Leben. Mein soziales Leben ist begrenzt auf jene, die mein Haus in Ordnung halten und für mich kochen, und jene, die ein Interview mit mir führen wollen.[29] – Wie auch immer, sein Haus bleibt bis zu seinem Lebensende für alle Besucher offen.

*

Zweiundfünfzig von seinen achtundachtzig Lebensjahren verbringt Paul Bowles in Tanger. An Marokko schätze er die Stille, die Sonne, das Nichts.[30]

Wie jeder Romantiker hatte ich stets vage vermutet, schreibt Bowles in seiner Autobiographie *Without Stopping* über seine erste Marokkoreise mit seinem Freund und Lehrer Aaron Copland, dass ich eines Tages an einen magischen Ort kommen würde, der mir durch die Offenbarung seiner Geheimnisse Weisheit und Ekstase schenken würde, vielleicht sogar den Tod. Und jetzt, als ich im Wind stand und die Berge vor mir betrachtete, spürte ich das Summen eines Motors in meinem Innern, und es war, als näherte ich mich der Lösung eines bisher nicht geahnten Problems.

»It's a madhouse, a madhouse!« declared Aaron. »It's a continuous performance, anyway,« I said with satisfaction. Even before getting to Tangier, I knew I should never tire of watching Moroccans play their parts.[31]

13

Kaum bin ich am Reiseziel eingetroffen, ritze oder schneide ich mich an irgendeinem unerwartet in den öffentlichen Raum ragenden scharfkantigen oder spitzen Gegenstand, meistens an den schlenkernden Handrücken oder Unterarmen, die oftmals erst bei meiner Rückkehr wieder einigermaßen verheilt sind. So geschieht es auch diesmal, als ich den Stuhl näher an meinen Tisch rücken will und mir den rechten Handrücken von den Fingerknöcheln bis zum Handgelenk an einem aus dem Stuhlbein ragenden Nagel blutig reiße. Beide Hände sind übersät von den Narben dieser unzähligen Verletzungen, kleine weiße Erhebungen, die umso deutlicher hervortreten, je mehr die südliche Sonne meine Haut bräunt. Dann scheint es, als seien meine Finger und Handrücken von hellen, fremdartigen Schriftzeichen übersät.

14

12.3.2013 Diese Nacht bin ich es selbst, der mich um den Schlaf bringt. Eine Panikattacke hält mich wach. Hatten K. und ich am Ende den harmlosesten meiner Filme ausgewählt, den ich den Seminarteilnehmern vorführen sollte, fällt mir erst mit dem Zubettgehen ein, dass es darin eine kurze, buchstäblich nur eine Sekunde lange pornographische Szene gibt, ein Porno-Zitat im Film, und doch einem marokkanischen Publikum, und sei es auch ein studentisches und mit Pornographie durchaus vertrautes, nicht zumutbar. Zumindest nicht, ohne Schockwellen zu provozieren, die unser ganzes Theaterprojekt gefährden könnten. Dabei spielt für die derart Herausgeforderten der dokumentarische Kontext wahrscheinlich gar keine Rolle.

Vergeblich versuche ich, die DVD auf meinen Computer zu laden und einem zensierenden Eingriff zu unterwerfen. Die Daten erweisen sich als geschützt. Da müsste sich schon ein erfahrenerer Hacker, als ich es bin, Zugang verschaffen. Es ist das erste Mal, dass ich zu diesem Mittel der Selbstzensur zu greifen versuche, wenn auch vergeblich. Bei bisherigen Aufführungen war es kein Thema, das Risiko trugen die Veranstalter. Natürlich gab es immer mal wieder auch unerwartet heftige Angriffe und Diskussionen. Doch wenn ich schon gezwungen bin, Filme ohne jede Unterstützung und unter Selbstausbeutung aller Beteiligten zu drehen, darf ich mir zweifellos die Freiheit nehmen, auf niemanden Rücksicht nehmen zu müssen und radikal das zu zeigen, was mir künstlerisch notwendig und möglich scheint.

Doch manchmal reicht offenbar eine einzige Szene, und der Film lässt sich unter Umständen nicht vorführen. Jeder meiner Filme hat zumindest eine dieser Szenen. Das ist die Macht der Zensoren: Entweder lässt du den eliminierenden Eingriff zu, oder das ganze Werk verschwindet aus der Öffentlichkeit.

Am nächsten Morgen schlage ich K. vor, während der Vorführung für den kurzen pornographischen Moment die Projektorlinse abzudecken. Doch diese einfache Geste könnte einen paradoxen Effekt haben. Weil plötzlich sichtbar wird, was sonst nur die Zensierten wissen, vergleichbar den nachträglich geschwärzten Stellen eines Druckwerks, wird aus dem *Porno Graphion* eine politische Obszönität.

Und der so entstehende Blinde Fleck ist nicht einfach nur eine Leerstelle, sondern ein Raum ganz eigener, womöglich noch hemmungsloserer Projektionen. Manches erhält erst durch die Zensur sein großes, im Grunde unangemessenes Gewicht.

15

Wenn ich sage, dass ich Tanger als Traumstadt wahrgenommen habe, meine ich das im engeren Sinne. Ihre Topographie war reich an beispielhaften Traumszenen: überdachte Straßen wie Korridore mit Türen, die sich in Räume auf jeder Seite öffnen, versteckte Terrassen hoch über dem Meer, Straßen, die nur aus Stufen bestehen, dunkle Sackgassen, kleine Plätze, die man auf abschüssigem Gelände errichtet hat, so dass sie wie eine Ballettbühne aussehen, die in verzerrter Perspektive gestaltet wurde, mit schmalen Durchlässen, die in mehrere Richtungen führen; sowie die klassische Traumausstattung mit Tunneln, Wällen, Ruinen, Verließen und Klippen. Das Klima war sowohl gewalttätig als auch träge.[32]

Träumen die Marokkaner denselben Traum? Liegt *ihr* Traumort nicht gerade dort, von wo wir geflohen sind, im vermeintlich so wachen und aufgeräumten Okzident, in den durchnummerierten Schachbrettstraßen Manhattans, in sturmdurchtosten Hochhausschluchten und stinkenden U-Bahn-Schächten?

16

13.3.2018 Erster Besuch der Abdelmalek-Essaâdi-Universität Tétouan. Das tiefe Misstrauen der politischen Kaste gegen die Geisteswissenschaften spiegelt sich hier wie an vielen anderen Universitäten der arabischen Welt, die ich bisher kennenlernen konnte, bereits in der mangelnden Ausstattung und einer schon beleidigenden Vernachlässigung der Fakultäten wieder. Auch hier setzt man auf Informatiker und Ingenieure. Film- und Theaterwissenschaft? Was wird dort überhaupt unterrichtet?

Die Studenten tragen es gelassen, stellen sich womöglich bisweilen gar dieselbe Frage.

Während der französischen Kolonialzeit in Afrika, beginnt Jean-Claude Carrière seinen Essay *Der unsichtbare Film*, hätten die Spitzen aus Verwaltung und Militär häufig Filmvorführungen organisiert.[33] Dabei sei es ihnen vor allem um Unterhaltung, um die Präsentation eines modernen Schauspiels gegangen, aber auch darum, der unterworfenen Bevölkerung die Überlegenheit der europäischen Kultur vor Augen zu führen. Männer spannten ein Laken zwischen Holzpfähle, stellten behutsam eine geheimnisvolle Maschine auf, und plötzlich erschienen unter freiem Himmel die bewegten Bilder.

Die geladenen afrikanischen Honoratioren und religiösen Oberhäupter hätten es sich nicht erlauben können, den Vorführungen fernzubleiben. Also kamen sie mitsamt ihrem Gefolge. Da jene Autoritäten aber überwiegend Muslime waren, untersagte ihnen eine lange und strenge Tradition die Abbildung des menschlichen Körpers und Gesichts, der Geschöpfe Gottes. Deshalb seien sie den Einladungen zwar gefolgt, sobald aber die Lampen ausgingen und der erste Lichtstrahl aus dem merkwürdigen Apparat schoss, hätten sie die Augen zugemacht und sie während der ganzen Vorstellung geschlossen gehalten. Welchen lautlosen, unsichtbaren Film sahen sie hinter ihren geschlossenen Lidern?

Doch auch jene, die ihre Augen offen hielten, verstanden die fremden Bilder nicht, gehörten sie doch einer reichen mündlichen Tradition an, in der nicht Bilder, sondern Wörter eine Geschichte erzählten. Der Film hingegen hatte in kürzester Zeit eine ganz eigene Grammatik entwickelt, eine der Blicke und Perspektivwechsel, die (zunächst) ganz ohne Worte auskam und, wie jede neue Sprache, erst erlernt werden musste. Deshalb stand neben der Leinwand ein Mann und erzählte den sprachlosen Zuschauern, was sich auf ihr zutrug. Diesen Brauch gab es nicht nur in Teilen Afrikas, auch Buñuel hat ihn im Spanien seiner Kindheit noch kennengelernt. Dort nannte man den Filmerzähler *explicador*.[34]

K. und seine Kollegen indessen zeigen unverhohlen ihre Verbitterung über die Missachtung ihrer Fachbereiche. Die Seminarräume sind heruntergekommen und nur mit dem Allernötigsten ausgestattet: Stühle, Pulte, Wandtafel. Technische Hilfsmittel gibt es nicht und müssen nötigenfalls von den Dozenten selbst mitgebracht werden. Die Verbindungswege zwischen den Gebäuden sind verschlammt, wir kommen nicht einmal trockenen Fußes zum Veranstaltungsort.

Im ersten Seminar, in dem ich hospitiere, Critical Theory, sind die Studenten schlecht oder gar nicht vorbereitet, und K. macht einen eher hilflosen Eindruck, denn autoritäres Gebaren ist seine Sache nicht. Also referiert er das, was seine Studenten zu Hause hätten vorbereiten sollen, nun im Klassenraum, und die meisten der Studierenden blicken so teilnahmslos, wie sie offenbar schon bei der Erledigung ihrer Hausaufgaben waren. Zwei Drittel von ihnen sind junge Frauen, und zwei Drittel der jungen Frauen tragen Kopftücher.

Im zweiten Seminar, in dem ich als Gast über Wedekinds *Frühlings Erwachen* reden soll, ist es ganz anders. Der Seminarraum ist überfüllt, es sind wohl zweihundert Studenten anwesend, und die Atmosphäre ist wach, konzentriert und voller Neugier. Gerüchteweise wissen sie bereits, um welch heiklen und skandalträchtigen Stoff es geht. Somit besteht meine Aufgabe vor allem darin, jeder möglichen Skandalisierung des Projekts den Wind aus den Segeln zu nehmen und die theatergeschichtliche Wirkmächtigkeit des Dramas in den Vordergrund zu stellen: Wedekind in der Nachfolge Büchners, Brecht als Erbe Wedekinds.

Als ich am Ende meines Referats die Studenten frage, wer sich eine Teilnahme am Wedekind-Projekt vorstellen könne, schnellen sofort mehr als hundert Hände in die Höhe. Wie aus diesen Hundert die Zehn auswählen, die am Ende nur teilnehmen können? Ich verlasse mich ganz allein auf meine Intuition. – Auf der Rückfahrt nach Tanger erklärt K. mir lächelnd, ich hätte mir die zehn radikalsten und engagiertesten Studenten seines Fachbereichs herausgesucht.

17

In Paul Bowles' Autobiographie stoße ich auf ein Schwarzweißphoto, das Terence Spencer 1967 im Café Hafa in Tanger schoss. Es zeigt Paul Bowles zusammen mit Mohammed Mrabet an einem schlichten hölzernen Wirtshaustisch, beide Männer im Profil vor dem hellen, fast weißen Hintergrund eines Fensters ins Freie. Bowles sitzt, die Arme verschränkt und auf den Holztisch gestützt, leicht vorgebeugt und ganz und gar auf den jungen Mann ihm gegenüber konzentriert. Mrabet hat den rechten Arm auf die Fensterbank gelehnt, zwischen Zeige- und Mittelfinger der rechten Hand eine glimmende Zigarette, die linke liegt entspannt auf seinem Schenkel, die Ärmel seines Pullovers sind bis über die sehnigen Oberarme hochgekrempelt. Sein Gesicht wirkt ruhig und gelassen. Mit großer Zuneigung in seinen Zügen hört er dem Älteren zu.

Was berührt mich an diesem Bild so sehr, dass ich es genauer als alle anderen studiere? Zunächst ist es die Jugend Mrabets. Auf dem Photo ist er dreißig Jahre alt. Bowles hat gerade seinen Roman *Love with a Few Hairs* ins Englische übersetzt. Doch Mrabet wirkt auf dem Photo nicht wie ein junger, introvertierter Schriftsteller, sondern eher wie die Idealbesetzung des Stanley Kowalski in *Endstation Sehnsucht*, ein junger, selbstbewusster Arbeiter, dem älteren Freund, Lehrer und Vorbild in keiner Weise unterlegen.

Wenn es sich hier um Meister und Schüler, um Liebhaber und Geliebten handeln sollte, dann blicken sie einander doch auf Augenhöhe an. Auf dieser Abbildung sehe ich kein paternalistisches Verhältnis, finde ich nicht Vater und Sohn beieinander sitzen, auch wenn sie es ihrem Alter nach unschwer sein könnten. Bowles' Haare sind schon ergraut, ja, aber der junge Mann ihm gegenüber hat eine so kraftvolle Ausstrahlung, dass in ihrem Glanz auch Bowles fast jugendlich erscheint. Wer ist hier der Gebende, wer der Nehmende? In diesem Augenblick sitzen einfach gute Freunde beieinander.

18

Zwanzig Jahre später. Mohammed Mrabet und Paul Bowles sind immer noch eng befreundet. Gestern abend veranstaltet Mrabet wie jedes Jahr zu meinem Geburtstag ein Fest in seinem Haus, heißt es in einem Tagebucheintrag vom 31. Dezember 1988.[35] Kein Orchester, aber eine Gruppe von Mädchen, die sangen und trommelten. Abdelwahab zögerte mitzugehen, da er weiß, daß Mrabet ihn nicht mag. Aber Mrabet mag niemanden, der mich besucht; deshalb ermutigte ich ihn, die Einladung anzunehmen. Unmengen von köstlichen Speisen.

Inzwischen hat das Verhältnis von Mrabet und Bowles aber mehr den Charakter eines zänkischen alten Paares angenommen, das zwar schon geraume Zeit geschieden ist, doch immer noch gegenseitige Ansprüche aufeinander erhebt.

Einige Wochen später kommt es zum Eklat: Der Ramadan macht alles schwierig. Einmal mehr hat sich gezeigt, was für gefährliche Auswirkungen er auf Mrabet hat. Ich wusste, dass er Abdelwahab von Anfang an nicht leiden konnte, aber bis zum Ramadan war er zumindest imstande, sich normal zu benehmen. Als er dann jedoch sah, daß Abdelwahab aß und rauchte, statt zu fasten, verwandelte sich seine Abneigung in Wut. Heute Nachmittag kam er herein, als A. auf einem Sitzkissen saß und eine Schale Tee trank. Er hob den Tisch in die Höhe, schleuderte ihn samt Tee und allem auf A. und stieß gleichzeitig einen Schwall von Beschimpfungen auf Arabisch und Spanisch aus: »Zamel! Yehudi! Maricon de mierda!« – Seine kleine Tochter, die nächste Woche fünf wird, stand völlig bestürzt daneben.[36]

19

Das erste Treffen mit meiner neuen Truppe. Bei aller politischen Radikalität könnten die Teilnehmer unterschiedlicher nicht sein, die junge Intellektuelle mit Kopftuch, der selbstverliebte, ein Meter neunzig große Basketballspieler, der auch im dämmrigen Licht des Seminarraums seine Sonnenbrille nicht absetzt, der klassische Studentenführer, der sein Grundstudium an der Georgetown University in Washington absolviert hat, der Bursche mit der Baseballkappe, den Schirm im Nacken, der aussieht wie eines der klebstoffschnüffelnden Kids aus der Stadtrandsiedlung, das Hochglanzmodell, das Englisch mit französischem Akzent haucht, und tatsächlich hat sie ihre Kindheit in Paris verbracht; erste, rein oberflächliche Eindrücke, aber sind wir nicht schon mitten im Stück?

20

14.3.2013 Nach den Anstrengungen der ersten Tage erwache ich heute in einer extrem mürrischen, ja misanthropischen Stimmung. Gereizt und angewidert setzt sich das Wachsein fort, von den Rauchern im Frühstücksraum, dem Lärm aus dem Frühstücksfernsehen, dem kalten Seewind, auf Grund dessen die Kellner Fenster und Türen geschlossen halten. Ich fühle mich gefangen, eingesperrt, im Grunde natürlich in mir selbst. Oder hält mich hier irgendjemand gefangen?

In jungen Jahren strahlte diese radikal zur Schau gestellte Misanthropie noch eine gewisse melancholische Anziehung aus, nun macht sie das Gesicht des Alternden nur noch hässlicher. Vielleicht ist es ja wahr, und der Reisende sucht insgeheim den Tod. Potentiell ist für den Reisenden jede Reise seine letzte. Und womöglich sucht er nicht nur den Tod, sondern bringt ihn auch. Der Geruch des Sterbenden umweht ihn bereits, und jede seiner müden Bewegungen und Gesten scheint mit letzter Kraft der unaufhaltsamen Erstarrung abgetrotzt. Der Tod ist ja der Fremde in seiner ureigensten Gestalt.

Diese unwirsche Aura schützt mich nicht einmal, im Gegenteil, sie macht mich äußerst angreifbar und verletzlich, sie zieht den Tod geradezu an. Denn dies sind die Stimmungen, in denen der Reisende überfallen, ausgeraubt, verwundet, in denen er zum Opfer wird. Ihm fehlt auf einmal die Absichtslosigkeit und Naivität, die ihn sonst vor Übergriffen schützt. Nur der kindlich Reisende weckt Empathie. Der mürrische Mensch hingegen scheint sich über seine Mitmenschen zu erheben, ja sie zu verachten. Aus dem Gast wird ein abschätzender, unberührter Beobachter. Und vom Beobachter zum Eroberer ist der Weg nicht weit.

*

Ein alter Mensch reist anders als ein junger Mensch. Ein junger Mensch erregt mehr Misstrauen, wahrscheinlich zu unrecht.

Ein junger Mensch fragt nicht: Warum bin ich hier? Er nimmt sich das Recht der Jugend, jeden erreichbaren Ort aufzusuchen. Allenfalls fragt er sich: Warum mag man mich hier nicht? Bin ich nicht jung, begehrenswert? Ist es nicht ein Glück, ein unverdientes Geschenk für euch, dass ich hier bin?

21

War Tanger für Bowles der Ort, der mich mehr als alle anderen anzog, so war die Stadt für Truman Capote, der es dort nicht länger als drei Monate aushielt, eine zerlumpte Stadt.

Bowles ist nicht naiv. Er weiß, dass seine magische Stadt durch und durch korrupt ist. Nicht alle Verwüstungen, die unser erbarmungsloses Zeitalter angerichtet hat, sind greifbar. Die subtileren Formen der Zerstörung, jene, die nur den menschlichen Geist erfassen, müssen wir am meisten fürchten.[37]

*

Paul Bowles ist nicht der erste »Abendländer«, der in den Maghreb reist und das Feld mit seiner eigenen Kultur, seinen eigenen Phantasien und Begierden »kontaminiert«. Die Kulturen sind bereits verflochten, geschichtet und durchdrungen. Das Insistieren auf einer wie auch immer gearteten »Reinheit« beruht auf einem rein ideologischen Konstrukt ehemaliger Unberührtheit.

22

15.3.2013 Haben Reisen ohne Arbeit, ohne Aufgabe noch einen Sinn? Die Fremde weist mich zurück, kränkt mich. Sie ist nicht mehr neugierig auf mich, und ich bin nicht mehr neugierig auf sie. Anscheinend weiß sie bereits alles über mich, sie ist nicht weniger ethnozentrisch als ihr Besucher. Ein flüchtiger Blick genügt, und sie kennt meinen Charakter, meine Ängste, mein Begehren, mein ganzes Leben. Dieses Bild von mir beruht nicht auf einer vollständigen Kenntnis meiner Person, sondern auf dem kollektiven Archiv über Personen meiner Art: Ausländer, Fremder, Reisender, Besucher, Tourist, Söldner, Flüchtling, Pilger, Gastarbeiter …

Sie, die Fremde, enttäuscht mich. Es ist so, als würden wir plötzlich einem heimlichen Idol von Angesicht zu Angesicht begegnen: Im wirklichen Leben ist es viel unscheinbarer, unspektakulärer, alltäglicher und weniger begehrenswert als in meiner Phantasie.

Diese ganzen Erwartungen aneinander sind immer auch politisches Theater. Wir spielen Rollen in den Stücken der anderen, Stücke über Missverständnisse, Verwechslungen, Sprachverluste.

*

Erste Leseprobe. Ihr Englisch ist besser als meins, einige von ihnen haben in London oder Washington studiert, andere in Frankreich. Alle sind polyglott, sprechen vier oder fünf Fremdsprachen. Macht diese Vielsprachigkeit sie schon zu Weltbürgern?

Die erste Probe ist vergnüglich, sie albern herum und

lachen viel. Als seien sie plötzlich zehn Jahre jünger oder von einem enormen Druck befreit.

Noch sind sie mir nicht wirklich nahe, Amine, Adam, Toufik, Hicham, Doua, Khadija, Khaoula. Ich sehe nur das Bild, das sie von sich geben wollen, eine Clique cooler Typen auf dem Pausenhof, von den Mitschülern heimlich bewundert und offen verspottet, weil sie nicht eingeladen sind dazuzugehören. Amine, der unangefochtene Star, eine mediterrane Mischung aus Macho und Narziss, doch zu intelligent, um das eigene eiskalte Image nicht immer wieder selbstironisch zu parodieren. Leider Gottes hat die Natur ihn auch noch mit einem überwältigenden Aussehen gesegnet.

Adam, sein ständiger Trabant, sein Patroklos, kann durch einen ganz eigenen Charme durchaus neben diesem Achill bestehen. Bei ihm ist das Schelmische, Selbstironische sichtbarer und ehrlicher. Er scheint weniger als Amine auf ständige Bestätigung und Bewunderung angewiesen zu sein und gehört eher zur Gruppe der Gebenden.

Toufik ist mir der Liebste der Truppe, vielleicht weil er keine dieser bemerkenswerten Auszeichnungen besitzt, mit denen Amine und Adam sich schmücken können, sondern eher unsicher und verletzlich auftritt. Alles an ihm, sein Gesicht, seine Körperhaltung, sein Lächeln, wirkt ein wenig schief, asymmetrisch, aus dem Gleichgewicht gebracht. Das lässt ihn lebendiger und liebenswerter als die anderen erscheinen, ein schüchterner junger Mann, den man instinktiv beschützen möchte und mit dem man gern befreundet wäre. – In dieser Hinsicht ist er dem Moritz aus Wedekinds Tragödie so nahe wie Amine mit seiner überlegenen und zugleich gedankenlosen Kumpelhaftigkeit dem jungen Melchior.

Hicham geht ganz und gar in der Rolle des verantwortungsbewussten Assistenten auf. Er hatte bisher noch keine

Bühne, um auf dieser mit seinen besonderen Talenten – oder Schwächen – zu glänzen. Aber er ist derjenige unter den Studenten, dem ich am meisten vertraue. Er ist zu ernst, zu nachdenklich, zu skeptisch und selbstkritisch, um eine Rolle zu spielen. Hier, in der Runde der Stars, mag er eher unscheinbar wirken, aber draußen auf der Straße wird er als einer der Ersten mit wehender Fahne in der einen und einem Megaphon in der anderen Hand auf den Barrikaden stehen.

Khaoula trägt ein Kopftuch, aber das kann nicht der Grund sein, warum sie mir so undurchsichtig erscheint. Oder doch? Warum lässt eine bekennende Muslima sich auf ein Stück wie *Frühlings Erwachen*, warum lässt sie sich überhaupt auf Theater ein, zusammen mit diesen anziehenden, gottlosen Jungs, einem Gewerbe, der Prostitution näher als der Kunst? Kann man fünfmal am Tag Gott anrufen und im Ramadan von Sonnenauf- bis Sonnenuntergang fasten und die rauchenden Klassenkameraden für ihre Sucht zur Rechenschaft ziehen und dann auf der Studentenbühne die Rolle der Wendla übernehmen, die sich nach nichts mehr als nach Melchiors Schlägen sehnt – und sie am Ende auch bekommt? Andererseits, kann man sich eine bessere Besetzung für Wendla vorstellen als dieses so unschuldig und fromm wirkende Mädchen?

Dann ist da Doua, die sechs Fremdsprachen spricht und – wie zur Zeit unter vierzehnjährigen Mädchen Mode – eine hässliche Zahnspange trägt, die sie beim Sprechen behindert und so gar nicht zu ihrer Mondänität passen will. Sie wirkt heiter, entspannt, gut vorbereitet, sie genießt die Gruppe, das Theater, vielleicht das Dasein schlechthin, und ihr Englisch wäre perfekt, würde die Spange nicht jeden S-Laut in ein gelispeltes Th verwandeln.

Ganz am Rande der sich gerade findenden Truppe sitzt

Khadija, die unsere Proben protokolliert und ansonsten schweigt. Von ihr weiß ich tatsächlich nichts. Würde ich sie überhaupt erkennen, wenn sie mir auf der Straße unerwartet entgegenkäme? Ich weiß nicht einmal, wie ihre Stimme klingt. – Und doch würde ich sie ohne Zögern bitten, eine Rolle zu übernehmen, wenn während der Proben plötzlich ein Ensemblemitglied ausfallen oder abspringen sollte. Also scheint sie, ohne weiter auf sich aufmerksam zu machen, doch präsent zu sein. Denn ich bin sicher, dass sie jeden einzelnen Darsteller in dieser Runde mühelos ersetzen könnte.

Wir arbeiten uns durch die ersten beiden Szenen des Stücks, Melchior und Moritz im intimen Gespräch, die drei Freundinnen Thea, Martha und Wendla im Pausenhofgetuschel über Eltern, Mitschüler, Mode, Sex und Kindererziehung, und lachen viel. Einiges in diesem Drama ist ihnen durchaus vertraut, anderes gehört auch für sie einem vergangenen Jahrhundert an. Dass Adam in der zweiten Szene die Rolle der Thea übernimmt, erhöht die Heiterkeit noch. Aber es ist nicht immer ein entspanntes oder befreiendes Lachen. Adam trägt den Geschlechterrollenwechsel von allen noch am gelassensten.

Kaum erkläre ich die Probe für beendet, sind sie wie ein Shakespearescher Hexenspuk von einem Augenblick zum nächsten verschwunden.

23

Die Nerds im Café der Cinémathèque am Grand Socco unterscheiden sich äußerlich nicht von denen am Kollwitzplatz in Berlin. Sie tragen dieselben Brillen, Ohrwärmer und abgetragenen Sakkos, benutzen dieselben Laptops und Codewörter, und vermutlich denken sie inzwischen auch in denselben Algorithmen.

Ist dieser Prozess der Angleichung ein Gewinn? Beruht auf ihr nicht die Hoffnung auf eine friedvolle Verständigung?

Doch was ist eine Zivilgesellschaft ohne Unzivilisiertes, Grausames, Unverhandelbares, Archaisches? Was bedeutet noch eine Freiheit, die Gleichheit voraussetzt oder anstrebt?

Nicht nur Intellektuelle, Schriftsteller und Junkies trieb es immer wieder nach Tanger, auch Filmemacher wussten und wissen den verruchten Charme der Stadt zu schätzen. An den Caféwänden Plakate jener Filme, die ganz oder zu einem großen Teil hier gedreht wurden, *License to Kill* mit Timothy Dalton als James Bond, *Legionnaire* mit Jean-Claude Van Damme und natürlich ernstere Filme wie Bertoluccis *Himmel über der Wüste*. Auch einheimische Regisseure wie Abderrahman Tazi, Farida Benliyazid, Jilalli Ferhati, Nabil Ayouch und Moumen Smihi haben Tanger als Kulisse und wesentlichen Protagonisten ihrer Filme genutzt.

24

16.3.2013 Je mehr die Arbeit mit den Menschen in den Vordergrund tritt, desto unbedeutender wird der Ort. Tanger – alles, was in dem Namen an Geschichte und Mythos einmal mitschwang, verblasst. Allein die Arbeit ist es, die mich hier im Augenblick erfüllt. Will ein Ort seinen Mythos aufrechterhalten, stören die Bewohner und ihre alltägliche Notdurft nur. Man kann in Tanger durchaus eine Weile leben, ohne einen einzigen Gedanken an Antaios, Poseidon oder Paul Bowles zu verschwenden.

Tanger sei nicht viel mehr als ein riesiger Markt, schreibt

Bowles. Vergangenheit und Gegenwart seien hier zur selben Zeit gleichermaßen präsent.

1912 lebte der französische Maler Henri Matisse für zwei Jahre in Tanger, und zwar im Zimmer 35 des Grand Hôtel Villa de France. Hier malte er mit fauvistischer Verve einen Blick aus dem *Fenster in Tanger*, *Zohra auf der Terrasse*, *Zohra in Gelb* und einen *Rifkabylen in Grün*.

Um einen Ort wie Tanger zu mögen, schreibt Bowles, brauche es Vorstellungskraft, denn die Details, die das Auge wahrnehme, bedeuteten nie das, was sie zu sein schienen.[38]

Was ist die Motivation, die Ihre Romanhelden immer wieder veranlasst, die Sicherheit ihrer vertrauten, ihrer westlichen Umgebung aufzugeben, wird Paul Bowles gefragt.

Ich habe niemals darüber nachgedacht, antwortet Bowles. Wahrscheinlich deshalb nicht, weil es so etwas wie eine sichere, vertraute Umgebung gar nicht gibt. Sicherheit ist ein trügerisches Konzept.[39]

*

Wir glauben, wir fänden die Wahrheit in uns selbst, die Fähigkeit zur Introspektion genüge, um sie zu erkennen. Wenn die Dürftigkeit unserer Erkenntnisse dann ans Tageslicht tritt, schämen wir uns.

Die meisten Kulturen, die nicht durch die protestantische Mühle ständiger Selbstbefragung gegangen sind, suchen die Wahrheit nicht im Geheimen, sondern im Offenbarten.

Wir stehen sehr einsam da mit unserem Erziehungsideal, unsere Kinder darin zu unterstützen, diejenigen zu werden, die sie sein wollen. Die meisten Kulturen sehen ihren Erziehungsauftrag darin, sie so zu formen, dass sie das sein wollen, was sie zu sein haben.

Die Studenten beschließen, alle einheitlich in schlichten schwarzen Kostümen aufzutreten, um von Anfang an deutlich zu machen: Wir sind Teil einer Gruppe, Gleiche unter Gleichen, sind nur Rollen-Träger, keine Charaktere. Wir übernehmen unsere Rolle, sobald wir in die Kreismitte treten, und legen sie wieder ab, wenn wir uns zurück an den Rand begeben haben. Unsere Rollen sind austauschbar, beruhen auf Vereinbarungen, auf äußeren Zuschreibungen. – Trotzdem wollen wir natürlich, dass unser Spiel berührt.

Noch tun sich die Studenten schwer mit unserer Idee eines »Theaters der Intervention«, eines direkten Eingreifens der Akteure in den Stückverlauf. Fast alle Interventionen gehen von mir aus. Es reicht nicht, ihnen das Recht zum Einschreiten und Mitgestalten zu erteilen. Es ist keine Frage des Rechts, sondern der Macht, und eine Intervention, die einer Aufforderung bedarf, wird nicht als Freiheit, sondern als pädagogische Maßnahme empfunden. Mag sein, dass ich wirklich Macht an sie abgetreten habe, aber vielleicht zählt nur die Selbstermächtigung, die Macht, die man selbst erstritten hat. Noch verhalten sie sich so zurückhaltend, als könnte ich meine gewährten Freiheiten jederzeit zurücknehmen.

Erste Intervention. Thea, Wendla und Martha kommen Arm in Arm die Straße herauf. Martha erzählt von der allgegenwärtigen häuslichen Gewalt.

Amine, der Darsteller Melchiors, kommentiert lakonisch vom Rand aus: »Ich bin zu Hause auch geschlagen worden, wie alle hier. Na und? Ich scheiß drauf!«

Nun geben auch die anderen kurze Anmerkungen und Einsprüche ab. Wer spricht hier? Eine Art griechischer Chor? Niemand ist von Marthas Schicksal beeindruckt, die Schwarze Pädagogik des neunzehnten Jahrhunderts sei marokkanische Gegenwart.

Dann, als der Kreis sich schließt und die Interventionen zu Amine, ihrem Ausgangspunkt, zurückkehren, meldet er sich erneut zu Wort: Wenn ihr wirklich etwas über Gewalt erfahren wollt, erzähle ich euch jetzt, was mir bei der Festnahme nach einer friedlichen Demonstration auf der Polizeiwache widerfahren ist.« Und er kehrt uns den Rücken zu und hebt sein schwarzes T-Shirt an.

25

18.3.2013 Sonntagmorgen in Tanger. Es ist bedeckt und schwül. Obwohl es nicht besonders warm ist, schwitze ich, als würde die feuchte Salzluft der Hafenstadt in einer Art Osmose alle Flüssigkeit aus mir heraussaugen.

Die Cafés sind bis an den Bordstein voll besetzt mit müßigen Männern jeden Alters. Die einzigen Frauen sind europäische Touristinnen, die an diesen Männerorten wie Fremdkörper wirken. Die Einheimischen ignorieren sie gelassen, sie sind Gäste und in diesem Sinne geschlechtslos.

Auch ein kurzer Regenschauer reißt die Männer nicht aus ihrer lethargischen Muße, das Wetterwendische gehört zum Frühling in Tanger. Und schon bricht wieder die Sonne durch die asphaltgraue Wolkendecke. Wir Europäer wissen nie, uns richtig zu kleiden. Die Einheimischen tragen immer noch ihre warme, wetterfeste Winterkleidung, Schal und Mütze und wollene Unterwäsche, während Touristen vereinzelt schon in kurzen Hosen und T-Shirts über den Grand Socco streifen. Vor allem Briten zeigen sich in dieser Hinsicht recht abgehärtet und scheinen in ihrer anspruchslosen Kleiderordnung gar keine Jahreszeiten zu kennen.

Doch genug der kulturellen Stereotype, die immer genauso wahr wie falsch sind. Man muss nur lange genug in seinem Straßencafé ausharren, um alle seine Vereinfachungen und Vorurteile bestätigt zu finden.

Andererseits helfen uns Stereotype natürlich, unsere Welt zu ordnen und uns einigermaßen in ihr zurechtzufinden. Womöglich könnten wir gar nicht in der Welt bestehen, wenn wir nicht einzelne, ausschnitthafte Erfahrungen verallgemeinerten und aus ihnen Urteile und Erwartungen für die Zukunft ableiteten. Eine vorurteilslose Begegnung mit der Welt würde uns vor allem als lernunfähig ausweisen und uns immer wieder in Gefahr bringen. Welch eine subtile Gratwanderung zwischen Vertrauen und Misstrauen, Vor- und Fehlurteil mutet uns das Zusammenleben tagtäglich zu!

Angesichts dessen überrascht mich immer wieder aufs Neue, wie außerordentlich friedvoll den meisten Erdbewohnern das Zusammenleben in dieser enggewordenen Welt gelingt. Das, was es ständig neu zu lernen und zu überprüfen gilt, hat sich exponentiell erhöht und fordert uns inzwischen bis zum Lebensende heraus. Fremdheitserfahrungen enden nicht mehr, sie sind Teil unseres Alltags, ja Teil des Vertrauten geworden. Die Bedeutung dessen, was fremd, was anders ist, definiert sich nicht mehr allein über eine gemeinsame Abstammung, sondern über Arbeit, Klasse, Alter, Ausbildung, Interessen, Vorlieben. Diese neuen Zugehörigkeiten entsprechen der Vielzahl unserer Identitäten, die womöglich unverbindlicher als die durch unsere Herkunft und Familie bestimmten sind, aber eben auch freier und zu einem großen Teil selbst gewählt. Die tribale Ordnung war immer auch eine gewalttätige Ordnung, der nicht zuletzt auch das Andere, Fremde in uns selbst zum Opfer fiel.

26

Djuna Barnes lebte ein Jahr lang in Bowles' Haus in Tanger und arbeitete dort an ihrem Meisterwerk *Nightwood*, Nachtgewächs. Das erste Kapitel, das erste Wort ihres Romans lautet *Unterwerfung*. Das Generalthema ihres romanhaften Poems ist die Nacht, die Dunkelheit in uns und um uns herum, der wir, zum größten Teil selbstverschuldet, ausgeliefert sind.

Wenige Tage nach seiner Ankunft in Tanger am 8. August 1931 schreibt Bowles an seinen Schriftstellerkollegen Édouard Roditi: Hier lache ich immer. Das Lachen entspannt mich. Die Araber finden mein Lachen lächerlich, sie selbst lachen ja nie ohne ersichtlichen Grund.[40]

Die Krise ist vorüber, wie Poe zu sagen pflegte und ich zu sagen liebe, dem Himmel sei Dank! Kann man lernen aufzuhören, über sich selbst nachzudenken? Das Glück würde sprießen unter den Armhöhlen der Bäume, Skorpione würden vor Freude tanzen und die Felsenkliffe in Ekstase erschaudern. Kann man lernen, sich selbst loszuwerden?[41]

Das Reisen als Krisenbewältigung. Hier gesteht es der einundzwanzigjährige Briefschreiber selbst. Das Motiv des Reisens ist nicht oder nicht nur, an einen anderen Ort zu gelangen, sondern auch, von etwas fortzukommen, vom Nachdenken über sich selbst, vom (ver)zweifelnden Ich.

*

In Paul Bowles' sechzig Jahre alten Reiseberichten erscheint Marokko als eine andere Welt, dem Mittelalter näher als dem europäischen zwanzigsten Jahrhundert. Große Teile des

Landes seien für den westlichen Tourismus noch gar nicht erschlossen gewesen, schreibt Bowles, aber natürlich gebe es hier unterschiedlichste Reisende seit Jahrtausenden. – Neben dem Topozentrismus gibt es offenbar auch so etwas wie einen Chronozentrismus. Die Ferne von modernen technischen Errungenschaften genügt, um eine Rückständigkeit zu konstatieren, als gäbe es eine universale Entwicklungsskala, auf der die eigene Gegenwart natürlich das Maß und das Ziel allen Fortschritts definiert.

Dieser Bezug auf die eigene Entwicklung als einzig mögliche oder zumindest fortschrittlichste ignoriert die Ungleichzeitigkeit und Diversität möglicher Entwicklungen. Es gibt viele Gegenwarten, alle eine Art Moderne ihrer eigenen spezifischen Geschichte. Erst in den letzten Jahrzehnten hat eine Tendenz zur Synchronisierung dieser unterschiedlichen Tempi eingesetzt – und zugleich heftigste Gegenreaktionen hervorgerufen. Die Gleichzeitigkeit verschiedener Zeiten und Rhythmen nimmt zugleich ab und zu und sorgt für wachsende Spannungen, nicht nur im interkulturellen Verhältnis, sondern auch innerhalb der Kulturen selbst.

27

Was ist heute mit meinen Studenten los? Diesmal sind sie pünktlich. Ja, aber mürrisch, müde, verzagt. Jetzt, wo es in die szenische Arbeit geht, wird plötzlich die Kluft deutlich zwischen dem Traum, auf der Bühne zu stehen, und der harten Arbeit, dort tatsächlich *präsent* zu sein. Den meisten mangelt es bereits an einer verständlichen Artikulation. Und selbst wenn ich als Zuschauer ihre Worte verstehe, sind sie noch weit davon entfernt, dass ich sie ihnen auch glaube. –

Im Augenblick zweifle ich sehr, dass uns in der Kürze der Zeit eine sehenswerte Aufführung gelingen wird.

Selbst nun müde und verzagt sitze ich auf der Terrasse des Grand Café Central am Petit Socco. Die Einheimischen gehen zügig, zielstrebig, die Touristen schlurfen, ja taumeln über den Platz, so dass man angesichts ihrer Unentschlossenheit, stehen zu bleiben und zu schauen oder weiterzugehen, fürchten muss, dass sie jeden Augenblick das Gleichgewicht verlieren und aufs Pflaster stürzen. Und plötzlich bin ich einer von ihnen, kein Reisender mehr, sondern ein Tourist auf der Suche nach dem Nimbus eines Ortes, der längst der Vergangenheit angehört, habe Anteil an der Hässlichkeit derer, auf die die Einheimischen mit einer gewissen devoten Verachtung herabblicken. Wir mögen einander nicht, die Einheimischen und die Besucher, und wir Touristen hassen und verachten niemanden mehr als andere Touristen. Aber die Einheimischen brauchen uns, ihre Beziehung zu uns ist vor allem ein Geschäftsverhältnis. Voller Argwohn belauert man einander, um nur nicht übers Ohr gehauen zu werden.

Zumindest gehe ich wie die Einheimischen. Wie sie ertrage ich es nicht, wenn mir jemand ziellos vor den Füßen herumstolpert und mir seinen beschaulichen Rhythmus aufzwingt.

Es sind nicht unterschiedliche Kulturen, die hier in der lebendigen Altstadt aufeinandertreffen, sondern Alltag und Ausnahmezustand, die Welt der alltäglichen Routinen und Notwendigkeiten mit ihrer Suspendierung. Wir Touristen haben einen großen Teil dessen, was unsere heimatliche Identität und Würde ausmacht, zu Hause gelassen, denn auch davon suchen wir ja Abstand und Erholung. Kann uns da die stete Fehleinschätzung dessen, wer wir wirklich seien, noch wundern? Wir sind hier andere.

Nur die Jugend kann sich erlauben, so lässig und sittenlos herumzureisen, wie sie will. Sie reist noch nicht, um sich von sich selbst zu erholen, sondern um sich selbst erst noch zu finden.

28

19.3.2013 Auf dieser Reise gibt es wenig zu erzählen, vielleicht weil ich inzwischen mehr und mehr das Unberechenbare und Abenteuerliche scheue. Aber heute steht ein kleiner Ausflug an. Ich habe einen Augenblick gezögert, ob ich die Einladung meiner Studenten, sie in Tétouan zu besuchen, annehmen solle, habe gezögert, die Bequemlichkeit meines Hotels – und sei es auch nur für eine Nacht – mit der Enge und Vertraulichkeit ihrer Studentenunterkunft einzutauschen. Doch vielleicht hilft dieses Entgegenkommen, ihr Vertrauen in unser gemeinsames Projekt zu stärken.

Toufik tut sich schwer, Moritz' Verzweiflung glaubwürdig in Worte zu fassen. Aber er ist ein leidenschaftlicher Tänzer. Warum soll er seinen Part nicht tanzen? Und wenn Amine selbst in der letzten Szene auf dem Friedhof seine Maske der Coolness nicht ablegen kann, um Melchior ein Gesicht der Schuld und der Selbstmordgedanken zu verleihen, soll er doch versuchen, diese Abgründe zu rappen! Hat er sich nicht schon bei unserer ersten Probe erkundigt, ob es auch Gesangseinlagen geben werde? Wenn er eher auf Street Art als auf eine Kindertragödie steht, soll er Street Art bekommen.

Die Mädchen haben weniger Mühe, ihre Texte auswendig zu lernen und sich in ihre Rollen hineinzuversetzen. Die Jungen wirken unsicherer, scheuer, wenn sie vor den anderen etwas vorführen sollen. Ihre Furcht ist größer, ihr kühles, protzendes Verhalten abzulegen und Schwäche, Verletzlichkeit oder Einfühlungsvermögen zu zeigen. Alle als typisch weiblich angesehenen Eigenschaften machen ihnen Angst. Sie verbrauchen ihre ganze Kraft allein dafür, eben diese Scheu und Verletzlichkeit zu überspielen.

Ein sintflutartiger Regen begleitet mich nach Tétouan, die Pässe stehen unter Wasser, der Bus schleppt sich im Schritttempo die knapp fünfzig Kilometer lange Bergroute und braucht fünfmal so viel Zeit wie an trockenen Tagen. Trotzdem stehen sie alle beschirmt an der Endhaltestelle, ohne ein Wort der Klage über die verspätete Ankunft laut werden zu lassen. Sie versuchen, mir den Aufenthalt in ihrer Universitätsstadt so angenehm wie möglich zu gestalten, so dass sich zur Reiseerschöpfung alsbald auch die Müdigkeit des Gastseins gesellt. Doch wohin könnte ich mich für eine Weile zurückziehen? Fünf Studenten teilen sich hier eine Zweizimmerwohnung. Bleibt nur der Rückzug in mir selbst. Ich versuche, ihre freundliche Einladung mit ebenso viel Freundlichkeit zu beantworten und nichts von meinem zunehmenden Verdruss nach außen dringen zu lassen.

29

21.3.2013 Auf meinem Rückweg strahlt der Himmel über Tanger in einem fast schon mythischen Blau, und die sonst so nahe spanische Küste ist durch einen Dunstschleier in weite Ferne gerückt. Heimkehren werde ich trotz des Frühlingsbeginns in ein verschneites, frostiges Berlin. Dabei hatte ich meine Winterbekleidung schon gar nicht mehr eingepackt.

Bowles wünschte sich, eines Tages an einen magischen Ort zu kommen, der ihm nicht nur Weisheit und Poesie schenken würde, sondern vielleicht sogar den Tod. Ist es nicht der tiefere Wunsch jedes Reisenden, den Tod zu finden? Nicht im Sinne einer Initiation, einer Rîte de passage, sondern im ganz und gar körperlichen Sinn, ein Aus-dem-Leben-gerissen-, ein Vom-Tod-überwältigt-werden?

Auf der Reise den Tod zu finden bedeutet immer, zu früh zu sterben, etwas Hoffnungsvolles, Unerlebtes stand noch bevor. Dieser Tod bedeutet nicht, um etwas Unerfülltes betrogen worden zu sein, sondern sich die Illusion daran auf ewig zu bewahren.

Fatal ist erst die unversehrte Rückkehr. Plötzlich muss ich erkennen, ich habe mich getäuscht, getäuscht über das, was ich für das Fremde hielt, und vor allem über das, was ich bisher mein Zuhause oder meine Heimat genannt habe. Das Vertraute ist eben auch das Abgelebte, Verbrauchte, Schalgewordene.

Exkurs

Lob des Bastards

»Was haben *wir* in der Fremde zu suchen?« lautet eine der zentralen Fragen in allen Neokolonialismusdebatten. Unter »wir« verstehen die Debattierer gemeinhin den »Westen«, den »Okzident«. Und unter die »Fremde« werden vorzugsweise alle nicht-europäischen und nicht-nordamerikanischen Staaten gefasst. – Selbstverständlich lautet die Antwort auf diese Fragen für alle engagierten Anti-Neokolonialisten: »Gar nichts!«

Jede Debatte neigt zu polarisierenden Beiträgen, sonst hätte man nicht so viel Vergnügen an ihnen. Die Neokolonialismusdebatte erregt mich besonders, weil sie so gut wie immer polemisch und emotional geführt wird. Jede Form des interkulturellen Austauschs steht unter dem Generalverdacht, nur Agent wirtschaftlicher und politischer Interessen des Westens zu sein. Doch was man für politische und wirtschaftliche Hegemoniebestrebungen relativ einfach belegen zu können glaubt, wird der Komplexität interkultureller Kommunikation so gut wie nie gerecht.

Zunächst einmal geht die Forderung, der Westen möge sich *in jeder Beziehung* aus anderen Kontinenten heraushalten, von einem längst obsolet gewordenen Begriff einer lokal definierten Kultur aus. Als hätte es das je, außer als ideologischen Kampfbegriff, gegeben: eine homogene, *reine* Kultur, unbeeinflusst von nomadisierenden, infizierenden Gedanken, Ideen, Korruptionen!

Hinzu kommt eine dramatische Veränderung dessen, was uns nah und was uns fremd ist: Begriffe wie *Heimat*, *Gemeinde*, *Region* sind zunehmend nicht mehr topographisch definiert, sondern sozial oder, noch genauer, *kommunikativ*. Die internationale Künstler- oder Akademikergemeinde kann mir näher stehen als meine unmittelbare urbane Nachbarschaft. Mein Freundeskreis kann in der Mehrzahl Menschen auf allen Kontinenten umfassen und nur noch wenige aus meiner Heimatstadt. Das Nahe ist nicht mehr das geographisch Nahe, das Vertraute nicht mehr (nur) die eigene Kultur. Der uns allen eigenen Neugier sind keine geographischen Grenzen mehr gesetzt.

Ich komme auf diese Gedanken, weil sie uns während dieses deutsch-marokkanischen Theaterprojekts ständig begleitet, befeuert und, ja, auch paralysiert haben: Ist ein von *uns* (?) initiiertes Kunstprojekt bereits ein neokolonialistischer Akt? Was sagt ein Ja als Antwort auf diese Frage über unser Bild des *Anderen* aus, der sich doch voller Enthusiasmus und Vorfreude auf dieses Experiment einlässt? Halten wir ihn für so unmündig oder naiv, dass er nicht weiß, welchen hinter der angeblichen Kunst verborgenen tatsächlichen oder mutmaßlichen Manipulationen und Infektionen seiner unschuldigen Seele und seiner unbefleckten Kultur er sich aussetzt? Und wir, bleiben wir von den gemeinhin ja reziproken Ansteckungsmöglichkeiten verschont? Besteht die uns unterstellte Überlegenheit unserer Psyche und Kultur in eben dieser allgemeinen Immunität oder Resistenz gegen alle Erreger und Erregungen des fremden *Feldes*?

Was für Wissenschaft und Politik noch gelten mag und womöglich immer gegolten hat, die Schaffung von Abhängigkeits- und Ausbeutungsverhältnissen, darf, trotz aller Versuche, auch Wissen, Bildung und Kunst zu Teilstrategien dieser Prozesse zu erklären, nicht ohne Berücksichtigung des genauen Kontextes auf alle interkulturellen Begegnungen übertragen werden. Immer handelt es sich um ein Gespräch über die Grenzen und Fremdheiten hinweg, immer trifft es auch auf Vertrautes, weil uns als Menschen jenseits unserer kulturellen Unterschiede mehr verbindet als trennt. Bestenfalls steht am Ende ein gemeinsames Werk, doch selbst im Scheitern bleibt ein *Mehr*, ein Mehr an Erfahrung und neuem Wissen, das nur so, nur durch die Begegnung gewonnen werden konnte.

Geschichte ist immer eine Geschichte der Hybridität. *Reine*, das heißt im Sinne von Mario Erdheim *kalte* Kulturen, sind per definitionem geschichtslos. Ihr Entwicklungspotential bleibt eingefroren. Sie schotten sich sowohl nach außen wie nach innen vor jeder Veränderung ab. Statt Theater und Kunst gibt es strenge Rituale. Als schlimmste Bedrohung des Reinheitsgedankens gilt der Bastard bzw. die Bastardisierung.

Im Jahr 2000 habe ich auf der arabischen Halbinsel eine jemenitische Version von Shakespeares *Macbeth* mit Stammeskriegern gedreht. Ich wusste damals noch nicht, dass bereits 1608, noch bevor das erste Shakespeare-Stück in Deutschland auf die Bühne gebracht wurde, *Hamlet* auf der jemenitischen Insel Sokotra im Golf von Aden zur Aufführung kam.

Und nun bringe ich Wedekinds *Frühlings Erwachen* und eine Handvoll Berliner Studenten ins marokkanische Tanger und infiziere das kulturelle Feld mit einem abendländischen Stoff und europäischen Ideen vom Theater. Aber die Kontamination ist gegenseitig. Die jungen marokkanischen Teilnehmer des Theaterprojekts fordern uns in mindestens demselben Maße heraus wie wir sie. Wir bringen einander an unsere Grenzen, das heißt an den Ort, wo das Lernen beginnt.

Theater ist die Kunstform, die uns am umfassendsten fordert, alle unsere Sinne anspricht, alle Sinne zur Aufmerksamkeit zwingt und damit die Beteiligten, die Akteure wie die Zuschauer, in eine Totalität einbezieht wie keine andere Kunst. So ergeht es auch den Teilnehmern dieser interkulturellen Begegnung. Angestrebt ist ein gemeinsames Werk. Aber dieses *Gemeinsame* muss erst noch gefunden werden. Die Suche nach, die Arbeit an dieser Gemeinsamkeit entfernt uns immer mehr von unseren bisherigen Selbstverständlichkeiten. Und genau dies, das permanente Agieren an unseren Grenzen und ihre Überschreitung, die ich *Lernen* nenne, macht uns in den Augen der Bewahrer der Reinheit so bedrohlich. Aber die Bewahrer der Reinheit sind immer auch die Bewahrer des Status quo, die Bewahrer der Machtverhältnisse. Solange die Kunst es schafft, als Bedrohung des Status quo wahrgenommen zu werden, bewahrt sie ihre wichtigste Legitimation. Unser Projekt ist von Anfang an ein Wagnis. Aber es ist das Wagnis, das in jeder Veränderung steckt, das Wagnis einer neuen Perspektive, das Wagnis eines neuen, bisher undenkbaren Miteinanders, und natürlich auch das Wagnis des Scheiterns.

Denk an die lange Heimfahrt.
Hätten wir daheim bleiben sollen
Und an hier denken?
Elizabeth Bishop: *Questions of Travel*[42]

Tanger II, Mai / Juni 2013

30

Heute, eine Woche vor meiner geplanten Rückkehr nach Tanger, erreicht mich eine Nachricht von Hicham, dass unsere Theatergruppe in Auflösung begriffen sei. Dabei soll in drei Wochen unsere Premiere stattfinden. Was ist passiert?

Es sei ihm nicht gelungen, schreibt Hicham, die Gruppe nach meiner Abreise zusammenzuhalten. Sie nähmen ihn nicht ernst und ignorierten seine Anweisungen. Er sei eben nur ihr Kommilitone.

Dann zählt er, in Fettdruck, die Gründe des Scheiterns auf: Sie kennten keine Disziplin, keine Pünktlichkeit, keine Ausdauer, sie hätten sich nur für die Teilnahme am Theaterprojekt beworben, um ihren Spaß zu haben. Jeder wolle der Star sein, keiner sich in die Gemeinschaft einfügen. Die wenigen, die noch ein Interesse am Gelingen des Projekts hätten, würden abwarten, dass ich zurückkäme. Bis dahin wollten sie mit den Super-Egos nichts zu tun haben.

Meine Aufgabe verschärft sich noch, indem ich die gleiche Anzahl an Berliner Studenten mit nach Tanger bringen werde, die mit der marokkanischen Truppe ein gemeinsames Ensemble bilden sollen.

Bis zur Abreise bleiben mir einige freie Tage, die Sonne scheint, strahlend blauer Himmel über Berlin, Muße, nichts, das mich antreibt, fordert, zwingt, seliges Nichtstun … Warum treibt mich dieses Nichts zur Verzweiflung?

Die Reisekleidung ist gewaschen und gepackt, Reisepass und Flugschein liegen bereit, ich versuche zu schreiben, bringe aber nichts zustande. Die Seiten bleiben leer. Oder füllen sich mit Tautologien: ich versuche zu schreiben, und schreibe und wiederhole diesen einen einzigen Satz, um die Leere der Seiten zu füllen.

Ich versuche zu lesen, aber bin unkonzentriert, verstehe den Sinn der Worte vor mir plötzlich nicht mehr, oder entziffere die Buchstaben, ohne dass sie sich zu Wörtern fügen.

Ich schlafe viel, doch der Schlaf ist nicht erholsam. Mit jeder Stunde Schlaf werde ich müder. Ich schimpfe laut vor mich hin, bemerke wenigstens, dass ich in diesen finsteren Misanthropismus hineingleite und mich im Grunde selbst beschimpfe.

Ich sollte die Wohnung verlassen und ein wenig spazieren gehen. Aber ich will niemanden sehen und in diesem Zustand von niemandem gesehen werden. Und die Bewegung des Gehens, ja jede Art von Bewegung könnte mich womöglich gar aus meinem schwarzgalligen Missmut reißen.

In den ständig wechselnden Definitionen dessen, was Kliniker für gesund und was sie für krank halten, tauchen Begriffe wie Schwermut oder Melancholie schon lange nicht mehr auf. Denn wo ließen sie sich in einer polaren Auffassung unserer Seelenzustände noch einordnen?

Vielleicht sollte ich besser von einer Geisteshaltung als von einem Seelenzustand sprechen, eine Art zu denken und die Welt zu sehen, die niemals objektiv sein kann, sondern immer von unserem Selbstgefühl geprägt ist.

Ein Reisender schleppt es in seinem Reisegepäck mit sich, er trennt sich nicht davon, mögen Koffer und Brieftaschen auch gelegentlich abhanden kommen. Als Jugendliche bestand unser Gepäck oftmals aus nichts anderem.

In der Jugend *wollen* wir Fremde sein, trübsinnig, schwermütig, voller Weltschmerz, ansonsten frei von jedem weiteren Ballast. In unserer Jugend haben wir noch eine klare Vorstellung von Fremdheit, gehören wir doch selbst diesem exotischen Stamm der Sprachlosen, Unverstandenen an.

Jugendliche sind keine angenehme Gesellschaft, weder als Reisende noch als Sesshafte, für niemanden, nicht einmal für sich selbst. Deswegen bleiben sie lieber unter sich. Oder allein. Sie wissen selbst, wie unangenehm sie oftmals auf andere wirken. Trotzdem reagieren sie nicht selten gekränkt oder wütend, wenn man sie auf ihre verstörenden Seiten hinweist, ihr Aussehen, ihren Geruch, ihren Mangel an Umgangsformen. Das Reisen ist für sie der einzige Weg, der Verachtung zu entkommen.

Wir Erwachsenen schmecken bereits nach Erde, Wundfäule, Amputationsnarben. Dann kommt so ein alter Poesieversteher mit *Frühlings Erwachen* unter dem Arm, als habe er dazu noch etwas zu sagen. In ihren Augen ist er so alt, wie sie nie werden wollen.

31

Wieder bekomme ich tagelang keine Antwort auf meine Schreiben nach Tanger. Aus Scham? Aus Gleichgültigkeit? Nein, nicht aus Gleichgültigkeit. Vielleicht aus Unsicherheit. Die jungen Marokkaner in meinem Studentenensemble wissen nicht, in welcher Sprache sie mich ansprechen sollen. Ich bin anders als die Erwachsenen, die sie kennen, ihre Lehrer, ihre Väter, die ungefähr in meinem Alter sein mögen, mit denen ich aber sonst nichts gemeinsam habe. Ich spreche mit ihnen, wie ein Erwachsener in Marokko normalerweise nicht mit Jugendlichen spricht. Wie sollen sie darauf antworten? Vielleicht reicht meine Empathie nicht, ihnen genug Selbstsicherheit zu jeder möglichen Antwort zu geben. Oder sie ist nur spürbar, nur real, wenn ich wirklich da bin. Bin ich abwesend, ist da nichts, was für sie greifbar wäre und ihnen Halt gäbe. – So ist das mit der Liebe.

32

14.5.2013 Heute hat Doua mir Photos von der marokkanischen Truppe geschickt, fast schon übertrieben fröhliche Gesichter, bis auf das von Hicham. Mein Assistent blickt finster, weil er für Ausgelassenheit keinen Anlass sieht. Es sind schon nicht mehr die Gesichter, die ich in Erinnerung habe. Aber ich würde genau diese Studenten wieder auswählen.

Auch der Schauspieler ist ein Reisender (und nicht selten der Reisende ein Schauspieler). Der Schauspieler und der Reisende sind es, denen in der Fremde das höchste Maß an Misstrauen entgegengebracht wird. Wann kann man ihnen glauben? Was ist ihr wahres Gesicht? Und würden wir es überhaupt erkennen, wenn sie es uns zeigten?

*

Ist die Rückkehr an einen Ort noch eine Reise im eigentlichen Sinn? Im Grunde weiß ich bereits alles, was geschehen wird. Ich kenne den Ort des Geschehens, kenne die Menschen, denen ich begegnen werde. Wirklich Neues, Unerwartetes geschieht immer nur ganz am Anfang und ganz am Ende der Reise.

Jede Reise ebnet ein wenig der Zerstörung des Reisens den Weg.

33

21.5.2013 Letzte Probe vor unserem Aufbruch nach Tanger. Nun sind es meine Berliner Studenten, die den Aufstand proben. Vehement wehren sie sich gegen die vielen Regieentscheidungen, die ich im Vorfeld bereits getroffen habe. Sie fürchten die Begegnung mit der marokkanischen Gruppe, die unterschiedlichen Herangehensweisen, Haltungen, Erwartungen. Ich höre zu, nicke. *Masrah*, ins Offene, ins Freie gehen, sei das arabische Wort für Theater, erkläre ich ihnen. Ihr Aufstand läuft ins Leere.

Sie sind aufgeregt. Für einige ist es die erste Reise in den Maghreb. Sie fragen, ob sie kurze Hosen und ärmellose Hemden tragen dürfen, sie haben bereits das eine oder andere gelesen und bitten mich um weitere Lektüretipps.

Ich schlage ihnen vor, ein Reise- und Probetagebuch zu führen. Das Tagebuch erzähle keine Geschichte, sondern reihe Eindrücke aneinander, geordnet nach dem Grad ihrer Eindrücklichkeit.

Einmütig wenden sie sich gegen jedes psychologische Theater und machen gleich ernst damit. Jan jagt durch Moritz' Eingangssätze und weiß doch nicht, wohin er sich und seine Worte hetzt. Und genau in diesem Augenblick der Verweigerung ist Jan Moritz. Nur sagen dürfen wir es ihm nicht.

Ein Holzweg bezeichnet ursprünglich einen Weg, der für die Holzwirtschaft in einen Wald geschlagen wurde und nicht zwei besondere Ort miteinander verband. Und eben sie, diese Holzwege, die an keinen bestimmten Ort führen, bringen uns zu uns selbst.

34

Alle Requisiten lässt der Tagebuchschreiber weg und setzt sich selbst in diese Leere. Das Tagebuch ist ein Rastort unserer Seelen, die nur an diesem Ort existieren. Was sich tatsächlich in dieser Leere abspielt, bleibt ungesagt, weil unbegriffen. Damit eine Geschichte daraus wird, muss der Tagebuchschreiber lügen und erfinden. Und was sie am Ende bedeutet, bleibt ihm selbst verschlossen. Das Tagebuch ist ein Ort des steten Selbstbetrugs.

23.5.2013 Wir reden immer noch von Reisen, tatsächlich aber handelt es sich in den meisten Fällen um eine routinierte, von Anfang bis Ende berechenbare Bewegung, genauso vorhersehbar wie die tägliche Fahrt zur Arbeit. Vielleicht sollten wir die Unberechenbarkeit von Weg und Ziel als unbedingtes Kriterium des wahren Reisens einführen und in allen anderen Fällen von Fahrten im öffentlichen Nah- und Fernverkehr sprechen.

Eben das, was uns früher Anlass und Ziel des Reisens war, das Abenteuerliche, treibt uns nun dazu, den Reiseveranstalter zu verklagen. Bestenfalls also bleiben unsere Reisetagebücher leer. Wir haben alles wie erwartet vorgefunden und hinter uns gebracht, nichts hat uns unangenehm überrascht, und der Service war alles in allem zufriedenstellend. Nein, schon lange erzählen wir uns nach unbeschadeter Heimkehr keine Reiseabenteuer mehr. Wovon sollten wir auch erzählen?

Das klassische Reisen gehört zu den aussterbenden Dingen wie das Telegramm oder der handgeschriebene Brief. Allenfalls als Privileg Weniger werden diese Dinge überleben. Die Teilhabe aller an diesem früher einmal besonderen Abenteuer führt zum Verlust des Besonderen und Abenteuerlichen. Wer möchte da noch teilhaben? Ich komme leerer und erschöpfter von der Reise zurück, als ich aufgebrochen bin. Dass mich nichts mehr ent-täuscht hat, ist die größte Enttäuschung. Was waren denn die großen Reisen der Vergangenheit anderes als große Desillusionierungen?

16. Oktober 1987. Vor dreieinhalb Jahrzehnten sagte Said Kouch, Janes Arabischlehrer: »Tous les agréments de Tanger ont disparus.« Das war damals richtig und ist heute bedeutungslos. Welche Reize diese Stadt auch immer gehabt haben mag, inzwischen sind sie längst vergessen. Planierraupen haben sich in der Landschaft ausgetobt, überall wurden Pflanzen weggehackt und Bäume gefällt. Das ist nicht weiter überraschend. Die Vorstädte müssen irgendwohin.[43]

35

Morgen um diese Zeit werde ich auf einem anderen Kontinent erwachen. Die Dramatik dieser Worte »anderer Kontinent« ist keine, denn die Reise dorthin war kurz und undramatisch, rasch habe ich mich am fremden Ort so eingerichtet, dass ich die vertrauten Rituale unverändert fortführen kann. Die Reise war nicht mehr als ein flüchtiger, unruhiger Schlaf. Wie weit kann man sich in so kurzer Zeit von sich und dem Vertrauten entfernen? Ich erwache ohne jede Überraschung. Das Gefühl der *Entfernung* ist verloren gegangen.

Aber noch bin ich ja gar nicht aufgebrochen. Allein meine Imagination ist vorausgeeilt, als wolle sie mit dieser Erwartung des Nichts dem Nichts den Boden entziehen.

Vor den Fenstern meiner Berliner Wohnung kann ich den Horizont nicht sehen, diese Grenze zwischen dem Sichtbaren und dem Erahnten. Die Glasfassade eines Bürogebäudes auf der gegenüberliegenden Straßenseite verstellt mir den Blick. Immerhin sehe ich mich selbst auf meinem kleinen Balkon darin gespiegelt.

36

Einige Mitglieder der Berliner Truppe haben mit freundlichen Mails Kontakt zu den marokkanischen Studenten aufzunehmen versucht, immerhin arbeiten wir gemeinsam an demselben Projekt. Doch alle sind unbeantwortet geblieben. Ich nehme an, dahinter steckt alleine jugendlicher Selbstzweifel und Bequemlichkeit.

Vielleicht ist die Distanz für sie auch größer als für uns. Nicht nur das Zusammensein, sondern auch die Art und Weise unseres Getrenntseins, die Repräsentanz des Anderen, auch und gerade während seiner Abwesenheit, ist von kultureller Verschiedenheit geprägt.

Vielleicht wissen sie einfach nicht, wer ihnen da aus welchen Gründen schreibt. Noch sind sie einander ja nicht begegnet. Es fehlt eine lebendige Erinnerung an sie.

37

24.3.2013 Schlaflose Nacht. Die verspätete Ankunft hat mich aus dem Rhythmus gebracht. Dazu der Baulärm vor dem Hotel, der just einsetzt, als ich endlich ins Bett finde. Die Aufdringlichkeit des Lärms entspricht der Hässlichkeit des Vorhabens, der Anlage eines neuen Yachthafens, die nun der Bucht von Tanger eine weitere Wunde hinzufügt.

Ich bin übellaunig, während des müden Herumwälzens in der Restnacht frage ich mich gar, was ich hier mache. Alles erregt meinen Unwillen, der Geruch dieses Zimmers, ein Raucherzimmer, in diesem Hotel gibt es nur Raucherzimmer, der Verkehr auf der Uferstraße, der selbst in der Nacht nicht abebbt, die Tanzmusik aus den Strandbars, deren monotone Bässe den kalten Steinboden meines Schlafraums genauso zum Beben bringen wie die Dreißigtonner, die in unvorhersehbaren Abständen vor meinem nikotinverseuchten Dormitorium vorbeidonnern. Dazu ist der Himmel grau, und der Blick, der sonst bis zur spanischen Küste reicht, erkennt gerade noch das Cap Malabata, das östliche Ende der Bucht, im trübsinnigen Dunst.

Kein Weltschmerz, keine Welt mehr. Bedeutungslose Erscheinungen. Die Wirklichkeit bedarf der Zwangsjacke unseres Irrsinns, um wahrgenommen zu werden. Das bin nicht ich. Dieser Fremde könnte hier alles tun, Amoklaufen, Gedichte schreiben, das nächste Flugzeug in die Innere Mongolei nehmen. Stattdessen streichelt er seinen melancholischen Buckel. Schließlich schläft er doch noch einmal ein und beginnt den Tag ein zweites Mal, nun einigermaßen zur Vernunft gekommen.

Früher war mir jede Unterkunft recht. Hauptsache, sie hatte einen Ausgang.

38

25.5.2013 Warten, die Befindlichkeit, die noch am engsten mit dem Reisen verflochten ist. Das Warten in der Fremde ist ein anderes als das Warten zu Hause, es ist nicht nur ärgerlich, es enthält auch einen Moment geradezu masochistischer Lust. Ja, ich warte, aber bis die Erwarteten eintreffen, kann noch eine Menge Unerwartetes geschehen. Wer weiß, ob die Erwarteten, wenn sie denn kommen, mich überhaupt noch vorfinden werden.

Im Warten in der Fremde bin ich der Ungeborgenheit meines Daseins nahe wie kaum in einer anderen Lage. Ich bin im Bardo, dem Reich zwischen Leben und Tod, im Limbus, dem Saum der Ausgeschlossenen. Was geschieht, wenn niemand eintrifft und mich an die Hand nimmt? Ich spüre den Schwebezustand, das Taumeln am Abgrund, fühle das leichte Schwindelgefühl und die aufsteigende Übelkeit in Kopf und Bauch. Die Gedanken köcheln vor sich hin, werfen Blasen, sie sind der Abgrund.

Aber nun kommen sie doch, die Erwarteten, überpünktlich die ersten, die Berliner Studenten, der letzte, Amine, eine Stunde zu spät, und ich weiß nicht, ob ich erleichtert oder enttäuscht sein soll.

Dies ist nicht der erhoffte gemeinsame Beginn, das Warten hat, seiner scheinbaren Ereignislosigkeit zum Trotz, uns bereits eine Menge Kraft geraubt. Der unterschiedliche Umgang mit Pünktlichkeit führt zu ersten Spannungen in der Gruppe. Dann steht uns auch noch der verabredete Probenraum nicht zur Verfügung. Ein Missverständnis? Ein bewusster oder unbewusster Sabotageakt? Stünde am Ende nicht eine bereits angekündigte öffentliche Aufführung, könnten wir mit diesen marginalen Startschwierigkeiten gelassen umgehen, so aber schlägt die Gereiztheit in Verärgerung um.

All das vorangegangene Scheitern, *Crater* in Aden, *Class Enemy* in Kabul, kommt mir in den Sinn. Suche ich womöglich ganz gezielt diese unmöglichen Bedingungen, unter denen aller Erfahrung nach einfach kein Werk entstehen kann? Nach der Probe, die wir im Freien, im Park hinter dem Tribunal de Commerce abgehalten haben, falle ich wie tot ins Bett und finde trotzdem keinen Schlaf. In Gedanken bin ich bereits dabei, das Stück zu vereinfachen, zu kürzen, den Umständen anzupassen, um am Ende überhaupt einige ausgearbeitete Szenen zu haben, die wir ohne Scham vorführen können. Ich tröste mich mit der Annahme, das vollständige Bild sei ärmer als das Fragment. Es tue dem Gegenstand nur Gewalt an. Täglich neue Erkenntnisse.

39

26.5.2013 Jede Reise hat ihre Freuden und Wunden. Freuden und Wunden gehören zusammen. Manchmal sind es gerade die Freuden, die die Wunden schlagen.

Heute proben alle gemeinsam den Aufstand gegen mich. Ihnen gefalle mein Ehrgeiz, meine Besessenheit nicht, den Umständen zum Trotz immer noch eine bemerkenswerte Aufführung anzustreben. Sie wollen keine Kunst, sie wollen nur noch ohne Gesichtsverlust dieses Projekt hinter sich bringen. Wie soll das gelingen ohne Disziplin und harte Arbeit? Ihre Freunde, Eltern, Professoren werden da sein und ihnen zuschauen. Nach dem versuchten Königsmord folgt die Mutlosigkeit. Doua nutzt das Machtvakuum und tobt ungehemmt ihren Regiewillen aus, derweil die Truppe verzagt im leeren Bühnenrund steht und über Douas Vorschläge und Anweisungen nur ungläubig den Kopf schüttelt.

Das sind nicht die Abenteuer, die ich vermisst habe. Womöglich kann man nicht zugleich Regisseur und Protagonist eines Abenteuers sein. Ein Abenteuer wird nicht inszeniert, es wird erlitten.

31. Oktober 1987. Zwanzig oder noch mehr Frauen und Mädchen, offensichtlich auf dem Weg zu einer Hochzeit, gehen trommelschlagend die Straße entlang. Hinter ihnen ein Dutzend Jungen, die Steine nach ihnen werfen. Die Feindschaft zwischen den Geschlechtern beginnt früh.[44]

40

27.5.2013 Alles ist so, wie ich es erwartet habe. Glücklicherweise sind meine Erwartungen vom schlimmsten Fall ausgegangen.

Wache am späten Morgen mit Fieber und entzündeten Nebenhöhlen auf und wundere mich nicht. Am liebsten würde ich im Bett bleiben und die Gruppe Doua überlassen. Wie hat Doua es überhaupt ins Ensemble geschafft? Ist mir ihre jämmerliche Aussprache entgangen? Habe ich ihre Gerissenheit nicht bemerkt? Schon bei der Auswahl hat sie uns belogen und versichert, bis zum Probenbeginn würde sie ihre grässliche Zahnspange nicht mehr tragen.

Gewiss, realistisches Theater war ohnehin nie meine Absicht. Das Phantastische ist die Wirklichkeit. Nichts, was auf der Bühne geschieht, kann sich der Totalität des Theaters entziehen.

Das Einzige, was uns noch vor dem Gesichtsverlust rettet, sind radikale Ideen. Mut muss das mangelnde Handwerk ersetzen. Fehlt uns der produktive Gedanke, nehmen wir eben die Zerstörung zum Ausgangspunkt. Etwas ist untergegangen, erobert, gebrandschatzt, vergewaltigt, dem Erdboden gleichgemacht worden. Erinnern wir uns wenigstens an die Trümmer, an den Schmerz und die Wut, die die Schändung in uns hervorgerufen hat. Erinnerung ist die Wiederkehr des Schmerzes.

Ja, alles das für nichts, die Flüchtigkeit des Theaters. Auf der Bühne ist uns alles gleich nah, die marodierenden Soldaten, die geflohenen Götter, die vor den Toren der Stadt geschlachteten Tiere.

Kann das so stehen bleiben? Es muss.

41

23. Juli 1988. Ich denke daran, daß ich jetzt nie mehr an den Strand gehe. Vor fünfzig Jahren habe ich den ganzen Sommer dort verbracht. Die Marokkaner sagten, ich sei verrückt. Nicht einmal die Männer legten sich damals in die Sonne. Sie hielten die Sonne für giftig.

Nach dem Krieg spielten die jungen Männer am Strand Fußball, und dann und wann sah man ein weibliches Wesen ans Meer gehen, vollständig angezogen natürlich.[45]

28.5.2013 Das Tagebuch ist kein Werk. Die großen Werke sind jene, die etwas Wesentliches verbergen. Und das Verbergen zeigen.

Ich verliere meine Stimme.

Die Entzündung ist auf die Stimmbänder übergesprungen, der Herd reicht inzwischen von den Bronchien bis zu den Stirnhöhlen, ich gleiche nunmehr der Königin ohne Kopf, von der Moritz seinem Freund Melchior in Wedekinds Stück erzählt: Sie kann nicht essen, nicht trinken, nicht sehen, nicht lachen, nicht küssen, sie kann sich mit ihrem Hofstaat nur noch mit Gesten und dem Aufstampfen ihrer zierlichen Füße verständigen.

Nur das leichte Gepäck wird auf dem Fluss des Reisens weitergetragen und irgendwann an ein Ufer gespült, während die schweren, gewichtigen Güter im Fluss untergehen.

42

30.5.2013 Heute früh habe ich mir die Seele aus dem Leib gekotzt. Und siehe da, schon geht es mir – so ganz ohne Seele – viel besser. Gestern habe ich mich noch elend zur Probe geschleppt. War es Rücksichtnahme oder Ergebenheit, dass alle meine Straffungs- und Inszenierungsvorschläge ohne Widerspruch angenommen wurden?

Gewaltige Wolkenberge über der Bucht, die sich am Horizont stauen, Wolken und Weite, die ich aus Berlin nicht kenne. Ich schaue von einem Kontinent zum anderen, von Tanger nach Tarifa, von Afrika nach Europa. Das besitzt seine eigene Theatralik, dem Bühnendrama durchaus vergleichbar, den Vulkanausbrüchen, Erdbeben, Kontinentalplatten, die sich übereinander schieben.

Außer zu den Studenten habe ich kaum Kontakt zu den Einheimischen. Wenn ich zu unserem Probenraum im Kasbah-Museum eile, halte ich die Augen gesenkt und lasse mich von niemandem ansprechen. Das ist nicht die Offenheit, die freischwebende Aufmerksamkeit, mit der ich sonst verreise. Ich bleibe ganz auf die bevorstehende Premiere konzentriert.

Ansonsten habe ich einen Pakt mit dem Schlaf geschlossen. Der Schlaf ist mein Heilmittel gegen die bereits geschehenen und die noch zu erwartenden Katastrophen.

43

31.5.2013 Komme kaum noch dazu, mir Notizen zu machen, weil ich bereits am frühen Abend todmüde ins Bett falle. Die beteiligten Schauspieler zupfen und ziehen an mir und zerren mich in ein Dutzend unterschiedliche Richtungen, als wollten sie mich bei lebendigem Leibe vierteilen. Wie verschieden, wie unvereinbar unsere Erwartungen und Herangehensweisen immer noch sind! Ja, diese Verschiedenheiten wollten wir erkunden, nun zerreißen und paralysieren sie uns. Einig sind sich die Studenten nur, ich solle dieses Projekt noch retten. Sie denken an die Aufführung vor ihren Kommilitonen in wenigen Tagen, an den Neid, den ihre Auswahl bei jenen ausgelöst hat, und ihre Genugtuung, sie, die Beneideten, nun so kläglich scheitern zu sehen.

Aber gibt es noch etwas zu retten? Sollten wir nicht besser unser Versagen eingestehen, als uns öffentlich zu blamieren?

44

2.6.2013 Vorabend unserer Premiere. So absorbiert vom Proben- und Premierenfieber, dass ich nicht mehr zum Schreiben, ja nicht einmal zum Nachdenken gekommen bin. Innerlich noch ganz verschleimt, schleppe ich mich schnaufend und schniefend die tausend Stufen zur Kasbah hinauf und versuche, meine Truppe zu ermutigen, zu loben und zu unterstützen, wo ich lieber Augen und Ohren verschließen würde und mich innerlich verfluche, mich auf dieses Experiment eingelassen zu haben. Auch ich habe ein Gesicht zu verlieren, auch Freunde und Kollegen von mir werden anlässlich einer internationalen Tagung unter den Zuschauern sein. Die Arbeit mit Laiendarstellern aus unterschiedlichen Kulturen und die viel zu kurze Probenzeit werden nicht als Entschuldigung für eine stümperhafte Aufführung herhalten können.

Doch nun ist meine Arbeit getan, und der Erfolg oder Misserfolg liegt allein in den Händen der Darsteller. Ich kann ihnen nur blind vertrauen oder hellsichtig die Premiere schwänzen.

Im Grunde ist dieses Tanger-Abenteuer eine Reise ständiger Enttäuschungen. Je tiefer wir uns kennen, desto weniger verstehen wir uns. Das Nichtwissen zwang wenigstens noch zu einem Mindestmaß an Höflichkeit im Umgang miteinander. Niemand sollte sich leichtfertig ohne Maske zeigen, weder der Gast noch der Gastgeber, weder der Einheimische noch der Fremde. Bei allen Wünschen und Versuchen der Grenzüberschreitung bleibt uns am Ende doch nichts anderes übrig, als gewisse Grenzen anzuerkennen, die eigenen, die der anderen und jene der Verständigung zwischen uns.

45

3.6.2013 Der fremde Ort bleibt nicht lange fremd. Am zweiten Tag schon schleichen sich die ersten Routinen und Rituale ein, der Besuch des neuen Stammcafés, ein bestimmter Laden, in dem ich Obst und Wasser kaufe, ein besonders freundlicher Kioskbesitzer, für den ich gerne einen Umweg für die französische Ausgabe von *Al Ahram* auf mich nehme.

Natürlich sehe ich nur die Oberfläche, und selbst sie ist voller Fehldeutungen, aber ich nehme schon bald einen klar umrissenen Platz auch in der Wahrnehmung der Einheimischen ein, sodass ich fremd und vertraut zugleich erscheine. Nur wenn ich ankomme und wenn ich wieder gehe, bin ich wirklich fremd, wirklich authentisch.

Tag der marokkanischen Premiere von *Frühlings Erwachen*. Eine Studentenaufführung. Und dennoch etwas ganz Besonderes, das wir Beteiligten uns bisher noch gar nicht bewusst gemacht haben: Wir geben ein politisches Statement ab, wir verunreinigen das Feld, wir setzen einen Bastard in die Welt, der nicht mehr herauszuschaffen sein wird.

Die Fremdheit wird vertraut als Fremdheit, am Ende kann es gar nicht anders sein, als dass wir uns nicht verstehen. Das grundsätzliche Missverstehen wird zum beruhigenden Hintergrundrauschen unseres Da-Seins. Ich nehme diese Rolle an. Alles ist gut, wie es ist. Die Dazugehörigkeit ist die Lüge. Sie hat mich immer mehr angestrengt als die Fremdheit, denn sie ist die größte Lüge unserer Existenz. Wieviel Aufwand wir ein Leben lang leisten müssen, um die Illusion der Dazugehörigkeit aufrechtzuerhalten und dieses wahre Gefühl der Fremdheit gerade im Vertrauten zu verleugnen!

46

4.6.2013 Das Tagebuch fordert dazu auf, an jedem Tag etwas Neues, Besonderes zu erleben. Doch die Zeit des Tagebuchschreibens unterbricht den Erlebnisstrom, ja ist dem Erleben geradezu entgegengesetzt. Sowohl die Fülle wie auch die Armut der Erlebnisse entziehen sich dem Tagebuch.

In den letzten Tagen in Tanger sind es der Reichtum und die Dichte der Erlebnisse, die ein Unterbrechen und Aufzeichnen kaum zulassen. So können sie denn zur Erinnerung werden.

Das Tagebuch ist, anders als die Erinnerung, einer sich selbst verpflichtenden Wahrheit unterworfen. Sind die Eindrücke zu vielfältig, kollabiert die Reflexion unter dem Ansturm. Die Erinnerung indessen lässt die Zeit arbeiten und auswählen. Und am Ende bleibt vom Erlebten vielleicht nicht das Wahre, aber das Wichtige oder für wichtig Erachtete im Gedächtnis.

47

19. April 1988. Niemand war sicher, ob heute oder morgen der erste Tag des Ramadan ist. Wir erfuhren erst gestern abend, als die Sirenen ertönten, daß heute die Fastenzeit beginnt. Das ist der zweite Ramadan mit Sirenen statt Kanonen. Allez demandes pourquoi. Ein Schuß, und man war jenseits der Grenze, wo alles verboten ist. Nun sagen sie, daß man die Kanonen bei dem Verkehr heutzutage nicht mehr hören würde. Sonderbar, daß kein Muslim von der Absurdität spricht, einen heiligen Fastentag mit einer Luftschutzsirene anzukündigen und zu beenden.[46]

Töne ohne Klang, ja Töne ohne Wirklichkeit, das sind die Gesänge der Sirenen. In Odysseus, das heißt in unseren Seefahrerköpfen alleine singen, existieren sie. Wir sehen ihre aufgeblasenen Wangen, ihre hervorquellenden Augäpfel, ihre vor Anstrengung gerunzelten Stirnen und glauben, weil unsere Augen es sagen, ja, sie singen, auch wenn wir nur das Rauschen hinter unseren eigenen Stirnen hören. Nichts ist so betörend wie die Stille. Nicht einmal ihren Namen hat sie mir genannt, Braut der Taubheit, Mittagsfrau, Schaumgeborene mit Flöte, Bärtige, Fesselnde, Würgerin, unterschiedlichen Geschlechts sind wir, doch eins im Gesang. Wäre doch jede Klippe, an der wir zerschellen, eine Insel der Sirenen!

48

Ich mustere das Filmmaterial, das wir während unserer Proben und Aufführungen aufgezeichnet haben. Noch einmal steht mir die zunehmende Verunsicherung aller Teilnehmer dieses Theaterprojekts bis hin zur tiefen Krise, ja zum Auseinanderfallen der Gruppe vor Augen. Dann, am Tiefpunkt der Erschöpfung, eine zweite, bewusste Entscheidung aller, das gemeinsame Projekt fortzusetzen und auf eine öffentliche Aufführung hinzuarbeiten. Und als habe es dieser Krise bedurft, gibt es, selbst auf dem Distanz wahrenden Video sichtbar, einen neuen, mit Händen zu greifenden Gemeinschaftsgeist. Worauf beruht er? Vor allem auf der Kompromissfähigkeit, die eigenen Erwartungen und Ansprüche für das Gelingen des gemeinsamen Werkes zurückzustellen und das Andere, Merkwürdige, Fremde zuzulassen, auch wenn es nicht immer gleich verstanden wird. Und dann die Überraschung, dass sich die zwei Welten, die zwei Kulturen zu etwas Neuem vermählen, etwas Hybridem, Grenzüberschreitendem, das wir, wenn es seine unverwechselbare Form gefunden hat, *Kunst* nennen.

Noch etwas fällt mir am Schneidetisch auf. Die Unterschiede in den Charakteren differenzieren sich zunehmend nicht mehr an den kulturellen Hintergründen, andere Faktoren, Geschlecht, Bildung, soziale Herkunft und natürlich die besonderen Persönlichkeiten werden entscheidend. Nicht

Kulturen treffen aufeinander, sondern einzelne, besondere Menschen, deren Nähe oder Distanz immer ihren ganz eigenen, konkreten Kontext besitzen. Ist vielleicht schon der Begriff einer *interkulturellen* Begegnung irreführend, von einem *Clash of Cultures* ganz zu schweigen? Schaue ich genau hin, sehe ich junge Frauen und Männer mit ihrem ganz eigenwilligen Begriff von der Authentizität und Integrität ihrer Person, die sich in keinen spezifischen, keinen reinen und strikt begrenzten kulturellen Raum mehr einordnen lassen, sondern das Offene, das Wagnis wollen.

16. Mai 1988. Die einzige erfreuliche Begleiterscheinung des Ramadan war das Rhaita-Solo, das auf dem Minarett jeder Moschee erklang, wenn zum Gebet aufgerufen wurde. In diesem Jahr lassen sie die Musik weg. »Musik gibt es im Fernsehen!«

1977 habe ich den ganzen Ramadan hindurch die nächtlichen Oboenkonzerte aufgenommen. Unbewußt habe ich wahrscheinlich geahnt, daß sie früher oder später damit aufhören würden. Schöne Dinge dauern nicht an.

Es sind (die) Melancholiker, die ausbrechen und die Welt verändern. Wenn sie schon nicht sich selbst verändern können.[47]

Da uns das Innre umsteht
Als geübteste Ferne, als andre
Seite der Luft:
rein,
riesig,
nicht mehr bewohnbar.
Rainer Maria Rilke: *An die Musik*[48]

Ringparabel

Tel Aviv / Jerusalem, Dezember 2013 / Januar 2014

I

Vor dreißig Jahren, als junger Student, bin ich zum ersten Mal nach Israel gereist. Der Weg führte von Kreuzberg mit der Linie 7 nach Rudow, von dort mit dem 41er oder 58er Bus bis zum Grenzübergang Waltersdorfer Chaussee, von wo Menschen mit einem Westberliner Behelfsmäßigen Personalausweis wie ich zu Fuß, mit ihrem Gepäck auf dem Rücken (Rollkoffer waren noch die Ausnahme) bis zum Flughafen Schönefeld laufen durften. Am billigsten flog damals die rumänische Fluggesellschaft Tarom über Bukarest nach Tel Aviv. Außerdem gab es Studententickets für Studierende bis zu siebenundzwanzig Jahren. Für einen Berliner Studenten war ein Flug nach Israel, überhaupt das Fliegen, noch eine teure Angelegenheit und Schönefeld somit das Tor zu einer erschwinglichen Welteroberung, zumindest jener sozialistisch Vernetzten, die immerhin bis Havanna, Aden und Ulan Bator reichte. – Das westliche und südliche Kontinentaleuropa hingegen wurde per Interrail oder von Dreilinden aus per Anhalter angesteuert und erkundet.

Israel war ein anderes Land als heute. Vor der ersten Intifada und vor der russischen Einwanderungswelle schien es fast ein bikulturelles, mit seinen arabischen Bewohnern in symbiotischem Einklang lebendes Land, das der junge deutsche Israelbesucher noch mit der Kibbuz-Bewegung und Aktion Sühnezeichen verband, ein Land voll schroffer Gegensätze, gewiss, auch damals schon, aber wesentlich durchlässigeren Grenzen zwischen den unzähligen Ethnien, Kulturen und Sprachen, kurzum: Es war ein hoffnungsvolles Land. Aber natürlich war auch der junge deutsche Israelreisende vor dreißig Jahren noch ein anderer, vielleicht auch hoffnungsvollerer Mensch als heute.

Damals arbeitete ich wohl schon an meiner Diplomarbeit zum Thema *Juden und Homosexuelle als Fremde*, die zunächst kein Dozent der Freien Universität betreuen wollte, bis ich am Ende eine Professorin fand, die sich noch ein gewisses Maß an revolutionärem Grenzgängertum – allem schon grassierendem Revisionismus in der Berliner Bildungslandschaft zum Trotz – bewahrt hatte. Dass am Ende eine Frau keine Berührungsangst mit diesem Thema zeigte, darf nicht verwundern, hätte ich meinen beiden marginalisierten Gruppen zu jener Zeit doch noch ganz im Sinne von Hans Mayers streitbarem Essay *Außenseiter* die Frauen als Fremde hinzufügen können.

Heute würde ich vermutlich nicht mehr in derart provokanter Weise Juden und Schwule unter dem nicht minder fragwürdigen Schlagwort »Fremde« in einem Atemzug nennen wollen. Mit dem Älterwerden, den Lektüre- und Reiseerfahrungen hat sich die Welt weiter differenziert, und derart kategoriale Begriffe wie *Juden*, *Homosexuelle* und *Fremde* haben nur noch Sinn in einem spezifischen Kontext.

Damals aber standen diese Wörter noch in einem direkten politischen Zusammenhang miteinander und bildeten eine Art gottlose dialektische Dreifaltigkeit. Nur so ist der Schock zu erklären, dass ich, als ich zum ersten Mal auf dem Flughafen Ben Gurion landete, ein bisher noch nie erlebtes Gefühl von Heimkehr verspürte.

In den kommenden Jahren bis Anfang der Neunziger, als

Jemen und Algerien zu Arbeits- und Lebensorten wurden, folgten Dutzende weiterer Israelreisen, sodass es keinen anderen Flecken auf Erden außer meinem Geburtsland gibt, der mir vertrauter war.

Mit der zunehmenden Vertrautheit ging, wie nicht anders zu erwarten, auch eine zunehmende Desillusionierung einher. Die Grenzen wurden undurchlässiger, die Politik rigider, die Vielzahl der ethnischen und sozialen Gruppen radikalisierte sich, die Fronten zeigten sich immer unversöhnlicher. Am Ende floss Blut.

Meine Freunde in Israel zwangen mich, Partei zu ergreifen, ein so schmerzhafter Prozess, zumal für einen Deutschen, dass ich fortan weitere Besuche mied.

Die Erinnerung verklärt manche Reiseerfahrung. Von Anfang an waren meine Israelbesuche nie nur glückliche, sondern auch problematische und durchaus schmerzhafte Lektionen. Mitunter trugen sie masochistische Züge, wenn ich die ganze Last deutscher Geschichte auf meinen Schultern zu tragen und mich in Israel als der neue, bessere, geläuterte Deutsche präsentieren zu müssen glaubte. Am Ende ist es nur das eigene, tiefere Nachdenken, das man der ständigen Instrumentalisierung unseres politischen und historischen Ichs und der damit verbundenen Entfremdung von unserer ganz individuellen Lebens- und Welterfahrung entgegensetzen kann.

Die Antithese zur Aneignung Israels als projektive Heimat aller Heimatlosen bildete meine kritische Auseinandersetzung mit den biblischen Mythen des Sohnesopfers, Abraham, der Isaak auf dem Berge Moriah, Jahwe, der seinen eingeborenen Sohn Jeschua auf dem Berge Golgatha zu opfern bereit ist. Eine Spurensuche, eine Tiefenanalyse des biblischen Israel, des Heiligen Landes, der eigenen Kindheit, der eigenen christlichen Kultur, der angeeigneten Heiligen Schriften und Riten, der Sonn- und Feiertage, der Christmetten und Passionen, dem sonntäglich wiederholten Opfer. Tatsächlich ist uns ja jeder Ort, den man in Israel betritt, seien es Bethlehem, Nazareth, das Hochland von Galiläa, seien es Jerusalem, der Ölberg oder Bethanien, durch unzählige Geschichten vertraut. Man besucht womöglich ein fremdes, aber kein unbekanntes Land. Wenn wir die Via Dolorosa in Jerusalem entlangpilgern, erklingt Bach in uns, und wenn wir den Garten Gethsemane besuchen, erinnern wir uns der Verstecke, in denen wir vor dem eigenen Vater Zuflucht gesucht und Blut geschwitzt haben. Die Komplexität Israels als mythischer Ort ist nicht geringer als die verwirrende und widersprüchliche Vielfalt des Staates Israel.

Und nun, nach fast zwanzigjähriger Abwesenheit, kehre ich, mit Lessing im Gepäck, für ein neues großes Projekt ins Heilige Land zurück. Worum geht es diesmal? Vielleicht um ein zukünftiges Israel, eine Erfindung, eine Utopie.

2

28.11.2013 Diesmal habe ich einen Lufthansa-Flug gebucht, der zwar etwas teurer ist als die Reise mit El Al, mir aber die unerfreulichen Verhöre durch die jungen Geheimdienstmitarbeiter am Flughafen erspart, die inzwischen wegen der unübersehbaren afghanischen, jemenitischen und algerischen Visa noch ruppiger ausfallen dürften als ohnehin schon. Das Reisen ist kein unbestreitbares Recht mehr, sondern eine unter gewissen Bedingungen gewährte Gunst.

Auf meiner ersten Israelreise kam ich mitten in der Nacht auf dem Ben Gurion Airport an. Da ich meine Gastgeber um diese Zeit nicht mehr stören wollte, quartierte ich mich für die restlichen Nachtstunden in der Jugendherberge ein und suchte meine Gastgeber erst am folgenden Mittag auf. Diese hatten die ganze Nacht mit einem Namensschild am Flughafen auf mich gewartet und standen schon kurz davor, mich bei der hiesigen Polizei als vermisst zu melden.

Meine Gastgeber waren ein inzwischen betagtes deutsch-jüdisches Ehepaar, das am Ende des Zweiten Weltkriegs von der Roten Armee aus einem deutschen Vernichtungslager befreit worden ist. Zum ersten Mal sah ich die eintätowierte blaue KZ-Nummer auf den Armen dieser beiden alten Leute, die nun für einige Wochen einen dreiundzwanzigjährigen Philosophiestudenten aus Berlin beherbergen wollten. – Ich ertrug meine Gastrolle zwei Tage und zog dann zurück in die Jugendherberge.

Zur ersten Reise gehört ebenso das Liebesabenteuer mit einem jungen israelischen Soldaten, Juval, dem ich im Gan Ha'atzmaut, dem Unabhängigkeitspark im Norden Tel Avivs, direkt am Meer gelegen, zum ersten Mal begegnet war, oder Juval mir. Warum sucht sich ein junger Israeli, der noch mitten in seinem quälenden Coming-out steckt, ausgerechnet einen deutschen Rucksacktouristen für seine erste Liebesnacht mit einem Mann? Vor dreißig Jahren war Israel in Fragen der sexuellen Orientierung noch nicht das liberale Land, als das es sich heute darstellt. Heirat und Familienleben waren unhinterfragbares jüdisches Selbstverständnis.

Trotzdem war auch damals schon der Unabhängigkeitspark ein landesweit bekannter schwuler Treffpunkt, in unmittelbarer Nachbarschaft zum ebenso berüchtigten Hilton-Strand. Vor dreißig Jahren traf man auf den Parkwiesen und in den Büschen auch noch eine nicht geringe Zahl israelischer Araber an, die die Subversion transkultureller Liebesakte vervollständigten, wobei die Araber für mich nicht immer gleich von sephardischen Juden zu unterscheiden waren. Die lokale Polizei schien damit weniger Mühe zu haben, denn bei vereinzelten Razzien im Park pickten sie gezielt die arabischen Besucher heraus, schlugen einzelne von ihnen vor den wegschauenden Augen der übrigen Nachtschwärmer zusammen und riefen in mir ein weiteres, nicht minder komplexes Schuldgefühl hervor.

Heute suchen schwule Araber aus den Palästinensergebieten in Israel Asyl und werden dabei zumindest von einigen engagierten jüdischen Schwulengruppen unterstützt, während die Gemeinde schwuler Israelis in Berlin ständig wächst.

Ist die gemeinsame Fremdheitserfahrung als Schwuler in einer homophoben Umgebung stärker und verbindender als die trennenden und unüberbrückbar scheinenden historischen und zum Teil noch gegenwärtigen Verletzungen?

Die Liebe macht nicht blind, sie schärft den Blick.

Einmal im Jahr ist sich der ansonsten zutiefst verfeindete muslimische, jüdische und christliche Klerus in Jerusalem einig. Dann bringen sie gemeinsam ihren Protest und ihren tiefen Abscheu gegen die öffentliche Demonstration von gottverdammter Sünde und Unzucht in der Heiligen Stadt, der sogenannten Gay Pride Parade, zum Ausdruck. Gleich am nächsten Tag – die Feiernden haben sich noch gar nicht aus ihren verschwitzten Laken befreit – fahren die Gläubigen schon mit der gegenseitigen Schändung ihrer Friedhöfe und heiligen Stätten fort.

3

Gäbe es die Psychoanalyse noch nicht, in und für Israel müsste sie erfunden werden, um überhaupt irgendein differenziertes Modell zur Hand zu haben, die extremen Widersprüche des Landes zu verstehen. Das Verwirrendste ist die Gleichzeitigkeit des Ungleichzeitigen, die das Land zerreißt und sich gleichnishaft am Gegensatz von Jerusalem und Tel Aviv festmachen ließe. Verwundert es da, dass die wenigen praktizierenden Psychoanalytiker in der arabischen Welt israelische Araber sind?

Worin besteht der Konflikt im Kern? Ich denke, im unvermittelten und unversöhnlichen Zusammenstoß von alttestamentarischem Patriarchat mit hedonistischer Postmoderne, und das auf engstem geographischen und familiärem Raum. In den Augen des Patriarchen kann jede Form der Befriedung des Konflikts nur eine Art Perversion sein. Doch Roland Barthes konstatiert zu Recht: »Gesetz, Doxa, Wissenschaft wollen nicht verstehen, daß die Perversion einfach *glücklich* macht; oder um es genauer zu sagen, sie erzeugt ein *Mehr.*«[49]

Um was also geht es dem Patriarchen? Um ein Weniger, eine Beschneidung, eine Vereinfachung, eine Reduktion der Komplexität unserer Wirklichkeit auf schlichte und in ihrer Schlichtheit falsche, aber einprägsame Wahrheiten, aus denen er die Legitimation seiner Macht und ihres Missbrauchs zieht.

4

In Bethlehem – es ist 1987, das Jahr der ersten Intifada – spricht mich vor der weihnachtlich geschmückten Geburtskirche ein achtzehn-, neunzehnjähriger Palästinenser an, schlank, fast so groß wie ich, schulterlanges, schwarzgelocktes Haar, vertrauenserweckende große braune Augen, ein offenes, geradezu strahlendes Gesicht: Dia. Ich weiß nicht, ob er mich gezielt angesprochen hat. Der angespannten politischen Lage wegen sind in diesem Jahr die üblichen Adventstouristen und Pilger ausgeblieben. Indessen gibt es einen Zufall bei dergleichen Begegnungen nicht.

Er lädt mich in sein Elternhaus ein, dort lerne ich seinen Vater, seine Mutter und seinen jüngeren Bruder Mussa kennen. Dia, das heißt Licht, hat einen Studienplatz für Medizin in München erhalten, wartet nun aber vergeblich auf sein Visum, da alle deutschen Konsulate im Nahen und Mittleren Osten angewiesen sind, jungen, alleinstehenden muslimischen Männern keine Einreiseerlaubnis zu erteilen. – Vor einigen Wochen ist der irakische Machthaber Saddam Hussein in Kuwait einmarschiert. Nun droht der amerikanische Präsident George Bush, amerikanische Truppen nach Bagdad zu schicken.

Dia bittet mich, über Nacht zu bleiben, und ich nehme, ungeachtet der Sorge, in die ich meine Jerusalemer Freunde damit versetze, die Einladung ohne Zögern an. Die Eltern räumen ihr großes komfortables Ehebett im erst vor Kurzem neu möblierten Schlafzimmer, und ich ruhe wohlbehütet zwischen Mussa und Dia, allerdings ohne wirklich zur Ruhe zu finden.

Gleich am nächsten Tag bemühe ich mich, Kontakt zum

deutschen Konsulat in Tel Aviv aufzunehmen und mich nach Dias Angelegenheit zu erkundigen, ohne dass Dia mich darum gebeten hätte. Natürlich beeindruckt es keinen der Mitarbeiter, dass ich mich für ihn verbürge.

Als der Krieg beginnt und Saddam Hussein seine Drohung wahr macht, gleich ein Dutzend Cruise Missiles auf Israel abzuschießen, und ich immer noch im Heiligen Land festsitze, weil inzwischen sämtlicher Flugverkehr eingestellt und die Grenzen geschlossen sind, suche ich noch mehrfach Zuflucht bei Dias Familie in Bethlehem, in der irrigen Hoffnung, Saddam Hussein werde wenigstens die palästinensischen Städte und die islamischen Heiligtümer in Al Kuds verschonen. Doch so genau treffen die Raketen des Diktators nicht.

Die Visabestimmungen für junge Palästinenser lockern sich auch nach dem gewonnenen Blitzkrieg gegen den Irak nicht, denn die Intifada geht weiter. Am Ende nimmt Dia einen Studienplatz für Medizin an der Universität einer abgelegenen russischen Provinzhauptstadt an. Dann höre ich viele Jahre nichts mehr von ihm.

Vollkommen überraschend erreicht mich – schon im neuen Millennium – eine Mail aus Moskau. Er sei inzwischen verheiratet und Vater zweier Kinder und arbeite als Arzt in einem Stadtrandkrankenhaus, doch das alltägliche Leben im postsozialistischen Russland sei für ihn als offensichtlicher Araber so unerträglich geworden, dass er sich seines Lebens und dessen seiner Kinder nicht mehr sicher fühle. Deswegen bitte er mich um eine Einladung nach Berlin, um von dort dann mit seiner Familie nach Schweden weiterzureisen und dort nach einer Anstellung als Arzt suchen zu können. Er habe gehört, dass dort Ärztemangel herrsche und Fremde freundlich aufgenommen würden.

Ich schicke ihm und seiner Familie eine amtlich beglaubigte Einladung, und tatsächlich erhält er einige Monate später ein Besuchervisum. Ich hole ihn am Zentralen Omnibusbahnhof in Charlottenburg ab und erkenne ihn zunächst kaum wieder. Ein müder, schon ergrauender Mann steht vor mir, nicht nur von der tagelangen Busreise erschöpft. Er bleibt nur zwei Tage und setzt sich mit seiner russischen Frau und den zwei Söhnen im Alter von vier und sechs Jahren erneut in den Bus, um nach Stockholm weiterzureisen.

Erneut bleibe ich monatelang ohne Nachricht von Dia. Ein Jahr später erhalte ich eine kurze Mail, er sei wieder in Moskau, die schwedischen Behörden hätten ihn und seine Familie als illegale Immigranten nach Russland abgeschoben. Von dem, wie es ihm nun gehe, verliert er kein Wort. Aber ich lese es zwischen den wenigen Zeilen.

5

Abraham gilt als Halbnomade, der mit einem Teil seines Stammes von Ur in Chaldäa nach Kanaan eingewandert ist. Immer noch leben Beduinen in Israel, auch wenn ihre nomadische Lebensweise unter einem ungeheuren politischen Druck steht und sie in Zukunft vermutlich in staatlichen Siedlungen und Reservaten zu leben gezwungen sind.

Meine Auseinandersetzung mit dem »Gott der Väter« und dem Sohnesopfer weckt in mir den Wunsch, Abrahams Nachfahren im Negev aufzusuchen und nachzuforschen, wie viele von den in Thora und Talmud geschilderten Riten und Gebräuchen im Nomadenalltag noch lebendig sind.

In den achtziger Jahren des letzten Jahrhunderts sah man

noch häufig nicht fern der Landstraßen die Zelte der Beduinen. Doch keiner meiner israelischen Freunde hatte je angehalten und mal einen dieser Lagerplätze besucht. Niemand kannte einen Beduinen, obgleich die meisten von ihnen israelische Staatsbürger sind. Dementsprechend merkwürdig klang es in den Ohren meines Freundes Lior, einige Kilometer außerhalb Be'er Schevas am Straßenrand anzuhalten und mich aus dem Wagen steigen zu lassen. Allein, ohne Gepäck, stapfe ich die wenigen hundert Meter über vegetationsloses Geröll bis zu der kleinen Ansammlung von Kamelhaarzelten inmitten des Ödlandes. Unaufgefordert, unangemeldet, uneingeladen tauche ich plötzlich auf, ohne jeden Plan, wie ich den Kontakt aufnehmen soll. Irgendwann beginnt ein Hund zu bellen, ansonsten bleibt es still und regungslos zwischen den Zelten, bis ich nahe genug gekommen bin, offenbar eine unsichtbare Grenze überschritten habe und in den geschützten Bereich des *beit*, des Hauses oder der Wohnstatt, eingedrungen bin. Und plötzlich steht Abdallah vor mir, ein junger Beduine in blauer Trainingshose und ausgeblichenem Bayern-München-T-Shirt, gleichwohl der Älteste in seinem Zelt, da sein Vater vor einigen Jahren bei einem Unfall ums Leben kam.

Was immer ich an Erklärungen oder Entschuldigungen zu stammeln beabsichtige, Abdallah gibt mir keine Gelegenheit dazu. Mit einem einzigen Schritt bin ich in den für mich auf geradezu magische Weise spürbaren Raum der Gastfreundschaft eingetreten, in dem mein überraschendes Da-Sein keinerlei Rechtfertigung bedarf, sondern als ein Gottesgeschenk betrachtet wird. Die Magie dieser Erfahrung liegt darin, dass es sich nicht nur um eine kulturelle oder gestische Behauptung handelt, denn noch haben wir kein einziges Wort miteinander gewechselt, sondern um ein tiefes Gefühl des

Aufgehoben- und Behütetseins, das von diesem jungen Beduinen ausstrahlt, ganz unabhängig von seinem Alter ist und allein mit seinem Status als Herr des Zeltes und als Gastgeber zu tun hat.

Dies ist meine erste Begegnung mit dem im Verschwinden begriffenen Sehnsuchtskern der arabischen Kultur, der viele Jahre im Jemen und in Algerien verbrachter Lebenszeit folgen werden.

Diese erste, entscheidende Begegnung bewegt mich, nach Hebräisch nun auch Arabisch zu lernen. Zunächst verzaubert mich vor allem die arabische Schrift und geht mir leicht von der Hand. Mit der Grammatik und den Vokabeln indessen tue ich mich lange schwer, so fremd ist mir diese neue Sprache. Also versuche ich, diese Fremdheit als eine poetische Herausforderung zu begreifen und mich jeder neuen Lektion in Form eines merkwürdigen Gedichts anzunähern, das ich zunächst auf Arabisch an Hand des mir anzueignenden »Sprachmaterials« verfasse und dann ins Deutsche übersetze, ohne das Raue und Ungelenke dieser für arabische Ohren vollkommen unpoetischen Versuche dabei zu glätten. Dadurch verliert auch das Deutsche einen Teil seiner Selbstverständlichkeit und kann über den Weg der Übersetzung ganz neue Formen und Inhalte annehmen.

Zugleich ist die Kenntnis der Sprache immer auch ein wesentlicher Schlüssel für den Zugang zur anderen Kultur. So geht es in einem Gedicht mit dem Titel *Stämme* zum Beispiel nicht nur um die Besonderheiten arabischer Wortstämme, sondern auch um die tribalen Strukturen arabischer Gesellschaften.

In der Zusammenarbeit mit dem israelischen Komponisten Amos Elkana kommt eine weitere Übersetzung, nämlich aus dem Arabischen ins Hebräische hinzu. Diesen nun dreistimmigen Gedichtzyklus meiner *Arabischen Lektionen*[50] vertont der israelische Freund für drei Sopranstimmen und ein Kammerorchester. Zumindest in der Musik finden die Spannungen und Unübersetzbarkeiten der drei Sprach/Kulturen für Augenblicke zu einem Mit- und Gegeneinanderklingen zusammen.

6

Nun wollen Amos und ich mit einem zweiten großen Projekt an diese erste Zusammenarbeit anknüpfen, Lessings *Nathan der Weise* als moderne dreisprachige Oper, in der jeder der Protagonisten seine Muttersprache spricht, Nathan Hebräisch, der Sultan Arabisch, der Tempelritter Deutsch. Um nicht ewig darauf zu warten, dass ein Opernhaus sich der Uraufführung dieses Werkes annimmt, wollen wir es selbst mit Hilfe einiger Sängerfreunde in einer Art Guerillaaktion ohne Budget und Produzenten an »Originalschauplätzen« in Jerusalem verfilmen. *Guerilla filming* heißt, man arbeitet mit dem, was man vorfindet, Kulissen, Kostüme, Gesichter, dreht ohne Möglichkeiten der Wiederholung und immer unter Gefahr des Einbruchs unkontrollierbarer Wirklichkeit in die Inszenierung bis hin zum erzwungenen Abbruch. Die unter derartigen Bedingungen arbeitenden Künstler nehmen, da sie im Grunde keine andere Wahl haben, das Fragmentarische und womöglich Unabgeschlossene des entstehenden Werkes in Kauf. Die Alternative wäre, es gäbe überhaupt kein Werk.

Mit den besonderen Drehbedingungen geht auch eine eigenwillige Ästhetik einher, eine Art rauer, brüchiger, semidokumentarischer Realismus, der durchaus einen ganz eigenen Charme entfalten kann. Manche mögen die Ergebnisse auch für dilettantisch halten. Aber der Dilettant war einmal, bevor er mit dem Pfuscher, dem Flickschuster gleichgesetzt wurde, der Verführer oder Verführte, der Liebhaber. Und noch tiefer in dem Wort begraben liegt der Bestrickende, Ködernde, jener, welcher den anderen in seine Schlinge lockt.

7

Neben der Gleichzeitigkeit unterschiedlicher kultureller und religiöser Parallelwelten am Drehort konfrontiert uns die Inszenierung von Lessings *Nathan* mit mindestens drei zentralen Zeitebenen: die erzählte Zeit, das Heilige Land während der Kreuzzüge, die Zeit des Erzählers, das Jahrhundert der Aufklärung in Mitteleuropa, und die Erzählzeit, das Jerusalem der Gegenwart. Natürlich interessiert uns die Erzählgegenwart, das heißt die Einbeziehung der komplexen und konfliktreichen Stadtphysiognomie nicht nur als Kulisse unseres Films.

Am liebsten würde ich *Nathan* im strengorthodoxen Viertel Me'a Sche'arim und Sultan Saladin in Gaza-Stadt wohnen lassen, doch zu leicht könnte man unseren Guerillaauftritt dort missverstehen und das ganze Shooting in einem Blutbad enden lassen. Vielleicht reicht schon Ost-Jerusalem als Drehort, um die Macht des Sultans ad absurdum zu führen. Denn ist nicht heute Saladin derjenige, der die Weisheit eines Nathans aufbringen und die Ringparabel erzählen müsste?

So wie die israelischen Streitkräfte gelernt haben, sich ihren Weg durch vermintes Gelände bis in die Wohn- und

Schlafzimmer ihrer vermeintlichen Feinde zu bahnen, begann vor einigen Jahren eine Gruppe Jugendlicher im Gazastreifen, sich ähnlich radikal und doch zugleich fast schwerelos und schwebend durch die Stadt zu bewegen. Nicht gewaltsam durch die Mauern brechen sie, sondern turnen in schwindelerregender Akrobatik über sie hinweg, gleiten federleicht zerschossene Wände hinauf, tänzeln über zerbombte Dächer, balancieren einsame Brandmauern entlang, schlagen Salti in der staubigen Luft, hüpfen über Gassen und Spalten hinweg, stürmen weiter, immer weiter bis zum Strand, zum Hafen, in dem keine Schiffe mehr anlegen, rennen in die Wüste hinein bis zum hohen, schier unüberwindlichen Zaun, der den schmalen Küstenstreifen auf der meerfernen Seite einschnürt, und kehren um, nur um weiterzurennen. Immer neue Hindernisse spornen sie zu immer gewagteren Sprüngen an. Mauern und Lücken nicht nur in der Topographie der Stadt, auch im sozialen Leben, im Alltag – die strengen Väter, die Sittenwächter der Hamas, argwöhnisch beäugen sie diese neue westliche Mode, die sich über alle Grenzen hinwegsetzen will. Sie fliegen einfach über die Bevormundung hinweg, ziehen ihren Stolz, ihre Würde aus dieser Art gewaltloser, doch elementar körperlicher und kraftvoller Auflehnung und katapultieren sich hinaus in einen Raum der Selbstermächtigung.

Sie nennen es *Parkour*, abgeleitet vom französischen Begriff *parcours* für Strecke, Bahn, Laufweg. In den Banlieues französischer Großstädte hat diese Kunst des Free runnings auch ihren Ursprung. Ich denke darüber nach, wie ich diese fliegenden Jungen aus Gaza-Stadt oder Ost-Jerusalem in unseren Film einbeziehen kann. Wo sehe ich die Verbindung zu unserem Stück?

Parkour ist ein Ausdruck der Freiheit, eine Kunst, physische und mentale Hindernisse zu überwinden, ohne die dazu notwendigen Techniken und Choreographien präzise vorzuschreiben. Ironischerweise erinnert es an das harte Training militärischer Eliteeinheiten, doch transzendiert es in seiner Absichtslosigkeit und Verspieltheit das Taktische zur Kunst.

Ich stelle mir Prinzessin Sittah, die Schwester Saladins, als junge Parkouristin vor.

In Jerusalem gibt es unter den arabischen Parkouristen noch keine Mädchen, aber zwei jüdisch-arabische Gruppen mit gemischten Mitgliedern.

8

Parkour verändert den Blick auf die Stadt. Dächer, Mauern und Abgründe werden nicht nur als Hindernisse wahrgenommen, sondern als Herausforderung. Die üblichen Grenzen, auch die des eigenen Körpers, haben keine Geltung mehr, zumindest wird gegen sie angerannt. Die am schwersten zu überwindende Grenze ist die eigene Angst.

Lessings Helden wirken indes ziemlich *uncool*. Sie stellen im Grunde nicht viel mehr als Thesenträger in einem arg konstruierten und völlig unglaubwürdigen Plot dar. Die Lieben wie die Leiden scheinen reine Behauptung zu sein. In allem wirkt Nathan wie Lessings radikaler Gegenentwurf zu einem Shylock, Othello oder King Lear.

Die fehlenden Abgründe im Stück müssen hinzuerfunden werden, damit es menschliche Züge gewinnt. Das ist die Gefahr jeder Aufklärung: Dass sie am Ende das Dunkle, das Geheimnisvolle, den Körper, die Lust verrät.

Die Umarmungen im Finale des Lehrstücks bleiben kühl,

kontrolliert, vernünftig, als würden Figuren auf einem Schachbrett aufeinandertreffen. Statt Sex, Drama, Totschlag Geschwisterliebe. Wollen wir Versöhnung um diesen Preis?

9

30.11.2013 Ich wohne wie immer, wenn ich nicht bei Freunden unterschlüpfen will, im Lutheranischen Hospiz in der Nähe des Jaffatores. Diese klösterliche Herberge wurde 1860 in jenem merkwürdigen arabo-wilhelminischen Stil erbaut, in dem auch die Erlöser- und Himmelfahrtskirche errichtet sind, in hellem Jerusalemstein auf Ruinen aus der Kreuzfahrerzeit vom Königlichen Baurat zu Jerusalem Dr. Conrad Schick. Abweisende, fensterlose Mauern zur Markusgasse, offen, hell und großzügig zum schattigen Garten und den Dächern der Stadt hin.

Die mehr oder weniger geheimen Verbindungen über die Dächer der Altstadt sind seit der Eroberung Jerusalems im Sechstagekrieg legendär. Und das Hospiz liegt genau im Scheitelpunkt der sich kreuzenden »Luftstraßen«, die gegenwärtig vor allem von orthodoxen Juden für ihre Wege vom Jüdischen Viertel zur Klagemauer benutzt werden, weil sie damit die arabischen Suqs umgehen oder besser: übergehen können. Doch haben diese Luftstraßen auch heute noch eine immense strategische Bedeutung in einer Stadt, in der ethnische Rangeleien und Unruhen zur Tagesordnung gehören.

Verlasse ich die kontemplative Stille meiner Herberge, umfängt mich sogleich die Lebendigkeit der Marktgassen: Barbiere, die dem Besucher noch ein echtes, eigenhändig geschärftes Rasiermesser an die Kehle setzen und die kleinen harmlosen Schnittwunden anschließend mit einem flüchtigen Rosenwasser zu stillen versuchen, Wasserpfeife rauchende Männer in den höhlenartigen Cafés, aus denen neben den Apfelaromen des Tabaks auch der Mokkaduft und der feine seifige Geruch nach Kardamom dringt.

In den Gassen selbst hängt der Geruch nach Altmännerkleidern und Ziegenfellsandalen, saurer Milch und verschwitzter Soldatenunterwäsche, frischgebackenem Brot und ausgebluteten Tierhälften, modrigen Kellern und verbrannten Plastikwindeln und immer wieder ein brenzliger Gestank, als würde hier mit Lebertran geheizt. Aber es sind nur die Reste an Tränengas, dessen Schwaden sich in dem porösen Mauerwerk festgesetzt haben.

In der Nacht dann, als es in der hochgelegenen Stadt rasch abkühlt und der Atem vor den eigenen Lippen gefriert, dringt er doch noch, selbst durch das geschlossene Hoffenster, in meine Klause, der Wettstreit der Religionen. Die Muezzine brüllen nicht nur ihr *Allahu akbar* in die übersteuerten Mikrofone, sondern rezitieren die ganze Nacht über *Die Kuh* und andere Suren aus dem Koran, während die hundert Kirchtürme der Stadt zu jeder Viertelstunde den vergeblich um Schlaf Ringenden mit kleinen improvisierten Carillon-Nocturnes ihrer von Alter und Sprödigkeit verstimmten Glocken unterhalten, die das Publikum im verrauchten Quasimodo in Berlin zweifellos zu Beifallsstürmen hinreißen würden.

10

Auf den Karten und Plänen heißt sie *Separation Wall*, ein bis zu acht Meter hohes Betonmonster, doppelt so hoch wie die Berliner Mauer. Man könnte sie für die Kulisse eines düsteren, dystopischen Science-Fiction-Films halten, wäre sie für die Bewohner der West Bank nicht bitterste Realität, die Land, Dörfer, Familien unüberwindbar voneinander trennt.

Ich stelle mir vor, Cello und Violine spielen auf der einen Seite des Grenzpostens, Querflöte und Oboe auf der anderen Seite. Ebenso getrennt von Uniformierten mit Schusswesten und Maschinenpistolen im Anschlag sind Nathan und Saladin, während Nathan über das Sperrgitter hinweg die Ringparabel singt. Ist das zynisch? Ist das billige Agitprop statt differenzierter Analyse? Aber war die Ringparabel angesichts der blutigen Geschichte der Kreuzzüge und Pogrome nicht immer schon genau das, blauäugig und zynisch? Aus Gott-Vaters willkürlicher Zuwendung lässt sich kein Toleranzgebot herleiten. Der Denkfehler liegt darin, dass die grundlegende Ungerechtigkeit, nur einem besonders Auserwählten das Erbe zukommen zu lassen, von der Parabel nicht in Frage gestellt wird. Statt die Söhne zu täuschen und sie alle insgeheim zum alleinigen Erben zu bestimmen, hätte das Gesetz der Willkür, dem schon Kain und Abel zum Opfer fielen, geändert werden müssen.

II

Das Drama beginnt mit einem Feuer. Während Nathans Reise brennt sein Haus nieder, und fast verlöre seine angenommene Tochter Recha in den Flammen ihr Leben, würde ein junger Tempelritter sie nicht im letzten Augenblick retten. Ob das Haus Nathans angezündet wurde, lässt Lessing offen. Aber brennende jüdische Häuser sowohl zur Zeit der Erzählung, dem Jahrhundert der bewaffneten Wallfahrten, als immer auch wieder in der Zeit des Erzählers selbst gehörten zur grausamen Alltagserfahrung der Juden in weiten Teilen der Welt.

Lessings Lehrstück beginnt also mit einer Katastrophe und einer Rettung. Und Nathan begegnet beidem mit einer geradezu abgeklärten Ironie, nicht aus Mangel an Liebe und Sorge, sondern als Brand- oder Schutzmauer gegen die in seinem Leben schon so oft erfahrenen Verletzungen und Demütigungen.

Auch unser Film sollte in einem von Feuer oder Brandbomben versehrten Haus beginnen. Denn die Räume des Stücks repräsentieren die Seelen und Gemüter ihrer Bewohner. Nathan konnte sich auf seiner Reise sicherer und behüteter fühlen als die Zurückgebliebenen in ihrem Vaterhaus. – Oder brach das Feuer im Innern aus, wäre Recha fast in den von ihr selbst entfachten Flammen verbrannt?

Auch nach ihrer Rettung ist das Feuer ja noch nicht vollständig gelöscht, sondern schwelt weiter. Nathan findet ein Haus in Aufruhr und Auflösung vor.

12

1.12.2013 Während der diesjährigen Gay Pride Parade schreckten die Fundamentalisten und Ultraorthodoxen aller Konfessionen auch vor Gewalt nicht zurück. Mit einem Küchenmesser stürzt ein streng religiöser Jude auf drei Feiernde zu, sticht auf sie ein, tötet eine Frau, verletzt zwei weitere lebensgefährlich und beruft sich dabei auf die Gesetze der Thora. Die einzige Schwulenbar Jerusalems wurde zuvor von gottesfürchtigen Fanatikern durch Molotow-Cocktails in Brand gesetzt. Das Pogrom beginnt mit Benzin und Kartoffelmessern.

Nun hat Jerusalem wieder eine Schwulenbar. Sie trägt den provozierenden Namen *Ha-Mikwe*, das (rituelle) Tauchbad der Juden. Am Eingang steht, wie vor den Synagogen in Berlin, ein bewaffneter Wachmann.

Die Mikwe war und ist, wie der arabische Hammam, auch ein sozialer Treffpunkt. Was in der Mikwe geschieht, bleibt in der Mikwe.

Im *Ha-Mikwe* treffen sich Juden, Muslime, Christen, Säkulare und Religiöse, und feiern zusammen. Es ist der einzige öffentliche Ort in Jerusalem, wo das geschieht. Spaziert man einige hundert Meter Richtung Norden, kommt man ins ultraorthodoxe jüdische Viertel Me'a Sche'arim, wo die Frauen Perücken tragen und die Männer aussehen und sich benehmen wie im osteuropäischen *Schtetl* des neunzehnten Jahrhunderts; wandert man einige hundert Meter Richtung Osten, gelangt man ins arabische Viertel Bab al Sahra, wo die meisten Frauen Kopftuch tragen und wie ihre jüdischen Geschlechtsgenossinnen einige Schritte hinter den Männern laufen. Allenfalls auf Polizeiwachen oder in Krankenhäusern treffen diese verfeindeten und sich doch so ähnlichen Welten aufeinander. Oder im *Ha-Mikwe*, wenn sie sich denn trauen.

Hier taucht man ein und gelangt womöglich zu einer tieferen rituellen Reinheit als im orthodoxen Bad. Denn unrein wird man nach rabbinischem Verständnis vor allem durch die Berührung mit dem Tod.

Das Wasser einer Mikwe muss »lebendiges« Wasser sein, das heißt natürlichen Ursprungs. Es darf nicht herangetragen oder zugeleitet werden. Also kommt nur Quell-, Grund- oder gesammeltes Regenwasser in Betracht.

Bei der rituellen Reinigung darf nichts Fremdes am Körper sein. Nichts darf die Berührung des reinen Wassers mit dem Körper behindern. Folglich muss jede Art von Bekleidung, aber auch Schmuck, Lippenstift, Nagellack, Prothese, Perücke oder Kontaktlinse, vor dem Baden abgelegt werden. Buchstäblich mit Haut und Haar muss man hineintauchen. – Ich wüsste keinen treffenderen Namen für Jerusalems einzige Schwulenbar.

13

Habe ich Lessings *Nathan* als hölzernes, uncooles Stück bezeichnet? Es gibt ein geheimes erotisches Zentrum im Drama, dem alle Protagonisten verfallen, dem engelhaften Verführer in Pasolinis *Teorema* vergleichbar: der Tempelritter. Rechas Liebe zu ihm ist verständlich, immerhin hat er ihr das Leben gerettet, aber sie ist nicht die einzige, die sich zu ihm hingezogen fühlt. Alle interessieren sich für ihn, spüren eine geheime, verstörende Zuneigung, und sein raues, stolzes, abweisendes Wesen erhöht seine Anziehungskraft nur noch. Was ist das Geheimnis des Tempelritters? Seine intellektuelle Brillanz oder sein unwiderstehlicher Charme können es nicht sein, denn daran sind Nathan oder Saladin zweifellos reicher.

Es muss etwas Wortloses, Physisches sein, eine rein körperliche Präsenz, die ihn bereits wider seine bewussten Überzeugungen hat handeln lassen und die ebenso ihn selbst wie alle anderen immer wieder überrascht, ein Schmuck, der erst zutage tritt, wenn er jede andere Rüstung und Bewaffnung abgelegt hat.

14

2.12.2013 Die Anschläge der letzten Jahre, die Tel Aviv trafen, sind nicht von palästinensischen Extremisten verübt worden. Die *Separation Wall* scheint zumindest diesen Teil ihrer Funktion zu erfüllen. Die Autobomben und Anschläge auf Bars, Restaurants und Vorortvillen gehen auf das Konto krimineller Organisationen, Schutzgelderpressungen, Abrechnungen und Racheakte zwischen israelischen Mafiaclans. Bei diesen Bandenkriegen sind nicht nur Mitglieder der Verbrechersyndikate, sondern immer wieder auch unbeteiligte Passanten ums Leben gekommen.

Ich frage mich, ob nicht dem größten Teil interkultureller Konflikte in Wahrheit ein innerkultureller Konflikt zu Grunde liegt. Um die Gegensätze und Spannungen innerhalb einer Gesellschaft beherrschbar zu halten, werden sie auf eine Außenbedrohung übertragen. Wenn nötig, wird diese Gefährdung von außen auch selbst provoziert oder inszeniert. Eine Gesellschaft, die über ein hohes Maß an Friedfertigkeit und Akzeptanz verfügt, wird sich vom Anderen, Fremden nicht so leicht aus dem Gleichgewicht bringen lassen.

Am 11. April 1909 werden sechzig Grundstücke nördlich der alten kanaanitischen Hafenstadt Jaffa entlang eines schmalen, unbewohnten Küstenstreifens am Mittelmeer unter sechzig Gründerfamilien verlost. Auf sechzig an diesem Morgen gesammelten Muscheln schreibt Akiva Arie Weiss, Anführer des Familienverbandes, mit schwarzer Tinte die Familiennamen, auf weitere sechzig Muscheln die Parzellennummern. In einer Verlosungszeremonie ziehen dann ein Junge und ein Mädchen gleichzeitig je eine Muschel mit Nummer und eine mit Namen, um so jeder Familie ein Grundstück zuzuordnen. Dieser Tag gilt als Gründungsdatum der Stadt Tel Aviv.

Olga, eine Yoga-Lehrerin, die vor sieben Jahren aus Russland nach Israel eingewandert ist und sechs Sprachen spricht, hat mir ihr kleines Apartment in der Dizengoff-Straße, ungefähr auf Höhe des Unabhängigkeitsparks, acht Minuten vom Strand entfernt, zur Verfügung gestellt.

Ist am Ende nicht die größte Überraschung, wie problemlos in der Regel Verständigung gelingt?

Fast scheint mir Verständigung ein Gegenbegriff zur Bekehrung zu sein.

Ist Tel Aviv laut, feucht, offen, sinnlich, lebendig, jugendlich, hedonistisch, so wirkt Jerusalem wie der dunkle Bruder dieser lebensfrohen weißen Stadt am Meer, verschlossen, mürrisch, eifersüchtig, halsstarrig, sinnenfeindlich, hochmütig. Und doch habe ich mich dort immer glücklicher gefühlt als hier in Tel Aviv. Die Glückssucht und der Vergnügungszwang können genauso schwermütig stimmen wie der Opferwahn.

15

Den weitaus größten Teil ihrer siebentausendjährigen Geschichte war Jerusalem ein bedeutungsloser Flecken Erde jenseits der Handelsströme, und selbst in den letzten dreitausend Jahren gab es nur wenige Jahrzehnte einer herausragenden Stellung und Größe, die der einschüchternden Stärke ihrer Mameluckenmauer angemessen wäre. Die letzten siebzig Jahre gehören dazu, denn nie war zumindest die Symbolkraft Jerusalems bedeutender als in der Gegenwart, in der die Stadt für die politische und religiöse Zerrissenheit zwischen den Völkern und Staatenbünden steht.

Heute Nacht habe ich geträumt, ich säße in einem fensterlosen, bunkerähnlichen Kontrollraum mit einem Dutzend flackernder Monitore und knisternder Lautsprecher und würde mich selbst überwachen. Meine ganze Wohnung, selbst meine Kleidung war verwanzt, mein Telefon angezapft, mein Aufenthaltsort ständig auffindbar, doch ich selbst bin es, der mir auf Schritt und Tritt folgt, meine Gespräche belauscht und alle, denen ich begegne, überprüft.

Im Traum weiß ich, dass ich mich selbst beobachte. Ich sage mir, na und, ich habe doch nichts zu verbergen. Doch im selben Augenblick verändert sich mein Verhalten, ich versuche, den Beobachter von der Arglosigkeit all meiner Tätigkeiten, Absichten und Gedanken zu überzeugen, und weiß zugleich, dass ich ihm etwas vorspiele. Und während ich noch Harmlosigkeit vortäusche, ringen hinter meiner Unschuldsmiene die Gedanken um einen Plan, wie ich das fast lückenlose Überwachungsnetz überlisten kann. Nicht, dass ich irgendein Verbrechen plante. Aber selbst vor meinen eigenen Augen schäme ich mich meiner Nacktheit.

16

6.12.2013 Wie macht man aus einem Ideendrama, einem Lehrgedicht einen lebendigen Film? *Nathans* Welt ist eine Idylle der Vernunft, die Verletzungen in unserem und durch unser Dasein treten hinter die Vernunft zurück. Das Stück schenkt philosophischen Trost, indem es das *Drama*, die Unvernunft, die Ängste, den Schrecken unseres Daseins ausspart. *Menschen* würde der Sieg der Vernunft nicht trösten. Daher begegnen uns Thesenträger.

In Tel Aviv regnet es unablässig, in Jerusalem schneit es.

Ich weiß nicht, wer die Darsteller sein werden, die bisher immer der Ausgangspunkt vergleichbarer Abenteuer gewesen sind: Mit diesen oder jenen wollte ich mich auf eine künstlerische Reise begeben, und die passende Geschichte dazu haben die zukünftigen Gefährten erst in mir erweckt.

Jetzt steht die Geschichte am Anfang, eine gymnasiale Pflichtlektüre, die eher Unlust als Erregung in mir hervorruft. Die Situation erinnert mich an Lars von Triers schrecklich schönen Experimentalfilm *The Five Obstructions,* in dem er seinen älteren Regiekollegen und Freund Jørgen Leth nötigt, seinen Kurzfilm *Der perfekte Mensch* fünfmal neu zu drehen und bei jeder neuen Fassung eine weitere Einschränkung zu beachten, zum Beispiel den Film an einem Ort zu realisieren, an dem er noch nie gewesen ist, oder keine Einstellung länger als zwölf Bilder, also eine halbe Sekunde dauern zu lassen. Unsere fünf Obstruktionen sind das fehlende Budget, ein unglaubwürdiger Plot, singende Darsteller, atonale Musik und die verweigerte Drehgenehmigung.

Bei den vorangegangenen Filmprojekten gab es – neben der ungeheuren Anstrengung, die jedes von ihnen allen Beteiligten abverlangt hat – immer auch beglückende Momente des Zusammenseins und Schaffens. So beglückend, dass wir uns um des Gelingens willen mehrfach sogar in Lebensgefahr begeben haben. – Für *Nathan* in Jerusalem möchte ich das nicht.

Womöglich berührt es einen wesentlichen Makel jeder Aufklärung: Sie ist zu geheimnislos und unerotisch, um für sie gar sein Leben aufs Spiel setzen zu wollen.

17

16.12.2013 Ich schaue mir *Nathan*-Schnipsel im Internet an. Für einen Klassiker der deutschen Dramenliteratur gibt es erstaunlich wenige Filmversionen, einen Stummfilm von 1922, Trailer von Stadttheaterinszenierungen und einige Schüleraufführungen. Das Stück ist offenbar recht verfilmungsresistent. Keiner dieser Clips überzeugt mich oder regt mich auch nur an, wie ich es besser machen könnte.

Ich schließe die Augen, döse schwermütig und unzufrieden vor mich hin. Aber mir gibt es der Herr nicht im Schlafe, keine göttliche Eingebung reißt mich aus der Einfallslosigkeit. Lessings Stück lässt einfach keinen Raum zum Träumen.

Dabei sind doch alle Männer in Lessings Drama Reisende. Nathan reist, um Handel zu treiben, der Sultan und der Templer reisen, um Krieg zu führen, zu erobern, Ruhm und Ehre oder auch nur Vergebung zu finden. Nur die Frauen hocken zu Hause und warten, warten auf die Rückkehr ihrer Herren, Väter, Brüder oder ihrer Entführer. Ihre Reisen sind ausschließlich Fluchten oder Verschleppungen.

Wenn sich der Anreiz einer Inszenierung nicht aus dem Stück selbst ergibt, muss man es in einen Kontext setzen, der in einem äußersten Spannungsverhältnis zur Naivität des Happy Ends steht, ein Kontext, der Umarmungen und Versöhnungen schlechterdings unmöglich erscheinen lässt.

Heute teilt mir Amos mit, er habe bisher erst einen Sänger gewinnen können, der bereit sei, ohne Honorar an unserem Projekt mitzuarbeiten, einen jungen Countertenor, der die Partie des Tempelritters singen soll. – Womöglich muss er alle Partien singen, wenn sich keine weiteren Mitstreiter finden. Immerhin gibt es inzwischen auch vier Musiker. Das reicht für eine Kammeroper für Solostimme und Streichquartett.

Man könnte Stimme und Darsteller voneinander trennen. Doch warum sollte ein Schauspieler seine Rolle von einem anderen singen lassen? Vielleicht weil er keine eigene Stimme hat.

18

22.12.2013 Olgas Wohnung liegt zentral, ja, aber sie ist klein, hellhörig und kalt. Wie viele Städte am Mittelmeer ist Tel Aviv nicht wirklich auf Winter eingestellt. Wenn überhaupt, wird mit der Air Condition geheizt. Die Fenster sind einfach verglast und undicht. Und so sehr ich die Lebendigkeit der Rehov Dizengoff bei Tage auch mag, so sehr stört mich ihre Belebtheit des Nachts.

Kälte und Lärm habe ich erwartet und mich dementsprechend mit langer Unterhose, Wollsocken und Kapuzenpullover gewappnet. Und natürlich fehlt in meinem Reisegepäck auch das Ohrenwachs nicht. Olga glaubt, da ich doch aus dem winterlichen Berlin käme, dürfe mir die klamme Kälte Tel Avivs nichts ausmachen. Gefroren habe ich aber immer nur im Süden, in seinen Wüsten, seinen Bergen oder an seinen stürmischen Küsten.

Heute Nacht kühlt es so sehr ab, dass ich mit Schüttelfrost erwache. Direkt vor meinem Apartmentblock befindet sich eine Ladestation für Tanklaster. Bis zum frühen Morgen füllen sie hier bei laufendem Motor Wasser nach, um damit die Straßen abzuspritzen. Erst der Morgen mit seinem dunstigen, milchblauen Himmel lässt mich noch ein wenig Schlaf finden.

Am Abend im Unabhängigkeitspark. Starre aufs Meer und den bedeckten Himmel, ein schwarzes, fadenscheinig gewordenes Samttuch, durch dessen durchgescheuerte Stellen einige Sterne blinken, oder Flugzeuge, Raumstationen, Satelliten, ein stilles, regungsloses Schwarz, während in meinem Rücken die Stadt brummt, rauscht, heult, hupt und sirent, so dass Meer und Himmel wie aus schwarzem Eis erscheinen.

19

25.12.2013 Vieles, was ich einmal an Tel Aviv geliebt habe, gibt es nicht mehr, das Unaufgeräumte, Schmuddelige, Improvisierte, das Levantinische, Arabische, Herzliche. Alle dunklen Ecken und Nischen, alle unkrautüberwucherten Brachen sind weggeräumt, hell ausgeleuchtet und kameraüberwacht. Die Stadt ist innerhalb einer Generation einer umfassenden Gentrifizierung anheimgefallen. Die Jungen, die Künstler, die Anarchisten fliehen, die Armen räumen den Müll weg, ansonsten bleiben sie unsichtbar.

Ach ja, das Mekka der Start-ups, das nahöstliche Silicon Valley! Wie gut das neue Nerd-Image zum gelifteten Gesicht der Stadt passt! Das einzige, vor dem man sich im Gan Ha'atzmaut noch in Acht zu nehmen hat, sind die Hundehaufen.

Natürlich redet hier der Regisseur, der auf Grund mangelnder Motive an seinem geplanten Werk zu zweifeln beginnt. Aus der Perspektive der Bewohner dieses bebauten Frühlingshügels ist indessen nichts dagegen einzuwenden, wenn sich ein etwas zwielichtiges Marseille oder Casablanca in ein leuchtendes Monte Carlo verpuppt.

Am Abend gibt Amos ein Konzert in Jerusalem. Zwiko, sein Schwiegervater, holt mich in seinem Wagen ab. Amos bittet mich, das Konzert zu filmen. Ich aber lasse meine Kamera in Tel Aviv. Das ist nicht der Film, den wir zusammen drehen wollten.

20

26.12.2013 Der Veranstaltungsort liegt in einem Parkhaus, fünf Stockwerke unter der Erde, im Westen Jerusalems, ein kleiner bunkerähnlicher Raum mit vielleicht fünfzig Plätzen, die an diesem Mittwochabend alle besetzt sind, ein überwiegend älteres, bürgerliches Publikum, von dem im Verlauf von Amos' Konzert aber ein nicht geringer Teil die Flucht ergreift. Meinen Freund lässt das scheinbar unberührt, mit einem Stoizismus, der schon komatöse Züge trägt, dirigiert er allein mit den Augen das kleine Kammerorchester und den Sänger durch den Zyklus alter jemenitischer Gedichte und zupft hin und wieder einige verlorene Disharmonien auf seiner E-Gitarre dazu.

Die Musik, die er den Gedichten und der traditionellen Darbietung unterlegt, stellt eine Fusion unterschiedlicher Stilrichtungen dar. Die Vierteltöne arabischer Musik mischen sich mit Free Jazz, Walzer und computergenerierten Störgeräuschen, einem Knacken, Fiepen und Rauschen, wie man es aus alten Röhrengeräten kennt. Er ist ein Meister der Rhythmik, aber bleibt bei den Melodien eher repetitiv und phantasielos. Vielleicht hält er so etwas wie eine Melodie für korrumpierend und moderner E-Musik nicht angemessen.

Ich höre Klänge heraus, die auch für unseren *Nathan* passend sein könnten. Und ich begreife, dass ich ohne genaue Kenntnis der Musik nicht am Drehbuch arbeiten kann. Der Rhythmus der Partitur bestimmt den Rhythmus des Films, ihre Klangfarben prägen die Farbtöne der Bilder. Während ich seinem jemenitischen Liederreigen lausche, tanzt mein inneres Auge, meine imaginäre Kamera, ich sehe Unschärfen, verwischte Szenen, Reißschwenks, Über- und Unterbelichtungen, rohe, dreckige, bewusst amateurhafte Bilder. Ständig ist die Kamera in Bewegung, nervös, unruhig, getrieben, ich sehe Großaufnahmen, Details so vergrößert und vergröbert, dass sie fremd, grotesk, unheimlich erscheinen und wir Zuschauer die Orientierung verlieren. Die Kamera findet zu keiner auktorialen Perspektive, sie irrt herum, deliriert, die Quadrierungen geraten aus den Fugen, die Schnitte holpern, die Anschlüsse fügen sich nicht.

21

27.12.2013 Bei unserem Treffen am Nachmittag haben Amos und ich endlich einen Arbeitsplan erstellt: Recherchereisen nach Jerusalem, Nazareth und Akko, Gespräche mit interessierten Musikern und Sängern und die Fortsetzung der Suche nach Sponsoren.

Obgleich unser Gespräch meine Stimmung etwas aufgehellt hat, fehlt mir immer noch die tragende Idee, welche Art Film wir drehen wollen. Es fehlt der Ort, die Kulisse unserer Geschichte. Es fehlen immer noch die meisten Akteure. Nicht einmal die Partitur ist zu Ende geschrieben.

Es muss ein Grenzort sein, ein Dorf direkt an der entsetzlichen Mauer. Es würde die Geschichte kleiner und zugleich menschlicher machen. Sala, der Sohn des Din, muss kein Sultan sein, ein Dorfvorsteher, ein lokaler Scheich reicht vollkommen. Vielleicht kann man von den Dächern der staubigen Siedlung in der Ferne die Türme, Kuppeln und Minarette Jerusalems sehen.

Es ist, als könnte ich heitere Orte kaum noch ertragen. Und an diesem Schabbatabend im Yarkon-Park ist Tel Aviv bei sonnigen zweiundzwanzig Grad tatsächlich eine leuchtende Stadt.

Ja, ich müsste dankbar sein über diesen Frühling im Winter, aber dafür bin ich nicht hergekommen. Morgen fahren wir erneut nach Jerusalem. Aber wir werden wenig Zeit haben. Wie sollen wir sie nutzen?

Einfachheit der Zeichen. Keine Kostüme, alle tragen ihre Straßenkleidung. Der Sänger des Nathan setzt sich eine Kippa auf, wenn er in die Rolle Nathans schlüpft, der Darsteller des Sultans trägt eine Kufiya, der Darsteller des Tempelritters hängt sich ein Kreuz um. Alle bleiben als Privatpersonen, als Rollenträger erkennbar. Alles ist Theater, Spiel. Der ernste Hintergrund wird durch den Kontext sichtbar, in dem wir dieses Spiel stattfinden lassen.

22

28.12.2013 Wir fahren mit dem Bus nach Jerusalem. Auf dem Weg zur Haltestelle gleite ich an einer schlüpfrigen Bordsteinkante aus und stürze auf die regennassen Gehwegplatten. Hose und Jacke halbseitig verdreckt, Handballen und Unterarm bin zum Ellbogen aufgeschürft setze ich trotzdem meinen Weg zum Busbahnhof fort, um Amos nicht unnötig warten zu lassen, der dann allerdings fast eine Stunde zu spät kommt.

Yaniv D'or ist der Countertenor, den Amos für die Partie des Kreuzritters gewonnen hat. Ein ganz und gar urbaner Typ, der nicht nur ausgezeichnet singt, sondern auch noch hinreißend aussieht. Ich mag ihn, kann ihn mir gut auf einem *Vogue*-Cover vorstellen, aber noch nicht als geschlagenen Tempelritter im heiligen Staub und Dreck Jerusalems. Ich bezweifle, dass es genügt, sich einen Dreitagebart stehen zu lassen und sich ein Kreuz an die Brust zu heften, um in die Rolle unseres stauffischen Tempelherrn zu schlüpfen.

Amos' Mutter Judith chauffiert uns geduldig durch Ost-Jerusalem. Sie hat Freunde hier und kennt sich gut aus. Seit der Staatsgründung wohnt sie in Jerusalem. Sie weiß genau, wann wir die Grenze zu besetztem Palästinenserland überqueren, auch wenn es keinen Grenzstein mehr gibt, da die Regierung es annektiert hat. Immer wieder endet unsere Fahrt abrupt vor der riesigen Betonmauer, die jüdische von palästinensischen Siedlungen trennt und kaum je dem international anerkannten Grenzverlauf folgt.

Obwohl man Judith hier kennt – sie gehört zu *Machsom Watch*, einer Gruppe israelischer Frauen, die ständig die Checkpoints zu den Palästinensergebieten beobachten, um Übergriffe israelischer Soldaten auf palästinensische Zivilisten zu verhindern oder zumindest zu dokumentieren –, lässt sie uns nur selten aussteigen und umherstreifen und vor allem nicht filmen. Sie befürchtet, man könnte uns für Mitarbeiter des *Schin Bet*, des israelischen Inlandsgeheimdienstes, halten. Es herrscht ein Klima gegenseitigen Misstrauens. Und es steckt mich an. Ich zweifle, dass wir hier, zumindest ohne offizielle Drehgenehmigung, tatsächlich filmen können. Und eine Dreherlaubnis für unser Guerilla-Unternehmen hier an den Grenzanlagen können wir wohl ausschließen.

23

Treffen mit einem möglichen Produzenten. Er hört sich unser Werben für das Opernprojekt nahezu schweigend an und scheint nicht überzeugt, dass uns eine Filmfassung gelingen könnte, ja, dass überhaupt ein derartiger Film existieren müsse. Er verlässt uns mit besten Wünschen, ohne auch nur über den Fortgang auf dem Laufenden gehalten werden zu wollen. – Das Treffen war Amos' Idee. Mir ist es indessen nur recht, mein eigener Produzent zu bleiben und mir nicht von einem Geldgeber hereinreden lassen zu müssen. Es ist schon herausfordernd genug, Amos' musikalische Ideen mit meinen visuellen Vorstellungen in Einklang zu bringen.

Als Ouvertüre stelle ich mir den Anfang einer Orchesterprobe vor: Nacheinander treffen die Musiker und Sänger im Konzertsaal ein und vertreiben sich die Zeit bis zur Ankunft des Dirigenten mit Etüden und Spielereien. Ein erster Spieler, vielleicht der Violinist, stimmt sein Instrument, übt einige Phrasen der Partitur, die Oboe fällt ein, das Cello gesellt sich hinzu, der Violinist bricht ab, stimmt sein Instrument auf den Kammerton der Oboe, Augenblicke der Kakophonie, Sängerinnen, die mit einfachen Tonleitern ihre Stimmen aufwärmen, andere, die noch schnell vor der Tür eine Zigarette rauchen, sieben Musiker und acht Sänger, die ihren Tonsetzer suchen, bis der Dirigent eintrifft, die Truppe zur Ordnung ruft und mit dem ersten Akt beginnt.

Ich weiß, dieses Szenario erinnert an Fellinis *Orchester-*

probe oder Pirandellos *Sechs Personen suchen einen Autor*, aber alles erinnert an irgendwas, wir beginnen mit Vertrautem, das Weitere folgt der Unvorhersehbarkeit des Schicksals.

24

1.1.2014 Erkundungstour durch Jaffa, ich auf dem Rücksitz von Amos' Motorroller. Auch Jaffa ist inzwischen eine aufgeräumte Stadt. Dann könnten wir ebenso gut in Tel Aviv drehen.

Der Kopf ist leer, die Ideen bleiben aus, doch die Träume verändern sich. Ich kenne das bereits von vergangenen Reisen. Heute Nacht fand ich mich in meinem Haus im jüdischen Viertel von Sanaa wieder. Abdallah aus Thafir war bei mir zu Besuch. Seit zehn Jahren ist er tot, und Thafir, sein Dorf, gibt es nicht mehr, er und die meisten anderen Bewohner wurden unter einem Bergsturz begraben. Aber davor war er häufig mein Gast in Sanaa und ich der seine in Thafir. In zwei Filmen hat Abdallah mitgespielt. Und sein Besuch im Traum ist so lebendig, als hätte er erst gestern stattgefunden. Er will länger bleiben, als für die Dreharbeiten erforderlich ist. Dabei wartet seine Familie schon seit Tagen auf seine Rückkehr ins Dorf. Ich verstehe seine Gründe nicht, aber nach ihnen zu fragen, verbietet mir die Gastfreundschaft.

Wie groß ist der Wert eines Menschen? Für die Gesellschaft, die Familie, für Gott, für sich selbst? Versicherer, Anwälte, Richter glauben, ihn beziffern zu können.

Weiß der Messias, dass er der Messias ist? Nein, er zweifelt daran wie jeder andere Mensch. – Auf wieviel beziffert die Lebensversicherung den Wert des Messias? Oder ist er, wie ein unschätzbares Kunstwerk, die *Mona Lisa*, da Vincis *Abendmahl*, nicht versicherbar?

Die Sätze setzen sich fest im Wachtraum und wollen aufgeschrieben werden, obwohl ich selbst im Traum weiß, dass sie sich wichtiger nehmen, als sie am Ende sind.

Ich sollte mich auf den Weg nach Jerusalem machen. Aus dem Osten streift die ungetrübte Morgensonne bereits mein beschlagenes Fenster, der Weg ist mir vertraut, ich muss nur aufstehen, mir die Schuhe anziehen und die Tür hinter mir schließen.

25

Stundenlang laufe ich durch das Arabische Viertel, erkunde die Gassen zwischen dem Damaskus- und dem Herodestor. Es ist tatsächlich das Viertel, das ich trotz meiner vielen Besuche am wenigsten kenne. Zweifellos gibt es großartige Kulissen in diesem Stadtteil, doch wie sollen wir hier drehen? Sieben Musiker, die am Fuß des Tempelbergs plötzlich zu spielen beginnen, Sänger, die sich auf Deutsch, Arabisch und Hebräisch anraunen, anfauchen, kreischen, flüstern, trällern, zirpen – in Sekundenschnelle werden wir uns inmitten eines Menschenauflaufs wiederfinden.

Am selben Tag noch kehre ich nach Tel Aviv zurück, hungrig, frustriert und mit Kopfschmerzen.

Im nächtlichen Park begegne ich einem noch jugendlich wirkenden Mann mit ersten grauen Strähnen in seinem lockigen, schwarzen Haar. Er beginnt den Flirt mit der Frage, wie ich sein Land finde. Ich hätte einfach mit einem unverbindlichen »Gut!« antworten sollen, doch begehe den Fehler, auf seine höfliche Floskel ernsthaft und differenziert eingehen zu wollen. Kaum habe ich das Wort Palästinenser auch nur zu Ende gesprochen, überschlägt die Stimme des jungen Mannes sich in einer Schimpftirade gegen den Judenhass und die Unwilligkeit der Palästinenser zu einem friedlichen Zusammenleben. Meine zaghaften Bemühungen, das Bild ein wenig zu entzerren, lenkt den Zorn des nächtlichen Flaneurs nur auf mich: Ich solle mich nicht wundern, wenn in zwanzig Jahren blonde, blauäugige Deutsche in meiner Heimat in der Minderheit seien.

Sprachlos über diesen geradezu absurden Rassismus aus dem Mund dieses Parkbesuchers breche ich unseren vollkommen entgleisten Flirtversuch ab. Doch gekränkt über meine brüske Abkehr ruft er mir noch nach: »Erst bringt ihr Deutsche sechs Millionen Juden um, dann kommt ihr hierher und verteidigt die palästinensischen Mörder!«

26

5.1.2014 Ein weiterer sonniger Tag in Tel Aviv, Sonntag, Wochenanfang. Wäre ich in der Lage, isoliert in einer Zelle, ohne äußere Reize, Beschäftigungs- oder Zerstreuungsmöglichkeiten, allein auf die eigene Gedankenwelt zurückverwiesen, zu überleben? Ich befürchte, nur wenn ich ausreichend verrückt würde, was wahrscheinlich nach wenigen Tagen der Fall wäre. Ich könnte mir zwar vieles ausdenken, doch wenn ich die Gedanken nicht aufschreiben oder besser noch *aus*schreiben könnte, würde ich mich an ihnen festbeißen. Sie würden sich nicht fortentwickeln, sondern von mir Besitz ergreifen und mich versklaven. So geht es mir ja schon, wenn ich einen guten Einfall habe, mir aber Stift und Papier fehlen, ihn festzuhalten. Stattdessen hält der Gedanke mich fest und blockiert jedes Weiterdenken.

Erst das Aufschreiben bringt meine Gedanken in Bewegung, in einen Fluss. Es reicht der Anfang eines Fadens, an dem entlang ich mich durch das Labyrinth meiner Schädelhöhle hangeln kann.

Selten in meinem Leben habe ich mich so gedankenleer gefühlt wie gegenwärtig in Tel Aviv. Die ganze Welt scheint nahezu vollständig vermessen zu sein, ohne dass wir in unserem Wissen um uns selbst auch nur einen wesentlichen Schritt weiter sind als zu jener Zeit, als die Mehrzahl der Kontinente uns noch unbekannt war.

Womöglich muss jetzt die Explosion digitaler Systeme als Modell oder Metapher für die Reisen in unsere inneren Abgründe herhalten. Das Herz der Finsternis liegt fortan in den Quantenrechnern nationaler Geheimdienste verborgen, und pubertierende Hacker sind die Stanleys und Livingstones der neuen Zeit.

Ich habe mich weit von *Nathan* entfernt, ja mich eigentlich schon von ihm verabschiedet. Morgen treffen wir weitere Musiker und Sänger, die auch ohne Honorar mitzuarbeiten bereit sind, weil sie nichts zu verlieren haben und trotz ihrer jahrelangen harten Ausbildung ohne Anstellung oder Engagement sind. Doch ich komme mir wie ein Aufschneider, ein Lügner vor, wenn ich versuche, sie für unser Projekt zu begeistern, an das ich schon selbst nicht mehr glaube.

27

Nach Jahren des Bemühens um ein Verstehen des Anderen, Fremden, kehrt sich der Auftrag um zur Achtung des Nichtverstehens, zum Recht auf Fremdheit. Wieder ist die Anthropologie die Speerspitze eines kolonialen Aktes geworden, der nun die inneren Kontinente des Menschen auszuforschen, zu erobern und zu manipulieren versucht. Wir Menschenkundler haben einmal mehr geholfen, das Instrumentarium zur Analyse und Selektion zu schaffen, das nun in Algorithmen übersetzt wird, eine präzise Bestandsaufnahme und Beschreibung der Abweichungen, Auffälligkeiten und Devianzen. Nie zuvor verfügten wir über so umfassende Mittel zur Aufspürung und Eliminierung jeglicher unerwünschter Alterität. Alle bisherigen totalitären Versuche waren Sandkastenspiele im Vergleich zu den sich gerade eröffnenden Möglichkeiten der »Einsicht« in die intimsten Gedanken und Absichten eines jeden von uns. Nicht, dass dieses neue totalitäre Informationssystem irgendetwas von unseren Absichten tatsächlich *verstünde*, es will wissen, nicht verstehen, ihm reichen Daten, um zu überwachen, vorzubeugen, zu eliminieren. Es ist, wie alle totalitären Systeme, ein Wahngebilde zwanghafter Hygiene. Das oberste Gebot der Zwangshandlung ist die Prophylaxe, die Prävention, ehe man sich mit dem Fremden, Unverständlichen infiziert oder besudelt hat.

Subversion heißt, noch fremder, noch unberechenbarer zu werden und sich dem Druck der Angleichung zu widersetzen. Unsere Fremdheit muss tiefer reichen als die Überwachungsinstrumente, muss sich womöglich tarnen, um sich zu schützen. Denn sie begründet im Wesentlichen die Würde unseres Menschseins, das immer mehr ist als das über uns gesammelte Wissen. Wir müssen anerkennen, dass wir uns selbst und einander nie restlos verstehen.

28

6.1.2014 In meinem nächsten Roman sollte ein Mönch die Hauptfigur sein, ein Mystiker, ein Einsiedler, der seinen Glauben verloren hat, aber an den Ritualen seines Eremitendaseins festhält.

Während die Welt um ihn herum mehr und mehr ins Chaos stürzt, die Mitbrüder geflohen oder tot sind und die Abtei nur noch eine zerbombte Ruine ist – womöglich spielt der Roman in einem syrischen Kloster zur Zeit des Bürgerkriegs –, bleiben sein Leben und Denken davon unberührt, ein ereignisloser Alltag, geprägt vom Rhythmus des Stundengebets, mystischen Anwandlungen und Ekstasen, die andernorts als Psychose diagnostiziert würden, und einer innigen Zwiesprache mit einem abwesenden Gott, mit dem der Mönch hadert, den er herausfordert, beschimpft und verflucht, ohne je eine Antwort zu erhalten, bis er eines Tages einen Verwundeten in der Klosterruine findet, einen jungen Ausländer, vielleicht ein abgeschossener Bomberpilot, der, würde die einheimische Miliz ihn aufgreifen, wahrscheinlich gleich erschossen würde.

Der Mönch fragt nicht, wer der Pilot ist, woher er kommt, ob er das Kloster, Schulen oder Krankenhäuser bombardiert hat. Er versorgt die Wunden des Verletzten, wäscht und füttert ihn. Für den Mönch ist dieser fremde Mann, der vom Himmel fiel, ein Gottesbeweis.

29

7.1.2014 Erst aus den Nachrichten erfahre ich von den Protesten afrikanischer Flüchtlinge hier in Tel Aviv, die heute vor westlichen Botschaften auf ihr Elend in Israel aufmerksam gemacht haben, siebzigtausend Menschen, ohne dass ich, obgleich ich mitten im Zentrum wohne, etwas von ihrem Aufmarsch wahrgenommen hätte. Ich sehe einen Tagesschaubericht im Internet. Ihre Anklage richtet sich gegen die Regierungspolitik, Flüchtlinge wie illegale Einwanderer, das heißt wie Kriminelle zu behandeln und sie ohne Gerichtsverhandlung in Gefangenenlagern irgendwo in der heißen, staubigen Einöde des Negev zu internieren oder gleich in jene Regionen abzuschieben, aus denen sie gerade unter Lebensgefahr entkommen sind, Bürgerkriegsgebiete in Somalia oder Südsudan.

Die meisten Staaten dieser Erde haben Zeiten erlebt, in denen ein Teil ihrer Bürger zur Flucht gezwungen waren, doch die Dankbarkeit für und die Erinnerung an die wenigen Länder, die einen Großteil von ihnen schließlich aufzunehmen bereit war, hielt nie lange an. Israel ist aus einer Epoche des Schreckens heraus entstanden. Aber die Diskussionen hier gleichen denen andernorts, wo man die eigene kulturelle oder ethnische Identität von Zuwanderern bedroht sieht. Und auch die Mittel der Abschreckung weisen dieselben blinden Flecken für die Parallelen zu eigenen Schicksalsmomenten auf.

Nathans Forderung an eine grenzüberschreitende menschliche Solidarität hat nichts von ihrer Dringlichkeit verloren. Die Zeit der Kreuzzüge hat nie aufgehört, allenfalls die Zeichen auf den vorangetragenen Bannern haben sich geändert.

30

8.1.2014 Das Mitte des neunzehnten Jahrhunderts von Lutheranern gegründete Leprahospital im Südwesten der Stadt am Rande der Deutschen Kolonie war noch bis ins Jahr 2000 in Betrieb. Heute beherbergt es unter anderem die Jerusalem Film Foundation.

Die Direktorin führt Amos und mich durch das ehemalige Sanatorium. Wir entdecken sogleich eine Reihe phantastischer Räume für unseren *Nathan*. Und die verlangte Miete hält sich in einem vernünftigen Rahmen. Doch ohne zusätzliche Unterstützung ist selbst sie für uns unbezahlbar.

Die Schönheit des Ortes wirft indessen alle meine ursprünglichen Ideen über den Haufen. In dieser arabo-wilhelminischen Heilanstalt finden Stück und Kulisse in überzeugender Weise zueinander.

Wir setzen unsere Erkundung fort und fahren nach Qalandiyah, eine kleine palästinensische Siedlung, buchstäblich eingemauert und erdrückt von der neuen Separation Wall. Schon die Fahrt hierher ist so niederschmetternd, dass ich am liebsten umgekehrt wäre, Betonwände, Stacheldraht, Checkpoints, Panzersperren, und im Schatten der acht Meter hohen Mauer ein Dutzend geduckter Häuser, in denen Menschen leben, staubige Schotterwege, ein Dorf ohne ein Geschäft, eine Schule, ein Café. Wer hält es hier aus? Warum halten sie es hier noch aus? Doch wer von hier fortgeht, hat keinen Ort mehr, an den er zurückkehren könnte.

31

Stumpfsinn ist kein Naturprodukt, bemerkt Pinkerton, der Freund des Ich-Erzählers in Stevensons *Der Ausschlachter*, sondern entsteht durch den Grad der ausschließlichen Vertiefung in eine einzige Beschäftigung; umso stärker, je sitzender, abwechslungsärmer und unrühmlich sicher diese ist. Mehr als die Hälfte eines Menschen bleibt dann ungeübt und unentwickelt; der Rest schwillt an und deformiert sich durch ein Zuviel an Ernährung, Verhirnung und Hitze in geschlossenen Räumen.[51]

War ich je auf einer Reise so mürrisch, abweisend, unzugänglich, uninspiriert? Was hatte ich mir denn erhofft? Niemand braucht hier unseren aus der Zeit gefallenen *Nathan*. Und die wenigsten wollen ihn. Wäre es in Gaza, Bagdad oder Damaskus anders? Es kommt mir vor, als hätte die Separation Wall auch mich, meine Lebendigkeit, meine Geistesgegenwart eingemauert. Ja, die Sicherheit im Land hat sich erhöht, aber um welchen Preis? In wenigen Jahren wird ganz Israel von einer meterhohen Betonwand, Natodraht und Minenstreifen umgeben und nicht nur der vermeintliche Feind ausgesperrt sein, sondern man sich auch selbst eingemauert haben.

Sie begriffen, dass ein Buch ein Labyrinth und eine Wüste war. Dass Lesen und Reisen wichtiger war als alles andere auf der Welt, vielleicht sogar ein und dasselbe, und man nie damit aufhören durfte.
Roberto Bolaño: *Die Nöte des wahren Polizisten*[52]

Strategien der Unscheinbarkeit

Amman, Dezember 2014 / Januar 2015

I

Reisen bedeutet, dass man verschwindet. Für die Daheimgebliebenen verlässt man die Welt, nicht selten spurlos. Erst schreibend taucht man wieder auf, schreibend beweist man, dass man nicht tot war, sondern nur fort. Ohne diesen Bericht würde es niemand glauben.

Eigentlich war das Reiseziel Damaskus, um dort für meinen Einsiedlerroman *Das Stundenbuch*, dessen Handlung sich während des gegenwärtigen syrischen Bürgerkriegs zuträgt, Eindrücke zu sammeln. Da dort jedoch im Augenblick nicht jeder Reisende erwünscht ist, führt mein Weg mich ins benachbarte Amman, nicht, weil Amman viel Ähnlichkeit mit Damaskus hätte, sondern allein, um dem verfehlten Ziel doch noch so nahe wie möglich zu kommen. Es handelt sich um eine recht altmodische und längst obsolete Vorstellung von Nähe und Distanz, die sich noch auf messbare Entfernungen und Topographien bezieht, als bedürfe es nach wie vor einer realen Anwesenheit, um irgendwo gewesen zu sein.

Um Amman ranken sich keine Legenden, es ist eine junge Stadt, wenn auch seit siebentausend Jahren ununterbrochen bewohnt. Als Emir Abdallah Husain sie 1921 zu seiner neuen Hauptstadt bestimmt, zählt sie kaum mehr als fünftausend Bewohner. Amman steckt noch in seiner Kindheit, trotz seines bereits spröden, rissigen, rußgeschwärzten Greisengesichts.

Der sich immer noch mit seinem ganzen schwerfälligen

Leib, seinem ganzen verletzlichen Dasein bewegende Reisende kann seinem Ziel, anders als der medial Teleportierte, wohl stets nur nahe kommen und niemals wirklich erreichen. Denn dort, wo er ist, steht immer zunächst er selbst und verdrängt, wie der nackte, feiste Leib des Archimedes das Badewasser, alles andere. Zwei unterschiedliche Wesen können nicht denselben Platz einnehmen, zumindest nicht in der handgreiflichen Welt der Dinge.

Alle wahren Reisenden erkennen auf ihren Streifzügen, dass sie im Grunde immer nur sich selbst begegnen. So wissen sie am Ende ihrer Fahrten vielleicht mehr von sich selbst, doch der Daheimgebliebene weiß zweifellos mehr von der Welt. Der standhaft Sesshafte bleibt sich stets bewusst, dass die Fremde, die Welt immer jener Ort ist, an dem er selbst nicht ist. Sie bleibt per definitionem unaufsuchbar.

2

Niemand zwingt uns zu reisen, es sei denn, wir sind auf der Flucht. Wir fliehen nicht die Not, noch suchen wir Exil. Und doch trägt das Reisen Züge von beidem.

Jordanien ist ein Land des Exils, mehr als alle anderen Fluchtorte auf der Welt. Der größte Teil seiner Bevölkerung besteht aus Flüchtlingen, in der Hauptstadt sind es gar neunzig Prozent, die von der West Bank, aus Syrien oder dem Irak nach Jordanien geflohen sind und das kleine Städtchen Amman binnen weniger Jahre zu einer Millionenstadt haben anschwellen lassen.

Der Flüchtling lässt alles zurück, der Reisende nichts.

Amman ist das biblische Rabbat-Ammon. Nachdem König David die Hauptstadt der Ammoniter erobert hat, führt er ihre Bevölkerung hinaus, legt sie unter Sägen, eiserne Räder und scharfe Äxte und zieht sie durch die Ziegelöfen, wie man Ziegellaibe brennt (2 Samuel 12, 29–31).

Reisen ist womöglich gar keine Tätigkeit, sondern eher eine Haltung, eine Lebensform, des Unterwegsseins, der Unbehaustheit, des Nomadentums. Die Grenzen sind klarer und zugleich undeutlicher geworden. Einige wurden abgeschafft, andere hingegen unüberwindlich. Dem Reisenden ist es gleich, sucht er am Ende doch Traumgrenzen, die er versetzen oder überschreiten will.

Wer sein Haus verlässt, verfehlt die Welt, heißt es im Daodejing. Geht es so nicht Kafkas Reisenden? Die wahren Reisen finden in Büchern statt. Aber die Einsamkeit gebiert manch seltsamen Wunsch.

König Davids Ziegelöfen gehen mir nicht aus dem Sinn. Sie erschrecken mich so sehr, dass ich fast eine Ahnung von Gott bekomme.

3

Im zwanzigsten Jahrhundert gab es mit jeder neuen Bibelübersetzung eine schleichende Entfernung von Luthers Version und dem hebräischen Original, bis am Ende Davids Massaker an den Ammonitern sich in ihre bloße Versklavung gewandelt hatte und sie in den Ziegelöfen nicht mehr verbrannt wurden, sondern an ihnen nur noch ihren lebenslangen Frondienst verrichten mussten, als ertrügen die Exegeten nicht, dass der Hirtenkönig und zartbesaitete Psalmist nicht nur ein untröstlicher Freund, sondern auch ein gnadenloser Schlächter war.

Wer sich für das Schreiben entscheidet, entscheidet sich

für die unentwegte Kritik. So war es zumindest, als der Schreibende sich noch um die Anerkennung von Seinesgleichen und nicht von Seiten der Masse bemühte. Zu Seinesgleichen zählte der Schreibende auch den Leser, den besessenen, süchtigen Leser, dem Bücher Lebensmittel sind wie dem Schriftsteller, der sie schreibt.

Nun denke ich, diese Art zu lesen und zu schreiben hat keine Zukunft. Schon bald wird es niemanden mehr geben, der sagt, ohne Literatur würde ich verhungern, verdursten, ersticken. Es wird keine Dichter mehr geben, die sich wegen eines misslungenen Verses die Pulsadern aufschneiden oder auf Grund einer vernichtenden Kritik duellieren und zum Mörder werden. Vielleicht noch in Albanien oder Chile, aber nicht mehr in unserer Welt des Self-Publishing.

Der Niedergang des Schreibens und Lesens ist auch einer des Reisens. Denn der wahre Reisende ist ein Lesender.

4

Ich frage mich, ob ich nicht genauso gut an einen ganz anderen Ort, einen abgelegeneren und gefährlicheren reisen und damit vielleicht mein Leben retten könnte.

Ach, wer glaubt, auf sein Leben nicht verzichten zu können, sollte zu Hause bleiben und nicht reisen. Leben ist eine geistige Behinderung.

Ein weniger melancholisch Reisender hätte, noch ehe er aufgebrochen wäre, bemerkt, dass diese Beziehung zu einer eher grauen, unauffälligen Stadt nicht von Dauer sein kann. Wo sonst aber als im Unscheinbaren können wir noch Verwunderung lernen, wenn das Außergewöhnliche bereits Gewohnheit ist?

Jeder, der die Behaglichkeit des Vertrauten für eine beschwerliche Reise aufgibt oder aufzugeben gezwungen ist, flieht letztendlich natürlich vor dem Tod. Dem Tod in seiner vielfältigen Gestalt, der im Wesentlichen aber immer Unbeweglichkeit und Erstarrung eignet.

Zugleich, davon bin ich überzeugt, sucht jeder Reisende auf seiner Reise insgeheim den Tod. Auf der Reise zu sterben, fern der heimatlichen Erde, verschafft ihm eine Art Unsterblichkeit. Denn die Zurückgebliebenen bleiben in Ungewissheit.

Bemerkenswerterweise gibt es keinerlei heroische Mythen, die sich Amman als ihren Schauplatz gewählt hätten. Die Tapferkeit dieser Stadt besteht darin, der Heldenhaftigkeit zu widerstehen.

5

Plötzlich erinnern wir uns, wo wir herkommen. Dafür müssen wir erst fort sein. Die Tapete unseres Kinderzimmers, der Geruch des Schuhschränkchens im Flur, die Kartoffelkiste im Keller, der Nachtdienst der Mutter, die Ferntouren des Vaters, wir Geschwister allein zu Hause. Die Mutter hat einen Sessel vor die Schlafzimmertür geschoben, damit wir während ihrer Abwesenheit nicht Kühlschrank und Brotkasten plündern. Im Notfall lässt sich der Sessel fortschieben, aber dann wird sie sehen, dass wir während ihrer Abwesenheit das Schlafzimmer verlassen haben und durch die unbehütete Wohnung gegeistert sind.

Wenn wir Ausreden erfunden haben, dann so überzeugend und standhaft, dass der Mutter am Ende immer Zweifel kamen am unbezweifelbaren Augenschein.

Die Tapete meines Kindheitszimmers bestand aus blassblauen Filzknäueln, die mit Anbruch der Nacht zu rollen begannen, nicht sanft und gleichmäßig, sondern schlingernd und kratzend, als würden Fingernägel sich in einem Nylonstrumpf verhaken.

Wenn man einmal von der Burg und dem römischen Theater absieht, ist Amman eine Stadt ohne Sehenswürdigkeiten, was durchaus zu ihrer entspannten Urbanität beiträgt. Diese Stadt wird nicht von Monumentsüchtigen heimgesucht. Hier ist alles beiläufig verbaut.

Jordanien ist das einzige arabische Land, in dem Homosexualität nicht unter Strafe steht. Ist das von Bedeutung? Meine Reisen haben mich gelehrt, dass der Umgang mit gleichgeschlechtlicher Liebe überall auf der Welt ein entscheidender Maßstab für die Furchtlosigkeit und innere Schönheit einer Gesellschaft ist.

6

Was kann, was muss der Mensch tun, wenn (sein) Gott Böses von ihm verlangt?

Samuel spricht zu Saul: Mich hat der Ewige gesandt, dich zu salben zum König über sein Volk. So gehorche denn den Worten des Ewigen: Gehe und schlage Amalek, kenne kein Erbarmen und töte alle seines Stammes, von Mann bis Weib, vom Jüngling bis zum Säugling, Ochsen, Lämmer, Esel und Kamele.

Saul sammelt sein Heer und mustert es in Telaim, zweihunderttausend Mann zu Fuß. Vor der Stadt des Amalek legt er sich in den Hinterhalt. Den König von Amalek, Agag, ergreift er lebendig, und das ganze Volk der Amalekiter nimmt er gefangen. Aber er zeigt Erbarmen und tötet Agag und die Seinen nicht, und auch das Beste des Viehs lässt er am Leben und Hab und Gut ungeplündert.

Der Ewige aber bereut, Saul zum König eingesetzt zu haben. Er schickt Samuel zu Saul mit seinem Auftrag: Gehe und bekriege die Amalekiter bis zu ihrer Vernichtung! Warum hast du der Stimme des Ewigen nicht gehorcht und bist hergefallen über die Besiegten und hast ihnen das Böse getan, das der Ewige dir befohlen?

Saul entgegnet Samuel: Ich habe gesündigt, dass ich dem Befehl des Ewigen nicht gehorcht habe. Vergib meinen Ungehorsam und kehre mit mir zurück zu den Amalekitern, dass ich mich dem Willen des Ewigen beuge.

Samuel begleitet Saul zurück und verlangt: Bring mir Agag, den König von Amalek!

Arglos und leichten Sinns folgt Agag dem Befehl, und kaum hat er sein Knie vor Samuel gebeugt, zieht Samuel das Schwert und metzelt Agag dem Befehl des Ewigen entsprechend nieder. (1 Samuel 15)

Über die Existenz Gottes lässt sich nicht debattieren, aber über das, was gut und böse ist. Darf der Gläubige auf eine Belohnung oder gar auf die ewige Seligkeit hoffen, wenn er im Namen Gottes Verbrechen begeht, mordet, vergewaltigt, raubt und versklavt? Reicht die Berufung auf absoluten Gehorsam zur Rechtfertigung? Und wenn Gott selbst böse ist und das Böse will?

Abraham hat nicht widersprochen, als Gott von ihm die Ermordung seines Sohns verlangt, noch der syrische Vater, als das Scharia-Gericht die Steinigung seiner angeblich unzüchtigen Tochter verlangt. Ja, er wirft gar, unter Anrufung des heiligen Namen Gottes, den ersten Stein.

Enthebt die Berufung auf Gott uns unserer eigenen Gewissensentscheidung und der Verantwortung für unsere Taten?
Mag sein, es gibt Gott. Doch verpflichtet mich allein seine Existenz schon zu absolutem Gehorsam? Wären ihm die Attribute, die ihm unsere Offenbarungsreligionen zuschreiben, tatsächlich zu eigen, müsste ich ihn eher als meinen größten Widersacher betrachten.

7

Das, was am Ende von einem Gott bleibt, ist immer nur ein Fragment, ein Rest dessen, was über ihn gesagt wurde. Wir suchen sein Grab auf und finden es leer. Alles Weitere ist Deutung. Hatte er ein Gesicht, könnte es jeder von uns gewesen sein.

Lessings Ringparabel zeigt uns mehr als den Irrtum unserer Auserwähltheit auf, sie lehrt uns Gottes Schwäche, sich als Gott zu offenbaren. Allein in unseren Geschichten und ihrer Deutung existiert er.

Nur drei Leute kamen zu seiner Beerdigung, seine Mutter, seine Geliebte, sein bester Freund. Alle drei waren mit seiner Leiblichkeit vertraut und hätten ihn nie Gott genannt. Nur jemand, der ihn allein vom Hörensagen kannte, konnte auf eine so verrückte Idee kommen.

Da wir uns ihn nicht ohne Leib vorstellen können und mit Leib nicht vorstellen dürfen, haben wir ihm die merkwürdigsten Häuser erbaut, groteske Parodien des leeren Grabes, ganze Städte, die zu nichts anderem dienen als zur Nekropole.

8

1963 reist Pier Paolo Pasolini nach Israel und Jordanien, um einen Drehort für die Verfilmung der Matthäuspassion zu finden. Schließlich entdeckt er die archaische Landschaft, die ihm vorschwebt, in der Basilikata, in der Höhlenstadt Matera. Israel und Jordanien hingegen scheinen ihm von den Einflüssen der Moderne und des Kapitalismus bereits zu zerstört. Doch entsteht auf dieser Reise der Dokumentarfilm *Sopralluoghi in Palestina per il Vangelo secondo Matteo* (Ortsbesichtigung in Palästina für das erste Evangelium Matthäus).

Anfangs ist Pasolinis Christus Afrikaner. Doch dann drängt es ihn zu historischer Authentizität, also reist er nach Palästina.

Warum überhaupt eine Evangeliumsverfilmung? Ich bin eigentlich antiklerikal, bekennt Pasolini in *Le belle bandiere*, doch ich weiß, dass in mir zweitausend Jahre Christentum stecken: Ich habe mit meinen Vorfahren die romanischen Kirchen errichtet, dann die gotischen Kirchen und die Barockkirchen: Sie sind in Gehalt und Stil mein Erbe. Ich wäre wahnsinnig, würde ich eine solch starke Kraft in mir verleugnen.

1963, wenige Monate vor der Gründung der PLO, ist Israel im Inneren wie im Äußeren bereits ein belagertes Land. Aber nicht nur deshalb scheut Pasolini davor zurück, »vor Ort« zu drehen: Während ich an der Kühlerhaube des Autos lehne, unehrlicher Sucher Gottes, kommt, hinter ein paar Kamelen, ein junger Araber in Bluejeans und mit weißem T-Shirt, die Hände auf den Hüften, den Schritt der Hosen weit unten, wie von finstrem Gewicht.

Nicht Gott-, sondern Jugend-, Körpersucher ist Pasolini:

Grenzenlos ist mein Hunger nach Liebe, Liebe der Körper ohne Seele.[53] – Und grenzenlos ist seine Suche nach einer Passion ohne Gott.

9

Pasolini ist von seiner Reise nach Israel und Jordanien enttäuscht. Er sucht das »Heilige Land«, den poetischen und archaischen Urgrund der Evangelien, und findet doch nur eine karge, ausgemergelte Landschaft, die ihn an den armen Süden Italiens erinnert. Doch um festzustellen, dass das Nazareth der Gegenwart nicht mehr die ideale Kulisse für den biblischen Kindheitsort des Nazareners ist, hätte es dieser Reise nicht bedurft, es sei denn, Pasolini hätte diese Form der Vergegenwärtigung des Stoffes gewollt.

In der Tat sucht er eine *Kulisse*. Daher scheinen ihm die verarmten palästinensischen Bauern auch mehr den biblischen Charakteren zu entsprechen als die zugewanderten Juden, die er auf seiner Reise trifft. Mit Wehmut sieht er das Land im Umbruch seiner Kolonialisierung. Doch wie weit muss man zurückgehen, um auf den Grund des »Ursprünglichen« zu treffen? In einer Welt steter Entwicklungen und Übergänge halte ich Ursprünglichkeit für eine Illusion.

Pasolinis Klage über die zerstörerischen Kräfte der Modernisierung und Industrialisierung ist berechtigt, aber widersprüchlich, nutzt er doch selbst moderne technische Errungenschaften für seine künstlerische Arbeit, von den Bequemlichkeiten seines Alltags und des Reisens ganz zu schweigen. Die Kontamination des Archaischen findet spätestens am Filmset statt, wenn die Kamera das scheinbar Unberührte auf Zelluloid bannt.

10

Die Religionen haben ihren Sinn als Welterklärung verloren, ja, stehen ihr gar im Wege. Doch als sinnentleerte Hüllen führen sie ihr zombiehaftes Dasein weiter und zwingen ihre Anhänger zur Einhaltung gottloser und weltferner Rituale, deren Kern immer noch das Opfer ist.

Im Grunde ist die Faszination, die eine so unorthodoxe Gestalt wie Jesus auf den Atheisten Pasolini ausübt, alles andere als merkwürdig. Denn dieser Jesus von Nazareth ist, wenn man den Schilderungen seiner Biographen Glauben schenken will, im modernen Sinne *queer*, ein Außenseiter, Anarchist, Aufrührer mit zweifelhaften moralischen Ansichten. Es ist einfach und geradezu naheliegend für einen schwulen Katholiken in der unseligen Zeit der Sechziger des letzten Jahrhunderts, in der offenen, sensiblen und (männer-)liebenden Gestalt eines Jesus von Nazareth Verständnis und Trost zu finden. Er stellt das Gegenteil des strafenden und alles Weibliche verachtenden Vater-Gottes des Alten Testamentes da, den auch Pasolinis eigener Vater repräsentierte und an dessen umfassendem Faschismus er sich ein Leben lang abarbeitete. Für seinen Widerstand und seine Sanftmut gleichermaßen ist der Nazarener gekreuzigt worden, nicht anders als sein später Jünger Pasolini.

Man muss nicht ins Heilige Land reisen, um einen Ölgarten und ein Golgatha zu finden. Das Heilige Land ist überall da, wo Männer Männer lieben (und dafür öffentlich hingerichtet werden).

Die Gestalt Christi, stellt Pasolini sich vor, müsste die gleiche Gestalt haben wie ein Widerstand: etwas, das dem Leben, so wie es sich im modernen Menschen herausbildet, seiner grauen Orgie aus Zynismus, Ironie, Brutalität, Konformismus, Glorifizierung der eigenen Identität gegenüber der Masse, Haß gegenüber jeder Andersartigkeit, theologischen Groll ohne Religion, radikal widerspricht.[54]

II

Gesichter, minutenlang Gesichter, ernst, misstrauisch, ungnädig, von Entbehrungen gezeichnet, eine ganze Passionsgeschichte, die im Grunde nur aus den Gesichtern einfacher Leute besteht. Das Aufsagen der Evangelienworte hingegen weihevoll und künstlich wie eine Lesung in der Karfreitagsmesse. Wären da nicht die schadhaften Zähne, die für den Zuschauer moderner amerikanischer Filme ein ästhetischer Schock sein müssen.

Die Landschaft, die Städte, die Kostüme in einem kontrastreichen Schwarzweiß, die kalabrischen Frauen durchweg in schwarzen Kleidern, die alten Männer in Phantasiekostümen, die in ihrer Feminität an katholische Messgewänder erinnern, die Jugend barfüßig und mit nackter Brust.

Wortlose Blicke in die Kamera, die alles sagen. Die Heiligen Drei Könige: Bauern. Das Bauernmädchen: Ein Erzengel. Pasolini findet, wie Caravaggio, das Heilige in der Einfachheit. Die Korruption des Heiligen beginnt mit dem Erkennen. In allen Bildern die Spannung zwischen Ruhe und Bewegung. Die Bewegung bringt den Tod. Wie jede äußerste Leidenschaft zerstört auch Pasolinis Liebe das, was er liebt. Das Begehren ist größer als die Verehrung.

Dann erscheint Jesus am Jordan, das Gesicht bar jeder sichtbaren Messianität; seine Auserwähltheit zeigt sich allein im Gesicht des Täufers.

Erst bei der Wahl der Jünger tritt ein gewisses Leuchten in seine Augen. Im Wesentlichen aber spiegelt sich das Heilsversprechen auch weiterhin nur in den überwiegend stummen und hingebungsvollen Mienen seiner Anhänger. Wir sehen den Christus in Jesus nicht, wir können nur jenen Zeugen glauben, die ihm unmittelbar begegnet sind.

Wer ist dieser Christus? Warum hat Pasolini gerade ihn ausgewählt?

Enrique Irazoqui ist neunzehn Jahre alt, als er Pasolini begegnet. Er stammt aus Barcelona und ist ein aktiver Kämpfer gegen das Franco-Regime. Von seiner Untergrundbewegung wird er nach Italien geschickt, um Unterstützung gegen die Diktatur in Spanien zu gewinnen. Als er in Rom ist, nimmt er Kontakt zu Pasolini auf. Er habe *Ragazzi di vita* gelesen und würde gerne den Autor des Romans kennenlernen.

Pasolini beobachtet den jungen spanischen Studenten während ihres Gesprächs mit der Aufmerksamkeit des Regisseurs und des Liebenden. Dann weiß er, dass er den Darsteller Jesu für seinen Passionsfilm gefunden hat. Doch Enrique Irazoqui lehnt das Angebot des verehrten Schriftstellers und Regisseurs zunächst ab. Er habe wichtigere Dinge zu tun, solange in seinem Lande die Diktatur herrsche, sagt er.[55]

Pasolini kann den jungen Mann nicht einfach gehen lassen. Enrique wirkt mit seinen asketischen Zügen eines Revolutionärs wie einem Gemälde El Grecos entstiegen. Sein düsterer und durchdringender Blick mit dem kaum gebändigten Zorn werde einen anderen Jesus zeigen als jene sanftmütige Kitschfigur, die auch noch die andere Wange hinhält.

Er versucht, Enrique zu überzeugen, indem er gerade seinen Widerstand zu seinem wichtigsten Argument macht: Er wolle einen Jesus zeigen, der ein Christus gegen seinen Willen sei.

Insgeheim schmeichelt dieses Angebot Irazoquis Revoluzzerseele. Und zweifellos wird dieser Film zum größten Abenteuer seines noch jungen Lebens. – Als er nach Spanien zurückkehrt, wird ihm von den Frankisten gleich der Pass abgenommen, weil er in einem »von marxistischer Propaganda geprägten Film« mitgespielt habe.[56]

Zumindest unter der kalabrischen Landbevölkerung wirkt dieser spanische Netschajew wie ein Fremder.

12

Pasolinis Messias ist selbst nur Werkzeug, ja Opfer eines Versprechens, das nicht er selbst gegeben hat. Während der Mund spricht, bleiben die Augen leer. Nie ist es das eigene Herz, das spricht. Das Licht, das sein Gesicht erleuchtet, fällt von außen darauf. Man begreift nicht recht, warum diese einfachen bäuerlichen Menschen diesem jungen Redner, dessen Worte sie zum größten Teil nicht einmal verstehen, folgen. Vielleicht ist dies ja das eigentliche Wunder.

Pasolini liebt das stille, in sich ruhende Gesicht. Er will nicht mehr als schauen, ganz Augen, ganz Schaulust sein.

Der Christus Pasolinis zeigt sein Leiden nicht, seine Passion wirkt nahezu schmerzlos. Die wahre Passion findet in den Gesichtern des Lieblingsjüngers Johannes und Marias statt, die von Pasolinis eigener Mutter dargestellt wird. Wieder ist die Empathie größer als der eigentliche Schmerz. Der Messias hingegen spielt seine Rolle nur.

13

In der Fremde gehe ich in der Regel zu Fuß, das Spazierengehen als Vorspiel des Nachdenkens. Nur zu Fuß kann man von Passanten angesprochen oder von streunenden Hunden angefallen werden. Städte, in denen man nicht (mehr) zu Fuß gehen kann, sollte man erst gar nicht aufsuchen, denn hat man sie nicht ergangen, ist man nicht wirklich in ihnen gewesen.

Städte wiederum, in denen ein Fußgänger sich verdächtig macht, sind besonders reizvoll. Besucher wie Verbrecher gehen gleichermaßen müßig. Ist es ein Zufall, dass in diesen Städten, in denen ein normaler Mensch gewöhnlich nicht zu Fuß geht, die Bewohner in ihrer Muße rennen, als seien sie ständig auf der Flucht?

Schon den Alten galten als Hauptgründe für die Melancholie Müßiggang und übermäßiger Wissenshunger. Die Symptome waren dann weniger erfreulich: schmerzhafter Stuhlgang, wässriger Urin, eingesunkene Augen, verschlossene, mürrische Miene. Merkwürdigerweise galt die Melancholie den Säftekundlern als das kälteste und trockenste Sekret.

Der Autofahrer ist einsam, der Spaziergänger nie.

Melancholie scheint mir eher Wesensart als Gefühlsregung zu sein. Sie bedarf der Pflege, nicht der Therapie.

Ohnehin gibt es gegen sie kein Heilmittel. Der Heimwehkranke kann heimkehren, um seinen Schmerz zu stillen. Der Schwermütige ist in seiner Schwermut zu Hause.

14

Der größte Teil des Reisens, das Packen, die Flughäfen, das Geldwechseln, das Einrichten in fremden Wohnungen, ist seit langem Routine. Und immer nehme ich meinen Alltagsrhythmus mit und halte ihn auch in der Fremde aufrecht, Zeiten des Aufstehens und Schlafengehens, Zeit und Art der Mahlzeiten, Arbeitszeiten, Spaziergänge, Cafébesuche. Diesmal kommt hinzu, dass die Seite in meinem Notizbuch, auf der ich normalerweise vor jedem Reisebeginn einen mehr oder weniger detaillierten Arbeitsplan erstelle, vollkommen leer ist. Eigentlich hätte diese Reise ja in eine ganz andere, mit Amman gar nicht zu vergleichende Stadt führen sollen. Wenn jede beliebige Stadt auf der Welt eine andere ersetzen kann, warum fliege ich dann überhaupt nach Amman und nicht zu einem heitereren, nähergelegenen Ort?

Wahrscheinlich aus eben diesen Gründen: Weil sie zu naheliegend, zu heiter, zu erholsam sind. Doch mit Amman verbindet niemand eine besondere Erwartung. Es gibt diese Städte, selbst Hauptstädte, die einem nichts sagen und der eigenen Aufmerksamkeit bisher vollkommen entgangen sind. Selbst für meinen Roman spielt der konkrete Ort keine Rolle, es muss nur eine Stadt in der arabischen Welt sein, eine Stadt, die im Gegensatz zum Dorf und zum Landleben steht.

Mit und in den Städten beginnt Gott sein Zerstörungswerk, denn alle sind Babel, Sodom und Gomorrha. Als erster Städtegründer und -erbauer gilt der Brudermörder Kain. Hier, in der anonymen Masse, frei von der steten Aufsicht seiner tribalen Herkunft, zeigt der Mensch die Größe, aber auch die Grausamkeit, zu der er fähig ist.

Doch was ich suche, sind nicht allgemeine Betrachtungen, sondern die alltäglichen Einzelheiten, die Farben, Gerüche, Vorkommnisse, die sich nicht erfinden lassen. Ich war nie gut im Erfinden. Ich muss vor Ort sein und die Dinge erleben.

15

30.12.2014 Ein Flug gleicht dem anderen. Der Weg ist nicht mehr das Ziel. In den vier Stunden von Frankfurt nach Amman habe ich nicht ein einziges Wort mit meinen Mitreisenden gewechselt. Alle Passagiere schienen schon vor dem Start unendlich müde. Nur eine Handvoll von ihnen verlässt in Amman die Maschine, die meisten fliegen weiter nach Dubai oder Bangkok.

Meine Unterkunft liegt in einem Neubaugebiet, weit vom Zentrum entfernt, soweit Amman so etwas wie ein Zentrum überhaupt besitzt. Eine Altstadt gibt es nicht, allenfalls eine urbane Mitte, die Alte Post, der Markt.

Natürlich beruht diese Wahl auf einem Irrtum. Noch nie habe ich auf meinen Reisen an der Peripherie gewohnt, und hier in Amman sind die Entfernungen riesig. Öffentliche Verkehrsmittel existieren nicht, und zu Fuß lässt die Stadt sich nicht erkunden. Dabei ist es doch der einzige Weg, einer Stadt näher zu kommen.

16

Typisches arides Winterwetter, extrem trockene Luft, im Sonnenschein recht warm, im Schatten und in der Nacht frostkalt. Ansonsten erinnert wenig an meine Winter in

Algerien. Die Menschen, zumindest in diesem Außenbezirk, wirken relativ entspannt, kein Gehupe und kein Geschrei auf der Straße, alles in allem herrschen hier Freundlichkeit und Sanftmut.

Auf dem Weg vom Flughafen in die Innenstadt gab es keine einzige Straßensperre oder Polizeikontrolle. Auf den ersten Spaziergängen in meinem Viertel habe ich bis auf zwei junge Soldaten keinen einzigen Uniformierten gesehen. Unvorstellbar, dass die syrische Grenze kaum hundert Kilometer entfernt liegt und zwei Autostunden Richtung Norden der sogenannte Islamische Staat sein Terrorregime ausübt.

Die Bauweise der Häuser in meiner Nachbarschaft erinnert an die Architektur Ost-Jerusalems, das ja noch näher liegt. Gäbe es die Grenze nicht, könnte man es für dieselbe kulturelle Region halten.

Der größte Teil der Kommunikation läuft hier via Smartphone und Internet. Es ist, als habe man alle Zwischenstufen übersprungen und sei gleich von der alten, behäbigen Zeit der Postkutschen in die ständige virtuelle Vernetzung übergegangen. Ich bin kaum vierundzwanzig Stunden hier und schon Teil dieses Netzes. Es war nicht mehr notwendig, als mir eine jordanische SIM-Karte zu besorgen, und schon habe ich an einem Vormittag mehr neue Telefonnummern in meinem Handy gespeichert als in den letzten zehn Jahren in Berlin. Ich fühle nicht einmal ein Unbehagen bei dieser inflationären Vernetzung. Es scheint mir wie eine neue, nicht weniger verbindliche Form des traditionellen Gast- und Schutzversprechens.

Wir treffen uns in der *Taj Mall*. Überall in der arabischen Welt wird diese Liebe zur *Mall* geteilt. Warum nur? Liegt es am Klima, dass die Menschen diese kühlen, glitzernden Konsumpassagen als Segen empfinden? Erleben sie die Mall als einen geschützten Raum, halb öffentlich, halb privat, mit ganz eigenen Regeln und Freiräumen? Wenn ich sie frage, erklären sie mir, nur hier könnten sie sich sicher und zugleich frei bewegen, nur hier könnten sich zum Beispiel unverheiratete Paare treffen, ohne belästigt zu werden.

Was ich sehe, sind Eingangskontrollen, Sicherheitsleute, Überwachungskameras. Keinen Schritt geht der Besucher in dieser Mall unbeobachtet. Jeder Suq, jedes Teehaus gewährt mehr Anonymität. Doch gelten hier womöglich andere Gesetze, Gesetze des ungestörten Konsums, die derart aufwendig geschützt werden.

17

1.1.2015 War ich je zuvor in einer Stadt, die so schwer zu fassen ist? Die schroffe Topographie zwingt ihr diese nahezu marsianische Gestalt auf, enge Wadis, steile Hänge, die Straßen winden sich schmal und kurvenreich, Häuser schmiegen sich an Buckel und Höcker, alles wuchert und wächst wie ein riesiger Termitenbau, nirgendwo wirklich geplant, aber in geheimer Ordnung, über neunzehn sich dicht aneinander drängende Hügel hinweg. Ich finde keinen Punkt, an dem ich das ganze zerklüftete Stadtgebiet überblicken könnte.

Genauso wenig entdecke ich einen benennbaren Architekturstil, es sei denn, dass alle Gebäude flach sind und die meisten Dächer mit ihrer Anhäufung von Satellitenschüsseln, Wassertanks und ausrangierten Bettgestellen Altmetalllagern gleichen. Die Farben der kubischen und überwiegend schmucklosen Gebäude umfassen das ganze Spektrum heller Schmutz- und Rosttöne, von Taubengrau und sonnenverbrannter Haut bis Elfenbein.

Noch weiß ich nicht, ob ich diese Stadt mag. Sie ist zweifellos gelassener und freundlicher als Kairo, aber eben auch ohne den unglaublichen Zauber Sanaas.

Wenn ich jordanischen Alltag suche, dann finde ich ihn vermutlich eher in meinem Stadtrandviertel als in der Rainbow Street, in der allein schon die exorbitanten Preise dafür sorgen, dass die Expatriates unter sich bleiben. Meine Nachbarschaft ist nicht arm, aber schlicht und von Notwendigkeiten bestimmt.

Obgleich Jerusalem oder Damaskus ja nur einen Katzensprung entfernt liegen, scheint es mir, als habe Amman sich ganz bewusst seinen Platz im Schatten der Weltaufmerksamkeit gesucht, und tatsächlich lebt die Stadt, blickt man auf die Nachbarländer, gar nicht übel mit dieser Unscheinbarkeit.

Doch was tut derjenige hier, der nichts zu tun hat? Es gibt keinen spürbaren Puls, an dem der Müßige sich gleichsam mit vitalisieren könnte. Nichts prickelt, schäumt auf, bricht aus. Man könnte meinen, mögliche Ausbrüche würden mit Gewalt niedergehalten. Vielleicht aber ist Amman auch deshalb noch nie als ein Ort besonderer Dramen und Romane in Erscheinung getreten, weil es hier über das alltägliche Maß hinaus keine gibt.

18

2.1.2015 Das neue Jahr beginnt mit Ihsan, Seemann und Bäcker, sechsundzwanzig Jahre alt und von proletarischer Schönheit. Pasolini hätte sogleich einen Film für ihn erfunden. Ihsans Familie stammt aus Jerusalem und ist 1948 nach Jordanien geflohen.

Ich bewundere seine Schlichtheit und Hingabe. Ich wollte,

ich könnte wie er mal einen Augenblick aufhören zu denken. Um vier muss ich ihn wecken, damit er rechtzeitig um fünf in der Backstube ist. Doch in diesem Jahr noch will er mit seiner Kadettenausbildung fortfahren. Indessen zählt Jordanien nicht gerade zu den führenden Seefahrernationen. Und da Ihsan nicht Seemann geworden ist, um nur die Küste zwischen Akaba und Taba oder bis zur vollständigen Austrocknung das Tote Meer zu befahren, wartet er noch auf die passende Heuer.

Ich gäbe mich schon mit einem Dokumentarfilm über einen jordanischen Bäckerlehrling zufrieden. Eine ganze Passionsgeschichte könnte darin enthalten sein.

Im Hintergrund läuft die *Kunst der Fuge*. Bach begleitet mich inzwischen auf allen meinen Reisen, und merkwürdigerweise passt er in jede Landschaft, jedes Klima, jede Kultur, ohne das Besondere des Ortes zu kontaminieren. Eher hilft er mir, den nötigen Abstand zu wahren.

Am Morgen nach Ihsans Abschied erkunde ich weiter meine Nachbarschaft. Es gibt eine lokale Markthalle, die selbst heute, am Freitag, geöffnet ist. Alle hundert Meter führen enge steile Treppen zwischen den übereinandergeschachtelten Häusern den Berghang hinauf. Je höher ich steige, desto solider und gepflegter die Häuser. Oben auf dem Berg wohnt offenbar eine ganz andere soziale Schicht als unten im Tal, nahe der Hauptverkehrsstraße, den Autowerkstätten und Marktständen.

Auf meinem mehrstündigen Rundgang finde ich keine einzige Teestube. Das ist ungewöhnlich, zumindest für den Teil der arabischen Welt, den ich bisher bereist habe. Manch ein Weiler in Algerien oder Ägypten besteht nur aus einer Moschee und einer Teestube. Doch hier in Amman habe ich bisher nur einige Touristencafés im Stadtzentrum gesehen, die nichts mit einer traditionellen Teestube gemein haben. Womöglich fehlt Amman als außerordentlich junger Stadt ja diese urbane Tradition müßiger Geselligkeit, die in Kairo oder Damaskus seit Jahrhunderten gepflegt wird. Amman aber ist als Groß- und Hauptstadt gerade erst seinen Windeln entwachsen und vor allem durch Migranten und Flüchtlinge binnen weniger Jahre zur Millionenmetropole angeschwollen. Und die Zugereisten hatten zunächst sicher andere Sorgen, als an ihrem neuen Lebensmittelpunkt eine Kaffeehauskultur zu etablieren.

Und doch bleibt das Fehlen dieser Orte nachbarschaftlicher Geselligkeit erklärungsbedürftig. Es fehlt ein wichtiges Bindeglied zwischen dem Privaten und dem Öffentlichen, ein geschützter halböffentlicher Raum, in dem sich Bekannte, die nicht Familienmitglieder oder enge Freunde sind, treffen und unterhalten können. Neben den Kaffeehäusern sucht man hier in Amman ja auch die traditionellen Bäder vergeblich, den zweiten Ort informeller Zusammenkünfte außerhalb des eigenen Hauses und der Moschee. Für die klassische Hammamkultur ist die Stadt nicht alt genug. Die meisten Wohnviertel stammen aus der Mitte des zwanzigsten Jahrhunderts, die Häuser verfügen über eigene Bäder, und die reine Lust am gemeinsamen Bad reicht offenbar nicht, Badehäuser zu errichten, ja steht ihnen womöglich gar entgegen.

Ohne Gelegenheit, irgendwo einzukehren, mache ich mich auf den Rückweg zu meiner kleinen Wohnung. Offenbar sieht man mir meine Enttäuschung an. Mehrfach bieten mir Passanten ihre Hilfe an, ohne dass ich sie darum gebeten hätte. Stets folgt ein kurzer, freundlicher Wortwechsel. Zweifellos vermissen auch viele Ammaner genau diesen Ort, mit einem Unbekannten ins Gespräch zu kommen, ohne ihn gleich ins eigene Haus einladen zu müssen. Aber auf meine Frage nach einem Café oder einer Teestube wissen auch sie nur mit einem bedauerlichen Achselzucken zu antworten.

19

3.1.2015 Verabredung mit Ramez am Pariser Platz in Al-Luwaybda. Hier reiht sich ein Café an das andere, hier befinden sich das italienische und französische Kulturinstitut, hier amüsiert sich am Abend die Ammaner Jeunesse dorée.

Und Ramez gehört fraglos dazu, Architekt, aus einer wohlhabenden christlichen Familie, der unter anderem ein Privatkrankenhaus in eben diesem Viertel gehört, schwul, kosmopolitisch, mit Verwandtschaft in Australien, Deutschland, wo er unter anderem studiert hat, und den Vereinigten Staaten, zu denen sich aber nach dem 11. September die Beziehungen abgekühlt haben.

Die Cafés und Bars um den Pariser Platz wirken durchweg europäisch, junge, gutausgebildete Frauen und Männer mit Nerdbrillen, nirgendwo ein Kopftuch, doch überall WLAN, und an jedem Tisch ein kokettes Sprachengemisch aus Arabisch, Englisch, Französisch, Deutsch, obgleich außer mir gar kein Ausländer anwesend ist. Aber alle haben eine gewisse Zeit im Ausland verbracht, internationale Schulen besucht, viele besitzen mehrere Pässe und Staatsangehörigkeiten oder auch, wie Hamza, ein Architekturkollege von Ramez, gar keine, da er in Hebron geboren wurde und auf einen eigenen Staat noch wartet.

Ist das eine Prothesenwelt, oder ist es das Herz von Amman? Was alle Viertel eint, ist die äußerste Gastfreundlichkeit der Menschen. Selbst hier, um den Pariser Platz, fehlt jeder Snobismus. Man äfft die europäische Kultur nicht nach, man begreift sich als Teil der europäischen Kultur. Und möglicherweise stimmt es ja, egal ob in Paris, Berlin oder Amman, es handelt sich inzwischen um eine globale Boheme von jungen Weltbürgern.

Wirkt Amman vielleicht gerade deshalb so entspannt, weil es eine in jeder Hinsicht junge Stadt ist und keine gefährdeten Traditionen zu verteidigen hat?

20

Mein nahezu absoluter Orientierungssinn wird in Amman auf eine harte Probe gestellt. Doch Tag für Tag stellt sich mein innerer Kompass ein wenig mehr auf die ungewöhnliche Topographie Ammans ein, und ich weiß inzwischen an etwa jedem Ort der Stadt die Richtung meiner Unterkunft anzugeben. Merkwürdigerweise zeigen die Ammaner selbst aber fast immer die falsche Richtung an, wenn ich nach der Lage des römischen Theaters oder der Rainbow Street frage, als würden sie sich nicht an Hand der Himmelsrichtungen, sondern verschlungener Pfade orientieren. Denn keine Straße ist hier gerade, und die Fluglinie sagt nichts über den wirklichen Weg aus. Die Metapher des *krummen Weges* muss hier eine andere Bedeutung haben, denn fast immer führt der Weg um einen oder mehrere Berge herum, und der *gerade Weg* käme einer Vergewaltigung der Topographie gleich. Verwirrend bei so vielen krummen Wegen ist auch, dass man oftmals sowohl in der einen als auch in der entgegengesetzten Richtung das natürliche Hindernis umfahren kann und gleich schnell am Ziel ist.

Was bedeuten diese vielen alternativen Wege für das Denken? Muss sich die alltägliche Orientierung in einer so spezifischen Lebenswelt wie der Ammans nicht auch auf die Gedankengänge der Bewohner auswirken?

*

Gerade erfahre ich von meinem Gastgeber, dass das benachbarte Viertel im Wadi, das ich für ein schlichtes, aber durchaus urbanes Arbeiterquartier gehalten habe, hier immer noch als *Refugee Camp* gilt, obgleich die meisten Bewohner dort seit fast siebzig Jahren leben und zum weitaus größten Teil dort geboren sind, nicht anders als im »bürgerlichen« Teil von Jabal Al-Hussein, in dem das Haus meines Gastgebers steht. Auch seine Familie stammt aus dem Westjordanland, aus Dschenin. Doch offenbar gibt es Flüchtlinge unterschiedlicher Kategorien, deren Unterscheidungsmerkmale sich mir bisher aber noch nicht erschlossen haben.

21

5.1.2015 Eine Stadt wie ein Dorf, wie ein Stück Natur. Doch ohne das Unbehagen, den Schrecken, den Natur sonst in uns hervorzurufen vermag, ihre unheimliche Stille, ihr Schweigen, in dem sich ein Städter wie ein Verbannter fühlen muss. Amman ist keine stille, aber eine leise Stadt, sie atmet Anstand und Feingefühl. Von hier muss man nicht fortgehen, wenn man ein einigermaßen anständiges Leben führen will. In den Vororten von London oder Paris lebt es sich vermutlich unbequemer.

Und dennoch erwarten wir immer ein Mehr, glauben uns an einem anderen, ferneren Ort unseren Träumen näher. Es braucht eine Weile des Reisens, diese verbreiteten Illusionen als Illusionen zu durchschauen. Die Sehnsucht nach dem Mehr wird in uns, ganz gleich, wo wir sie zu stillen versuchen, immer ein Gefühl der Enttäuschung zurücklassen.

Am Ende ist das Denken ebenso redundant wie die endlose Wiederholung von Begehren und Erfüllung. Wir können die Kluft zwischen unserer absurden, flüchtigen und im Wesentlichen primatenhaften Existenz und unserem Verlangen nach Sinnhaftigkeit nicht überbrücken. Die Fragen sind, seit wir denken können, immer noch dieselben.

*

Endlich habe ich ein Café in fußläufiger Nähe zu meiner Wohnung gefunden. Es nennt sich *fun time* und befindet sich im dritten Stock einer schäbigen Shopping Mall aus dem letzten Jahrhundert. Ich bin der einzige Gast. Die meisten Geschäfte auf meinem Stockwerk sind, trotz des späten Montagvormittags, geschlossen. Womöglich öffnen sich die Stahljalousien auch zu späterer Stunde nicht mehr. Wer möchte hier schon einkaufen gehen!

Dies ist nicht der Ort, den ich gesucht habe, auch wenn der Blick aus den deckenhohen Panoramafenstern beeindruckend ist: Der Verkehr auf der Khalid-Bin-Al-Walid-Straße unter mir liegt in leiser, spielzeughafter Ferne, und die südlichen Hügel der Stadt sind durch eine vor der Mall einmündende Straßenschlucht als nachkolorierte Landschaftstapete sichtbar. Nicht, dass ich hier alleine mit drei herumlungernden Kellnern sitze, was mir durchaus nicht unangenehm ist, sondern dass die Stadt in eine fast abstrakte Ferne gerückt scheint, ist wahrscheinlich das Hauptübel dieses Cafés. Ich bin nicht mehr Teil von ihr, und nur so, als Zuschauer am Rande, will ich ihr nicht begegnen.

*

Den Menschen hier wirklich näher zu kommen, ist gar nicht so einfach. Denn das Leise im Umgang trägt auch ein Element des Unverbindlichen und Schamhaften in sich. Wird eine gewisse Grenze der Vertraulichkeit überschritten, ist es, als habe man sich aneinander verbrannt. Es bleibt eine schmerzhafte Narbe in der Bekanntschaft. Von nun an meidet man sich und geht einander aus dem Weg.

Vielleicht bringt ein Großteil der Bevölkerung die Narben auch bereits mit, tragen sie doch noch die Wunden der Vertreibung in sich.

22

6.1.2015 Die Stadt wartet auf den ersten Schnee in diesem Jahr. Kalt genug ist es dafür schon. Als es im vergangenen Jahr um diese Zeit geschneit hatte, angekündigt und erwartet wie diesmal, versank die Stadt für eine Woche im Chaos, Baumkronen brachen, Straßen blieben tagelang ungeräumt, in ganzen Stadtteilen fiel der Strom aus, vereiste Wasserrohre platzten. Im nahen Jerusalem war es genauso, ich war gerade dort, vor genau einem Jahr, nicht einmal eine Autostunde von Amman entfernt.

Ich bin gespannt auf das Schneelicht. Die Januarsonne scheint hier gleißend wie die Julisonne in Berlin.

*

Hier, wie im größten Teil der Welt, läuft ein großer Teil der Kontaktaufnahmen und Verabredungen inzwischen über soziale Netzwerke. Traditionelle Formen der Begegnung sind fast schon obsolet. Nicht einmal mehr nach dem Weg fragen muss der Reisende. Sein Mobiltelefon sagt ihm verlässlicher als jeder Einheimische stets auf den Meter genau, wo er sich befindet, und zeigt ihm präzise die Route zu seinem Ziel, ohne ihn auch nur einmal in die Irre gehen zu lassen. Dabei waren genau sie einmal das eigentliche Ziel jedes *anderen* Reisens, die Irr- und Umwege.

Der halböffentliche Raum, den früher das Teehaus oder der Hammam repräsentierten, hat sich nun im Wesentlichen ins Netz verlagert. Wenn es am Ende doch noch zu tatsächlichen Verabredungen kommt, dann gleich in der Intimität der eigenen Wohnung. – Ich muss gestehen, ich kann mich diesen neuen globalen Sitten nur schwer anpassen. Ich brauche die *Zwischenräume*, um in der realen Begegnung erst einmal herauszufinden, welcher Art unsere Nähe sein soll. Und das ist nicht zuletzt eine körperliche Entscheidung.

Die neuen, kaum gereiften Rituale gehen einher mit grober Unhöflichkeit. Die Öffentlichkeit als beobachtende Instanz ist weitgehend ausgeschlossen, die virtuelle Unverbindlichkeit und Anonymität muss niemanden mehr fürchten lassen, sein Gesicht zu verlieren.

Die neuen Techniken machen uns alle unweigerlich zu Solipsisten. Gleichgültig, wo ich mich aufhalte, ich bin der Mittelpunkt des Netzes, des virtuellen Universums. Jede Eigenbewegung wird überflüssig, die Welt kreist um mich, mit einem Fingerschnipsen zoome ich sie heran, betrachte sie aus Perspektiven, die mir die begrenzte Bewegungsfreiheit meines Körpers nie erlaubt hätten, bekomme ein so umfassendes und detailreiches Bild, dass jedes Da-, jedes Vorortsein nicht nur überflüssig, sondern zum Inbegriff beschränkter subjektiver Wahrnehmung wird.

23

Wann habe ich das letzte Mal das Glücksgefühl des einfachen Daseins gespürt? Ich kann mich nicht erinnern. War es an einen Ort gebunden, im Gebirge, in der Wüste, am Meer? Oder an eine Stimmung, ein Verliebtsein, ein Erfolgserlebnis? Ich weiß es nicht mehr. Doch bin ich mir sicher, dass es Momente auf Reisen waren, herausgenommen aus dem vertrauten Alltag. Augenblicke überraschender, aber ganz und gar nicht beängstigender Vereinzelung, ein fast göttliches Bewusstsein des Ich-bin-der-ich-bin.

Diese Selbst-Gewissheit bedurfte keiner Vernetzung. Das Glück kann man nicht teilen. Im Gegenteil, es kommt einer abgrundtiefen Verlorenheit gleich.

24

7.1.2015 Die große Kälte, die Amman seit Tagen im Griff hält, ermüdet mich. Selbst in der Wohnung wird es nicht richtig warm, da es nur einen kläglichen Radiator gibt, der mit mir in das jeweilige Zimmer umzieht, in dem ich mich gerade aufhalte. Deshalb ist es im Grunde überall kalt, und ich halte mich vor allem im Bett auf, dem einzigen erträglichen Ort.

Darüber hinaus hat der Himmel sich zugezogen, eine asphaltgraue Wolkendecke lässt Regen, wenn nicht gar den angekündigten Schnee erwarten. Also ein weiterer Grund, das Bett nicht zu verlassen. Die Wanderung am Morgen durch das Flüchtlingsviertel reicht ja auch für heute, das ständige Bergauf und Bergab, das mich trotz der Kälte schwitzen lässt, so dass ich in kalten Schweiß gebadet durch meine Lieblingsstraße stapfe, kleine, einfache Läden, Straßenstände, freundlich grüßende Verkäufer, hier bin ich einbezogen, mitten in den lebendigen Alltag der Bewohner. Ich kaufe frisches Brot wie sie, ein wenig Obst und Gemüse, nichts besonderes, und genau das ist es, was mich anrührt.

*

Nun schneit es tatsächlich. Windböen haben erste Bäume entwurzelt, der Eissturm heult buchstäblich ums Haus, Schulen und Behörden bleiben in den nächsten Tagen geschlossen, im Laden an der Ecke decken sich meine Nachbarn mit Vorräten ein. Ich will nicht klüger sein als sie und tue es ihnen gleich, auch wenn ich für morgen bereits wieder mit Sonnenschein und Temperaturen über null Grad rechne. Sie aber beharren darauf, dass es in den kommenden Tagen noch kälter werde.

Ich lasse mir von meinem Gastgeber weitere Decken bringen. Er verspricht mir, auch noch einen weiteren Heizlüfter zu besorgen, was ihm jedoch nicht leichtfallen dürfte, da es in ganz Amman keine Heizlüfter mehr zu kaufen gibt und schon mehrfach die Stromversorgung zusammengebrochen ist, wie es sonst nur an besonders heißen Tagen geschieht, wenn alle Ammaner ihre Klimaanlagen auf höchster Stufe laufen lassen.

Mich drängt es unterdessen hinaus. Die Straßen Ammans sind menschenleer, nur auf einigen Dächern sehe ich Kinder, die argwöhnisch den Schnee berühren und mit schmerzenden Händen Schneebälle formen.

Mein Gastgeber fürchtet, auch seine Wasserleitungen könnten zufrieren oder gar platzen, und fragt mich wintererfahrenen Nordländer um Rat. Ich zucke mit den Achseln und schlage vor: Besser heizen!

Alles Mögliche gibt es auf den flachen Dächern Ammans, von der Kinderschaukel bis zur rostenden Autokarosserie, aber – erst jetzt fällt es mir zum ersten Mal auf – keinen einzigen Schornstein, von einem rauchenden ganz zu schweigen. Die weiße Winterlandschaft mit anheimelnd qualmenden Kaminen ist ein nordeuropäischer Topos. Indessen ist es in Berlin gegenwärtig fünfzehn Grad wärmer als in Amman.

*

Während ich in Amman durch den Schnee stapfe, greifen zwei radikale Islamisten in Paris die Redaktion des Satiremagazins *Charlie Hebdo* an und ermorden zwölf Menschen. Religiöser Fanatismus lässt ein Maß an Verrohung zu, wie es sonst nur der Krieg im Menschen anzurichten vermag. Die Empathie für den Mitmenschen scheint ausgeschaltet, der Wahn der Gottgefälligkeit, der zugleich einer der Selbsterhöhung ist, hat ihren Platz eingenommen.

Wir können angesichts dieser Angriffe auf unsere Menschlichkeit nur das tun, was ein Großteil der vernünftigen Menschen bereits versucht: die Vernunft bewahren.

25

8.1.2015 Tauwetter. Die Straßen in Jabal Hussein gleichen reißenden Gebirgsbächen. Ich bin nur kurz aus dem Haus gegangen, habe nicht das rechte Schuhwerk in meinem Gepäck für diese unerwartete Wetterlage. Gefangen in meiner kalten Wohnung sitze ich, gänzlich ungewöhnlich für mich, stundenlang vor meinem Laptop, surfe im Internet und chatte. Und ich muss gestehen, dieser banale Austausch mit Bekannten und Unbekannten tröstet mich. Die wenigen Anhaltspunkte, die meine anonymen Gegenüber mir von sich anvertrauen, lassen sie ganz im Reich meiner Projektionen. Es sind Film- oder Traumdialoge, unverbindlich, irrelevant, aber sie vermitteln durchaus ein spürbares Gefühl des Angesprochen- und Angenommenseins, wenn nicht in dieser Welt, dann in der unserer Avatare.

Und doch sitzt da plötzlich ein Fremder in meinem Wohnzimmer, der mir im Chat doch noch so nah und vertraut erschien, und nun will sein beängstigender Körper von mir angefasst, begriffen werden. In all seiner Sinnlichkeit und seiner Präsenz ist er größer, komplizierter, verletzlicher als unser virtuelles Selbst. Zwei scheue Tiere begegnen einander. Ich erkenne im Körper des Anderen meinen eigenen nicht wieder.

26

9.1.2015 Seit Tagen werden Hände und Füße selbst unter der Bettdecke nicht mehr richtig warm. In der eigenen Wohnung laufe ich mit langer Unterwäsche und im Wintermantel herum. Am liebsten würde ich das Duschen während dieser Frostperiode einstellen, denn auch im Bad ist es so kalt, dass die eigene Pisse in der Kloschüssel gefriert.

Ich gehe hinaus, da es mir draußen inzwischen wärmer als in meinen vier Wänden erscheint. Im Café am Pariser Platz treffe ich Hamza, den jungen Architekten, wieder. Er spricht gut Deutsch, da er in Düsseldorf studiert hat. Nun arbeitet er als Landschaftsplaner in einem renommierten Ammaner Büro. Wir reden bis Mitternacht über Gott und die Welt, ohne dass er nur einmal sein Handy in die Hand nimmt, auf dem sich inzwischen wohl fünfzig Textnachrichten angesammelt haben. Nein, nicht über Gott und die Welt, wir überspringen sogleich die Phase des aufwärmenden Small Talks und reden über das, was uns wirklich bewegt. Zumindest Gott gehört nicht dazu. Aber unsere Reisen, unsere Auslandsaufenthalte, unsere Familien, Freundschaften, Lieben, Lebenssinn, Bücher, Musik, sofort ist eine große Nähe da, schon bei der ersten Begegnung vor fünf Tagen habe ich sie gespürt, ohne dass die Umstände uns schon ein tieferes Gespräch erlaubt hätten. Warum spielen die kulturellen Unterschiede überhaupt keine Rolle? Weil wir einander zuhören und weil wir eine wesentliche Erfahrung miteinander teilen: Wir leben als schwule Männer in einer heterosexuell dominierten Welt.

Schwul zu sein ist nicht nur und vielleicht nicht einmal hauptsächlich eine besondere sexuelle Orientierung, sondern eine besondere Haltung. Sich als schwul zu begreifen heißt, alles Selbst-Verständliche radikal in Frage zu stellen und jeder Wahrheits- und Normalitätsbehauptung skeptisch gegenüber zu stehen. Schwul zu sein ist eine radikale Form der Aufklärung.

27

10.1.2015 Nun schneit es den dritten Tag in Folge. Denke ich an die Flüchtlingslager an der syrischen Grenze, wo Hunderttausende in Zelten zu überleben versuchen, muss ich zugeben, dass es mir mit dem festen Dach über dem Kopf, dem kleinen Radiator und den Dutzend Wolldecken hier beschämend gut geht.

28

11.1.2015 Bedeckter Himmel, leichter Schneefall, Sichtweite bis zum Nachbarhaus, eisige Kälte. Im Innern des Kühlschranks ist es wärmer als in der Küche. Ich liege im Bett, trotzdem sind die Finger kalt und steif und können den Stift kaum halten. Winterdepression am Stadtrand, am Rand der Wüste, erfrorene Palmen, zugefrorene Zisternen, Tod der letzten Fliegen und Kakerlaken, die es nicht in die Häuser geschafft haben, doch selbst hier können sie nicht sicher sein, diese zweite Frostwoche zu überleben.

Immer noch liegt das öffentliche Leben lahm. Gestern während eines kurzen Spaziergangs zum nächsten Laden zwecks Auffrischung meiner Lebensmittelvorräte auf einer kleinen, tückischen Eisinsel, die versteckt unter dem Schnee lag, gestürzt, ich hoffe, ohne größere Blessuren, doch scheint der rechte Ellbogen geprellt zu sein. Heute finde ich ihn angeschwollen, das komplizierte Gelenk fast steif. Jede Bewegung schmerzt, aber ich will nicht jammern, der Kopf ist ja heil geblieben.

29

12.1.2015 In einer Stadt ohne öffentliche Verkehrsmittel, in der ich Autoloser jede längere Strecke in einem Taxi zurücklegen muss, das indessen kaum teurer als eine Fahrt mit der Berliner U-Bahn ist, lernt man unweigerlich eine Menge Taxifahrer kennen.

Es gibt Tagfahrer, die ordnungsgemäß ihr Taxometer einschalten, sich einigermaßen in der Stadt auskennen und den Fahrgast sicher und ohne offenkundige Umwege ans Ziel bringen.

Und es gibt die Nachtfahrer.

Sie halten nicht für jeden, sondern suchen sich den Fahrgast aus, fahren ohne Taxometer und ohne zuvor vereinbarten Preis. Keine Nachtfahrt ohne Nötigung, Streit und Verdruss. Die Nachtfahrer sind meist jünger und wirken in dieser sonst so sanftmütigen Stadt auch mürrischer und aggressiver. Merkwürdige Gespräche entspinnen sich, die den Gast nicht selten in Verlegenheit bringen. Verhörsituationen in der engen Fahrgastzelle. Die Nachtfahrer rauchend, in gebrochenem Englisch, konfrontieren den im Sicherheitsgurt Gefesselten mit den Geschichten über Deutschland, die bis nach Amman gedrungen sind, Hitler natürlich, Brandanschläge auf Flüchtlingsheime, den alltäglichen Rassismus, die notorische Homoehe, wie habe der gemeine Jordanier sich dieses perverse Zusammenleben vorzustellen, und dann der Streit um den überhöhten Fahrpreis, als müsse der Fahrgast für seine fragwürdige Herkunft einen Aufschlag bezahlen.

Dennoch ist es gut, mich allabendlich aus dem Haus zu zwingen. Das Verlangen nach Wärme und Behaglichkeit korrumpiert mich. Daran ist nicht zuletzt das Internet schuld, das mir ja die große weite Welt ins Wohnzimmer zu bringen scheint.

Im *Ecstasy.* Ein junger Mann, Adam, kommt mit mir ins Gespräch. Eigentlich heißt er Osama, da er Anfang der Zweitausender aber in den Vereinigten Staaten gelebt hat, hielt er es für angebracht, seinen Vornamen zu ändern.

Er spricht Englisch mit breitem Südstaatenakzent, hat Medienwissenschaft in Oxford, Mississippi, studiert und arbeitet gerade mit einer australischen Freundin an einem Dokumentarfilm über LGBT-People in Jordanien, dem ersten seiner Art, wenn er denn das Geld dafür zusammenbekommt. Unterstützung von Aktivisten aus der lokalen Szene hat er bereits.

Überall scheint etwas im Aufbruch zu sein, und nicht nur an der Peripherie, sondern im Zentrum. Dass ich es mir am Rand bequem gemacht habe, führt nicht selten zu einer völlig falschen Einschätzung der Vorgänge. Der distanzierte Zuschauer mag den besseren Überblick haben, aber je größer der Abstand, desto weniger *begreift* er.

30

13.1.2015 Amman im Sonnenlicht, helle, aufeinandergeschichtete Würfel, kaum Kuppeln und nur wenige Minarette. Vom Dach meines Hauses blicke ich auf diese Bauklötzchenberge, Fassaden in allen Zahntönen, von tabakbraun bis kariös. Winterliche Kargheit, kaum Pflanzliches. Ist der Würfel nicht die einfachste und radikalste Form, um sich von der Natur abzugrenzen?

Ich gehe die Scharia al-Urdun entlang, die ein wenig höher

am Berghang liegt und mitten durch das Refugee Camp führt. Für mich ist es die lebendigste Straße in Amman, auch wenn sie heute, nach dem mehrtägigen Schneechaos, eher einem Müll- und Schlammparcours als einer Marktstraße gleicht. Erfrorenes Obst und Gemüse stapelt sich weiterhin auf den hölzernen Auslagen vor den Läden, die Matronen in ihren langen, leibverleugnenden Gewändern mustern es gleichgültig und suchen sich sorgsam die besten oder zumindest noch genießbaren Früchte heraus. Anders als in den übrigen arabischen Hauptstädten, die ich kenne, lässt man mich in Ruhe und fragt nur dann, ob man mir helfen könne, wenn ich allzu suchend umherblicke.

Selbst die Häuser in diesem Viertel gefallen mir besser als jene in der wohlhabenderen Neubausiedlung einige Straßen höher den Berg hinauf. Fraglos sind sie einfacher und ärmer gebaut und stehen Wand an Wand nebeneinander, ohne Vorgärten und Garagen, alle mehr oder weniger unfertig, seit fünfzig Jahren im Bau, und doch strahlen sie in all ihrer Mangelhaftigkeit etwas Einladendes und Behagliches aus. Statt der Vorgärten rankt an vielen der unverputzten Hausfassaden wilder Wein empor, bildet im Sommer Lauben und schattige Vordächer und verbirgt die rohen Kalksteinmauern. Schuhe stehen vor den schmalen Eingangstüren, fast schon auf dem Gehweg, die Türen sind oftmals nur angelehnt, und nur ein Vorhang versperrt den ungehinderten Blick ins Haus. Die Seitengassen sind so eng und steil, dass Stufen hinauf oder hinunter führen und Autos hier nicht fahren können. Auf größeren Absätzen spielen Kinder Murmeln, Hinkeln oder Gummitwist, oftmals sicher ihr einziges Spiel- und Kinderzimmer. – Romantisiere ich? Schon möglich. Fraglos würden die Bewohner dieses Viertels ihre Wohnsituation anders beschreiben. Aber sie kennen die

Banlieues unserer Großstädte nicht. Architektur spiegelt auch immer soziale Beziehungen wider. Hier hat jede Familie ihr eigenes Haus und Nachbarn, die einander kennen. Hier fühle ich mich nicht am Rand, sondern im Herzen der Stadt.

31

15.1.2015 Am Abend warte ich so lange auf ein Taxi wie nie zuvor. Entweder ist die Droschke schon besetzt, oder der Fahrer scheint gerade Feierabend machen zu wollen. Das sind Augenblicke, in denen wir zu Verschwörungstheoretikern werden.

Im Ecstasy bleibe ich nicht lange allein, mehr und mehr Bekannte treffen ein. Hamza warnt mich, ich solle diese Bar nicht für einen Mikrokosmos der Hauptstadt halten. Hier treffe sich die obere Mittelschicht und bleibe überwiegend unter sich, wie überhaupt die Klassengrenzen in Amman ziemlich undurchlässig seien. Meistens genüge die Frage nach dem Wohnviertel oder der besuchten Schule, um dem anderen recht genau seinen sozialen Status zuzuordnen. Jede gesellschaftliche Klasse habe ihre eigenen Codes und Regeln. Man fühle sich einfach unsicher jenseits der eigenen Klassenschranken.

Offenbar zeige ich einen eher skeptischen Gesichtsausdruck. Natürlich, fährt Hamza fort, sei das ein Entwicklungshemmnis. Wenn jemand seinen Fähigkeiten gemäß aufsteigen wolle, müsse er im Grunde ins Ausland gehen. Hier in Jordanien hänge der Erfolg vor allem vom Namen der Familie und ihren Beziehungen ab. – Er beschreibt mir die Situation, ohne sie wirklich zu bedauern. Immerhin gehört er zur privilegierten Klasse und hätte eher etwas zu verlieren.

Der Kaffee im Ecstasy schmeckt ausgezeichnet, kostet allerdings auch genauso viel wie im Café Einstein Unter den Linden, die Musik ist cool, die Gäste sind kosmopolitisch wie die Getränkepreise. Sie fragen niemanden um Erlaubnis, um sich als Weltbürger zu begreifen. Sie sind Teil der Macht, unverschleiert, polyglott, metrosexuell. Zum ersten Mal sehe ich offen lesbische Frauen in einer arabischen Stadt. Sexuelle Selbstbestimmung war und ist immer auch eine Frage ökonomischer Unabhängigkeit.

Wie verwundbar, wie zerbrechlich diese Autonomie ist, zeigt das Wüten des »Islamischen Staats« in der unmittelbaren Nachbarschaft. Und der radikale Islamismus hat ein besonders leichtes Spiel, solange es keinen gesellschaftlichen Konsens gibt, dass die Freiheiten, die sich eine bestimmte privilegierte Klasse selbst gewährt, allgemeine und einklagbare Grundrechte sind.

32

16.1.2015 Das Glück der Unscheinbarkeit, das Glück des Übersehenwerdens. In diesem Abseits kann sich etwas entwickeln, ohne sich gleich rechtfertigen zu müssen, ungestörte, unbedrohte Reifeprozesse.

Diese Normalität, diese Alltäglichkeit Ammans ist ebenfalls Teil der arabischen Welt, auch wenn ihr kaum Aufmerksamkeit geschenkt wird, da sie keine Schlagzeilen produziert. Für einen Schriftsteller ist das ebenfalls unergiebig. Er wird hier so wenig von sich selbst, seinem Mangel an Phantasie, seiner Einfallslosigkeit abgelenkt wie zu Hause. Er müsste Geschichten erfinden, was zwar sein Beruf ist, ihm in diesem Kontext eines Reiseberichts aber nicht zulässig erscheint.

*

In den letzten Nächten wiederholt sich stets, wenn auch an unterschiedlichen Orten, dasselbe Traummotiv des Irregehens und Nichtzurückfindens. Es steht ganz und gar im Widerspruch zu meinem im wachen Leben hervorragenden Orientierungssinn. Im Traum sind es immer nur kleine und eigentlich vertraute Gänge, die mich von meiner Unterkunft fortführen. Doch dann scheint sich die Lage der Straßen und Häuser zu verschieben, der eigentlich vertraute Weg führt nicht mehr nach Hause zurück, sondern ins Unbekannte. Diese Träume sind keine beängstigenden Alpträume, hinterlassen aber doch ein Gefühl der Verunsicherung. Meistens suche ich im Traum nach einem Stadtplan, um mir erneut einen Überblick zu verschaffen, noch vertraue ich meinem Orientierungssinn, noch bin ich zuversichtlich, dass es einen Weg zurück gibt. Nur den Auskünften anderer Passanten vertraue ich nicht.

33

17.1.2015 Vormittägliche Wanderung durchs Viertel, ehe es wieder zu regnen beginnt. Ich habe bisher kaum je irgendetwas in der Markthalle gekauft, spaziere aber gerne hindurch. Einmal mehr fällt mir auf, mit welchem Geschick und welchem Sinn für Symmetrie und Ornament die Obst- und Gemüsehändler Zucchini, Karotten oder Kiwis auf ihren Auslagen zu kühnen Rosetten, Pyramiden oder Mandalas geordnet haben, so dass man kaum wagt zuzugreifen, um nicht die Kunstwerke damit zu zerstören. Im Übrigen sind nur wenige Kunden unterwegs. Da immer dieselben Warengruppen in direkter Nachbarschaft angeboten werden, wollen die Händler mit ihren tollkühnen Arrangements natürlich die besondere Aufmerksamkeit des noch unentschlossenen Käufers erwecken. Da aber auf einen Kunden mindestens ein halbes Dutzend werbender Verkäufer kommen und es sonst größtenteils nichts zu tun gibt, handelt es sich bei den Arcimboldo-Werken doch wohl vor allem um Werke der Langeweile.

Außerhalb der Markthalle herrscht hier im Refugee Camp ein anderer Geruch als im Neubauviertel weiter höher am Hang, ein teils würziger, teils beißender Geruch nach verbranntem Holz, Papier und Plastikmüll, der, da es nirgendwo Schornsteine gibt, aus den undichten Fenstern und Türen dringen muss. Während man in meiner Nachbarschaft vor allem mit Strom oder Propangas heizt, wird hier unten alles Mögliche in zweifelhaften Allesbrennern verfeuert, um die Stuben ein wenig warm zu bekommen.

Niemand auf der Straße ist der Witterung entsprechend gekleidet, keine Wintermäntel, festen Schuhe, Mützen oder Schals, obgleich es hier seit Tagen kälter ist als in Finnland. Vor allem die Kinder und Jugendlichen laufen in dünnen Trainingsanzügen und Flipflops herum, nicht anders als in der übrigen arabischen Welt. Die Winter können durchaus streng sein, sind gewöhnlich aber kurz, also lohnt es sich nicht, so meint man, sich für diese wenigen Wochen angemessen auszustatten oder einzurichten, sondern beißt die Zähne zusammen und steht sie einfach durch, Jahr für Jahr wieder.

Aber vielleicht ist der Hochsommer mit seinen vierzig Grad und mehr ja noch schwerer zu ertragen als die Kältewochen. Im Unterschied zum benachbarten Jerusalem sehe ich kaum ein Haus mit Klimaanlage. Eine Architektur, die nicht vor Kälte zu schützen vermag, bietet auch vor Hitze keinen Schutz. So quält man sich auch während dieser Zeit durch die klimatischen Zumutungen, ohne langfristige Konsequenzen zu ziehen. Die traditionellen Bauweisen, die dem harschen Klima besser angepasst waren, werden beim gegenwärtigen Städtebau im Einheitsbeton mit vorgeklebter orientalisierender Fassade vollständig ignoriert. Ist es billiger als die Rückbesinnung auf das Eigene, Bewährte, oder geht es nur um das Vorgaukeln einer oberflächlichen, wenn auch völlig deplatzierten Modernität?

34

18.1.2015 Zum ersten Mal versucht ein junger Taxifahrer, einen Umweg mit mir zu fahren, aber diese Route vom Jabal Hussein nach Al-Luwaybda kenne ich im Schlaf. Nun geht es nur noch darum, ihn sein Gesicht wahren zu lassen, also navigiere ich ihn zum stadtbekannten Pariser Platz, als wäre es seine erste Fahrt, und spare selbst am Trinkgeld nicht.

Anstatt mich wieder ins Ecstasy zu setzen – es herrscht darin eine vertraut-träge Sonntagnachmittagsstimmung –, streife ich lieber umher und hoffe, einige dunkle Seiten der Stadt zu entdecken, aber richtig heruntergekommene Ecken scheint es in Amman gar nicht zu geben. Ich müsste meine Freunde fragen, ohne sie oder mich damit in Verlegenheit zu bringen.

Meine Perspektive auf die Stadt ist nach wie vor äußerst

begrenzt. Aber nur durch Routinen lässt sich zumindest von diesem begrenzten Ausschnitt ein verlässliches Bild zeichnen. Deshalb habe ich bisher auch keine Ausflüge heraus aus Amman gemacht. Ich bin sicher, jede andere Stadt, jedes Dorf ist noch einmal eine ganze Welt für sich, die ich allenfalls im Vorübergehen streifen könnte. So aber weiß ich am Ende immerhin etwas vom Leben in Jabal Hussein und am Pariser Platz mitzuteilen.

Letztlich ist mir hier nichts wirklich fremd.

Nun trudeln sie einer nach dem anderen ein, Ramez, Hamza, Omar, alle hungrig, anders als ich, der nie mit leerem Magen aus dem Haus geht. Man weiß ja nie, was einem unterwegs widerfährt.

Die süße spaltet sich von der salzigen Fraktion, ich begleite Ramez zur nahegelegenen Patisserie Fayouz, der berühmtesten in ganz Amman. Während Ramez sich zwischen den vielen verführerischen Törtchen und Baisers nicht entscheiden kann, flirtet er hemmungslos mit dem Sohn des Konditoreigründers hinter der Theke. Der Vater sitzt derweil an der Kasse und hält ein strenges Auge auf die Kundschaft, als bediene hier aushilfsweise seine blutjunge und noch unschuldige Tochter. Dabei gibt es am Ruf des Sohnes laut Ramez schon lange nichts mehr zu retten. Auch scheint er nach Rettung gar nicht zu verlangen und wirkt durchaus Manns genug, sich im Zweifelsfall auch ohne Hilfe seines Vaters retten zu können.

Nachdem so alle Sinne angesprochen, wenn auch nicht befriedigt sind, macht sich die wiedervereinigte Schar zu Ramez' Haus auf, um dort bis tief in die Nacht bei christlichem Wein und Petits Fours, passend zu ihren Jobs als junge Angestellte im bedeutendsten Architekturbüro Jordaniens, Monopoly zu spielen.

35

20.1.2015 Überall vor den Geschäften werden die Gehwege von den Resten des Wintereinbruchs gereinigt. Die Sonne strahlt vom wolkenlosen Himmel, als sei Schnee in dieser Weltregion undenkbar. Sie wärmt, und von einem Tag zum anderen sind die aufgesprungenen Lippen und erfrorenen Füße vergessen.

Ich sitze vor einer Art improvisierter Raststätte direkt an der vielbefahrenen Scharia Urdun. Der Betreiber hat angesichts der spottenden Sonne einige Plastikstühlchen vor seinen Kiosk gestellt, und ich nutze diese abgasumwehte Terrasse, mir endlich das Café zu schaffen, das ich bisher so schmerzlich vermisst habe, wenn es auch nicht das ist, was mir ein Gefühl von Entspanntheit und Wohlbehagen gibt. Immerhin ist der Ort, anders als die Shopping Mall, nahe am Alltagsgeschehen.

Der Kiosk liegt zwischen zwei Autowerkstätten, ja, diesen Schnellstraßenabschnitt könnte man mit Recht den Autowerkstatt-Suq Ammans nennen, reiht sich doch ein Kfz-Betrieb an den anderen. Und die Gesellschaft der jungen, ölverschmierten Mechanikergesellen, die mit mir hier ihren starken Mokka schlürfen und eine Zigarette rauchen, ist jedenfalls nicht die schlechteste.

*

Zunächst will Hamza nichts erzählen, dabei steht ihm der Schrecken noch ins Gesicht geschrieben. Dann rückt er endlich mit der Sprache heraus: Heute Morgen hat sein jüngerer Bruder versucht, ihn umzubringen.

Wäre seine Mutter nicht dazwischengegangen, wäre es dem Bruder vielleicht sogar gelungen, das Messer in Hamzas Brust zu rammen, denn er ist ungleich kräftiger und vor allem unbeherrschter als Hamza, obgleich auch er, dieser so zarte und empfindsame Mann, zum Messer gegriffen hatte, um sich gegen den Angriff des Bruders zu wehren. Nun fürchtet er, nach Hause zurückzukehren und dort die Nacht zu verbringen.

Was ist passiert? Um das zu verstehen, müsse er mir zunächst von seiner Familie erzählen. Die Worte kommen zögernd, Stolz und Scham wechseln einander ab. Sein Vater war ein ranghohes Mitglied der Fatah und ist vor einigen Jahren in einem israelischen Gefängnis gestorben. Seither wird er in der ganzen Region als palästinensischer Nationalheld verehrt. Jeder hier kennt den Namen seiner Familie. Und sein jüngerer Bruder fühlt sich berufen, das väterliche Erbe zu verteidigen und fortzuführen. Trotz seiner dreiundzwanzig Jahre sieht er sich bereits als bedeutenden Kämpfer für die nationale Sache, da passt natürlich der schwule ältere Bruder nicht ins Bild. Am Vortag erst sei er von engen Freunden verspottet worden, er sei doch nicht etwa der kleine Bruder dieser großen Tunte Hamza …

In der Tat macht Hamza keinen Hehl aus seinen Neigungen, auch wenn er damit nicht gerade hausieren geht. Auch ihm bedeutet die Familienehre viel, aber genauso bedeutsam ist für ihn die Wahrung des eigenen Stolzes.

Der Konflikt schwelt schon lange. Immer wieder habe der Bruder ihn gewarnt, doch Hamza habe nur den Kopf geschüttelt. Als gäbe es einen Schalter, mit dem sich sein wiegender Gang in ein hartes, »männliches« Auftreten umprogrammieren ließe!

Nun hat Hamza auch noch unter eigenem Namen im einzigen schwulen Online-Magazin Jordaniens einen Essay veröffentlicht, der die wahhabitische Auslegung des Islams als Beispiel nimmt, wie eine unmenschliche Sexualmoral genau zu jenen Bigotterien und Pervertierungen führe, die sie angeblich zu verhindern sucht.

Als ein wohlmeinender Freund dem Bruder Hamzas Artikel am Morgen zumailt, rastet der Bruder aus, ohne recht über den Titel des Essays, *Homosexual Dystopias in the Arab World*, hinausgekommen zu sein, und brüllt seine Verachtung durchs Haus, Hamza sei eine Schande für die Familie und die ganze Befreiungsbewegung.

Hier lacht Hamza kurz auf: »Befreiung von was?« Das sei es jedenfalls nicht, wofür sein Vater gekämpft habe, fährt er dann mit Bitterkeit in der Stimme fort. Sein Vater sei zeitlebens ein Linker und ein Laizist gewesen.

36

21.1.2015 Auf meiner Stadtautobahnraststättencaféterrasse kostet ein guter arabischer Mokka einen halben Dinar, in den trendigen Lounges am Pariser Platz siebenmal so viel. Arbeiter trifft man dort nicht.

Auf der anderen Straßenseite, hinter der Zeile der Autowerkstätten, weidet am steinigen Hang, zu steil, um ihn zu bebauen, eine genügsame Ziegenherde. Die kaffeebraunen und teerschwarzen Tiere finden dort augenscheinlich mehr Plastikmüll als Grünzeug zu fressen. Doch warum sollten sie anspruchsvoller sein als ich, der gerade mehr Ruß und Staub als Sauerstoff einatmet und sich trotzdem des ungetrübten Sonnenscheins erfreut?

Indes kommt schon ein wenig Abschiedswehmut auf,

Wehmut über das Ende der Sorglosigkeit, mit der ich auf dieser Reise in den Tag hineingelebt habe, über den Statusverlust, schon durch das reine Dasein etwas Besonderes darzustellen, gesehen, beachtet, angesprochen zu werden und nicht, wie daheim, allein schon meines Alters wegen bereits zu den Unsichtbaren zu gehören, was manchmal zweifellos eine Wohltat darstellt, doch immer häufiger auch Anlass zu tiefer Depression gibt.

Mit dem Licht und der Wärme ändern sich auch die Geräusche. Plötzlich übertönt wieder Kindergeschrei den Verkehrslärm und die periodischen Gebetsaufrufe. Und auf allen Dächern flattern wieder bunte Wäschestücke, so dass auch die Kalk- und Sandtöne der Stadt ihre farbigen Tupfer zurückerhalten.

Im Sonnenlicht stellt man sich andere Fragen als bei bewölktem Himmel, denkt andere Gedanken, ja, lebt und atmet anders.

37

23.1.2015 Die Freiheiten am Pariser Platz sind Blasen, wenn nicht gar Illusionen. Die Mehrheit der Bevölkerung ist davon ausgeschlossen oder will ganz bewusst nichts mit dieser Boheme gemein haben. In ihren Augen ist das Treiben dort gottlos und dekadent. Und ihr Vorurteil ist nicht einmal unbegründet. Awsam hat mich am Vortag in den Kreis seiner Freunde geholt, als sie im Ecstasy seinen Geburtstag feierten. Heute treffe ich ihn alleine an, und er erzählt mir von sich. Er ist Boxer und Bodybuilder und sieht auch entsprechend aus, an beiden Oberarmen trägt er Tätowierungen, was man in der muslimischen Welt nur selten sieht: Tattoos gelten als *haram*, als Verletzung von Gottes vollkommener Verfügbarkeit über unseren Körper. Aber Awsam schreibt auch Blogs auf seiner Internetseite. Er würde gerne Schriftsteller werden, gesteht er mir.

Er verehrt Nietzsche, soweit er Zugang zu seinen Schriften habe, Bücher von Nietzsche seien in Jordanien kaum aufzutreiben, und betrachtet sich selbst als Atheist. Darüber schreibe er in seinem Blog, eine philosophische Kritik des Islams und der Religionen überhaupt, unter dem Pseudonym Ibn Rushd. Alle seine Freunde seien Atheisten, aber öffentlich dürften sie darüber nicht sprechen. Erst vor wenigen Tagen habe ihn ein bärtiger Fremder, von seiner äußeren Erscheinung her zweifellos ein Salafist, angesprochen und ihn gewarnt, weiterhin solch gottloses Zeug ins Netz zu stellen. Keine Ahnung, woher der Kerl wusste, wer hinter Ibn Rushd steckt. Mit der Anonymität im Netz sei es offenbar nicht weit her.

Nur für Außenstehende scheine Amman eine Großstadt zu sein, im Grunde aber kenne hier jeder jeden. Trotzdem lasse er sich den Mund nicht verbieten. Schließlich wisse er, sich seiner Haut zu wehren, versichert er trotzig und lässt seine Muskeln spielen. Ich indes bezweifle, dass sich seine Gegner ausgerechnet im Faustkampf mit ihm messen würden.

Wie Hamza hat auch Awsam seinen Vater früh verloren. Ist es Zufall, dass die kritischen Geister, die ich hier treffe, alle vaterlos sind?

38

24.1.2015 Ich sage mir, es handle sich nur um eine biochemische Reaktion, dieses Gefühl zunehmender Niedergeschlagenheit. In der Jugendzeit waren diese Verstimmungen extremer, verzweifelter. Aber auch dieser Verlust an Extremismus ist bedrückend. Kann man das Leben in der Fremde auf Dauer ertragen, ohne dass dieser Ausnahmezustand am Ende ermüdet?

Gegen Mittag ruft mich Hamza überraschend an und fragt, ob ich mit ihm ein bisschen durch die Gegend fahren wolle. Er sei gerade erst aufgestanden und noch ein wenig verkatert, aber bei diesem frühlingshaften Wetter sei es eine Schande, zu Hause herumzuhocken. – Eine halbe Stunde später steht er vor der Tür, um mich abzuholen. Tatsächlich fahren wir planlos durch die Stadt, auch durch Viertel, in denen er selbst noch nie war, und genauso plan- und ziellos schwätzen wir miteinander.

Ich erfahre, dass der Pariser Platz vor dreißig Jahren noch Wasserturmplatz hieß, da hier tatsächlich ein Wasserturm stand. Erst mit der Ansiedlung des französischen und des italienischen Kulturinstituts setzte die Gentrifizierung ein, hat einige Grundbesitzer reich gemacht und den größten Teil der ursprünglichen Bewohner verdrängt.

Wir verfahren uns in ein Flüchtlingscamp. Die wenigsten, die hier lebten, erzählt Hamza, seien noch palästinensische Flüchtlinge, Gastarbeiter aus Pakistan oder von den Philippinen seien hierher gezogen, deswegen heiße dieses Viertel im Volksmund auch Little Manila. Die meisten Palästinenser hingegen hätten den sozialen Aufstieg geschafft und in höher gelegenen Vierteln neue, solide Häuser gebaut oder seien gleich in die USA oder nach Europa ausgewandert. Denn politisch sei ihr Einfluss immer noch begrenzt, obgleich sie die Mehrheit der jordanischen Bevölkerung stellten. Die wahre Macht im Lande liege nach wie vor in den Händen der alteingesessenen Beduinenstämme.

In einem Hamburgerrestaurant voller Expats und lärmender jordanischer Fußballfans, die auf den Großbildschirmen dem Länderspiel Ghana–Algerien folgen, und ihren gelangweilt wirkenden Freundinnen versuchen Hamza und ich, gegen den Höllenlärm anbrüllend unser Gespräch fortzusetzen. Die Hamburger sind hausgemacht und schmecken hervorragend. Ich frage Hamza, ob bei der – rein hypothetischen – Machtübernahme eines islamistischen Regimes diese so emanzipiert wirkenden Mädchen und Frauen ihre Freiheiten und Rechte verteidigen würden. Er wirft einen kurzen Blick auf die Mädchen, die man genauso im Hardrockcafé in Berlin antreffen könnte, und schüttelt den Kopf. Nein, sie schienen nur gleichberechtigt, hier, in dieser verrauchten Höhle, fern ihres Elternhauses. In Wahrheit aber seien sie voller Angst. Niemals würden sie sich mit ihren Freunden an einem Ort blicken lassen, an dem sie Gefahr liefen, einem ihrer Brüder oder ihren Vätern zu begegnen. Und von ihren Freunden dürften sie auch keine Unterstützung erwarten. Schließlich seien die meisten von ihnen eben jene Brüder, die ihren eigenen Schwestern keinesfalls erlauben würden, was sie an ihren Freundinnen so schätzen.

Am Ende gewinnt Ghana mit einem Tor in der letzten Minute der Nachspielzeit gegen Algerien.

26.1.2015 Sie kommen, schütteln mir kurz die Hand, ziehen weiter. Der Preis des schnellen Kontakts ist die Unverbindlichkeit. Mein letzter Abend im Ecstasy. Ein unsentimentaler Abschied. Was nehme ich mit? Es ist keine Stadt, die zu einem Werk herausfordert. Für das *Stundenbuch* hätte ich auch in der Schweiz recherchieren können. Was lasse ich hier? Zwei, drei Gespräche, die vielleicht Spuren hinterlassen. Werde ich wiederkommen? Eine Notwendigkeit besteht nicht.

Im Schnellstraßenkioskcafé. Habe mein Geld vergessen, der Kaffee ist aber schon fertig aufgebrüht, ehe ich überhaupt bestellt habe. Der Kioskbesitzer hat mich bereits heranschlendern sehen, und natürlich lässt er es sich nicht nehmen, mich zu diesem letzten Kaffee einzuladen. War er nicht immer schon eher mein Gastgeber als mein Wirt?

Zwei Brüder laufen Hand in Hand vorüber. Wie kann man diese Geste für selbstverständlich nehmen, wenn man ohne Brüder aufwächst?

Am Nachbartisch ein junger Mann in ölverschmiertem Drillich. Sein Blick ist schwermütig, die Frage nach dem Sinn all dessen, was man ist und was man tut, taucht kurz auf, ohne dass sie nach einer Antwort verlangte, denn es genügt, dass Gott sie kennt. Und im Übrigen hat er den Gläubigen nie versprochen, dass sie schon auf Erden glücklich würden.

Außer diesen Gründen scheint mir das Reisen eine nützliche Übung zu sein. Die Seele ist dabei in beständiger Tätigkeit, neue und unbekannte Gegenstände zu bemerken. Und ich weiß keine bessere Schule, das Leben zu bilden, als unablässig eine große Verschiedenheit anderer Lebensweisen, Sinnesarten und Gebräuche vor Augen zu haben und sie eine so ununterbrochene Mannigfaltigkeit von Formen unserer Natur kosten zu lassen. Der Körper ist dabei weder müßig noch angestrengt, und diese leichte Bewegung hält ihn in Atem.

Michel de Montaigne: *Essais*[57]

Bardo I

Tunis 1, Dezember 2015 / Januar 2016

I

27.11.2015 Meine ursprüngliche Absicht war, in diesem Winter noch einmal nach Mali zu reisen, um meine 1999 geplante und unter dramatischen Umständen abgebrochene Fahrt von Bamako nach Timbuktu zu Ende zu bringen. Zunächst ist es die Ebola-Epidemie im benachbarten Guinea; dann sind es die Terroranschläge in Bamako und die nach wie vor prekäre Sicherheitslage in und um Timbuktu, die mich von meinen ursprünglichen Plänen Abstand nehmen lassen. Die Aufstockung deutscher Soldaten in Mali zur Entlastung der Franzosen nach den Anschlägen in Paris erhöht die Gefahr für einen zivilen deutschen Reisenden noch, denn Soldaten, in Uniform oder Zivil, sind nahezu die einzigen Europäer, die sich gegenwärtig in den Norden Malis wagen. Verwechslungen sind da kaum auszuschließen.

Also habe ich mich entschlossen, den Winter in Tunis zu verbringen und mich imaginär und erinnernd Timbuktu zum zweiten Mal anzunähern. Im Grunde kaschiert dieses Ausweichen nur das erneute Scheitern, diesen legendären Wüstenort tatsächlich zu betreten. Und zu glauben, dem Terror durch Meiden und Ausweichen zu entkommen, ist natürlich eine Illusion. Der Terror findet immer dort statt, wo man ihn am wenigsten erwartet. Das gehört ja zum Wesen des Terrors.

Kaum habe ich mich für Tunis als Reiseziel entschieden, gibt es zwölf Todesopfer bei einem Anschlag auf die Präsidentengarde, mitten auf einer der belebtesten Straßen der Hauptstadt und nur einen Häuserblock von meiner gebuchten Unterkunft entfernt. Macht es mir Angst? Beim Lesen der Meldung spüre ich ein Unbehagen, aber ich denke, dieser Anschlag ist bereits geschehen, und ein weiterer Anschlag am selben Ort ist nun wirklich unwahrscheinlich.

Terror ist irrational, auch das gehört zu seinen Attributen. Er unterminiert unseren gesunden Menschenverstand, jagt ihn buchstäblich gleich mit in die Luft. Die US-Regierung warnt ihre Bürger nach den jüngsten Anschlägen gleich vor jeglichen Reisen ins Ausland, ihre Reisewarnung gilt weltweit. Dabei gibt es für einen US-Amerikaner wohl kein gefährlicheres Land, gewaltsam zu Tode zu kommen, als das eigene.

Lästiger ist der zunächst für vier Wochen erklärte Ausnahmezustand über Tunis einschließlich einer nächtlichen Ausgangssperre. Der Anschlag ist vorbei, der Krieg geht weiter. Unter diesen Umständen kann man nicht Gast, nicht Besucher sein. Plötzlich ist der Besucher, weil die meisten anderen Gäste ausbleiben, wieder sichtbar. Er gilt, wie immer in Zeiten der Verunsicherung, als gefährlich und ist gefährdet. Ja, die Leicht-Sinnigkeit, die Unbeschwertheit des Reisens, das Urvertrauen des Gastes in seinen Gastgeber geht verloren. Aber will ich mich vom Terror wirklich in die Paranoia treiben lassen?

2

Meine Malireise ist nun sechzehn Jahre her. Kurz nach meinem neununddreißigsten Geburtstag bin ich aufgebrochen, gut vorbereitet, wie ich dachte, doch gleichwohl in der unbewussten Absicht, meinen vierzigsten Geburtstag womöglich nicht mehr zu erleben. Dem sechzehn-, siebzehnjährigen jugendsüchtigen Kleinstadtnarziss schien es noch unvorstellbar, je ein vierzigjähriger Mann zu sein. In den gnadenlosen Jünglingsaugen waren Vierzigjährige bereits alte Säcke, die das Aufregendste und Glücklichste im Leben längst hinter sich hatten.

Meine beste Freundin sagte mir nach meiner dramatischen Rückkehr, meine Geburtstagsfeier, an sich schon ungewöhnlich, da ich kaum je zuvor für das Älterwerden einen Anlass zum Feiern sah, hätte den Charakter eines Abschiedsfestes gehabt. Tatsächlich hatte ich seit langem einmal meine engsten Freunde zu mir eingeladen. Völlig überraschend, weil genauso feierübellaunig wie ich, lädt mein älterer Bruder sich selbst zu dieser Feier im Freundeskreis ein. Wir scheiden im Streit voneinander.

Ironischerweise ist es dann dieser Bruder, der mich, nicht zuletzt gerade auf Grund jener Eigenschaften, die mir das Beieinandersein so oft verleiden, buchstäblich in letzter Minute aus Mali herausholt und mir damit wohl das Leben rettet, allerdings mit seinem entschlossenen Handeln auch verhindert, dass ich Timbuktu, nur noch eine halbe Tagesreise entfernt, vielleicht doch noch erreicht hätte.

Als mein Flugzeug in Bamako landet, ist wider Erwarten die Regenzeit noch nicht zu Ende. Schon auf der Gangway umarmt mich die feuchtheiße Luft so innig, dass ich schier nicht mehr atmen kann. Doch zur Umkehr ist es nun zu spät. Eine unglaubliche Anzahl von Zufällen verkettet sich von diesem ersten Augenblick an, in dem ich meinen Fuß auf die rostrote Erde setze, zu einer unter anderen Umständen durchaus beherrschbaren Lebensgefahr.

Was ist mir von den ersten Eindrücken außer dieser alle

Sinne erstickenden Waschküchenluft noch in Erinnerung geblieben? Ein kleiner Kratzer am Mittelfinger der linken Hand beim Verladen meines Gepäcks in Mamadou Diawaras Renault, dessen weiße, leicht erhabene Narbe bis heute sichtbar ist. Dabei hat der Kratzer nicht einmal geblutet, sondern nur die Haut abgeschürft.

Mamadou fährt mich zum Point Sud, dem gerade erst gegründeten und vom Berliner Wissenschaftskolleg unterstützten Forschungsinstitut auf der südlichen Nigerseite, fast am breiten Strom gelegen. Daher führt mich mein erster Spaziergang auch direkt zum Flussufer. Doch die wenigen Meter sind auf Grund der ununterbrochenen Regenfälle und der unbefestigten Straße bereits eine abenteuerliche Expedition durch knietiefen rotbraunen Schlamm, an deren Ende ich mir nicht sicher bin, wo das Ufer aufhört und der Fluss beginnt.

Das Institut macht den Eindruck einer kleinen, sich noch im Bau befindlichen Schule. Es mangelt an allem, die Zimmer für die internationalen Forscher, für die Point Sud einmal Anlaufstelle und Austauschort werden will, sind gerade einmal mit dem Nötigsten ausgestattet und entbehren jeder Bequemlichkeit. Ich bin in dieser Hinsicht wirklich anspruchslos und auf meinen Reisen im Grunde nichts anderes gewöhnt. Wem ich aber selbst hier im Schatten, im Trockenen, selbst im Dunkel der Nacht nicht entkomme, ist der Klammergriff der feuchten Hitze, so dass sogar das zartgewebte Moskitonetz in mir ein klaustrophobisches Zugedeckt- und Eingeschnürtsein hervorruft. Es nützt nichts, dass ich mich aller Kleider entledige, dass ich mich jede halbe Stunde unter dem lauwarmen Rinnsal aus der Dusche abzukühlen versuche, dass ich durch mein Zimmer tigere, um die Luft in Bewegung zu halten, der Schweiß verdunstet nicht bei fast hundertprozentiger Luftfeuchtigkeit und immer noch vierzig Grad um zwei Uhr nachts, das heißt, ich mag so viel schwitzen, wie ich will, der Schweiß kühlt nicht, sondern steigert das Gefühl der Hautlosigkeit und Grenzauflösung noch.

3

Bamako, den 7.10.1999 Die Regenzeit sollte längst zu Ende sein. Indessen trommelt ein dicktropfiger Schauer auf das Wellblechdach der Caféterrasse, übertönt selbst den Mali-Blues, der in Diskothekenlautstärke aus der Backstube nach vorn ins L'Olympien dringt. Regennasse Gestalten huschen hinein, junge Männer, denen die durchnässten T-Shirts auf der nackten Haut kleben. In letzter Sekunde habe ich das Café erreicht, die ersten Tropfen fielen schon. Nun donnert und blitzt es. Ich habe keine Ahnung, wie ich zum Institut auf der anderen Nigerseite zurückkommen soll, das sicher schon in den rotschlammigen Fluten des Stroms versunken ist.

Viele schöne Gesichter finde ich hier, die überraschenderweise aber eher eine gewisse Schwermut als Ausgelassenheit und Lebensfreude ausstrahlen. Plötzlich wird mir bewusst, dass wir Menschen hier, in Afrika, unsere Wurzeln haben, und der Gedanke gefällt mir. Ich wüsste keinen Kontinent, dessen Bewohner ich lieber als Vorfahren hätte. Ihre Gegenwart berührt mich, ohne viele Worte, ohne auf irgendeine Art besonders zu sein, obgleich ihnen natürlich Dinge zu eigen sind, die ich nicht teile, ihr Sinn für besonders intensive Farben, ihr Rhythmusgefühl, ihr Familiensinn.

Die Menschen scheinen mir, entgegen meiner Erwartung,

sanfter, nachgiebiger. Es ist eine Nachgiebigkeit der Augen, der Haut. Ihre Blicke perlen nicht an der Oberfläche ab, sie hinterlassen eine kleine Delle, einen Eindruck in der ansonsten glatten, makellosen Haut. Im Norden Afrikas sind die Blicke härter und die Körper gepanzerter.

Ich denke an die Schriften Frantz Fanons: Überlegenheit? Minderwertigkeit? Warum nicht einfach versuchen, den anderen zu berühren, den anderen zu fühlen, sich gegenseitig zu entdecken?[58]

*

Ich verhalte mich unhöflich, wahre Abstand, verteidige mein Territorium, wache über meine Einsamkeit, weise jeden zurück, der es nicht erträgt, mich Fremden allein an einem Tisch sitzen zu sehen. Doch ich sitze hier allein, weil ich allein sein, weil ich nachdenken, beobachten, aufschreiben will. Wer schreibt, kann nicht in ein Gespräch eintreten.

Keiner versteht, wie jemand aus freien Stücken allein sein will. Warum reist er? Warum setzt er sich in ein Café? Wer allein sein will, kann das doch in aller Ruhe zu Hause tun!

4

Am zweiten Tag meines Aufenthalts habe ich begonnen zu photographieren, vor allem Menschen. Ich photographiere selten auf meinen Reisen, habe das Gefühl, die Kamera stehe dem unmittelbaren Eindruck im Weg. Auf dieser Reise sollten die Photos mir später als Anregung für die »Territorien« im Roman *David Kanchelli*[59] dienen. – Bis auf einen gingen mir alle belichteten Filme aus unerfindlichen Gründen verloren. Dabei hatte ich auf sie wie auf meine Notizbücher ein besonderes Augenmerk. Aber am Ende war ich nicht einmal mehr in der Lage, auf mein Gepäck zu achten.

Nun versuche ich, die inneren Bilder wiederzufinden. In der Erinnerung sind alle Eindrücke in ein trübes ockerfarbenes Licht getaucht. Der rötliche Staub der Sandpisten vermischt sich mit dem schwülen Dunst zu einem Weichzeichner, durch den es keine scharfen Ränder und Konturen mehr gibt. Und selbst von diesen unscharfen Bildern tauchen nur wenige und unzusammenhängende in meinem Gedächtnisalbum auf, als sei ich in den ersten Tagen wie unter Drogen durch Bamako gelaufen. Aber es gibt noch das Arbeitsjournal dieser Reise, das mir womöglich besser als jedes Photo hilft, sie zu rekonstruieren.

Mali zählt zu den am geringsten besiedelten Ländern Afrikas. Der Norden erstreckt sich weit in die Sahara hinein bis nach Algerien und ist nahezu menschenleer. In der Hauptstadt Bamako lebten während meines Besuchs etwa eine Million Menschen. Die Stadt wurde Mitte des siebzehnten Jahrhunderts am Ufer des Nigers gegründet, war bis zum Anfang des zwanzigsten Jahrhunderts aber nur ein unbedeutendes, von Malinke bewohntes Dorf. Ihr Name setzt sich aus den Worten *bama* für Krokodil und *ko* für Fluss zusammen.

Das heutige Zentrum der Stadt wurde im Verlauf des zwanzigsten Jahrhunderts errichtet. Sehenswürdigkeiten gibt es keine. Die Straßen sind in einem katastrophalen Zustand, werden indes von vielen großen, schattenspendenden Bäumen gesäumt. Das vor zwei Wochen von schwerbewaffneten Terroristen gestürmte Businesshotel Radisson Blu gab es 1999 noch nicht. Damals war das Hôtel de l'Amitié die bedeutendste Unterkunft vor Ort. Es besaß ein großes

Schwimmbad, das auch Besuchern, die nicht Gäste des Hotels waren, offenstand. Neben dem Café l'Olympien wird der Hotelpool des l'Amitié meine zweite feste Anlaufstelle bei meinen Ausflügen ins Stadtzentrum.

5

Berlin, den 21.7.1999 Treffen mit H., Referent für Afrikafragen im Außenministerium. – Viel kann er mir nicht berichten. Und nichts, was ich nicht schon weiß: Nie habe er schlechte Erfahrungen mit Raub, Korruption oder Krankheiten, nie Probleme mit dem Wasser oder den Speisen aus den öffentlichen Garküchen gehabt, nichts anderes als schöne, aufrechte, stolze Menschen und eindrucksvolle Lehmmoscheen seien ihm in Mali begegnet.

Auf keine meiner konkreten Fragen erhalte ich eine Antwort: Strom- und Wasserversorgung im Land, Preise, Bestechungsgelder, Visa, Impfungen ... Sein überschwängliches Geschwätz wirkt, als würde er mir geradewegs aus einem Reiseführer vorlesen. Selbst die Photos, die er dort geschossen zu haben vorgibt und nun vor mir ausbreitet, prägt die glatte, makellose Ästhetik von Werbebroschüren.

Tatsächlich ist die einzige Geschichte, die bezeugen könnte, dass er wirklich *dort* war, jene, warum er die berühmte Moschee von Djenné nicht hat betreten dürfen: Ein französischer Modephotograph hatte den heiligen Ort zu einer Photoserie mit äußerst spärlich bekleideten Models missbraucht. – Das erinnert mich an die Entweihung des Friedhofs St. Louis Nr. 2 in New Orleans durch die anstößigen Dreharbeiten zu *Easy Rider*. Der damaligen Populärkultur ging es nicht nur um die bewusste Profanierung heiliger Stätten, sondern ganz unverhohlen um die Inszenierung ihrer neuen Gottheiten an den zuvor entweihten Orten.

Am Abend folgt ein Treffen mit N., dem Sekretär des Berliner Wissenschaftskollegs, der gerade von einem Besuch des Schwesterinstituts in Bamako zurückgekehrt ist. Er redet voller Wärme über Mali. Wenn er dort sei, gebe er sich der Fremdheit einfach hin. Die Dinge, die man sich vorgenommen habe, ließen sich ohnehin nicht in der Weise erledigen, wie man es geplant habe. So sei es ihm auch diesmal ergangen. Nein, er sei nicht besonders vorsichtig gewesen, habe nicht auf jeden seiner Schritte und jedes seiner Worte geachtet. Die anderen sähen ja, dass er ein Fremder sei, und würden gar nicht erwarten, dass er mit all den einheimischen Sitten und Gebräuchen vertraut sei. In Mali fühle er sich wie ein ausgetrockneter Schwamm, der sich endlich einmal wieder mit einer Fülle unerwarteter Eindrücke, mit überraschenden Farben, Geräuschen und Gerüchen vollsaugen dürfe. Im Übrigen habe er sich ganz auf seinen Gastgeber verlassen können. Immer sei er in jenes Netz von Beziehungen und Kontakten eingebunden gewesen, die den afrikanischen Alltag beherrschen.

Zurücklassen müsse man unsere internalisierten Kalendersprüche: Verschwende nicht deine Zeit! Zeit ist Geld! Wenn die größtmögliche Ausbeutung der Zeit unser Lebenssinn sein sollte, wäre jeder Aufenthalt in Afrika in der Tat eine äußerst frustrierende Erfahrung. Wenn Leben aber Zeit haben anstatt Zeit nutzen bedeute, werde man sich dort als reich beschenkter Mensch fühlen.

Ich habe Mamadou in sein Heimatdorf begleiten dürfen, erzählt N. Die Zusammenkunft aller Familienmitglieder musste im Hof stattfinden, da das bescheidene Lehmhaus keinen Gastraum besaß. Kein Baum, kein Strauch. Sonnenglut und Staub. Aber eine unglaubliche Herzlichkeit.

Man bietet mir ein Glas Wasser an. Ich zögere, blicke zu Mamadou, der hier in dieser Armut aufgewachsen ist. Wie oft hat man mich gewarnt, in diesem Land ungefiltertes Wasser zu trinken! Aber Mamadou ist in ein Gespräch mit seinen Verwandten vertieft und sieht meinen fragenden Blick nicht. Also füge ich mich der Situation. Die Gesetze der Gastfreundschaft scheinen mir im Augenblick wichtiger als das Gleichgewicht meiner Darmflora.

Dann statten wir der kleinen Dorfschule, in der Mamadou seinen ersten Unterricht erhalten hat, einen Besuch ab. Das Schulgebäude ist ein nüchterner Zweckbau in europäischem Stil und stammt noch aus der Kolonialzeit. Die Stühle sind fest an die Tische geschraubt, in die Tische sind kleine Vertiefungen für die Tinte gefräst. Auf der großen Schiefertafel stehen vom morgendlichen Unterricht einige Französischvokabeln. Mamadous ehemaliger Französischlehrer unterrichtet hier noch immer und fordert seinen erfolgreichen Schüler lächelnd auf, die Verben durchzudeklinieren.

Auf dem Rückweg in die Hauptstadt erwähne ich beiläufig meine Sorge um die Reinheit des Wassers. Natürlich hat man es vorher abgekocht, beruhigt mich Mamadou. Wir kennen doch schon seit Jahrhunderten die Empfindlichkeit eurer inneren Organe.

6

Corpus Christi, den 12.8.2013 Treffen mit Laurence Cole, einem der letzten, der die mythische Stadt noch besuchen konnte. Cole ist ein kleiner, untersetzter Mann mit einem

Knabengesicht, behäbig nicht auf Grund seiner Konstitution, sondern seiner zügellosen Genusssucht. Sein Haar ist schütter und mit Festiger über die kahlen Stellen geklebt. Dreißig Jahre lang war er Mitarbeiter des *National Geographic*, nun arbeitet er als freiberuflicher Journalist für das neubegründete Surveillance-Net.

Er war als junger Mann in Afrika. Photographien zeigen ihn mit bloßem Oberkörper, wie er Fischern hilft, ihre Boote ans Flussufer zu ziehen, und nackt unter einem einsam gelegenen Wasserfall, von Kopf bis Fuß mit Lehm beschmiert. Nicht ohne Sentimentalität erzählt er, dass diese Reisen für ihn gleichsam eine Heimkehr gewesen seien, eine Heimkehr an die Geburtsstätte der Menschheit. So oft wie möglich habe er sich auf die Erde gelegt, seine nackte Haut auf der sandigen Kruste oder dem weichen Schlamm spüren und dieses Gefühl von Rück- und Heimkehr erleben wollen.

Seine Schilderungen sind berührender als seine Photographien. Die Bilder zeigen eine rotbraune, vom Bauxitabbau verwundete Marslandschaft. Wenn er aber von der Begegnung mit dem Elefanten erzählt, einem Einzelgänger, der plötzlich vor ihm stand und ihn mürrisch musterte, und wenn er dann mit einer anschaulichen Bewegung des Kopfes den Abscheu des Dickhäuters vor der bleichgesichtigen Kreatur vor ihm nachspielt, steht mir die Situation so lebendig vor Augen, dass alles in mir aufschreit, als er anstatt zur Photokamera zu seinem Jagdgewehr greift und das große, griesgrämige Tier mit einem Schuss hinter das linke Ohr erlegt.

Für uns Besucher aus dem Norden aber, fährt Cole mit seiner hellen, kindlichen Stimme fort, ist ein Aufenthalt in dieser Wüstenstadt mit dem verheißungsvollen Namen stets eine Enttäuschung gewesen. Ein armseliges, gottverlassenes

Nest, kaum zwanzigtausend Einwohner, die Gassen stinken nach Kot und Hundekadavern, die Hitze ist unerträglich und die Luft so staubig, dass jeder Atemzug die Bronchien blutig scheuert.

Woher stammt dann der legendäre Ruf dieser Stadt?

Was weiß ich? Womöglich ist sie nur dafür berühmt, berühmt zu sein. Schon damals war es schwierig, überhaupt dort hinzukommen. Und Unerreichbarkeit ist zweifellos die beste Voraussetzung, sich den Ruf eines Mysteriums zu bewahren.

Nach drei Tagen Aufenthalt war ich bereits völlig erschöpft. Als ob die Stadt mir jeden Lebenssaft aus dem Leib gesogen hätte. Von der Gier ihrer Bewohner ganz zu schweigen. Keinen Schritt konnte ich gehen, ohne dass ein Heer von Händlern mich bedrängte und mir irgendeinen chinesischen Schund unter die Nase hielt. Doch am schlimmsten waren die Kinder: Gib mir einen Kugelschreiber, schenk mir deine Uhr, schenk mir deine Schuhe, deine Jeans, deine Baseballkappe, gib mir ein paar Dollar … Du kannst dieser Gier nicht entkommen. Sie sind nicht wirklich bedürftig. Arm, ja, aber nicht mittellos. Es ist eher wie ein pawlowscher Reflex, ein gedankenloses Spiel, so wie Kinder, ohne grausam sein zu wollen, ein gefangenes Insekt quälen. Ein fortgesetzter Alptraum, aus dem du nicht erwachen kannst.

Inzwischen ist es dunkel geworden. Offenbar hat er die Photozellen ausgestellt. So sitzen wir im grauen Streulicht, das durch die Polarisationsfenster von der Straße in den Wintergarten dringt. Das *Allahu akbar* plärrt metallisch durch die Hochhausschluchten. Irgendwo heult eine Sirene. Unten auf dem Seitenstreifen schlurft ein alter Mann zum Nachtgebet zur Moschee, ohne die rasenden Geländewagen, die ihn fast streifen, zu beachten.

Wie sind Sie nach Timbuktu gereist?

Ich bin auf dem Fluss gekommen. Auf einer Pinasse, einem aus Eisenschrott zusammengeschweißten und in grellen Farben bemalten Kahn, dreißig Meter lang, angetrieben von einem Öl verlierenden Lastwagenmotor, mit hundert weiteren Fahrgästen und ausreichend Fracht an Bord, um auch ein doppelt so großes Schiff zu versenken. Im Frachtraum waren ständig zwei Matrosen damit beschäftigt, das eindringende Wasser eimerweise dem Fluss zurückzugeben. Man hätte es auch gleich dabehalten und zum Kochen verwenden können. Denn auch dazu hat man einfach das Nigerwasser benutzt, in das alle hundert Passagiere und Tausende anderer Flussreisende und Flussanwohner mangels alternativer Anlagen ihre Notdurft verrichteten. Das darf einen Reisenden auf dem Niger nicht stören. Auf das Waschen kann man ja gut und gerne mal fünf Tage verzichten, aber nicht auf das Essen, da der Körper ohnehin schon vom chronischen Durchfall geschwächt und auf das Unentbehrlichste abgemagert ist. Fünf Tage dauert die Passage von Mopti bis Timbuktu. Einmal sahen wir unterwegs ein gähnendes Nilpferd.

Sternenklare Nacht. Der Staub hat sich gelegt, die Lehmwände haben die Backofenglut des Tages abgegeben. Unter meinen Schritten knirscht heller, feinkörniger Wüstensand. Er reflektiert das Mondlicht wie frischgefallener Schnee. Ich gehe auf diesem silbrigglänzenden Mondstaub den Pfad entlang, der den Fluss mit der Stadt verbindet. Die bei Tage schlammgrauen Lehmbauten schimmern nun wie mit Weißgold überzogen. Das ist die legendäre Stadt von Mansa Musa, der auf seiner Pilgerfahrt nach Mekka in Kairo Rast gemacht und so viel Gold unter den Armen der Pharaonenstadt verteilt hat, dass der Goldpreis für Jahrzehnte zusammenbrach.

Das sind die prächtigen Paläste und Moscheen mit den goldenen Dächern.

Ganze Stadtviertel liegen in Ruinen, beendet Cole seinen Bericht, vom Regen weggewaschen, von Tuaregrebellen beschossen und zerbombt. In alle Räume dringt der Sand. In jede Pore. Die Marktstände sind dürftig, die Geschäfte leer. Die jungen Leute sind alle fort.

7

In seiner Blütezeit soll Timbuktu zwanzigtausend Studenten beherbergt haben. Über hundert Koranschulen gab es in der Stadt und eine der bedeutendsten Bibliotheken der damaligen Welt mit den Werken der wichtigsten klassischen Gelehrten. Neben der arabischen Sprache wurden Rhetorik, Recht, Medizin und die Auslegung der heiligen Schriften gelehrt. »Salz kommt aus dem Norden, Gold aus dem Süden und Silber aus dem Osten«, lautet ein sudanesisches Sprichwort aus jener Zeit, »aber das Wort Gottes und die Schätze der Weisheit sind nur in Timbuktu zu finden«.

Auch in Europa hat man bereits früh von dieser sagenumwobenen Stadt gehört. Aber erst im Jahr 1826 erreichte der erste Europäer, der Schotte Alexander Gordon Laing, diesen mythischen Ort. Laing, Sohn eines schottischen Schuldirektors, war Major im 2. westindischen Regiment und Geograph. Zwei Tage vor der Abreise zu seiner Afrikaexpedition heiratete er Emma Warrington, die Tochter des britischen Konsuls in Tripolis.

In Timbuktu stand Laing unter dem Schutz des geistlichen Führers der Kunta-Mauren. Doch auf seinem Rückweg zur Ehefrau in Tripolis wird er in Araouane von Unbekannten ermordet. Seine Aufzeichnungen bleiben verschwunden.

Drei Jahre später behauptet René Caillié, als arabischer Pilger verkleidet, nach Timbuktu gelangt zu sein. Als er seine umfangreiche Reisebeschreibung veröffentlicht, kommt rasch das Gerücht auf, er habe Timbuktu nie betreten, sondern sich mit Unterstützung des französischen Konsuls in Tripolis in den Besitz von Laings Aufzeichnungen gebracht und sie für seinen eigenen, fiktiven Reisebericht geplündert.

René Caillié, fünf Jahre jünger als Laing, stammt aus einfachen Verhältnissen. Sein Vater ist Bäcker, wird indes kurz nach der Geburt Renés ins Zuchthaus eingeliefert, das er nicht mehr lebend verlässt. Der Junge wird von seiner Mutter aufgezogen, die er mit zwölf Jahren verliert. Nach einem kurzen Schulbesuch geht er bei einem Schuhmacher in die Lehre, findet aber keinen Gefallen an dem Handwerk. Mit sechzehn Jahren begleitet er einen französischen Offizier als Diener und weiß Gott was noch in den Senegal. Von der Hafenstadt Saint-Louis marschiert er an der Küste entlang Richtung Süden nach Dakar, seine erste afrikanische Exkursion (oder Flucht?). Zwei Jahre lang führt er ein unstetes Wanderleben und kehrt schließlich mittellos und krank nach Frankreich zurück.

1824 reist Caillié mit Unterstützung eines Kaufmanns aus Bordeaux erneut in den Senegal, immer noch in der Absicht, das Innere Afrikas zu erforschen. Die Karte Afrikas, auf der ich nur unbewohnte oder als unbekannt markierte Länder sah, weckte mehr als alle anderen meine Neugier, schreibt Caillié in der Einleitung zu seinem Reisebericht. Nach und nach richteten sich alle meine Gedanken auf Timbuktu. Diese Stadt wurde zum Ziel all meiner Anstrengungen. Meine Entscheidung stand fest: Timbuktu sehen oder untergehen![60]

Cailliés Reise ist eine des ständigen Misstrauens, der Lüge und des gegenseitigen Betrugs. Caillié gibt sich als muslimischer Pilger aus, viele der Einheimischen halten den Fremden für einen französischen Spion. Und im Grunde ist Caillé das auch. Seine noch von Neugier, Ruhmsucht und Besessenheit motivierte Expedition stellt sich am Ende vor allem als Vorhut zur militärischen Eroberung dar. Wenige Jahrzehnte nach Cailliés »Entdeckung« verliert Timbuktu seine Unabhängigkeit. 1893 wird die ehemalige Königsstadt von den Franzosen besetzt und ihrem afrikanischen Kolonialreich einverleibt.

Am Abend kamen wir glücklich in Timbuktu an. So sah ich also die Hauptstadt des Sudan, die schon so lange das Ziel meiner Träume gewesen war, zum ersten Mal im Licht der untergehenden Sonne. Ein unbeschreibbares Glücksgefühl bemächtigte sich meiner, als ich diese sagenumwobene Stadt betrat, die schon so viele europäische Nationen erforschen wollten. Niemals zuvor hatte ich eine solche Zufriedenheit verspürt. Ich war außer mir vor Freude. (...)

Als sich aber die erste Begeisterung gelegt hatte, mußte ich feststellen, daß sich mir ein ganz anderes Bild darbot, als ich es erwartet hatte: Ich hatte mir von der Ausdehnung und dem Reichtum der Stadt eine viel großartigere Vorstellung gemacht, als es der Wirklichkeit entsprach. Auf den ersten Blick sah ich nur schlecht gebaute Lehmhäuser und um die Stadt herum riesige, wüstenhafte Ebenen mit gelblich-weißem Sand, die bis zum Horizont reichten, der in ein blaßrotes Licht getaucht war. Eine bleierne Stille lag über der traurigen Landschaft, nicht ein einziger Vogel war zu hören.[61]

Immerhin, René Caillié ist der erste Europäer, der seinen Landsleuten einen Augenzeugenbericht über diesen mythischen Ort liefert. Nach dem Tod Alexander Laings entbrannte ein Wettkampf zwischen den Geographischen Gesellschaften von London und Paris, welchem Europäer endlich der erfolgreiche Besuch dieser Wüstenstadt gelänge. In Paris setzte man einen Preis von zehntausend Francs für denjenigen Franzosen aus, der als erster Timbuktu erreichen und glaubwürdige Nachrichten in die Heimat brächte.

In Paris zögert die Société de Géographie nicht, Caillié den ausgesetzten Preis zu überreichen. Jomard, der Präsident der Gesellschaft, unterstützt Caillié bei der Abfassung seines Reiseberichts.

In Timbuktu erfährt Caillié auch Genaueres über das Schicksal Laings: Die Karawane, mit der Major Laing (nach seinem Aufenthalt in Timbuktu) Richtung Norden gezogen war, stieß nach fünftägigem Marsch auf den Scheich Hamet-oul'd Habib, einen fanatischen Greis und Häuptling der Zaouat, die in der gleichnamigen Wüste ein Nomadenleben führen. Scheich Hamet nahm den Major unter dem Vorwand fest, er sei ohne seine Erlaubnis in sein Gebiet eingedrungen. Dann wollte er ihn zwingen, Mohammed als Propheten Gottes anzuerkennen. Laing weigerte sich im Vertrauen auf den Schutz des Paschas von Tripolis, der ihn allen Wüstenscheichs anempfohlen hatte.

Ein Maure aus dem Gefolge des Häuptlings erhielt den Befehl, den Christen zu töten. Er sah den Scheich entsetzt an und weigerte sich, den Befehl auszuführen. »Was,« sagte er, »du willst, daß ich den ersten Christen, der hierher gekommen ist und uns nichts Böses getan hat, ermorde? Das mögen andere tun!«

Negersklaven wurden gerufen und ihnen der schreckliche Auftrag erteilt, den der Maure so tapfer zurückgewiesen hat. Sie ergriffen den Todgeweihten, einer von ihnen schlang ihm seinen Turban um den Hals, dann zogen sie an beiden Stoffenden, bis der Major erstickt war. Seinen Körper ließen sie in der Wüste liegen, wo er Raben und Geiern, den einzigen Vögeln, die in dieser Öde leben, als Nahrung diente.[62]

Cailliés Gesundheit ist durch die erlittenen Strapazen so erschüttert, dass er entgegen seinen Absichten nicht nach Afrika zurückkehren kann. Er stirbt mit achtunddreißig Jahren in Frankreich an den Folgen einer unbekannten Krankheit, die er sich auf seiner entbehrungsreichen Reise zugezogen hat.

8

Der Name bedeutet angeblich *Brunnen der Buktu*. Der Sage nach war Buktu eine Sklavin der Tuareg, die hier zur Bewachung eines Brunnens zurückgelassen wurde. Manche deuten den Namen der Sklavin als *Frau mit einem großen Bauchnabel.* Ernstzunehmendere Etymologen leiten den Namen von der berberischen Wortwurzel für *weit entfernt* oder *versteckt* ab.

Nach Heinrich Barth, dem deutschen Afrikaforscher, der fünfundzwanzig Jahre nach Caillié als dritter Europäer die alte Karawanenstadt erreicht und sich dort acht Monate aufhält, lautet der korrekte Ortsname eigentlich *Tombuktu* und bedeutet *Ort in den Dünen*.

In den letzten zwanzig Jahren soll sich die Sahara über hundert Kilometer weiter nach Süden vorgeschoben haben. Überall in den Straßen der Stadt breitet sich der Sand aus. Auch die ehemaligen Kanäle, die Timbuktu einst mit dem fünf Kilometer entfernten Niger verbanden, sind längst verschüttet.

Ende des neunzehnten Jahrhunderts machten hier noch vierhundert Karawanen im Jahr Station. Heute scheint es indessen weit schwieriger, nach Timbuktu zu gelangen, als noch vor hundert Jahren. Gegenwärtig gibt es keine Verbindung mit öffentlichen Verkehrsmitteln zwischen Bamako und Timbuktu.

Für einen französischen Offizier kam es einer Strafversetzung gleich, in die abgelegene Wüstenstadt abkommandiert zu werden. Neben Soldaten sind es fortan nur noch Völkerkundler und Schriftsteller, die sich gelegentlich an diesen Ort verirren. 1937 durchquert auch der Pariser Korrespondent der *Frankfurter Zeitung*, Friedrich Sieburg, die Sahara, allerdings im Bus, und beschreibt in seinem Reisebericht Timbuktu als einen der trostlosesten Orte am Ende der Welt.

In der im Süden von Marokko gelegenen Stadt Zagora, die einst die letzte Karawanserei nördlich der Sahara beherbergte, steht am Ortsrand immer noch der alte Wegweiser mit der Aufschrift: *Timbuktu 52 Tage*.

9

Während der autoritären Herrschaft Zine el-Abidine Ben Alis erschien Tunesien mir immer als die langweiligste Region des Maghreb, ein Land voller Touristenführer, Händler, Bademeister und Kellner. Indessen nahm in Tunesien der sogenannte Arabische Frühling seinen Ausgang. Zugleich stellt das kleine nordafrikanische Land die größte Zahl ausländischer Kämpfer des sogenannten Islamischen Staats in Syrien und Irak.

Mein letzter Besuch in Tunis fand noch während der bleiernen Jahre Ben Alis statt. Ich saß in einem Café an der Avenue Habib Bourguiba, als sich ein junger Tunesier an meinen Tisch setzte und mir anbot, mich durch die Medina zu führen. Wir kamen nur bis zur Porte de France. Zwei Männer in Zivil marschierten zielstrebig auf uns zu. Während der eine mich freundlich bittet, weiterzugehen und im nahegelegenen Touristenbüro nach einem offiziellen Führer zu fragen, beginnt der andere, vor unser aller Augen meinen jungen Cicerone zu beschimpfen und zu ohrfeigen. Ich kann nicht sagen, dass ich die Vorgänge in ihrer Gänze durchschaue. Trotzdem empöre ich mich. Immer noch höflich, inzwischen aber ohne Freundlichkeit, entgegnet der Mann, sie seien hier zu meinem Schutz. Wenn ich keinen Ärger wolle, solle ich endlich weitergehen.

Ich war nicht naiv. Natürlich wusste ich, dass der junge Mann an mir ein wenig Geld verdienen wollte. Aber mich entführen, verletzen, umbringen wollte er gewiss nicht. Auf diesen absurden Gedanken hat uns erst die brutale Aktion der Geheimpolizei gebracht. Er war mir sympathisch, sonst hätte ich ihn sich erst gar nicht an meinen Tisch setzen lassen, ich habe meinem Bauchgefühl vertraut, anders kann man nicht reisen, aber dieses Vertrauen ist uns beiden nachhaltig herausgeprügelt worden. Es gibt auch einen Terror der totalen Überwachung.

10

Alexander Gordon Laing hatte die Absicht, eine direkte Route vom Mittelmeer südwärts durch die Sahara nach Timbuktu zu nehmen. Er hatte drei Männer bei sich, einen Diener namens Jack le Bore und zwei Schiffszimmermänner, damit man, wenn man den Niger erreiche, die Expedition auf einem selbstgebauten Kahn fortsetzen könne.

Mitten in der Wüste, noch achthundert Meilen von Timbuktu entfernt, gesellt sich eine Schar bewaffneter Tuareg zu Laings kleiner Karawane und bietet den Europäern ihren Geleitschutz an. Am sechsten Tag ihrer gemeinsamen Reise greifen die Wüstenkrieger die Fremden aus dem Norden im Schlaf an, schießen wild in ihr Zelt, stürzen dann, als niemand sich mehr rührt, hinein und schlagen mit den Schwertern auf die Reglosen ein, bis sie sicher sein können, dass die weißen Männer tot sind. Aber Laing überlebt:

Um oben zu beginnen: Ich habe fünf Säbelhiebe auf dem Oberkopf und drei an der linken Schläfe, alles Brüche, von denen viel Knochen abgesplittert ist, einer an meiner linken Wange, der den Kieferknochen zertrümmert und das Ohr durchtrennt hat, wovon eine sehr unansehnliche Wunde zurückgeblieben ist; einer über der rechten Schläfe und ein gräßlicher Schnitt im Nacken, der die Luftröhre leicht gestreift hat; eine Musketenkugel in der Hüfte, die sich durch meinen Rücken gebohrt und das Rückgrat gestreift hat; fünf Säbelhiebe an meinem rechten Arm und meiner rechten Hand, wobei die Finger gebrochen, die Hand dreiviertel und die Handwurzelknochen ganz durchtrennt wurden; drei Schnitte am linken Arm, dessen Knochen gebrochen ist, jedoch wieder zusammenwächst; eine leichte Wunde am rechten Bein und zwei am linken Bein, eine davon mit einem gräßlich klaffenden Schnitt.[63]

Am 13. August 1826 reitet Major Alexander Gordon Laing, verstümmelt und entstellt, in Timbuktu ein. Er bleibt nur wenige Wochen, denn die Stadt ist in Aufruhr, und der geistliche Führer der Stadt, unter dessen Schutz Laing steht, drängt ihn, möglichst bald wieder abzureisen. – Am fünften Tag seiner Heimreise, dreißig Meilen von Timbuktu entfernt, wird er wieder überfallen. Diesmal schlagen die Angreifer ihm nach dem Erwürgen den Kopf ab.

II

Tunis zählt zu den ältesten ununterbrochen besiedelten Orten am Mittelmeer, stand aber jahrhundertelang im Schatten des benachbarten Karthago. Der Aufstieg zu einer bedeutenden Hafenstadt begann erst mit der endgültigen Zerstörung Karthagos. Unter der Dynastie der Hafsiden im dreizehnten Jahrhundert brach ihre größte Blütezeit an, sie wurde zur unbestrittenen Hauptstadt, erhielt neue gewaltige Befestigungsanlagen, überdachte Suqs und eine der bedeutendsten Hochschulen der islamischen Welt.

Diese Blütezeit endete im sechzehnten Jahrhundert durch den Machtkampf zwischen den Osmanen und dem abendländischen Kaisertum. 1535 erobern Truppen Karls des Fünften Tunis, wobei dreißigtausend Bewohner der Stadt den Tod finden. Vierzig Jahre später fällt sie in die Hand der Herrscher vom Bosporus und sinkt zurück in den Rang einer Provinzstadt, bis die Flüchtlinge aus Andalusien, die Opfer der Reconquista durch Spaniens »katholische« Könige, der Stadt frischen Auftrieb geben.

In den folgenden zwei Jahrhunderten lebt sie vor allem von der Seeräuberei. Die Europäer nutzen die Schwäche der Verwaltung – Konstantinopel ist weit entfernt – und machen sich mit günstigen Krediten für die verschwenderischen Beys und ihren Hofstaat unentbehrlich. Schließlich sind die regionalen Fürsten vor allem bei den großzügigen Franzosen so sehr verschuldet, dass sie deren Forderung nach Rückzahlung kaum noch nachkommen können. Die Plünderung einer gestrandeten französischen Korvette bietet Frankreich am Ende den willkommenen Vorwand zum Einmarsch. Sie zwingen den Bey von Tunis zur Unterzeichnung eines

»Schutzvertrags«, der faktisch den Beginn des französischen Protektorats über Tunesien darstellt.

Auch wenn man von dieser wechselvollen Geschichte wenig weiß, findet der Besucher sie doch im Stadtbild dokumentiert, die alte Medina, die französische Neustadt, die Ruinen von Karthago. Ich gehe durch ein zu Stein gewordenes Geschichtsbuch.

Doch die Geschichte hört nicht auf, Stein bedeutet nicht Dauer, auch er kann abgetragen, gesprengt, dem Erboden gleich gemacht oder neu verbaut werden. Noch legt sich das Neue wie ein Jahresring um das Alte. Nach der Unabhängigkeit im Jahr 1956 und dem Abzug der Franzosen ziehen wohlhabende Tunesier aus der Medina in die verlassenen Europäerviertel. Und um diese ehemals europäische Neustadt legt sich ein nächster Ring mit armen Bidonvilles und Sozialbausiedlungen. Die alten urbanen Gegensätze und Spannungen werden nicht aufgelöst, sondern nur von neuen ersetzt. Arm, reich, einheimisch, zugewandert, gebildet, ungebildet, religiös, säkular, es handelt sich um ein unberechenbares Verhältnis zwischen Struktur und Gewimmel, jederzeit kurz davor, zu verhärten oder zu explodieren.

12

Es scheint eine Reise in die Alltäglichkeit, ich fühle mich vollkommen erwartungslos. Ein bereits bekannter, wenn auch nicht vertrauter Ort. Ein Ort der Jugend, zu der ich schon lange nicht mehr gehöre. Bin ich eifersüchtig auf sie? Versucht man nicht mit jeder Reise, dem unaufhaltsamen Altern und Sterben davonzulaufen? Oder ist das Gegenteil wahr: Reist man ihm entgegen, reist man mit ihm zusammen?

Alle, die nicht, wie die Mehrzahl der Reisenden, bereits auf dem Weg nach Timbuktu umgekommen sind, kommen krank und zu Tode erschöpft heim und sterben jung. Nicht nur Fieber und Parasiten rauben ihnen die Lebenskraft, der Preis ihres Reisens ist ihre Jugend. Als alte Männer kehren sie zurück. Welcher Wahnsinn ist es, das Vertraute, Behagliche, Behütende zurückzulassen und sich in diese Ungewissheit, diesen Rausch, dieses Fieber zu werfen? Gut, zumindest René Caillié hatte nichts zu verlieren.

Das Reisen ergreift uns wie eine Krankheit, verändert uns wie eine Krankheit. Ohne krank geworden zu sein, sind wir nicht gereist. Die Entzündungen sind es, die unser Körper nicht vergisst und in ihm eingeschrieben bleiben. Die Verluste sind es, die uns am Ende bereichern, auch wenn sie uns das Leben kosten.

Und es fragte der König: »Sage mir, heiliger Mann, wird ein jeder nach dem Tode zurückkehren ins Leben?«

»Die einen werden wiedergeboren, die anderen nicht.«

»Wer aber sind sie?«

»Wer gesündigt hat, wird wiedergeboren, wer ohne Sünde ist und rein, wird nicht wiedergeboren.«

Wer will da ohne Sünde und rein sein? – Der Weihrauchdieb wird zur Bisamratte, der Pferdedieb zum Tiger, der Gemüsedieb zum Pfau und der Feuerdieb zum Reiher.

13

Tunis, den 18.12.2015 Um vier Uhr aus dem Bett, gleich mit der ersten Maschine von Tegel nach Frankfurt. Wenn ich früher als gewöhnlich aufstehen muss, schlafe ich in der Regel schlecht, um auf keinen Fall zu verschlafen. Im Traum versuche ich meinem älteren Bruder, seines Zeichens Arzt, den Schmerz des frühen Aufstehens zu erklären, ein durchaus realer, körperlicher Schmerz, in dem der ganze Leib entzündet zu sein scheint. Und während ich noch nach den richtigen Worten suche, spüre ich den Schmerz so wirklich, dass ich im Erwachen aufstöhne.

Auch in meinem Flugzeug nach Frankfurt packt mich das Reisefieber nicht. Überwiegend Männer mit grauen unausgeschlafenen Gesichtern in ebenso grauen zerknitterten Geschäftsanzügen, Männer meines Alters, die mir fremder nicht sein könnten, obgleich wir doch Landsleute sind und größtenteils in derselben Stadt leben. Aber mit keinem von ihnen wollte ich mit demselben Flugzeug abstürzen.

Sonnenaufgang um Viertel nach acht über dem Frankfurter Flughafen, eine Stunde später als in Berlin. Wir sind mit der Morgendämmerung geflogen. Es ist, als hätte ich mich gar nicht fortbewegt.

Im Flieger nach Tunis hole ich meinen Schlaf nach. Beim zweiten Erwachen an diesem Tag finde ich mich auf einem anderen Kontinent wieder.

Ich richte mich in der neuen Wohnung ein, gehe einkaufen, besorge mir eine lokale Telefonkarte, alles in einer geschäftigen Halbwachheit, ohne schon richtig angekommen zu sein. Kein Innehalten: Sieh, du bist in Tunis, in Nordafrika! Spürst du nicht, wie anders die Luft hier ist, milder, feuchter, durch die nahe See? Nein, ich spüre sie nicht, ich schwitze nur mehr, weil ich noch meine Winterkleidung trage, in der ich von Berlin aufgebrochen bin.

Als ich endlich erschöpft ins Bett falle, finde ich stundenlang keinen Schlaf. Die ganze Nacht über lärmt es im Hof, jetzt, an meinem ersten Morgen in Tunis, setzt sich das ständige Hämmern, Schreien, Rumoren ununterbrochen fort.

Muss mich zur Arbeit zwingen, damit sich die Depression nicht noch tiefer in mich eingräbt. Die Wohnung liegt im Zentrum, direkt hinter der Kathedrale, auf der Grenze zwischen der Medina und der Neustadt. Sie wirkt beengend, ich fühle mich in ihr wie ein Gefangener, alle Fenster gehen auf dunkle, schachtähnliche Höfe hinaus. Habe nur eine Stadt mit einer anderen getauscht, das Berliner Winterlicht mit der Schachtdunkelheit in Tunis, der Lärm ist gar derselbe, Stadtgeräusche, ununterscheidbar, die gleichen Motoren, Radiosongs, Familienstreitigkeiten, nicht einmal einen Muezzinruf habe ich bisher gehört. Aber heute früh, kurz vor dem Aufwachen, glaubte ich, von Glockengeläut geweckt zu werden.

14

Bamako, den 4.10.1999 Verspäteter Abflug in Paris, da das Gepäck noch einmal ausgeladen und identifiziert werden muss. Zwei Passagiere, die bereits eingecheckt sind und ihr Gepäck aufgegeben haben, gehen nicht an Bord. Lästige, aber wohl unvermeidliche Verzögerung.

Die alte Propellermaschine braucht sieben Stunden für die viertausend Kilometer. Bei unserer Landung verstehe ich den Grund: Eine Landebahn irgendwo in der Savanne, von einigen Baracken gesäumt, die zwischen dem Buschwerk erst sichtbar werden, als unser Flugzeug zur Landung ansetzt. Kaum hat das Fahrwerk den schwitzenden Asphalt berührt, bremst der Pilot so heftig, dass uns nur noch die Sicherheitsgurte in den Sitzen halten. Und das nicht aus Übermut: Wenige Meter vor dem Ende der viel zu kurzen Landebahn bringt er die kleine Maschine zum Stehen.

Erschöpft und benommen von diesem Flugabenteuer taumeln die wenigen Passagiere die Gangway hinab in die heißen, giftigen Schwaden eines Teerkochers. Kein Bus holt uns ab. Schwitzend und nach Atem ringend schleppen wir uns zu einer der Baracken, die einem französischsprachigen Hinweisschild zu Folge von sich behauptet, das Empfangsgebäude zu sein.

Die Begrüßung durch Mamadou ist ausgesprochen herzlich. Er hat Frau und Kinder mitgebracht und einen Fahrer mit einem zweiten Wagen, da bei dem Umfang des Begrüßungskomitees für mich und mein Gepäck in der Familienlimousine kein Platz mehr ist.

Kaum habe ich mein Gepäck verstaut, muss ich feststellen, dass meine angeblich so unempfindliche Reisekleidung bereits voller Öl- und Rostflecken ist. Offenbar stellt jede Berührung hier bereits irgendeine Form von Kontamination dar. Resigniert nehme ich neben dem Fahrer Platz. Wie hat er es geschafft, dass sein schneeweißer Boubou so makellos wie ein Kommunionkleid erscheint? Er bittet mich, die Fenster geschlossen zu halten, da der Wagen über eine Klimaanlage verfüge. Binnen Sekunden ist es so kalt wie in einem Gefrierguttransporter. Der Schweiß vereist auf meiner Stirn und im Nacken. Die größte Gefahr für die Gesundheit ist ja nie die Hitze, sondern der unvernünftige Kampf gegen sie.

Mit unglaublicher Geschwindigkeit rast mein Fahrer die unbeleuchtete, ungeteerte Piste entlang, zu einem noch imaginären Ort, dem dieser Flugplatz der Hafen sein soll. Eselskarren kommen uns entgegen und Frauen in bunten Tüchern, aufrecht, mit Lasten auf dem Kopf. Und hin und wieder, silbrig im grellen Aufblendlicht, ein staubiger Tierkadaver am Straßenrand.

Holzverschläge, vor denen, um trübe Gas- oder Petroleumlampen geschart, Gestalten wie Kleiderbündel kauern. Ein

Markt, sagt der Fahrer. Ich erkenne beim besten Willen nicht, was an den einzelnen Ständen, wenn es denn tatsächlich Marktstände sind, verkauft wird. Auf mich wirken die Lager am Straßenrand eher wie die von Flüchtlingen auf einer kurzen Rast. Doch es ist Nacht. Flüchtige, missverständliche Eindrücke im nervösen Strahl unserer Scheinwerfer.

Rostrote Pfützen, rostroter Schlamm, die Zufahrt zum Institut ist vom Land Rover kaum zu bewältigen. Die Regenzeit sollte längst vorbei sein, kommentiert mein Fahrer seinen Kampf mit gelassener Stimme. Auch er trägt den Rufnamen Mamadou. Dann gelangen wir endlich zum Institutsgebäude, einem weißgetünchten Betonbau direkt am Fluss. Alle Familienangehörigen Mamadous erwarten uns bereits im knöcheltiefen Morast vor dem Gebäude. Ich weiß nicht, wie ich die wenigen Schritte zu ihnen gelangen soll, ohne mir die neuen Laufschuhe zu versauen. Ich sollte, wie die Menschen hier, einfache Sandalen tragen oder barfuß gehen.

15

Tunis, den 1. 1. 1850 Während Herr Richardson noch in Paris auf einige Depeschen wartet, gehen Herr Dr. Overweg und ich voran und erreichen Tunis über Marseille, Philippeville und Bona am 15. Dezember 1849. Unglücklicherweise war in Algerien ein Anschein von Cholera, und es wurde als besondere Gnade angesehen, daß wir nach sechstägiger Quarantäne die Stadt betreten durften. Wir fingen sogleich an, uns mit Kleidungsstücken zu versehen, da Tunis ein kleines Paris ist und in Kunstschneiderei Tripolis bei weitem den Rang abläuft. Mittlerweile unternehmen wir täglich höchst interessante Ritte nach der Stätte des alten Karthago. Diese Übungen sind umso notwendiger, da Herr Overweg nie zuvor zu Pferde gewesen ist.

Wir sind auch so glücklich, in Tunis einen Diener zu finden, den Sohn eines befreiten Gobersklaven, der einen höchst nützlichen Begleiter hätte abgeben können, wenn nicht durch unglückliche Umstände seine Fehler die Überhand über seine guten Eigenschaften errungen hätten. So aber verlassen wir Tunis mit einem hübschen Vorrat nützlicher und schmucker Artikel am Nachmittag des 30. Dezember und bringen die erste Nacht in Hammam el Enf zu. (...)

Ich werde nie diese Nacht vergessen, die Nacht, welche das neue Jahr 1850 anfängt, in dessen Verlauf wir so manche schwierige Prüfung bestehen und durch Ausdauer uns des Erfolges würdig machen sollten. Es ist eine finstere und überaus kalte Nacht, und kaum wissen wir uns mit unserem Vorrat von Unter- und Oberzeug vor der Kälte zu schützen. Als Mitternacht eintritt und der feierliche Augenblick des Beginns des neuen Jahres da ist, machen Overweg und ich Halt, begrüßen das neue Jahr mit Begeisterung und wünschen einander, uns gegenseitig die Hände schüttelnd, glücklichen Erfolg auf unserer gefährlichen Laufbahn. Wir haben eine leichte Vorahnung, daß wir manche Schwierigkeiten zu überwinden haben und der besonderen Gnade des Barmherzigen bedürfen möchten. Unsere mohammedanischen Begleiter – außer unserem Diener und den beiden Maultierführern vier Reiter des Bey und drei Eingeborene von der Insel Djirbi – nehmen innigen Anteil an dieser Szene. Und auch sonst ist uns während des ermüdenden nächtlichen Marsches ihre Gesellschaft hochwillkommen, denn sie unterhalten uns mit ihren nicht unharmonischen Gesängen, die auf einer weiten, öden Steppe und in der Stille und Unheimlichkeit der Nacht einen tiefen Eindruck machen.[64]

16

Heinrich Barth wächst als Sohn eines Schlachtermeisters und einer Schuhmachertochter in Hamburg auf. Von vier Kindern der Familie war Heinrich das dritte. In Berlin studiert er Altertumswissenschaft, Germanistik, Jura, Handelsgeschichte und Geographie. Seine Zeitgenossen schildern ihn als einen stillen, verschlossenen, Bücher liebenden Menschen. Mit vierzehn Jahren beginnt er bereits mit dem Studium des Arabischen.

Seine erste, vom strengen und eigentlich recht sparsamen Vater finanzierte Reise führt ihn als Neunzehnjährigen durch Italien. Sein Schwager und späterer Biograph, der Königlich Sächsische Generalleutnant Gustav von Schubert, beschreibt Barth als einen bei allem Gemüt zu schroffen Menschen ohne Weltklugheit, ein kühner und ausdauernder, aber kein gewandter Schwimmer auf dem Strome des Lebens.[65]

Die nächste Reise, vier Jahre später, führt Barth von Spanien über Marokko nach Ägypten, überwiegend zu Pferd. Das Unternehmen verläuft nicht ohne Zwischenfälle. Im unruhigen libysch-ägyptischen Grenzgebiet wird er von Wüstenräubern überfallen. Obgleich ich an Mut vielleicht nur eine zu starke Portion besitze, fehlt mir doch die Erfahrung und Übung, um mit Erfolg in solcher Einsamkeit auf die Dauer meine Sache durchzuführen, notiert er, knapp mit dem Leben davongekommen, in sein Tagebuch.[66] Er wird angeschossen, der kostbare Photoapparat samt Platten geht zu Bruch, fast alle seine Aufzeichnungen verliert er. Die Kugel im linken Oberschenkel wird ihm erst bei einer Sektion nach seinem Tod aus dem Leib geschnitten.

Als Heinrich Barth zu einer noch größeren und gefährlicheren Expedition, einer Reise nach dem legendären Timbuktu aufbrechen will, verweigert der besorgte Vater ihm zum ersten Mal die finanzielle Unterstützung. Erst als Barth sich einer britischen Expedition unter Führung des Missionars James Richardson anzuschließen verspricht, gelingt es ihm, den Vater umzustimmen. Als zweiter Deutscher nimmt der junge Geologe Adolf Overweg an der Mission des Foreign Office teil.

Fast ein halbes Jahr nach ihrer Ankunft in Tripolis, wo Barth und Overweg mit James Richardson und den britischen Teilnehmern der Zentralafrika-Expedition verabredet sind, trifft endlich auch Richardson ein.

Bald schon kommt es zu heftigen Auseinandersetzungen zwischen Barth und Richardson, da Barth die Aufgabe der Expedition weniger in der Förderung des britischen Außenhandels, als vielmehr in der Erforschung der Kulturen und der Geschichte Afrikas sieht. Richardson stirbt, einundvierzig Jahre alt, in Ngurutua im Sudan, unweit des Tschadsees, und Heinrich Barth übernimmt die Leitung der Expedition.

Zuvor hatte sich Adolf Overweg von der Expedition getrennt, um die mangelhaften und letztlich unbrauchbaren Karten der Region unter Einbeziehung seiner astronomischen Kenntnisse neu zu zeichnen. Ein Jahr nach Richardson stirbt auch Overweg, gerade dreißig Jahre alt, wahrscheinlich am Sumpffieber, allein in Maduaria am Tschadsee.

17

Bamako, den 5.10.1999 Anstatt zu arbeiten, liege ich schwitzend und schweratmend auf dem Bett, das man für mich neu hergerichtet hat. Die erste Konstruktion beruhte auf einem

»Lattenrost« aus drei weit auseinanderklaffenden Eisenbahnschwellen. Jeder einzelne Balken grub sich in der Nacht durch die dünne Schaumstoffmatratze in meinen Rücken. Man habe so viel Raum zwischen den Streben gelassen, damit die Matratze gut belüftet werde.

Doch nicht nur deshalb wälze ich mich, obwohl von der langen Reise todmüde, die ganze Nacht schlaflos auf dem klaffenden Lager. Plötzlich überfällt mich Atemnot. Die Hitze steht im Zimmer, nicht um ein Grad hat es sich abgekühlt. Panisch vor Erstickungsangst will ich das Moskitonetz fortreißen. Ich habe das Gefühl, eine Lungenhälfte sei bereits kollabiert und die andere verrichte ihre Aufgabe nur noch unter größter Anstrengung. Mitten in der Nacht stehe ich auf und stelle mich noch einmal unter die lauwarme Dusche. Das spärliche Wasser fügt dem Schweiß auf meiner Haut ein wenig Feuchtigkeit hinzu, ohne sie auch nur im geringsten zu erfrischen. Immer, wenn ich vor Erschöpfung in den ersehnten Schlaf fallen will, reißt mich die panische Angst, ich müsse ersticken, sobald ich nur die Augen schließe, ins Wachsein zurück.

Eigentlich hatte ich vorgesehen, meine Proviantreste zum Frühstück zu verzehren und mich dann nach so etwas wie einem Markt auf den Weg zu machen. Nun muss ich entdecken, dass sich bereits Myriaden winziger Ameisen über mein Hasenbrot hergemacht haben. Ich hoffe, dieses unfreiwillige Gastgeschenk hat sie so weit versöhnt, dass sie nun wenigstens mich verschonen. Denn am Abend hat Mamadou von den gierigen Insekten in seinem Heimatdorf erzählt, die einen Ochsen oder auch einen friedlich schlafenden Menschen binnen Minuten skelettieren können. – Ich sehe keinen Grund, an seiner Geschichte zu zweifeln.

18

Tunis, den 19.12.2015 Vom Ausnahmezustand ist derzeit nicht viel zu spüren. Ja, die Prachtstraße, die Avenue Habib Bourguiba, ist für den Autoverkehr gesperrt, die Französische Botschaft an ihrem Anfang oder Ende, direkt gegenüber der Kathedrale St. Vincent de Paul, mit Panzersperren und Stacheldraht gesichert, und in den Suqs sucht man vergeblich nach Touristen, aber die nächtliche Ausgangssperre ist aufgehoben, die berühmten Cafés, das Tunis, das Paris, von Einheimischen gefüllt und die Atmosphäre unerwartet entspannt.

Indessen muss ich mich erst einmal wieder an verrauchte Cafés gewöhnen, da es um diese Zeit, morgens, zwei Stunden nach Sonnenaufgang, auf Tunis' Straßen noch recht kühl ist, auch wenn auf den Caféterrassen bereits einige ältere Herren in Wintermänteln und Schals der Kälte trotzen und warten, dass die Dezembersonne sie bald wärmen möge; vielleicht auch gar nicht warten, sondern jeden Tag, auch bei bewölktem Himmel, dort sitzen, aus alter Gewohnheit, und nur die Kleidung der jeweiligen Witterung anpassen.

Es ist erst mein dritter Tag in Tunis. Und doch hat mein Leben hier schon eine gewisse Routine angenommen. Vielleicht, weil ich bisher jedes touristische Programm strikt gemieden und gleich mit meiner Arbeit begonnen habe. Sie, die Arbeit, und der mit ihr verbundene Rhythmus gliedern die Tage, insofern habe ich meinen Alltag und meine Gewohnheiten tatsächlich mit hierher gebracht.

Ausgeblieben sind bisher auch die gemeinhin mit dem Fremdenverkehr einhergehenden Belästigungen. Niemand drängt sich auf, mich durch die Medina zu führen, Geld zu wechseln, Haschisch oder einen handgewebten Berberteppich zu kaufen. Wer im Augenblick durch die Stadt geht, wird offenbar nicht als Tourist wahrgenommen, mag er auch noch so europäisch aussehen und ziellos umherschlendern. Im Herzen muss er Tunesier, muss er Einheimischer sein und sich vor nichts und niemandem fürchten.

Doch auch hier findet das Kennenlernen inzwischen kaum noch in Cafés oder Bars, sondern in den sozialen Netzwerken statt. Und dort werde ich geradezu bestürmt von Kontaktwünschen. Nur mit großer Zurückhaltung lasse ich mich auf den einen oder anderen Chat ein, denn für diese Art von Austausch muss ich nicht nach Tunis reisen. Am Abend kommt es dann doch zu einer wirklichen Begegnung. Ich treffe Amine, der tatsächlich unter seinem richtigen Namen in der virtuellen Welt unterwegs war und sich bei unserer Zusammenkunft als derjenige herausstellt, der er zu sein behauptete, zumindest was seine äußere Erscheinung betrifft. Auf Youtube hat er einige kurze Videos veröffentlicht, die ihn als Freerunner oder Traceur bei verschiedenen abenteuerlichen Sprints über Mauern und Abgründe zeigen.

Doch als er mir gegenüber am Kaffeehaustischchen sitzt, verkörpert er auch das ganze Dilemma und die tiefe Depression, in der sich vor allem die jungen Leute im Land derzeit befinden. Er erzählt mir von seinen Konflikten innerhalb der Familie, dem Bruch mit den Eltern und seinem Rauswurf, dem Riss, der durch die ganze Gesellschaft geht und jeden zwingt, sich für die eine oder andere Seite des unüberbrückbaren Grabens zu entscheiden. Am linken Handgelenk sehe ich eine Reihe tiefer paralleler Narben. Er habe sich nur die Haut geritzt, sagt er. Aber morgen wolle er sich endlich ein Tattoo stechen lassen, den Namen eines Freundes, der sich vor Kurzem das Leben genommen habe.

19

Tunis, den 20.12.2015 Café am Bab el Bahr, dem östlichen See- oder Meertor der Medina. Soldaten in Schutzwesten und mit Maschinenpistolen im Anschlag patrouillieren auf der Place de la Victoire. Sie erzeugen in mir erst das Gefühl der Verunsicherung und Angst, eben jene Paranoia, die zu verhindern sie doch eigentlich abkommandiert sind. Die Einheimischen indes, viele Frauen und Kinder an diesem Samstagnachmittag, zeigen sich unbeeindruckt und flanieren so unbeschwert über den Siegesplatz, als handle es sich um eine Truppe verkleideter Komparsen aus einem Actionfilm. Ist der Ausnahmezustand für sie inzwischen einfach Alltag?

Noch unheimlicher sind mir die Geheimpolizisten in Zivil, die mir in ihrer lässigen Verschlagenheit noch von meinem vorangegangenen Besuch in Tunis in Erinnerung geblieben sind. Ausschließlich junge Männer zwischen siebzehn und fünfundzwanzig Jahren, allein oder in kleinen Gruppen, werden von ihnen angehalten und aufgefordert, ihre Ausweispapiere vorzuzeigen. Dann spricht einer der Polizisten die Daten in sein knisterndes Funkgerät und wartet schweigend auf die Antwort. Auch die Angehaltenen schweigen. Die Gruppe steht wie eingefroren auf dem ansonsten so belebten Platz. Dann knurrt das Funkgerät das Ergebnis der Abfrage, und entweder lässt der Polizist den Überprüften mit einem herablassenden Kopfnicken weiterziehen oder führt ihn zu einem Mannschaftswagen am Platzrand, in den der Abgeführte hineingestoßen wird und dessen weitere Behandlung sich meinen Blicken entzieht. – Auch diese ständigen Kontrollen stoßen bei den übrigen Passanten auf keinerlei Beachtung. Die Jugend steht nicht erst seit jüngerer Zeit unter

Generalverdacht, sie musste immer schon besonders aufmerksam beobachtet werden, junge Männer und junge Frauen gleichermaßen, wenn auch aus unterschiedlichen Gründen.

20

Bamako, den 6.10.1999 Die Hitze hat noch zugenommen und strengt mich ungeheuer an. Trotzdem will ich mich nicht von Mamadou im klimatisierten Wagen herumchauffieren lassen, sondern allein die Stadt erkunden. Ich stelle mich wie die anderen Wagenlosen an die Hauptstraße, um mich von einem Sammeltaxi oder Minibus ins Stadtzentrum auf die andere Flussseite bringen zu lassen. Doch offenbar stehe ich an einer ungünstigen Stelle, denn die Taxen und Busse sind hier, so kurz vor der Nigerbrücke, bereits zum Bersten voll. Man staunt mich zwar unverhohlen an, da ich unübersehbar ein Fremder bin, doch kein Fahrer hält, nicht nur, weil es im Bus keinen Platz mehr gibt, sondern auch, weil er sich nicht vorstellen kann, dass ein Europäer tatsächlich in diesem Fortbewegungsmittel der Einheimischen mitfahren will. Was glaubt er, dass mein Warten und Winken an diesem schattenlosen Straßenrand sonst zu bedeuten hätte?

Als das Warten mich den Einheimischen immer ähnlicher macht, erbarmt sich schließlich ein unaufmerksamer Fahrer und hält. Ich quetsche mich in das Gefährt, von dem ich nicht vermutet hätte, dass ein fast zwei Meter großer Mann darin noch Platz fände. Doch nun stehe ich zwischen einem Dutzend weiterer schwitzender Leiber eingepfercht, sehe Nacken und Achselhöhlen, aber nichts von der Route, die der Minibus nimmt. Als ich ihn, noch ganz benommen von der Unausweichlichkeit der Nähe, der Berührungen, dem

Atem, den Vibrationen, an seiner Endstation verlasse, habe ich vollkommen die Orientierung verloren. Plötzlich finde ich mich im Menschengedränge eines Marktes wieder, werde von unterschiedlichen Männern, jüngeren und älteren, angesprochen, die mir ihre Führung anbieten, doch ich hatte mir vorgenommen, die Stadt alleine zu erkunden, und lehne ihre Hilfe ab. Hitze, Lärm, Gedränge, das ständige Wahrgenommen-, Gemustert- und Eingeschätztwerden, all das führt dazu, dass sich meine Sinne mehr und mehr verschließen und mir diese Überfülle von Eindrücken nur noch wie eine einzige undifferenzierte und gewaltsame Brandung erscheint, gegen die ich mich schützen zu müssen glaube.

Es ist wohl so, dass ich nicht derart viele Menschen und eine so große Nähe zu ihnen erwartet habe. In meiner Vorstellung des Alltags gab es immer die Distanz des Kinobesuchers zum Geschehen auf der Leinwand. Doch nun bin ich mitten drin in der Handlung, vollkommen unvorbereitet und ungeschützt. Frauen in grellbunten Tüchern, Männer in grauen Jacketts, alle wirken sie geschäftig, ohne wirklich etwas zu tun, sitzen da und warten auf Kundschaft, balancieren Lasten auf dem Kopf, feilschen um den angemessenen Preis, lassen sich von der Menge weiterschieben, es fehlen mir die Muster, diese ungewöhnliche Mischung von passiver Geschäftigkeit und aktivem Nichtstun zu durchschauen und einzuordnen. Ich dränge mich zur Busstation zurück. Die Abgase aus alten Dieselmotoren schweben als dunkle Giftwolken sichtbar über dem rostroten Staub aus Fäkalien und Verwesung. Mit schmerzendem Kopf und leerem Bauch kehre ich ins Institut zurück und bitte Mamadou, mir etwas zu essen zu besorgen.

*

Ich lese die sechzehn Jahre alten Tagebuchaufzeichnungen, sie rufen Bilder, Geräusche, Gerüche in mir hervor, aber sind es die wirklichen Erinnerungen? Zunächst scheinen es nur die Evokationen des Textes zu sein, doch dann steigen Eindrücke in mir auf, die nicht im Text stehen, Bilder, die ich längst vergessen zu haben glaubte und die nun, von den Tagebuchnotizen angestoßen, kurze Szenen oder eher eingefrorene Tableaus wachrufen, Mosaiksteine, die eine Ahnung des ganzen Bildes zulassen, wenn auch keine zusammenhängende Geschichte erzählen. Immerhin bin nun ich, losgelöst von den Aufzeichnungen, der Erinnernde. Es ist, als würde man durch ein Kindheitsalbum blättern, wo man zunächst auch nicht weiß, erinnert man sich vor allem an die Photos, den Blick von außen, den Blick der Kamera, oder gibt es auch noch von den Photos unabhängige innere Bilder, auf denen man sich selbst nicht sieht, weil man der Sehende ist. Am Ende ist es wie in manchen Klarträumen, in denen man sich selbst beobachtet und zugleich der Träumende ist, eine Dissoziation, eine Aufspaltung der Wahrnehmung beziehungsweise der Erinnerung in Sehenden und Gesehenen zugleich.

An was erinnere ich mich wirklich? Mamadous Frau ist verantwortlich für die Finanzen und wohl auch, da Mamadou so oft verreist ist, für die Verwaltung des Instituts insgesamt. Ich sehe sie in dem spartanisch eingerichteten Direktionsbüro sitzen wie Dido in ihrem Audienzsaal.

Ich erinnere mich an die kleine Institutsküche mit dem zweiflammigen Propangaskocher und dem Plastikgeschirr, aber nicht daran, mir dort je eine Mahlzeit zubereitet zu haben. Ich erinnere mich an einige Stipendiaten, die sich dort ihren Tee gekocht haben, junge malische Forschungsstudenten, aber an keinen anderen europäischen Gast.

Heute wundere ich mich, dass damals offenbar von Anfang an das Gefühl der Atemnot und des Erstickens präsent war. Eine Vorahnung auf das Kommende? Eine sich selbst erfüllende Erwartung?

Geblieben ist auch der Eindruck umfassender, unentrinnbarer, alles zersetzender Feuchtigkeit. Man verliert das Gefühl für die eigenen Körpergrenzen, glaubt, bei lebendigem Leib zu vermodern, spürt die eigene Haut nicht mehr.

21

Tunis, den 21.12.2015 Meine Reisen sind auch immer Zeiten intensiver Träume, die nicht selten Jahrzehnte zurückführen, in die Zeit der Kindheit und Jugend. Es sind die Ferne, der fremde Ort, die Einsamkeit, die diesen Träumen eine außerordentliche Lebendigkeit verleihen.

Heute Morgen setzt meine Erinnerung mit dem Verlust meines Fahrrads ein, kein seltenes Motiv. Ich bin auf dem Weg zur Schule, die Kaiser-Wilhelm-Straße ist voller Schneematsch, vor dem Schützenhaus, ungefähr auf der halben Strecke meines Schulwegs, halte ich an, der Matsch hat sich zwischen Reifen und Schutzblech festgesetzt. Da hält direkt vor mir der Linienbus, ich lade mein Fahrrad ein, steige selbst aber nicht zu, sondern will den Rest des Weges zu Fuß gehen. Ich denke darüber nach, wo ich mein Fahrrad wieder auflesen soll. Wahrscheinlich wird der Busfahrer das herrenlose Gefährt, das ihm mit seinen tropfenden Schneeresten den ganzen Boden versaut hat, an der Endstation einfach hinauswerfen.

Unterwegs kehre ich in einer Art italienischer Espressobar ein, die es so in meiner Heimatstadt nicht gibt. Einige Klassenkameraden, Petra, Marianne und Volker, trinken dort ihren Caffè Latte. Volker ist auffällig geschminkt. Er gesteht mir, er könne sich vorstellen, sich in eine Frau umoperieren zu lassen. Diese Vertrautheit zwischen uns ist ungewöhnlich, gilt Volker doch als der unangefochtene Star der Klasse, bester Stürmer der Schulmannschaft und nicht nur als Petras und Mariannes heimlicher Schwarm. Deswegen gehe ich ihm in der Regel aus dem Weg. Nach diesem unerwarteten Geständnis aber lade ich ihn zu mir nach Hause ein, obwohl daheim ein großes Chaos herrscht und mein Elternhaus selbst zu entspannteren Zeiten kein gastfreundliches ist. Mir scheint, als sei mein Vater ausgezogen und meine Mutter verreist, so dass ich es diesmal wagen kann, einen Klassenkameraden heimzubringen.

Es ist bereits spät, in wenigen Minuten beginnt der Unterricht, ich will rasch meinen Kaffee bezahlen, doch nun drängen plötzlich alle Gäste an die Bar, um ihre Rechnungen zu begleichen. Die junge Bedienung gerät in Panik, ich selbst kann in dem Gedränge und Geschiebe kaum noch atmen und brülle die Menge an, zurückzutreten und uns Vorderste an der Bar nicht zu zerquetschen. Als die Drängenden nicht reagieren, ja ihren Druck noch erhöhen, schreie ich sie mit so ungehemmter Wut an, dass sie vor Schreck zusammenfahren und nun tatsächlich zurückweichen und uns wieder Raum zum Atmen geben. – Der Schrei muss mich geweckt haben, auch wenn ich zunächst nicht weiß, wer da geschrien hat.

22

Bamako, den 7.10.1999 Die dritte Nacht keinen Schlaf gefunden. Tag und Nacht dieselbe feuchte Hitze. Mir kalte Umschläge gemacht, Wadenwickel, wie bei hohem Fieber, schließlich das ganze, ohnehin feuchte Laken durchnässt, ohne jede kühlende Wirkung.

Ohne irgendetwas Brauchbares für den Fortgang meiner Reise nach Timbuktu auf die Beine gestellt zu haben, bin ich bereits jetzt, noch ganz am Anfang meiner Expedition, vollkommen erschöpft. Wanke ich hinaus auf die verschlammte Straße, bin ich nichts mehr. Das Besondere meines Wesens, meiner Persönlichkeit, hat hier keinerlei Bedeutung. Bei jedem anderen, dem ich begegne, ist die Besonderheit sofort sichtbar, aber ein Einzelner hat hier keinerlei Macht. Jeder ist nur so bedeutsam, so stark wie seine Familie, sein Clan, den er repräsentiert und dem er mit jeder seiner Gesten und Worte eine unhinterfragbare Würde verleiht. Doch ich bin schutzlos und ohne jeden Rückhalt, und sie sehen es sofort.

Aber es ist nicht so, als fühlte ich mich von ihnen bedroht. Sie nehmen meine Anwesenheit mit einer fast schon kränkenden Gleichgültigkeit hin. Es ist mein eigener Mangel an Orientierung, an Überblick, an vertrauten Orten, Gesichtern, Regeln, es ist die konzentrierte Aufmerksamkeit, die jeder einzelne Schritt erfordert, da sich Schlaglöcher, Buckel und Pfützen abwechseln, Fahrzeuge unerwartet in die Reihen der Fußgänger ausscheren, Fußgänger abrupt stehen bleiben oder mir den Weg abschneiden, scharfe oder spitze Gegenstände in den begehbaren Raum ragen, es ist diese andauernde Bedrohung meiner körperlichen Unversehrtheit, der zu entgehen mich nicht nur anstrengt, sondern die mich körperliche Unversehrtheit nicht mehr als etwas Selbstverständliches ansehen lässt. Keiner der mich umgebenden Menschen ist ohne sichtbare Narben und Entstellungen.

Ich nehme den Weg hinunter zum Fluss und gelange an eine Badestelle. Ein junger Mann steht bis zu den Hüften in dem schlammtrüben Wasser und seift sich gerade ein. Ich will mich gleich zurückziehen, doch hat er mich bereits entdeckt. Er nickt mir zu und bedeutet mir mit einer Geste zu warten. Er spült sich den Seifenschaum ab, steigt aus dem Wasser, nur mit einer fast knielangen Shorts bekleidet, und geht mir voran zu einer kleinen Hütte oder Baracke am Flussufer, so selbstverständlich, als wäre ich ein längst erwarteter Gast. Auf einem kleinen Spirituskocher bereitet er Tee zu. Er macht sich nicht die Mühe, sich etwas überzuziehen, die nassen Shorts lässt er auf der Haut trocknen, doch seine Nacktheit nimmt ihm nichts von seiner Würde als mein Gastgeber. Er redet wenig, Worte, die ich nicht verstehe, aber er lächelt ernst, als er mir das Teeglas reicht und ich es dankbar entgegennehme, als sei ich derjenige, der ihn bewirtete und beschenkte.

23

Bamako, den 8.10.1999 Nach und nach ordnen sich die Szenen auf der Straße zwischen Institut und Flussufer. Sie ist kein öffentlicher Raum, sondern noch ein Teil der anliegenden Häuser. Hier, im Schlamm oder Staub vor den flachen Lehmbauten, befinden sich die Werkstätten der Handwerker, die Kochstellen der Frauen, die Kinderstuben. Hier werden Speisen zubereitet, Kinder gebadet, Haare geschnitten, Kleider genäht, Motoren repariert, Geländer geschweißt. Ein Hocker im Schatten des Hauses, fertig ist die Zahnarztpraxis.

Die Menschen beginnen, mich zu grüßen, scheinen sich am vierten Tag meiner Anwesenheit ein gewisses Bild von mir gemacht zu haben, während ich noch Mühe habe, die Wohlgesinnten von den Misstrauischen zu unterscheiden.

Ein Junge spricht mich an: »Hallo, erinnerst du dich nicht an mich? Wir haben uns gestern auf dem Markt getroffen. Ich habe dir den Weg zur Bushaltestelle gezeigt.« – Ich kann mich an den Jungen nicht erinnern. Vor allem habe ich niemanden nach dem Weg gefragt. Aber auf dem Markt war ich, das ist wahr. Vielleicht hat er recht, und wir sind uns wirklich begegnet. Aber ich bleibe zurückhaltend, weiß nicht, was er von mir will.

Bin zum Essen bei den P.s eingeladen. Seit vier Jahren ist das deutsche Ehepaar im Auftrag der Gesellschaft für technische Zusammenarbeit als Vermittler im Tuareg-Konflikt hier in Mali tätig. Sie haben einen Versöhnungsprozess zwischen der malischen Regierung und den Rebellengruppen angestoßen und sind hervorragende Kenner der nördlichen, nur schwer zugänglichen Landeshälfte. Dabei wahren sie eine respektvolle Distanz zu allen Bevölkerungsgruppen und hüten sich, um ihre Vermittlerposition nicht zu gefährden, vor jeder Parteinahme.

Im privaten Gespräch aber reden sie unverhohlen von den Versuchen der Regierung, eine »Endlösung« der Tuareg-Frage herbeizuführen. Diese Politik von Vertreibung oder Tod ist vorerst gescheitert. Trotz der waffentechnischen Überlegenheit des Militärs sind dessen Vorstöße buchstäblich im Wüstensand stecken geblieben. Die veralteten russischen Panzer vertrugen die Hitze nicht und blieben einfach stehen. Die schlechtbezahlten Regierungssoldaten hielten es genauso.

Säßen wir hier nicht auf der Veranda einer alten Kolonialvilla am Nigerufer, könnte ich mich auch wie bei einem älteren Akademikerehepaar in Tübingen oder Marburg zu Gast fühlen, er Oberstudienrat für Latein und Geschichte, sie Kommunalpolitikerin für die CDU im Gemeindeparlament.

Sie erzählen von ihrer anfänglichen Naivität, ihr Diplomatenstatus werde sie schon auf ihren Reisen ins Bürgerkriegsgebiet schützen. Der Schweizer Botschafter hat diesen Leichtsinn vor einigen Monaten mit dem Leben bezahlt.

Die einheimischen Fahrer hätten sie warnen können. Sie seien ständig voller Angst, doch nicht in der Lage, ihre Befürchtungen in Worte zu fassen. Nicht nur von den Menschen geht Gefahr aus. Meine Gastgeber berichten von sintflutartigen Regenfällen, die Land Rover stecken fest, rasch müssen Kanäle und Dämme gebaut werden, um die Wagen wieder freizubekommen und in den anschwellenden Fluten nicht zu ersaufen.

Das ihnen zugewiesene Zimmer im Polizeipräsidium, erzählen sie, sei mit Flöhen und Wanzen verseucht, das Moskitonetz lasse sich nirgendwo befestigen, also schliefen sie lieber bei ihrem Fahrer im Wagen.

Inzwischen seien diese Rundreisen aber Routine. In den vergangenen vier Jahren hätten sie dezentrale Stützpunkte aufgebaut, die sie »Antennen« nennen, auf denen die Versöhnungsgespräche zwischen den lokalen Konfliktparteien stattfänden und der Wiederaufbau der vom Bürgerkrieg zerstörten Infrastruktur koordiniert werde.

Sie bieten mir an, sie auf der nächsten Fahrt zu begleiten, die am Niger entlang bis nach Timbuktu führen solle.

24

Tripolis, den 1.2.1850 Wir waren nun also in Tripolis und brannten vor Begierde, unser großes Unternehmen baldmöglichst anzutreten. Als es uns aber klar wurde, daß die Vorbereitungen für unsere endliche Abreise wenigstens noch einen Monat erfordern würden, beschlossen Herr Overweg und ich, die dadurch verursachte müßige Zeit zu einem längeren Ausfluge [...] zu benutzen, welcher nochmals als Grundlage für weitere Unternehmungen in verschiedener Hinsicht dienen könnte. Wir mieteten demnach zwei Kamele mit zwei Treibern und für uns selbst und unsere zwei Diener Mohammed ben Belal und Ibrahim vier Esel mit ein paar Leuten und erhielten durch die Vermittlung des Konsuls einen Schausch namens Hadj Hamed als Begleiter auf dem ganzen Weg mit. Unsere Vorbereitungen waren einigermaßen unvollständig, sowohl in wissenschaftlicher als in materieller Hinsicht, da weder die von der englischen Regierung angeschafften Instrumente noch die Zelte und Waffen bis jetzt angekommen waren. Indessen besaß Herr Overweg einen guten Sextanten und ich durch die Güte des Herrn Prof. Lepsius ein Chronometer und beide hatten wir uns mit ziemlich guten Kompassen, Thermometern und einem Aneroid-Barometer versehen; auch war Herr Warrington freundlich genug, uns ein Zelt zu leihen.[67]

*

Im Glauben, dadurch weniger aufzufallen und sicherer zu reisen, nehmen Heinrich Barth und Adolf Overweg arabische Namen an. Barth nennt sich 'Abd el Kerim, »Diener des Allerhöchsten«, und Overweg nennt sich schlicht Talib, »Schüler«. Aus denselben Gründen tragen sie eine halb arabische, halb sudanesische Kleidung.

Ihre kleine Truppe reist bewaffnet. Barth führt eine Doppelflinte und einen Revolver mit sich, kommt aber nie in die Lage, sie ernsthaft zu gebrauchen. Auch ist er kein passionierter Jäger, während Mungo Park bei seiner Fahrt auf dem Niger nordwärts Richtung Timbuktu aus Furcht vor einem Überfall auf jeden schießt, der sich, in welcher Absicht auch immer, am Ufer blicken lässt.

Barths wichtigster lokaler Gefährte ist Mohammed, gebürtig aus Gatrun bei Mursuk in der Oase Fesan. Er begleitet Barth fast ununterbrochen drei Jahre lang und genießt sein unbedingtes Vertrauen. Später dient Mohammed auch dem deutschen Afrikaforscher Gustav Nachtigal auf seiner abenteuerlichen Reise von Tripolis nach Kuka, der Residenz des Sultan von Barnu, als Führer.

25

Tunis, den 22.12.2015 Ohne das besondere Licht der Wintersonne ist Tunis eine vor allem melancholische Stadt. Auf Schritt und Tritt begegnet mir die zunehmende Armut, viele alte Häuser am Rand der Medina sind verlassen und dem Verfall preisgegeben, weil offenbar das Geld für die Instandhaltung fehlt. Das ehemalige Weiß blättert von den Fassaden, tiefe Risse ziehen sich von den Fundamenten bis zu den Traufen, selbst in den noch bewohnten Häusern. Die Gassen des Suqs sind menschenleer, manche Geschäfte öffnen schon gar nicht mehr. Keiner der untätig herumsitzenden und müde vor sich hinstarrenden Händler spricht mich an, eine allumfassende Resignation hat sie ergriffen. Es gibt keine lauten Stimmen, kein Gelächter, selbst die sonst allgegenwärtigen Mobiltelefone bleiben stumm.

Nun, da der Fremdenverkehr vollständig zum Erliegen gekommen ist, zeigt sich, wie sehr er das Leben im Land bestimmt hat. Noch weiß niemand dieses plötzliche Vakuum zu füllen. Alle warten, sind müde vom Warten, verarmen mehr und mehr, so dass auch die letzten Ressourcen für grundlegende Veränderungen schwinden. Wie lässt sich in aller Eile eine neue Ökonomie erfinden, wie in einer Mangelwirtschaft neue Kompetenzen erlangen? Im Augenblick wursteln die Menschen sich noch durch, verfallen in Winterstarre, zehren von den allerletzten Zuversichtspolstern. Doch die Armut frisst die Würde auf.

26

Bamako, den 11.10.1999 Mein Aufbruch nach Timbuktu rückt näher. Ich begann schon, daran zu zweifeln, ob wir je aufbrechen würden. Einmal war der anhaltende Regen schuld, der die Pisten entlang des Nigers unpassierbar machte. Dann blieb einer der Wagen mit einem Motorschaden liegen und musste in die Werkstatt. Nun aber haben die P.s mit mir vereinbart, ich solle mit einem ersten Wagen vorfahren, Muhammad Isa werde mein Chauffeur sein, sie kämen dann mit dem zweiten Wagen nach, sobald er repariert sei. Muhammad Isa kenne die Route, in Nampala sollten wir auf sie warten, wenn sie uns bis dahin nicht eingeholt hätten. – Offenbar drückt mein Gesicht eine gewisse Verunsicherung aus, die Henner P. auch noch missdeutet: Muhammad sei ein absolut zuverlässiger und verantwortungsvoller Gefährte, will er mich beruhigen.

Morgen also geht es los. Wenn nicht noch etwas Unvorhergesehenes passiert. Mein letzter Tag in Bamako. Ich wasche noch einige Kleidungsstücke, auch wenn sie bis morgen kaum trocken sein werden. Nichts trocknet hier, im Gegenteil, alles ist ständig klamm und feucht. Aber kaum habe ich saubere Sachen angezogen, sind sie am selben Tag bereits ohne besondere Unachtsamkeit schon wieder schweißfleckig und verdreckt.

Einige überflüssige Dinge bleiben im Institut zurück, meine Winterjacke, der Schlafsack. Ein wenig Notproviant, den hiesigen Verhältnissen angepasst, Teebeutel, Trockenmilch, Salzgebäck, will ich mit Mamadous Hilfe noch besorgen.

Merkwürdige Veränderungen sind bereits in mir vor sich gegangen. Hier ertrage ich das Alleinsein weniger als daheim, wo jeder, zumindest hin und wieder, mal allein ist. Hier ist niemand allein, hier erträgt man es nicht, allein zu sein oder jemanden allein zu lassen. Hier kann man nicht allein unter anderen sein. Wenn man Einsamkeit sucht, muss man fortgehen.

*

Was habe ich in der kurzen Zeit in Bamako über die Bewohner erfahren, außer der Binsenweisheit, dass wir alle dieselben Menschen und doch äußerst verschieden sind; dass wir alles im Leben der anderen nachempfinden können, den Hunger, den Schmerz, die Spiele und Vergnügungen, die Trauer, doch nicht wirklich verstehen? Wir sehen eine Farbe, verständigen uns auf einen Namen, aber zweifellos hat sie für jeden eine eigene Bedeutung. Ich bin mir nicht einmal sicher, ob der andere überhaupt dieselbe Farbe sieht. Aber im Grunde macht das nichts.

Wie glücklich und leicht wäre der Reisende, wie unendlich geringer würden die Schwierigkeiten sein, mit denen er zu kämpfen hat, wenn er ohne die Bürde des mannigfaltigen Gepäcks dahinziehen könnte! Davon überzeugen wir uns vollkommen, als wir heute endlich [...] unseren Lagerplatz bei den Dattelpalmen und dem kleinen Olivenhain von 'Ain Sarah verlassen. Das den Kameltreibern sowohl wie unseren Dienern ungewöhnliche Gepäck verursacht uns unsäglich viel Mühe und langen Aufenthalt.[68]

27

Makala, den 12.10.1999 Ich sitze mit Mamadou im Schatten der Institutsmauer, trinke und warte und trinke und schwitze. Der ungepflasterte Zufahrtsweg ist noch zur Hälfte von den nächtlichen Regenfällen überschwemmt. Die Erde, die hier überall eine rostrote Farbe hat, schwitzt und tränkt die Luft weiter mit Feuchtigkeit. Es ist fast Mittag, bis Muhammad Isa endlich mit dem Pick-up auftaucht. Das Thermometer zeigt inzwischen vierzig Grad an, und der Schatten der Mauer ist zu schmal geworden, um uns noch vor der gnadenlosen Sonne zu schützen. Muhammad Isa verliert kein Wort darüber, warum er so spät kommt. Warten, sich gedulden, den Umständen fügen, das ist offensichtlich seine erste Lektion für mich. Ich muss mein Gepäck im Raum vor meinen Sitz, wo eigentlich meine Beine Platz finden sollten, verstauen, da die Ladefläche vollständig von zwei Schiffsmotoren, die für eine Nigerfähre bei Diré bestimmt sind, eingenommen wird.

Muhammad Isa tankt den Wagen noch einmal voll, dann geht es auf der Flughafenstraße hinaus aus der Stadt. Diese Straße ist eine der wenigen asphaltierten Fahrwege in ganz Mali. Muhammad Isa nutzt das relativ schlaglocharme Wegstück, mir die Kraft seines vierradgetriebenen Wagens vorzuführen. Selbst als der Asphalt schon bald von knietiefen

Senken unterbrochen wird, vermindert er das Tempo nicht, sondern rast mit Höchstgeschwindigkeit dahin, dass den Rädern und Achsen des schwerbeladenen Geländewagens kaum Gelegenheit bleibt, die Straßenschäden in ihrer ganzen Tiefe zu erfassen. Ich staune über diesen unglaublichen Flug über die malischen Unebenheiten und bleibe entgegen der Landessitte während der ganzen Fahrt brav angeschnallt.

Das Land ist flach und von faszinierender Eintönigkeit. Graue mannshohe Sträucher, das Gras wegen der andauernden Regenfälle von einem hellen, frischen Grün. In den ersten Stunden sehen wir noch hin und wieder ein Dorf, Häuser aus lehmfarbigen, fensterlosen Mauern, in denen das Leben vor allem in den verborgenen Höfen stattfindet, Wellblechbaracken, Holzverschläge und Binsenunterstände direkt am Straßenrand, die als Geschäfte und Marktbuden dienen.

Doch bald schon trübt es sich ein, dichter Nebel liegt auf der Savanne. Ich sehe nichts mehr von der Landschaft, die wir durchfahren, unsere Aufmerksamkeit ist nun ganz auf den Weg unmittelbar vor uns konzentriert, eine Schlammpiste, die zur Hälfte noch unter Wasser steht. Nicht immer ist genau abzuschätzen, wie tief der Regen die Fahrbahn ausgespült hat. Mehrfach tauchen wir über die Kühlerhaube hinaus in eine dieser trügerischen Furten. Ich stelle mir vor, wie wir in einem dieser Schlammteiche stecken bleiben und, bis zu den Hüften im Dreck, den Wagen freikämpfen müssen. In den letzten Stunden ist uns kein einziges Fahrzeug begegnet.

In der Phantasie schrumpft der ganze vielfältige Kontinent zu einem überschaubaren Territorium zusammen. Fast könnte man ihn in den Innendeckel eines Reiseromans à la Stevensons *Schatzinsel* oder Stanleys *Wie ich Livingstone fand* drucken, und der Leser könnte ihn immer wieder aufklappen und wüsste genau, wo der Held sich gerade befindet.

Für die fünfhundert Kilometer von Bamako nach Timbuktu braucht man mit dem Wagen in der Regel etwa vier Tage. Doch selbst bei klarem Wetter läuft der Fahrer manchmal Gefahr, die Piste aus den Augen zu verlieren, wenn vorangegangene Regenfälle die alten Reifenspuren weggeschwemmt haben. Es gibt keine Wegmarkierungen in dieser eintönigen Weite, keine Berge, besonderen Bäume, Bauwerke oder sonst etwas Unveränderliches oder Einprägsames. Stundenlang fährt man durch eine stille, menschenlose Leere. Dann plötzlich ein einsamer Wanderer mit einer Spitzhacke auf der Schulter, obwohl von einem Dorf oder Gehöft, so weit das Auge reicht, nichts zu sehen ist. – Ich weiß nicht, wie ein Mensch denkt oder fühlt, dessen Lebensmittelpunkt diese Unendlichkeit ist, habe keine Vorstellung davon, ob er sich einsamer, größer oder demütiger vorkommt als wir Bewohner dichtbesiedelter Städte.

Nun nähern wir uns der Nigerbrücke. Alles ist in dichten Nebel gehüllt. Ich spüre nur, die Fahrt über die enge, einspurige Stahlkonstruktion will nicht enden. Der Strom muss eine Breite haben, dass selbst bei klarem Wetter das andere Ufer womöglich nicht zu sehen ist. Was wird Muhammad Isa tun, wenn uns hier ein Wagen entgegenkommt?

Bei dieser Flussüberquerung wird mir die ganze Ironie dieser Reise klar. Die erste Etappe ist in Nebel gehüllt, die Weite Afrikas bleibt meinem Blick entzogen, kaum erkenne ich den Weg unmittelbar vor uns. Ich bin hier und sehe doch weniger von diesem Hier als beim Durchblättern eines Reiseführers.

28

Nampala, den 13.10.1999 Mamadou Diawara sagte, am Zustand der Häuser erkenne man den Zustand der Familie. Auf dieser Fahrt Richtung Norden verstehe ich, was er damit gemeint hat: Die Gehöfte sind aus Lehm errichtet und müssen nach jeder Regenzeit erneuert werden. Das ist eine anstrengende gemeinschaftliche Arbeit. Wird die Instandsetzung vernachlässigt, sind Haus und Hof binnen weniger Jahre vom Regen fortgeschwemmt. – Hier bleiben keine Ruinen zurück und keine Fundamente. Das Haus lebt, solange die Bewohner sich um den Erhalt kümmern.

Auf unserer Fahrt nehmen die verfallenen Häuser und die brachliegenden Felder zu. Vielleicht ist einfach die nicht enden wollende Regenzeit dafür verantwortlich. Doch Afrika ist im europäischen Bewusstsein immer mit einer kosmischen Katastrophe assoziiert, tödliche Seuchen, Bürgerkriege, Hungersnöte, Naturkatastrophen, das ganze Panorama möglicher Gründe für den Verfall durchzieht meine Gedanken beim Anblick der fortgeschwemmten Höfe.

Bei Anbruch der Dunkelheit haben wir nicht einmal die Hälfte unserer geplanten Tagesetappe geschafft. Wir sind bis Makala, etwa zwei Stunden hinter Segou, gekommen. Nun suchen wir ein Campement auf, in dem wir über Nacht bleiben können. Ich bin ziemlich erschöpft, sehne mich nach einer Waschgelegenheit und einem Bett. – Wider Erwarten ist im Campement kein einziges Nachtlager frei. Und der Manager ist nicht Willens, uns wenigstens im Hof unsere Notbetten aufstellen zu lassen. Ich bin ein wenig erstaunt über den für Mali höchst ungewöhnlichen Verlauf der Verhandlungen. Vielleicht darf man von einer gewerblichen Herberge auch keine beduinische Gastfreundschaft erwarten. Jedenfalls schickt uns der unerbittliche Wirt auf die nächtliche Straße zurück. Außerhalb des Campements ist es so finster, wie ich es noch nie erlebt habe. In Makala gibt es keinen elektrischen Strom. Die wenigen Gehöfte begnügen sich mit kleinen offenen Holzkohlefeuern vor den Häusern und Petroleumlampen. Der beißende Geruch nach brennendem nassem Holz liegt über dem ganzen Dorf.

Muhammad Isa kennt ein zweites Campement am anderen Ende des Ortes. Wir fahren auf einem breiten Deich entlang eines Seitenarms des Nigers, vorbei an den kleinen glühenden Herden vor den Häusern, um die sich still die Bewohner geschart haben. Es ist noch nicht spät, aber die Dämmerung war kurz, und die Nacht ist wegen des aufsteigenden Nebels mond- und sternenlos.

Auch im zweiten Campement kann oder will man uns nicht aufnehmen. Bedauerndes Kopfschütteln und keinerlei Bemühen, eine Notlösung zu finden. Ich verstehe nicht recht, was hier vorgeht. Selbst Muhammad Isa scheint überrascht und ratlos zu sein. Niemand von uns ist in irgendeiner Weise anspruchsvoll, wir sind nur müde, möchten unsere Notdurft verrichten und uns Hände und Gesicht waschen. Doch selbst das scheint auf unerklärliche Weise nicht möglich zu sein.

Angesichts dieser ungastlichen Situation entschließt sich Muhammad Isa, weiterzufahren und heute Nacht womöglich noch die erste Antenne in Diré zu erreichen. Ich füge mich seiner Entscheidung, nicht ahnend, dass uns mindestens noch fünf bis sechs Stunden Nachtfahrt bevorstehen.

Wieder auf der Piste. Die Vorräte, trockenes Brot und Bananen, sind aufgebraucht, und selbst meine Wasserreserven gehen langsam zur Neige. – Die Piste ist barbarisch, ein wenig zu dösen oder gar zu schlafen ist unmöglich. Ich muss mich mit beiden Händen festhalten, muss ebenso konzentriert auf den Weg vor mir achten wie der Fahrer, damit mich die plötzlichen heftigen Erschütterungen nicht unvorbereitet treffen. Auch so versetzen sie mir mit aller Macht Schläge in den Rücken und auf den Kopf, bis jedes Körperteil schmerzt.

Die Büsche und Sträucher am Wegrand drängen sich zunehmend an uns heran. Äste und Zweige peitschen, schaben und kratzen an den Wagenseiten entlang. Die Vegetation wird faunisch: Das Dornengestrüpp gleicht einem Rudel zottiger Raubtiere, ich sehe aufgerissene Mäuler und erhobene Pranken, die mit Wucht auf die Kühlerhaube oder das Wagendach niedersausen.

Muhammad Isa scheint den Wagen trotz des kaum zu erkennenden Weges noch zu beschleunigen. Der Motor keucht und knurrt und heult mit der bestialischen Vegetation im Scheinwerferkegel um die Wette.

Ich denke an die alte Frau auf dem Eselskarren, der wir während der Tagesfahrt begegnet sind. Überraschend tauchte sie auf dem schmalen Fahrdamm auf. Muhammad Isa fuhr so schnell, dass er sie angefahren hätte, wenn sie nicht im letzten Augenblick ihren Karren vom Damm gelenkt hätte. Fast wäre er an der steilen Böschung umgeschlagen und hätte die Frau in den Schlamm geworfen oder gar unter sich begraben. Hilflos an der Böschung klebend, gefährlich schwankend, einen Teil der Ladung unter unseren Reifen zerquetscht oder den Hang hinuntergestürzt, Gemüse für den Markt, rasen wir an ihr vorbei, nur haarscharf an einem noch größeren Unglück vorbeigeschrammt.

Nun taucht sie erneut aus dem nächtlichen Dunkel auf, die Alte auf ihrem Eselskarren, genauso unerwartet wie beim ersten Mal, doch diesmal nicht auf einem Damm, sondern in diesem von dichten Dornensträuchern gesäumten Hohlweg. Es gibt keinerlei Möglichkeit auszuweichen, und unser großer schwerer Pritschenwagen rammt den zerbrechlichen Holzkarren mit der ganzen Kraft seiner zweihundert Pferdestärken. Dem Esel reißen die Schutzstangen vor der Kühlerhaube den Bauch auf. Schreiend liegt er auf der Seite. Die Frau gerät unter die Hinterreifen. Das Rumpeln, eine Erschütterung ganz neuer Art, zeigt uns an, dass wir einen menschlichen Körper überfahren haben. Wir halten an und gehen die wenigen Meter zurück, wo der zerbrochene Karren, die Frau und der Esel liegen, alles in das rote Licht unserer Rückstrahler getaucht.

Die Frau blutet aus Mund und Ohren. Wir müssen Erste Hilfe leisten, fordere ich Muhammad Isa auf. Hier kommt jede Hilfe zu spät, entgegnet der Fahrer. Während der Esel schreit, bleibt die Frau stumm. Nur ihr Atem geht schwer und keuchend. Blut dringt schaumig aus ihrem Mund. Sie wird daran ersticken.

Muhammad Isa nimmt mich an die Hand und führt mich zum Wagen zurück. Schweigend nehme ich neben ihm Platz. Er gibt Gas. Nach wenigen Minuten betäubender Fahrt erscheint mir diese Episode bereits wie ein unwirklicher Traum. Ich glaube, in diesem Moment nehme ich erst wahr, dass ich vor Fieber glühe.

29

Tunis, den 24.12.2015 Ich erinnere mich an diese Fahrt, erinnere mich trotz ihrer Gleichförmigkeit an mehr Einzelheiten als von meinem Aufenthalt in Bamako, weil sie sich mit aller Gewalt meinem Körper eingebläut hat. Ich erinnere mich auch deshalb gut, weil die Erinnerung nicht von aufregenden Ereignissen in der Gegenwart überlagert wird. Mein Alltag in Tunis ist gleichförmig und erlebnisarm. Selbst auf meinen Spaziergängen bleibe ich zurückhaltend und suche keinen Kontakt. Sitze ich im Café, beobachte ich das Straßengeschehen eher teilnahmslos. Es scheint, als ginge es mir eher darum, fort von zu Hause als unbedingt gerade hier zu sein. Und in der Tat lenkt mich nicht viel von meiner Erinnerungsarbeit ab.

Gibt es wirklich so wenig Neues zu entdecken, oder hat mit dem Alter einfach nur die Neugier abgenommen? Vielleicht muss das Begehren, die Entdeckerfreude gegenseitig sein. Aber es ist wahr, kaum noch ein Buch, ein Film, eine Theateraufführung, die von mir gelesen oder angeschaut werden wollen oder müssen. So geht es mir auch mit den Menschen. Der Blick richtet sich immer mehr nach innen.

Aber ich lasse aus, zensiere mich, unterschlage die tatsächlichen Begegnungen, verschweige die Gespräche, die mir womöglich kaum neue Erkenntnisse gebracht, doch meine Gesprächspartner auf eigentümliche Weise berührt haben mögen. Nicht meine Worte, sondern eher mein Zuhören, mein Schweigen. Diese Zurückhaltung besitzt offenbar eine ganz eigene, hier ungewohnte oder gar unerlaubte Zärtlichkeit.

Die Geschichten, die sie mir erzählen, gleichen sich im Grunde alle. Familientragödien. Als gäbe es die Politik, den Terror, die Korruption nicht. Oder als spiele das in ihrem Leben nur eine untergeordnete Rolle. Bin ich der Einzige, der sie nach ihren Familien fragt?

Vor allem die Gerüche, diese feuchten, vom Straßendreck gesättigten Aromen rufen Erinnerungen an vergangene, lang zurückliegende Reisen wach, im Augenblick vor allem an Algier und Bejaia. Gerüche sind intensiver, körperlicher als Bilder, ihre Verbindung mit besonderen Erfahrungen ist kraftvoller und reicht tiefer. Es sind nicht die äußeren Ereignisse, die wieder wachgerufen werden, sondern das besondere Gefühl, das mit ihnen verbunden war, Angst, Ekel, Wut oder auch das erotische Begehren oder das Gefühl von Geborgenheit.

Gerade jetzt ist es die Zumutung, meine Geruchsempfindlichkeit zu ignorieren und mich ganz dem strengen, im Grunde abstoßenden und zugleich überwältigenden Geruch einer unparfümierten Lebendigkeit hinzugeben. Es ist, als legte ich mich in ein fremdes, seit Ewigkeiten nicht mehr frisch bezogenes Bett.

30

Ein heftiger Knall aus dem Motorraum erschüttert das Fahrzeug, ein dumpfer Schlag in Kopf und Magengrube. Der Wagen rollt aus, bleibt auf freier Strecke stehen, irgendwo zwischen N'Debougou und Diabali, nicht weit von der mauretanischen Grenze entfernt. Es muss fast Mitternacht sein.

Muhammad Isa öffnet die Motorhaube. Der Schaden ist unübersehbar: Ein faustgroßes Loch klafft im Ventilatorengehäuse, die Rotoren haben sich verbogen und verkantet und die Zuleitungen beschädigt. An eine Weiterfahrt oder Reparatur ist nicht zu denken. Ersatzteile müssen hergeschafft oder der Pick-up in die nächste Werkstatt geschleppt werden.

Muhammad Isa baut im Scheinwerferlicht auf der Piste

vor dem Geländewagen das Moskitozelt für mich auf und stellt ein Feldbett hinein. Ich hoffe, dass auch in der Nacht der Verkehr auf dieser Strecke so zurückhaltend wie am Tage bleibt und niemand auf unseren havarierten Wagen auffährt oder uns gar auf unseren Feldbetten überrollt. Muhammad Isa lässt nur die Rücklichter brennen.

Ich verrichte einige Schritte vom Wagen entfernt mitten auf dem Weg meine Notdurft, weil ich mich in dieser Dunkelheit nicht ins hohe, messerscharfe Gras und die Dornenbüsche beiderseits der Piste wage. Dann lege ich mich ins Zelt, verbrauche den letzten Trinkwasservorrat und lausche in die nächtliche Savanne hinein. Mein Puls pocht laut in meinem fiebernden Kopf, ich habe Mühe zu atmen und weigere mich hartnäckig einzuschlafen, weil ich fürchte, ich könnte im Schlaf ersticken.

Ich muss dennoch eingeschlafen sein, denn Schritte in unmittelbarer Nähe meines Zeltes lassen mich aufschrecken. Die Nacht ist von einem milchigen Grau. Ich höre die Schritte deutlich auf dem feinen roten Sand, doch sehe niemanden. Muhammad Isa wälzt sich unruhig auf seinem Feldbett, und im Umkreis der wenigen Meter, die ich in der fahlen Dunkelheit überblicken kann, ist kein anderes Lebewesen zu sehen.

Trotz des Fiebers ist mein Kopf vollkommen klar. Lungenentzündung, diagnostiziere ich ruhig meinen Zustand, vermutlich jene besonders heimtückische Form der Pneumonie, die mich bereits einmal am Mississippi heimgesucht hat. Die Symptome gleichen sich: Ein zunächst schleichender Verlauf mit harmlos erscheinenden Begleiterscheinungen, die zu einer Fehldiagnose wie Bronchitis verführen. Dann die plötzliche Wandlung in einen akuten Verlauf. Hohes Fieber, Schüttelfrost, ausgeprägte Atemnot, später auffallende Blässe und eine bläuliche Verfärbung der Lippen und Fingernägel, weil nicht mehr genügend Sauerstoff durch die Lunge aufgenommen wird.

Um die Diagnose zu sichern, müssten Proben aus tiefen Lungenabschnitten gewonnen und untersucht werden. Wird sie nicht innerhalb der ersten Tage mit den richtigen Medikamenten behandelt, kollabiert die Lunge. Das alles registriere ich mit großer Klarheit. Natürlich könnte es sich, trotz Prophylaxe, auch um Malariasymptome oder um Nebenwirkungen eben dieser Prophylaxe handeln, aber das erklärte allenfalls das Fieber und nicht die zunehmende Atemnot. Mund und Rachen sind bereits vollkommen ausgetrocknet. Ich schlafe nicht mehr ein, sondern hechle nach Luft und warte auf den anbrechenden Morgen.

31

Im Hogargebirge, den 17.7.1850 Endlich erreiche ich die breite Talsohle. Ich kann Hatita nicht begreifen, der mir immer gesagt, daß sie in geringer Entfernung vom Berge lagern würden; denn ich erblicke kein lebendiges Wesen, so weit meine Augen reichen.

Nachdem ich mich vergeblich umgesehen, feuere ich eine meiner Pistolen als Zeichen ab. Aber ich warte vergeblich auf Antwort. Der starke Ostwind mag allerdings den Schall nach der Wüste zu getragen haben.

Meine Kraft hat mich jetzt völlig verlassen. Ich setze mich nieder, vor mir die volle Aussicht auf das breite Tal. Mit einiger Zuversicht erwarte ich die Karawane, ja, einen Augenblick glaube ich, in der Entfernung einen Zug Kamele vorüberziehen zu sehen. Doch nichts in der Welt ist so voll täuschender Gebilde als die von der Sonnenglut erhitzten Täler und Flächen der Wüste.

Die Sonne neigt sich zum Untergang und ich muß sehen, wo ich die Nacht zubringen kann. Ich wähle einen Ethelbaum, welcher mir in geringer Entfernung zuwinkt und eine Zeit lang als Brunnenschwengel meine durstige sie getäuscht hat. Er ist von ehrwürdigem Alter, mit großen dicken Ästen, aber ohne ein einziges Blatt. Ich habe die Absicht, ein Feuer anzuzünden, das als Signal fast untrügliche Rettung verspricht; aber mir fehlt die Kraft, auch nur ein wenig Holz zusammenzusuchen. Ich fühle, wie Fieber sich meiner bemächtigt. Fast bewußtlos lege ich mich nieder.

Endlich weicht die Finsternis und Zwielicht tritt ein. Alles ist Ruhe und Stille. Ich bin überzeugt, daß ich keinen günstigeren Augenblick wählen kann, meinen Freunden ein Zeichen von mir zu geben. Ich sammle daher alle Kräfte, die mir noch geblieben sind, und lade die Pistole mit einem gewaltigen Schuß. Ich feuere einmal, zweimal – ich glaube, der Schall müsse die Toten erwecken können, so mächtig bricht er sich am entgegengesetzten Abhange und rollt das Tal hinunter, aber keine Antwort trifft mein Ohr.

Die Sonne steigt auf; obwohl ersehnt, sehe ich ihr doch mehr mit Furcht und Schrecken entgegen. Mit der steigenden Hitze wird mein Zustand immer unerträglicher. Ich krieche umher, jeden Augenblick meine Lage verändernd, um ein wenig Schatten, welchen die laublosen Äste bilden, zu genießen. Um Mittag weicht auch der geringste Schatten; nicht einmal genug bleibt, um mein fieberkrankes Haupt zu schützen. Ich leide unsäglichen Durst, obgleich ich an meinem Blute sauge. Endlich werde ich besinnungslos und verfalle in eine Art von wahnsinniger Träumerei.[69]

32

Mampala den 14.10.1999 Muhammad Isa hat zwei Kanister mit unbehandeltem Wasser im Wagen. Ich fülle meine Wasserflasche damit auf und gebe Micropur hinzu. Zwei Stunden muss ich mich gedulden, bis das Wasser für mich trinkbar ist. – Nun warten wir auf den zweiten Wagen, der uns einen Tag später folgen sollte, damit er uns abschleppt. Es gibt keine Lebensmittelvorräte mehr, doch habe ich ohnehin keinen Appetit. Das Fieber ist leicht gesunken, die Atemnot aber geblieben. Wir sitzen im Schatten des Wagens. Muhammad Isa hat ein Mensch-ärgere-dich-nicht-Brett hervorgeholt, damit wir uns mit dem Spiel die Zeit des Wartens vertreiben.

Seinen europäischen Anzug hat er am Morgen mit traditioneller Tuareg-Kleidung getauscht. Um den Kopf und die untere Gesichtspartie hat er einen Baumwollschal gebunden. Aus dem Pick-up-Chauffeur ist ein Wüstenkrieger geworden.

Ich weiß nicht, ob er etwas von meinem Zustand wahrnimmt. Sollte er ihn bemerkt haben, lässt er sich nichts anmerken. Und auch ich verliere kein Wort darüber, denn im Augenblick können wir ohnehin nichts tun. Vielleicht aber ist sein Vorschlag zu einem Spiel als Zeitvertreib bereits ein Zeichen dafür, dass er etwas von meiner Verfassung ahnt. Denn Mensch-ärgere-dich-nicht gehört in Mali wohl kaum zur üblichen Zerstreuung. Zeiten des Wartens überbrückt man gemeinhin einfach durch ein kontemplatives Nichtstun.

Am späten Vormittag trifft der zweite Wagen mit Jahja als Fahrer und dem lokalen Supervisor Ahmed Saleh, aber ohne Barbara und Henner P. ein, die später folgen werden. Nach einem prüfenden Blick Jahjas unter die Kühlerhaube unseres Wagens und der raschen Einsicht, dass es hier nichts zu reparieren gibt, nimmt uns der zweite Geländewagen ins Schlepptau.

Drei Stunden Fahrt bis zur nächsten Ortschaft, dem Militärposten Nampala, stehen uns bevor, drei Stunden über eine schmale, unebene Piste, immer noch in einem Tempo, das uns, wenn das Abschleppseil sich plötzlich strafft, hart in unsere Sitze zurückreißt. Dabei ist es eigentlich nur noch der Sicherheitsgurt, der mich einigermaßen aufrecht in meinem Sitz hält. Das ununterbrochene Hecheln und das ständige Trinken, um den Mund einigermaßen feucht zu halten, zehren an meinen Kräften.

Der heutige Tag ist klarer als die vorangegangenen. Strauchsavanne wechselt mit Grassteppe oder leichtem, niedrigem Baumbestand ab. Doch stets ist jede Zone von gleichförmigem Bewuchs, als sei sie von Menschenhand bepflanzt. Bis auf Bussarde und Geier sehen wir keinerlei Tiere.

Die Sonne nutzt den wolkenlosen Tag, um uns ihre ganze unerbittliche Kraft zu demonstrieren. Ich verhänge das Seitenfenster mit meinem Halstuch. Dennoch sind am Ende der Fahrt der rechte Arm und die rechte Gesichtshälfte sonnenverbrannt.

Am frühen Nachmittag erreichen wir Nampala, ein Dorf mit wenigen niedrigen Lehmhäusern inmitten einer baumlosen, sandigen Einöde. Einige Männer in olivgrünen Uniformen und hohen schwarzen Schnürstiefeln deuten an, dass es sich bei dieser unwirtlichen Siedlung allein um einen strategischen Posten handelt. Kein Mensch würde in diesem kargen, unfruchtbaren Nirgendwo allein der Landschaft wegen sein Haus errichten.

Muhammad Isa lässt eine kleine schattige Kammer in

einer der einfachen Lehmhütten für mich herrichten, damit ich mich dort ein wenig erholen kann, während er sich um die Reparatur des Wagens kümmert. Doch die Enge und Abgeschiedenheit des Raums bedrücken mich. Lieber bleibe ich im Schatten des Wagens mitten auf dem staubigen Platz in der Dorfmitte liegen. Auch hier gibt es eigentlich nichts zu sehen. Das Dorfleben ist wegen der Mittagshitze fast gänzlich erstorben oder hat sich in schattige Höfe oder verborgene Innenräume zurückgezogen.

Eine Handvoll Kinder entdeckt mich, schweratmend und schwitzend, im Schatten des Pick-ups, umringt mich und bittet um ein Geschenk. Rasch werden es mehr, ich versuche, ihnen mit Worten und Gesten klar zu machen, dass es ihrer zu viele seien, um sie alle zu beschenken. Nun bricht ein erbitterter Streit aus, wer ein besonderes Vorrecht auf ein Geschenk habe. Die Erstankömmlinge versuchen, die Nachzügler fortzuschicken, und beschimpfen sie wütend, weil sie schuld seien, dass nun vielleicht niemand etwas erhalte.

Schließlich tritt Muhammad Isa in den erhitzten Kreis, schickt mit einem einzigen Wort die Streithähne fort, nimmt eines unserer Feldbetten vom Wagen und führt mich zum Haus einiger Verwandter, von denen er nach eigenem Bekunden in jedem größeren Ort zwischen Bamako und Timbuktu wenigstens einen habe.

Eine junge Frau mit mehreren kleinen Kindern winkt mir aus einem der benachbarten Höfe zu. Der Hof ist nur durch ein niedriges hölzernes Hühnergatter vom staubigen Dorfplatz getrennt. Ihre Geste ist mehr als ein Gruß, fast schon eine Art Herbeiwinken, und Muhammad Isa wirft ihr einen missbilligenden Blick zu, den sie indes mit einem bezaubernden und zugleich spöttischen Lächeln beantwortet.

Muhammad Isa stellt das Feldbett in die Ecke eines großen, langgestreckten Diwans, dessen dicke Lehmwände an den schmalen Seiten von kunstvollem Maßwerk aufgebrochen sind, so dass beständig ein leichter Wind durch den schattigen Raum weht. Am anderen Ende des Raums sitzt Muhammad Isa mit dem Militärchef und einigen Honoratioren des Ortes zusammen und trinkt Tee. Eher widerstrebend hat er mich hierher geführt.

In der Mitte des Raums, zwischen der Teerunde und meinem Lager, hängt von einem der Deckenbalken, die das Lehmdach stützen, ein hautloses, sonnen- oder luftgetrocknetes Schaf an seinen Hinterbeinen. Ein junger Mann schneidet schmale Streifen von dem mageren Kadaver und legt sie auf ein großes kupfernes Tablett. Wohl eine Stunde lang ist er beschäftigt, bis er das ganze Fleisch restlos von den Knochen gelöst hat, das sich nun zu einer halben Meter hohen Pyramide auf dem Kupferteller türmt. Dann stemmt er sich diese Fleischplatte auf den Kopf und balanciert sie hinaus, vielleicht in Richtung Küche oder Feuerstelle, um das Dörrfleisch dort zu rösten. Die übrig gebliebenen Knochen und Sehnen sind nun schwarz vor Fliegen.

Ich liege erschöpft auf meinem Feldbett, atme und nippe an der Wasserflasche. Mein Kopf ist klar, aber gedankenleer. Die junge Frau aus dem Hof, die mir zugewinkt hat, betritt den Diwan. Zwei Schritte vor meinem Lager bleibt sie stehen und schaut mich lange an. Schließlich sagt sie etwas zu den Männern, die ihre kurze Rede mit mürrischen Gesichtern aufnehmen.

Ich lächle ihr zu, bevor sie sich mit derselben spöttischen Miene wie bei unserer ersten Begegnung abwendet und hinausgeht. Durch die offene Tür sehe ich, dass sie sich zu einigen anderen Frauen auf der gegenüberliegenden Seite des Platzes gesellt, die dort schwatzend im Schatten einer Hofmauer sitzen. Ich warte auf ein kokettes oder spöttisches Gelächter der Frauen, doch ihr Gespräch bleibt leise und zurückhaltend.

Ich frage Muhammad Isa, wie es nun weitergehe. Er hat über das Funkgerät des Militärpostens die P.s über unsere Havarie informiert. Sie werden die notwendigen Ersatzteile in ihrem Wagen herbringen. Ich könne mit Jahja und Ahmed Saleh heute noch nach Léré weiterfahren oder mit ihm hier auf die P.s warten.

Ich lasse meine Wasserflasche am örtlichen Brunnen auffüllen, füge zwei Tabletten Micropur hinzu und richte mich auf zwei wasserlose Stunden ein.

Im Führerhaus des zweiten Wagens finden zwei Erwachsene bequem Platz. Kommt ein dritter hinzu, muss ein Notsitz gebaut werden. Ahmed Saleh macht es sich, eingekeilt zwischen Gangschaltung und Handbremse linkerhand und einem langbeinigen, fieberheißen Europäer rechterhand auf dieser harten Behelfsbank bequem. Die Fahrt bis Léré dauert vier bis fünf Stunden.

Da Jahja und Ahmed Saleh sich nicht um eigene Wasservorräte gekümmert haben, ist mein eigener Vorrat, geteilt durch drei, binnen kürzester Zeit erschöpft. Muhammad Isa hat meinen Zustand wohl wahrgenommen, Jahja und Ahmed Saleh hingegen scheinen nichts zu bemerken. Das Fieber gibt meinem Gesicht eine gesunde Röte, und ich bemühe mich, die unerträgliche Enge und die Zumutung, die ihre Hilfsbereitschaft für sie selbst bedeutet, durch eine lebendige Unterhaltung vergessen zu machen. Ahmed Saleh erzählt ein wenig von seiner Aufgabe als Supervisor, Jahja, ein Schwager Muhammad Isas, bleibt während der ganzen Fahrt stumm. Schließlich erstirbt auch das Gespräch zwischen Ahmed und mir, und nichts lenkt uns mehr von der bedrückenden Enge, den absterbenden Gliedmaßen und den Prellungen und Blutergüssen ab, die der mörderische Weg unseren vergeblich nach Halt suchenden Körperteilen zufügt.

33

Tunis, den 26.12.2015 Unerwartet hat Walid, der belesene Literaturstudent aus Nabeul – er nennt seine Vaterstadt hartnäckig bei ihrem Gründungsnamen *Neapolis* –, mich versetzt. Dann erhalte ich eine verstörende E-Mail von ihm:

»Verzeih, dass ich nicht zu unserer Verabredung gekommen bin, ich konnte nicht! Gestern früh sah ich, wie ein Hund vor mir die Straße überquerte und vor meinen Augen überfahren wurde. Der Fahrer bremste nicht einmal, ja, er gab noch Gas und hielt direkt auf das Tier zu. Ich stand wie gelähmt am Straßenrand, sah die aufgerissene Brust des Hundes zittern, wollte zu ihm gehen, konnte aber meine Beine nicht bewegen. Es war mir, als läge ich dort auf dem fleckigen Asphalt. Dann tauchte auf der anderen Straßenseite plötzlich ein Mann auf, nahm den noch atmenden Hund, zog ihn von der Fahrbahn und warf ihn in den nächsten Müllcontainer. – Statt nach Tunis zu fahren bin ich zurück nach Hause gegangen und habe mich wieder ins Bett gelegt.«

Nun haben Tiermetaphern immer schon einen kadaverhaften Beigeschmack. Wir jagen, quälen, schlachten, opfern Tiere stets auch stellvertretend für uns selbst. Wir projizieren unsere guten wie abgründigen Seiten auf sie, erhöhen sie zu Göttern und erniedrigen sie zu Dingen. Im Grunde gehen wir mit ihnen um wie mit Unseresgleichen.

Wir lesen Tiergeschichten als Fabeln, handelt es sich nun

um Canettis elenden Esel in Marrakesch oder Nietzsches geprügelten Kutschgaul in Turin: Bruder, ich auch, ich bin dumm!

Sie teilen uns nichts oder nur wenig vom wahren Wesen oder Empfinden der Tiere mit. Wahrscheinlich wollen wir darüber auch gar nichts Genaueres wissen, sonst könnten wir sie nicht millionenfach unter erbärmlichen Umständen gefangen halten und am Ende fressen. Aber erfahren wir durch sie wenigstens etwas über uns? Hätte der jagdeifrige Autofahrer in Nabeul mit derselben Mordlust auch ein Kind überfahren? Wäre Walid vom Tod eines Kindes genauso erschüttert gewesen wie vom Tod eines Hundes? Kinder werden täglich überfahren. Und höchst selten von Hunden. Wir können Hunde lieben und Kinder hassen. Wir sind das einzige Tier, das die Freiheit zu haben glaubt, auch grausam sein zu können. Hin und wieder müssen wir es uns beweisen.

34

Léré, den 15.10.1999 Die Sonne steht schon tief, als wir in Léré eintreffen, aber es ist noch hell genug, einen ersten Eindruck von dieser Stadt zu gewinnen. Auch sie wirkt durch die flachen, staubgrauen Lehmhäuser zunächst farblos, doch machen die Bewohner durch ihre Vorliebe für auffallend bunte Kleidung aus ihr eine Augenweide. Die Wege sind breit, ungepflastert, sandig und immer wieder von tiefen Pfützen unterbrochen. Auf dem zentralen Platz steht ein Wald kahler, knochiger Holzstangen, die brüchige Dächer aus Binsengeflecht oder Palmblättern tragen. Hier findet einmal in der Woche der Markt statt, doch heute ist der Platz verwaist.

Die Antenne befindet sich am nördlichen Stadtrand: zwei

langgestreckte Lehmbauten mit Wirtschafts- und Wohnräumen und mehreren Garagen für die Wagen, davor ein großer, von einer mannshohen Lehmmauer umgebener gepflasterter Hof. Inmitten des Hofes ein Beduinenzelt aus Mauretanien, Teppiche, Kissen und ein niedriges Bettgestell aus Bambus unter dem Kamelhaardach. In einer Ecke, den Wohnräumen und dem Zelt gegenüber, befindet sich der ummauerte, aber unüberdachte Hammam mit Wasserkrügen und einem Waschstein.

Einige Tuareg-Jungen sitzen im Schatten des Nomadenzeltes. Sie springen auf, als unser Land Rover in den Hof fährt, und laufen uns entgegen.

Ich falle fast aus dem Wagen, meine Beine fühlen sich taub an, sie geben nach und gehorchen mir nicht. Mit zusammengebissenen Zähnen halte ich mich an der Wagentür fest und warte, bis ich meinen Körper wieder unter Kontrolle habe.

Hussein, der Antennenleiter, führt mich in einen der fensterlosen Wohnräume. Nur durch die geöffnete Tür dringt Licht und Luft hinein. Ich werfe mich sogleich auf das Matratzenlager. Das Fieber ist im Laufe des Tages wieder angestiegen, meine Lippen sind aufgeplatzt, Mund und Rachen ausgedörrt und wund. Selbst das Reden strengt mich an, und meine Worte kommen nur noch als heiseres Flüstern heraus.

Hussein bringt mir eine Kanne Pfefferminztee und etwas zu essen ans Lager. Ich zwinge mich, aufzustehen und ein paar Bissen Reis zu mir zu nehmen. Das letzte Mal habe ich vor gut zwei Tagen gegessen.

Ich winke einen der Jungen heran, damit er mich in den Ort begleitet und mich zu einer Apotheke bringt. Wir gehen langsam. Mein junger Führer hält mir die neugierigen und um ein Geschenk bittenden Kinder vom Leib.

Er will Automechaniker werden, oder Fahrer für die deutschen Entwicklungshelfer. Sein älterer Bruder arbeite bereits für das Projekt Mali Nord. Seit dem Sommer gehe er nicht mehr zur Schule, habe aber noch immer keine Arbeit oder einen Ausbildungsplatz gefunden. Léré sei ein gottverlassenes Nest, sagt er. So verbringt er die Tage auf dem Hof der Antenne und wartet, dass sich irgendetwas ereignet.

In der Apotheke habe ich die Wahl zwischen Aspirin und Paracetamol. Es ist die einzige Apotheke im Ort. Ein Krankenhaus oder einen Arzt gibt es nicht.

Der Weg zurück nach Bamako ist in etwa so weit wie der Weg vor uns nach Timbuktu, drei Tagesfahrten, von denen ich nicht weiß, wie ich sie überstehen soll. In einer benachbarten *Boutique*, einem landestypischen Lebensmittel- und Kramladen, erstehe ich Nestlé-Kinderbrei und Trockenmilch. Frisches Obst ist nirgendwo in Léré erhältlich. Vielleicht am nächsten Markttag, meint mein jugendlicher Begleiter, aber auch dann wohl nur die einheimischen, noch grünen und saftlosen Orangen, falls sich denn jemand die Mühe gemacht haben sollte, sie den Niger herabzuschiffen und hier ins Niemandsland an der mauretanischen Grenze zu karren.

Wie ein hinfälliger Greis wanke ich an der Seite des Jungen zurück zur Antenne. Kurz vor der Hofeinfahrt holt uns der Boutiquenbesitzer ein. Er sei mir noch Wechselgeld schuldig, schnauft er außer Atem, ein bärtiger Maghrebiner, ganz in ein weißes Baumwollhemd gekleidet, vielleicht der Angehörige einer besonders strengen muslimischen Sekte. Sein asketisches Gesicht macht den Eindruck eines längeren inneren Kampfes, bis der Strenggläubige schließlich den Sieg über den Kaufmann davongetragen hat.

Ich reiche das Wechselgeld dem Jungen für seinen Dienst.

Er steckt es ein, ohne sich oder mich durch einen Blick auf den genauen Betrag zu beschämen.

Zurück im stillen dunklen Gastraum schlucke ich drei Aspirintabletten und werfe mich schwer atmend auf meine Matratze. Am liebsten würde ich die Augen schließen und endlich schlafen, schlafen.

35

Im Hogargebirge, den 18.7.1850 Ich komme erst wieder zum Bewußtsein, als die Sonne sich hinter die Berge senkt, und indem ich mich aufraffe, krieche ich aus dem Schatten des Baumes hinweg und werfe einen trüben, schwachen Blick über die Ebene. Da plötzlich trifft der Schrei eines Kamels mein Ohr. Der klangreichste Ton, den ich je im Leben gehört! Ich erhebe mich etwas vom Boden und sehe einen Targi in einiger Entfernung langsam, nach allen Seiten umherspähend, vor mir vorbeireiten. Er hat meine Fußstapfen im Sande bemerkt, und da er die Spur auf dem steinigen Boden verloren, sucht er ängstlich, nach welcher Richtung ich mich wohl gewendet. Ich öffne meine trockenen Lippen, und mit meiner geschwächten Stimme »aman, aman«, »Wasser, Wasser« rufend, bin ich entzückt, zur beruhigenden Antwort das bejahende »iwua, iwua« zu bekommen. In wenigen Augenblicken sitzt er an meiner Seite, wäscht und besprengt meinen Kopf, während ich unwillkürlich in ein oft wiederholtes »el hamdu lillahi, el hamdu lillahi« ausbreche.

Nachdem mein Retter mich vorsichtigerweise so erfrischt hat, reicht er mir einen Trunk. Bei dem gänzlich ausgetrockneten Zustand meines Gaumens und in meinem fieberhaften

Zustand finde ich ihn gallenbitter; dann hebt er mich auf sein Kamel, steigt vor mir auf und eilt den Zelten zu.

Sie sind in beträchtlicher Entfernung. Die Freude des Wiedersehens, nachdem man mich schon aufgegeben hat, ist groß. Anfänglich kann ich nur wenig und undeutlich sprechen und bin während der ersten drei Tage fast unfähig, etwas zu essen. Bei alledem bin ich jedoch im Stande, am nächsten Tage bereits die Anstrengung unseres fortgesetzten Marsches zu ertragen.[70]

36

Léré, den 16.10.1999 Gegen Mittag treffen endlich Muhammad Isa und die P.s ein. Nach einem kurzen Blick in mein fieberndes Gesicht steht Henners Diagnose fest: Malaria. Dieser Schluss liegt nahe, da die Krankheit durch die nicht enden wollende Regenzeit am ganzen Nigerlauf zurzeit endemisch ist.

Ich bin mir nicht sicher, dass es sich um Malaria handelt, da ich bereits im Jemen einmal nähere Bekanntschaft mit den typischen Symptomen des Wechselfiebers schließen durfte, doch reicht meine Kraft nicht, dem Urteil dieses langjährigen Afrikakenners mein eigenes Besserwissertum entgegenzusetzen. So lasse ich zu, dass Henner mir eine Lariam-Notfalltherapie verordnet. Statt eine Tablette pro Woche vorsorglich von diesem nebenwirkungsreichen Mittel einzunehmen, schlucke ich nun innerhalb von zwölf Stunden sechs Tabletten. Mir ist klar, dass diese radikale Chemotherapie mir den Rest geben wird.

Die P.s lassen unsere Moskitozelte im Hof aufbauen. Nachts sei es hier unter freiem Himmel kühler als in den

Innenräumen, erklärt Barbara. Gleich mit Anbruch der Dunkelheit lege ich mich hin, weil ich mich nicht mehr auf den Beinen halten kann. Doch nur nicht einschlafen, ermahne ich mich. Atmen, trinken, mich wach halten! Ein ungeladener Bettgenosse hilft dabei: ein etwa pantoffelgroßer Kakerlak, *Blatta orientalis*, dunkelbraun, flink, wendig, nachtaktiv, mit unangenehmem Eigengeruch, den ich dank der ausgetrockneten Schleimhäute nicht wahrnehme, sondern diesem Zeltgast nur zuschreibe, hält mich bis zum frühen Morgen in Atem. Ich nutze die brachliegende Zeit, das Insekt, Größe 12½, genau zu studieren, lauert es doch, fünfzig Zentimeter von meinen Augen entfernt, in der oberen Zeltnaht, auf dass ich meine Aufmerksamkeit von ihm abwende, damit es wieder im Affenzahn über mein Laken, meine Arme, Hände und freigestrampelten Beine flitzen kann, ein länglich ovaler, stark abgeflachter Körper wie ein verrosteter Mercedes Silberpfeil, den roboterhaften Kopf unter einem großen Halsschild verborgen, mechanisch anmutende Mundwerkzeuge, lange borstenförmige Antennen, blasshäutige Hinterflügel, unter den lederartigen Vorderflügeln zusammengefaltet, ein futuristisches Amphibienfahrzeug, kein einziges Mal breitet es die Flügel aus auf seiner Flucht vor meinen Bemühungen, seiner habhaft zu werden und es an die frische Luft zu setzen. Äußerst präzise berechnet es meine Bewegungen voraus und weicht ihnen mit unglaublicher Wendigkeit und Schnelle aus. Ich müsste den Kakerlak mit einer raschen, nur wenig ausholenden Geste erschlagen, was indessen an der zarten, nachgiebigen Zellwand wohl zu eher unbefriedigenden Ergebnissen führen würde. Genauso wenig möchte ich mein Laken mit grünen Innereien, braunen Chitinsplittern und blassen, geleeartigen Larven aus den harten, bis zum Bersten gefüllten Eitaschen besudeln.

Also beschäftige ich mich vor allem damit, meine unbedeckten Körperstellen den nächtlichen Sprints des borstigen Insekts zu entziehen, was mir, mit einiger Mühe, allein für mein Gesicht gelingt. Obgleich ich die Reißverschlüsse meines Zeltes, seinem eigentlichen Zweck fundamental widersprechend, weit geöffnet und die Bahnen zurückgeschlagen habe, lässt sich die Schabe weder verführen noch zwingen, durch die aufklaffende Zeltwand ins Freie zu entschlüpfen.

Eine kleine Moskitobrigade nutzt derweil die Gelegenheit, ihren Anteil an meiner Nachtwache zu leisten und mich mit ihrem elektrisierenden Gesumm im Einzugsbereich meiner Ohrmuscheln vor der Verführung eines vermeintlich friedvollen und erholsamen Schlafs zu schützen.

Barbara P. hält prüfend ihren kühlen Handrücken an meine glühende Stirn und glaubt, einen leichten Rückgang des Fiebers feststellen zu können. Und für einen Augenblick glaube ich selbst daran. Von dieser weiteren durchwachten Nacht todmüde und zugleich überwach sitze ich auf dem blankgescheuerten Waschstein und übergieße mich mit mehreren Krügen frischen, in der Nacht abgekühlten Wassers. Mein Körper erscheint mir wie aus dünnem Glas, durchsichtig, zerbrechlich, doch bis in die letzte Faser gegenwärtig und klar.

Mit rosigen Wangen und glänzenden Augen sitze ich am Frühstückstisch, nehme die letzte Ration Lariam ein, um der fürsorglichen Anordnung der Gefährten zu genügen, trinke echten Darjeeling und esse frisches Birchermüsli, das Barbara aus ihrer kühlschrankgroßen, silberglänzenden Vorratsbox gezaubert hat, zumindest einige höfliche Löffel, die ich in meinem vom Lariam angegriffenen Magen zu behalten versuche.

Als ich Henner gegenüber meinen nächtlichen Plagegeist erwähne, macht er sich sofort an die Inspektion meines Zeltes. Die trotzige Größe des Insekts wird ihm nun zum Verhängnis. Henner spürt es ohne große Mühe unter meinem Laken auf, lässt es eine kurze Strecke hinaus auf den Hof flitzen, um dann mit einem gnadenlosen Tritt seines festen Savanneschuhwerks den braunschwarzen Panzer zu zerbrechen und eine mittlere Sauerei auf dem sonst so reinlichen Hofpflaster anzurichten, für dessen Beseitigung der Haushofmeister Hussein anschließend zwei Eimer Wasser benötigt.

Im Augenblick von Henners fatalem Tritt wird mir klar, dass es sich nicht um ein lästiges Insekt, sondern um einen schabenhaft verkleideten Schutzgeist gehandelt haben muss, und betrauere nun, zu spät, sein unverdient grausames Ende.

Die P.s lieben diese Antenne. Es war die erste, die sie für das Projekt Mali Nord aufgebaut haben. Hier fühlen sie sich den Einheimischen näher als auf den anderen Stationen. Hier wollen sie in drei Monaten mit ihren inzwischen erwachsenen Kindern die Jahrtausendwende feiern.

Nach dem Frühstück werden die Zelte zusammengelegt und mit dem übrigen Gepäck und Barbaras Aluminiumvorratsbox im Land Rover verstaut. Muhammad Isa steuert den Wagen.

Wir haben Léré gerade verlassen, als ich Muhammad Isa bitten muss, sofort anzuhalten. Birchermüsli, Darjeeling-Tee, das letzte Lariam und eine beängstigende Menge Blut verabschieden sich aus meinem Magen. Barbara bittet unseren Fahrer, seine übliche Reisegeschwindigkeit ein wenig zu drosseln, bis mein Magen sich wieder beruhigt habe. Doch auch Muhammads trotziges Schritttempo hilft nicht. Ein kalter Schweißausbruch, Hyperventilation, ein weißer, erstickender Nebel im Kopf und eine unerbittliche Faust in den Eingeweiden, nach wenigen Metern übergebe ich mich erneut, auch wenn ich diesmal nur noch einen Schwall Blut und Galle spucke. Offenbar hat das Lariam die Wände meines Magens angegriffen, nun verdaut er sich selbst.

Henner reicht mir, nun doch ein wenig besorgt, ein feuchtes Reinigungstuch aus Barbaras unerschöpflichen Beständen. Ich, ein Zufallsgast, dem sie sich aus landsmännischer Verbundenheit angenommen haben, bringe ihren Zeit- und Arbeitsplan inzwischen gehörig durcheinander. Nun tragen sie hier in dieser Abgeschiedenheit – weiter entfernt von zivilisatorischer Mindestversorgung wie einer Krankenstation, einer Landepiste oder wenigstens einem Telefon kann man heute auf der Welt nicht sein – die Verantwortung für einen ihnen im Grunde Unbekannten. Was haben sie sich in ihrer Gutmütigkeit nur aufgehalst!

37

Tunis, den 27.12.2015 Walid ist nicht begeistert von meiner Idee, ihn in Nabeul oder Neapolis zu besuchen. Zunächst leugnet er, dass es überhaupt eine Zugverbindung zwischen Tunis und Nabeul gebe – es gibt sie, wenn auch nur zweimal täglich je Richtung –, dann rät er mir auch vom öffentlichen Bus ab, der Busbahnhof läge am Stadtrand und sei für Fremde schwer zu finden, und überhaupt befänden sich die Busse in einem lebensgefährlichen Zustand.

Aber auch chatten will er nicht in Bild und Ton. Sein Computer sei alt und von Viren verseucht, die Webcam und das Mikrofon funktionierten schon ewig nicht mehr, wir müssten froh sein, dass seine Mails mich noch erreichten.

Auch ohne diese Interventionen ist mir klar, dass es sich bei Walid um einen Homme de Lettres handelt. Seine Mails sind fehlerfrei, sein Stil kann sich mit jedem klassischen Briefwechsel messen lassen. Das ist die durchaus schöpferische Seite an jeder Depression, diese intellektuelle Gespanntheit und Empfindsamkeit. Er empfiehlt mir Bücher, von denen ich nie gehört habe, und Filme, die allenfalls auf kleinen, avantgardistischen Festivals gelaufen sein können. Wir diskutieren über Claire Denis' Meisterwerk *Beau Travail*, das wir beide gleichermaßen schätzen, mit angemessenen Denkpausen zwischen den schriftlichen Spielzügen.

In diesem vom Familiensinn geprägten Land muss ein solch ausgeprägter Misanthropismus wie der seine einen Menschen unweigerlich in den Wahnsinn treiben. Seine Mutter, gesteht er mir, die ansonsten viel Verständnis für seine Eigenarten hege, halte ihn schon seit Jahren für verrückt. Aber sie respektiere es, wenn er sich für Tage in sein Zimmer einschließe, stelle ihm fürsorglich die Mahlzeiten vor die Tür und sei im Übrigen dankbar, dass sich der Wahnsinn innerhalb der eigenen vier Wände abspiele und bisher den schamlosen Augen der Nachbarschaft verborgen geblieben sei. – Dem Geständnis folgt sogleich ein ironisches Smiley. Ob er demnächst wieder einmal nach Tunis kommen werde, lässt er offen.

Vermutlich bin ich nicht unschuldig an seiner gegenwärtigen Depression. Ihn vor allem als intellektuelles Gegenüber wahrzunehmen, muss er als Kränkung, als Zurückweisung empfunden haben. Tatsächlich blieb mein Körper unwillkürlich auf Abstand. Für ihn, den Körper, definiert sich Nähe oder Distanz über andere Maßstäbe als die Seelenverwandtschaft, für ihn ist es immer noch eine archaische Erfahrung der Chemie, des Geruchs, der Aura, der Haut, der

Körperspannung. Ihn interessiert die intellektuelle Schönheit nicht, so manches raue Arbeiter- oder Soldatengesicht ist ihm da näher.

38

Tonka, den 17.10.1999 Tonka liegt direkt am Niger. Der Wagen hält nahe am Fluss. Von einer größeren Ortschaft ist nichts zu sehen. Ein einzelnes Gebäude, eine Art Versammlungshaus, steht verloren am sandigen Ufer. Eine Gruppe Tuareg geleitet uns zum Haus. Der große Versammlungssaal ist mit Teppichen und Kissen ausgelegt und ansonsten leer. Ich lasse mich ein wenig abseits von den anderen nieder, um die Versammlung, die mich im Grunde nichts angeht, nicht zu stören.

Auch Henner und Barbara halten sich, obgleich sie im Kreis der lokalen Familienältesten sitzen, auffällig zurück. Sie hören vielmehr zu und äußern weder Kritik, noch machen sie eigene Vorschläge. Es geht in der Versammlung vor allem um die verworrenen Besitzverhältnisse. Traditionelle Bodenrechte, koloniale Enteignungen und die territorialen Ansprüche des modernen Staates bilden ein nur schwer entwirrbares Geflecht. Offenbar haben nur jene Lösungsideen eine Chance auf allgemeine Akzeptanz, die von den ortsansässigen Sippen selbst vorgeschlagen und ausgehandelt werden.

Ich versuche, die Augen offen zu halten, mustere die hellhäutigen Gesichter der Tuareg, die dunkleren der Bauern, einige junge unter den überwiegend alten, glatte und bärtige, manche zur Hälfte von einem blauen Tuch verhüllt, doch die Augen immer frei, scharfblickend, von einem leuchtenden Braun.

Vielleicht haben die P.s recht, und es ist wahrhaftiger, auch nach Jahren gemeinsamer Bekanntschaft die Fremdheit anzuerkennen und das Eigene nicht einer falschen Illusion von Nähe, Vertrautheit oder gar Gleichheit zu opfern. Womöglich können sie ihren Vermittlungsauftrag sogar besser in der Rolle des Fremden, Außenstehenden gerecht werden, als wenn sie sich einer Gruppe oder Partei besonders verbunden fühlten.

Der ohne einen besonderen Auftrag Reisende will etwas anderes: Er sucht temporäre Aufnahme in die fremde Gruppe und ist bereit, dafür zeitweise die eigene Identität vollständig aufzugeben oder zurückzustellen. Diese Art zu reisen ist eine bewusst inszenierte oder zumindest in Kauf genommene Regression in kindliche Abhängigkeit: Seht her, wie hilflos ich bin! Nehmt euch meiner an, ich stelle keine Gefahr für euch da! Ohne euren Schutz und eure Fürsorge bin ich hier verloren …

Wir brechen wieder auf, noch ehe die Versammlung beendet ist. Sie bräuchten uns nun nicht mehr, sagt Barbara. Außerdem wollten sie vor Anbruch der Nacht die Antenne in Diré erreichen.

Wir halten noch einmal zu einer kurzen Inspektion in einem Dorf, in dem mit Unterstützung des Projekts Mali Nord gerade eine Mädchenschule errichtet wird. Das Gebäude ist fast fertiggestellt. Barbara hat mehrere Photographien von Schülern und Lehrern des Ortes dabei, die sie beim letzten Besuch aufgenommen hat. Die großformatigen Abzüge sollen später die Klassenräume schmücken.

Auf einem der Photos ist der Rektor der Schule mit seiner schönen sechzehnjährigen Tochter zu sehen. Die junge Frau ist vor einigen Tagen an Malaria gestorben. Barbara hält das

Portrait für eine anrührende Erinnerung. Doch Muhammad Isa rät ihr davon ab, die Eltern mit diesem Photo zu beschenken. In Mali sei es nicht üblich, über die Toten zu reden und Erinnerungen an sie auszutauschen. Selbst der Name der Verstorbenen sei tabu, und erst recht ein Bild von ihnen.

Als die P.s dem Rektor ihr Beileid über den Tod seiner Tochter ausdrücken und ihn an ihre eigenen Begegnungen mit dem Mädchen erinnern, wechselt der Vater abrupt das Thema. Später, als wir die Fahrt fortsetzen, äußert Barbara auf Deutsch, damit Muhammad Isa sie nicht versteht, ihren Unmut über diese merkwürdige Form des Totengedenkens. Eine Tradition mehr, sagt sie, die sie trotz der vielen Jahre in Afrika nicht nachvollziehen könne und sich auch nicht zu eigen machen wolle.

Ich möchte ihr nicht widersprechen. Aber ich verstehe auch den Vater. Der Tod ist hier so allgegenwärtig, dass man sich mit aller Kraft vor seiner Allmacht schützen muss, wenn man nicht ständig in seinem Schatten leben will. Die Zeit der Trauer ist intensiv, aber kurz. Man darf dem Tod nicht noch mehr Raum in seinen Gedanken und Erinnerungen gewähren, als er ohnehin schon für sich beansprucht.

Und tatsächlich besetzt er hartnäckig unser Denken und Fühlen, wenn wir ihm einmal leichtfertig entgegengekommen sind. Wir passieren eine größere Ortschaft, Saraféré. Hier gibt es keine Antenne und auch kein Entwicklungshilfeprojekt. Muhammad Isa durchquert das Städtchen auf Barbaras Geheiß zügig und ohne Halt. Dies sei der Ort, in dem während des Tuareg-Aufstands der Schweizer Botschafter und einige seiner lokalen Mitarbeiter von Regierungssoldaten ermordet worden seien, erklärt Barbara. Er hielt sich zu Vermittlungsgesprächen in der Stadt auf, ist von den Soldaten aus seiner Unterkunft gezerrt und auf der Straße vor aller Augen brutal exekutiert worden. Zwei Botschaftsangehörige, die zunächst entkommen konnten, wurden von den Soldaten gejagt und ebenfalls auf offener Straße erschossen.

Bei jeder Fahrt durch diesen Ort spricht sie die damaligen Ereignisse wieder an, vergegenwärtigt sich aufs Neue das Grauen und weigert sich beharrlich, hier irgendeine Initiative zu ergreifen, ein Projekt zu gründen oder örtliche Organisationen zu unterstützen.

Ich denke an die vielen Gesichter des Todes, von denen nicht alle die Züge roher Gewalt und namenlosen Schreckens tragen. Am Ende aber bleiben zwei Gesichter übrig: der fremde, gewaltsame, uns beraubende Tod und der aus uns selbst geborene und mit uns gewachsene Tod, der unsere eigenen Züge trägt und unser Doppelgänger ist seit unserer Geburt. Er überfällt uns nicht, er tritt mit uns in ein Zwiegespräch, wenn es an der Zeit ist.

39

Straße von Kono nach Kuka, den 24.3.1851 Es ist ein schöner Morgen. Die Sonne scheint in reinem, ungetrübten Glanze, und indem ich mich den Eindrücken der Umgebung hingebe und über die ursprüngliche Heimat und die allmähliche Verbreitung des Pflanzenreichs nachdenke, hänge ich sorglos auf meinem Gaul, als plötzlich eine ungewohnte Erscheinung meine Aufmerksamkeit erregt.

Eine malerisch und fremdartig aussehende Gruppe kommt mir entgegen. In der Mitte reitet ein Mann von edlem Aussehen, arabischen Zügen, heller Hautfarbe, prächtig gekleidet und nach arabischer Sitte mit reich geschmückten Feuergewehren versehen; drei Reiter, weniger reich gekleidet, aber auf ähnliche Weise bewaffnet, reiten an seiner Seite. Ich sehe, daß es eine Person von Ansehen sei, und halte daher scharf auf ihn zu, um ihn zu begrüßen.

Sobald er mich erblickt, macht er Halt und fragt mich, ob ich der Christ sei, welcher in Kuka erwartet werde. Auf meine bejahende Antwort meldet er mir ohne Umschweife, daß mein Reisegefährte Yakub (Herr Richardson) gestorben, noch ehe er Kuka erreicht, und daß all sein Eigentum verschleudert worden sei.

Ich sehe ihm fest ins Antlitz und sage, daß dies, wenn es auf Wahrheit beruhe, eine höchst ernsthafte Nachricht sei, und er teilt mir nun einige Einzelheiten mit, welche wenig Zweifel an der Richtigkeit der Angaben zulassen. Die Trauerbotschaft macht natürlicherweise einen tiefen Eindruck auf mich, da sie nicht nur ein einziges Menschenleben betrifft, sondern das Schicksal unseres ganzen Unternehmens in Frage stellt.

27.3.1851 Alle Bäume rings umher sind voll von Heuschrecken, während der Himmel durch Schwärme von Turmfalken verdunkelt wird. Mit merkwürdigem Instinkt folgen uns diese Vögel, wohin wir unsere Schritte wenden, um die Heuschrecken, sobald sie bei unserer Annäherung an einen Baum aus ihrer verheerenden Ruhe aufgescheucht werden und emporfliegen, wegzufangen. In ihrer Gier schlagen sich dabei die Vögel nicht allein mit ihren Flügeln, sondern belästigen auch häufig uns selbst und unsere Tiere auf das Unangenehmste.

Ein Dorf kündigt sich von weitem durch Musik und Lärm einer Hochzeit an. Froh darüber, daß wir die Bewohner bei guter Laune finden, schlagen wir das Zelt hart an der Ostseite des Dorfes auf. Ich bin eben im Begriff, mich einzurichten, als ich zu meiner nicht geringen Bestürzung höre, daß die Mädchen, welche kleine Geschenke zu dem Feste gebracht haben und nun in Prozession nach Hause ziehen, nach Nghurutua gehören, demselben Orte, wo vor kurzem Herr Richardson gestorben ist. Ich beschließe demnach, sie zu begleiten, obwohl es schon spät ist, um wenigstens einen Blick auf das Grab meines Reisegefährten werfen zu können.

Nghurutua ist eine allgemeine Bezeichnung für eine »an Flußpferden reiche Stelle« und kommt verschiedentlich im Tschadgebiet vor. Ich finde das Grab unter einer schönen Sykomore. Der Vorfall hat in der ganzen Umgebung großes Aufsehen erregt. Herr Richardson ist am Abend des 28. Februar in schwächlichem Zustand angekommen und schon am nächsten Morgen gestorben.

Es ist spätabends, als ich nach meinem Zelte zurückkehre, voll von Betrachtungen über mein eigenes Schicksal und beseelt von dem aufrichtigen Gefühl der Dankbarkeit gegen die Vorsehung für die ausgezeichnete Gesundheit, welcher ich mich, trotz der vielfachen Mühseligkeiten, erfreue.[71]

40

Diré, den 18.10.1999 Die Antenne in Diré gleicht einem kolonialen Fort: Im von einer hohen Mauer umgebenen Hof ein zweistöckiges Steingebäude mit brüstungsbewehrter Dachterrasse, strategisch günstig unmittelbar am Fluss gelegen, mit einem weiten Glacis vor dem großen Eisentor.

Die P.s setzen mich im Fort ab, um nach einer kurzen Teepause mit dem Supervisor Ahmed Saleh die landwirtschaftlichen Projekte im Raum Diré zu besichtigen.

Ich liege im aufgeheizten Dachgeschoss, wie ein Hund im kühlenden Luftstrom direkt vor der Tür. Noch ist es hier im schattigen Lehmbackofen kühler als auf der sonnenüberfluteten Dachterrasse. Man bringt mir eine Kanne Tee herauf, bin zu müde, um mir noch Gesichter oder Namen zu merken, danke für den Tee, doch was ich brauche, ist Sauerstoff. Das kraftzehrende Hyperventilieren werde ich nicht mehr lange durchhalten. Vielleicht ist es gut so. Ich bin erschöpft, doch unbesorgt. Würde Sorge etwas ändern? Mein Kopf ist trotz des Fiebers und des brutalen Lariams klar wie nie. Hier, in dieser abgeschiedenen Ortschaft am Niger, mehrere Tagesreisen von jeder medizinischen Versorgung entfernt, kann ich nichts tun. Ich nehme meine Lage hin, als sei gerade diese Abgeschiedenheit, diese Ergebenheit in das, was nun kommen mag oder mir bestimmt ist, das eigentliche Ziel dieser Reise.

Ich nehme meine letzten Kräfte zusammen, stehe auf, taste mich die steile Treppe zum Hof hinab, verlasse das Fort und gehe die wenigen Schritte zum Fluss.

Badende Kinder, waschende Frauen, das Wasser schlammtrüb. Ein vielleicht zehn- oder elfjähriges Mädchen versucht, meine Anwesenheit an einer offenbar den Frauen vorbehaltenen Stelle zu einem kleinen öffentlichen Drama hochzuspielen, verschränkt ihre Arme vor der noch kindlichen Brust, ruft empörte Worte, weist die anderen Mädchen und Frauen auf meine Zudringlichkeit hin, doch lassen ihre Gefährtinnen sie einfach schreien und gehen unbeeindruckt ihren Beschäftigungen nach, wie auch ich mich von dem lustvollen Theater des Mädchens nicht aus der Ruhe bringen lasse. Ein wenig verärgert über die vollkommene Missachtung ihres schauspielerischen Eifers klaubt sie einen Stein vom Ufer auf und schleudert ihn in meine Richtung.

Achselzuckend wende ich mich vom Bade- und Waschplatz der Frauen im Schatten der Antenne ab. Ein wenig entfernt von ihnen, neben der Anlegestelle der Fähre, befindet sich der Badeplatz der jungen Männer. Für Diré waren die beiden Schiffsmotoren auf unserem Pick-up bestimmt. Wahrscheinlich befindet sich der Wagen immer noch in Mampala. Doch was kümmert's mich!

Unmittelbar am Wasser steigen sie aus ihren Kleidern, westliche Jeans und T-Shirts, und stürmen in die ockerbraune Flut. Die älteren Jungen bedecken mit den Händen ihre Scham, bis das Wasser ihre sehnigen Leiber umspült. Manche waschen ihre Kleider nahe am Ufer und streifen sie nach dem Bad noch nass gleich wieder über.

Je jünger die Burschen, desto ausgelassener ihr Gebaren. Sie raufen miteinander, kraulen um die Wette, ziehen oder drücken einander in die Tiefe, saufen eimerweise Nigerwasser, lachen, schreien, drohen, als wäre das alles nur für mich, den stillen Beobachter, inszeniert. Vielleicht ist es das ja auch. Während die Älteren auf meine Anwesenheit mit stolzer Missachtung reagieren, allenfalls ihre Körper straffen und eine, wenn überhaupt möglich, noch gleichgültigere Miene aufsetzen, die stoische Maske des Jägers oder Kriegers, der an der Wasserstelle der Löwen und Leoparden sein einsames Bad nimmt, führen die Jüngeren mir kleine Slapstickszenen voller sexueller Anspielungen vor. Zieht sich einer der Jünglinge am Flussufer aus oder steigt er aus dem Wasser, ruft mir ein hysterischer Knabenchor zu: Jetzt, schieß jetzt, und du hast ihn vollkommen nackt erwischt! – Dabei habe ich gar keinen Photoapparat bei mir.

Ihre eigene kindliche Nacktheit zählt indessen nicht. Sie legen sich ohne Scham in den Uferschlick oder auf die Böschung und lassen ihre silberglänzende Haut von der Sonne trocknen. Erregend wird das Nacktsein offenbar erst mit der Adoleszenz oder der Mannbarkeit. Plötzlich gehören die

Älteren einer anderen Welt an. Unterscheiden sich von den Jüngeren, grenzen sich von ihnen ab, hüten ein Geheimnis, entwickeln eine befremdliche Scham und einen noch befremdlicheren Stolz. Eifersüchtig und fasziniert beobachten die Jüngeren diese Veränderungen bei den älteren Brüdern und ehemaligen Spielkameraden, reagieren mit mädchenhaftem Spott oder auch unverhohlener Wut oder Verachtung auf diese unwiderrufliche Entfremdung. Alle diese widersprüchlichen Gefühle äußern sich konzentriert in der einen Geste, mit welcher der Jüngling seine Nacktheit plötzlich vor den Blicken der anderen verbirgt.

Ich sitze auf dem flachen Eisenpoller, an dem die kleine Personenfähre vertäut ist. Die Sonne hat fast den Horizont erreicht, doch brennt mir noch immer heiß ins Gesicht. Hose und Hemd kleben mir am Körper, meine Brust ist wie in ein enges Mieder geschnürt, nur die oberen Lungenhälften scheinen noch ihrer eigentlichen Aufgabe, dem Gasaustausch, nachzukommen. Ich würde mir gerne wie die anderen Burschen die Kleider vom Leib streifen und in den Fluss steigen. Ich vermute, dass das Wasser lauwarm ist. Dennoch würde es mich erfrischen, mich beleben, frei durchatmen lassen. Es wäre ein außergewöhnliches, aber kein unmögliches Ereignis, der leptosome weiße Körper zwischen den mageren schwarzen, der sich in die Tiefe tastet, die Hände im Schritt, bis das Wasser seine Hüften umspült, nun endlich befreit, fremd, vertraut, beschämt, berührt, geborgen, getragen vom Wasser, untertauchend, eins mit dem lehmbraunen Strom.

41

Ich lasse mein Moskitonetz auf der Dachterrasse aufstellen. Warte, bis die anderen sich in die Innenräume zurückgezogen haben und ich in der Stille der Nacht ihre tiefen, regelmäßigen Atemzüge höre.

Nun lege auch ich mich auf die Seite, stelle die Hyperventilation ein, lasse den Atem zur Ruhe kommen, auch wenn mein Herz jetzt wie rasend schlägt und das Fieber einen Hitzeschauer nach dem anderen durch meinen Körper jagt. Doch es reicht nun, ich bin zu Tode erschöpft, mag die Reise beginnen.

Bilder durchwirbeln meinen Kopf, in einem schmerzhaften Tempo, ich bin nach wie vor hellwach, meine rechte Hand liegt auf dem wild pochenden Herzen, ich versuche, die rasende Szenenfolge mit ihren abrupten Schnitten zu bremsen. Und wirklich beruhigt sich der Strom der Bilder ein wenig. Ich spüre, wie die unteren Gliedmaßen taub werden und Herz und Lunge sich auf die Sauerstoffversorgung des Kopfes konzentrieren. Ich verfolge die Vorgänge in meinem Körper und meinem Bewusstsein mit der Neugier und Distanz eines Ethnologen.

Das Herz bleibt stehen. Von einem Augenblick zum anderen. Ich bin ruhig, wach, beobachte, was mit mir geschieht. Der Raum in meinem Bewusstsein öffnet sich, wird weit, grenzenlos. Er öffnet sich in eine andere, neue Dimension, es ist nicht der Raum des Traumes oder der Halluzination. Es fehlt ihm das Zentrum, das Ich war, es fehlt ihm jeder Rahmen, jede Erfahrung von Rand oder Begrenzung. Ich fliege durch diesen Raum, dessen Landschaften beständig wechseln: Seen und Wälder werden abgelöst von grell aufblitzenden Masken, die wie Stromstöße alle Sinne in Panik versetzen. Ich sträube mich gegen diese Bilder, die mich allzu sehr an die naiven Vorstellungen von Himmel und Hölle aus meiner Kindheit erinnern, versuche, sie wie in manchen meiner Wachträume zu manipulieren, ihren unversöhnlichen Gegensatz aufzuheben. Ich will die Wälder und Seen, ich will fliegen, schwimmen, wandern, doch will diese Metallmasken und Lichtfratzen nicht, diese elektrischen Schläge und versengenden Blitze. Ich will das ruhige Dahingleiten, die warmen Farben, die sanften Klänge, und während ich durch diesen Raum jenseits alles bisher Erfahrenen gleite, stürze, jage und ihn oder meine Bewegung in ihm zu beherrschen versuche, verlangt ein anderer Teil meines Bewusstseins nach einem ironischen Abstand: Ich will nicht von religiösen Heils- und Verdammungserwartungen eingeholt werden, die mir ein Leben lang suspekt, ja verhasst waren, ich weigere mich, jetzt am Ende oder Anfang erneut in Gegensätzen zu denken, ich will nicht mehr nur teilnahmsloser Beobachter dieser Reise sein, ich will ihren Verlauf mitbestimmen und mitgestalten. Doch dann höre ich eine Stimme, nicht meine, klar und deutlich in dieser Turbulenz: Hier geschieht nicht, was du willst, hier geschieht, was du verdienst!

Ich bin ein wenig verblüfft über den strengen, keinen Widerspruch duldenden Ton. Eine Stimme ohne einen besonderen individuellen Klang oder Charakter, eine Stimme, der sich kein Körper, kein Alter, kein Geschlecht zuordnen lässt, eine Stimme, die nur Stimme ist, oder, genauer, nur Botschaft.

Ich nehme diese Zurechtweisung zur Kenntnis und warte ab, was weiter geschieht. Diese Intervention eines anderen gibt meinem Ich gewissermaßen seine Begrenzung zurück. Mein ganzes Bewusstsein ist nun plötzlich gespannte ironische Distanz. Wer bist du?, fragt mich die Stimme ruhig, bestimmt, ohne jegliches Pathos. Meine Reise endet abrupt vor einem großen, graubraunen Felsbrocken. Ein geheimes Tor? Ein imposantes Grabmal? Wer ich bin? Soll ich mir mein eigenes Epitaph in den Stein meißeln? Wer bist *du*, der mich das fragen, mich prüfen, über mich richten darf? – Hier geschieht nicht, was du willst, hier geschieht, was du verdienst!, donnert die Stimme. Wer bist du? – Es ist ihm ernst, und zugleich ist es lächerlich. Doch die Stimme ist bar jeden Zweifels, jeder Ironie, jeden Entgegenkommens, jeder Gnade. Sie lässt kein Ausweichen zu, ihre Frage ist einfach und klar und verlangt nach einer einfachen und klaren Antwort.

Was soll ich entgegnen? Dass ich stets, wenn auch nicht immer erfolgreich, versucht habe, ein guter Mensch zu sein? Was für eine absurde Szene! Ich will diese Selbstprüfung nicht. Mein ganzes Leben habe ich über mich zu Gericht gesessen! – Hier geschieht nicht, was du willst, wiederholt die Stimme mit gleichbleibender Eindringlichkeit. Ich weiß, ich weiß, hier geschieht, was ich verdiene. Du willst eine Antwort auf die Frage, wer ich bin. Eine einfache Frage? Es gibt keine schwierigere! Aber du willst eine einfache Antwort, ich verstehe, also hier ist sie: Ich bin ein Kämpfer! – Ich bin vollkommen überrascht von dieser Antwort. Ich gebe sie ohne Nachdenken, ohne einen Sinn oder eine Hoffnung mit ihr zu verbinden. Ich bin ein Kämpfer, sage ich mit fester Stimme ein zweites Mal und füge leise, eher für mich hinzu: Wenn es um meine eigenen Wünsche und Ziele geht. – Unter meiner rechten Hand beginnt mein Herz wie wild zu pochen. Zurückgewiesen, denke ich erbittert, zurückgeschickt, womöglich auf Bewährung. Was hat dir an der Antwort nicht gefallen?

Ich atme tief durch, belebe meine tauben, blau angelaufenen Gliedmaßen, schlage die Augen auf, blicke durch das transparente Moskitonetz in den Nachthimmel hinauf. Ich sehe nur wenige helle Sterne durch das zarte Nylongewebe leuchten. Und was nun? Soll ich hier eine Kirche bauen? Einen Orden gründen? Ein Gelübde ablegen? – Unter größten Anstrengungen nehme ich die Hyperventilation wieder auf. Es kann doch nur eine kurze Frist sein. Wie lange halte ich diese quälende Atemarbeit noch durch, die vierte Nacht ohne Schlaf, der vierte Tag ohne eine ernstzunehmende Mahlzeit, selbst das Trinken fällt mir inzwischen schwer. Alles in mir ist ausgetrocknet, blutig, wund. Warum diese Zurückweisung? Was soll ich noch tun? Was ein Kämpfer tut? Für wen? Für was?

Gut, wenn das der Preis ist, passieren zu dürfen. Ich rufe nach Barbara.

Es mag inzwischen zwei Uhr sein. Schlaftrunken kommt sie an mein Zelt. Ich bekomme keine Luft mehr!

Hilflos steht sie da und wagt nicht, mir direkt ins Gesicht zu schauen. Du hast hohes Fieber. Ruh dich aus. Morgen sehen wir weiter!

Nun sind auch Henner und Ahmed Saleh aufgewacht und kommen besorgt an mein Zelt. Barbara versucht, sie, mich und sich selbst zu beschwichtigen: Er phantasiert! Das Fieber und das Lariam. Er sollte sich wieder hinlegen.

Ich werde ersticken, wenn ich mich wieder hinlege.

Henner leuchtet mir mit seiner Taschenlampe ins Gesicht. Ist es die schwache Birne, ist es das Fieber, mein sonnenverbranntes Gesicht strahlt wie das blühende Leben.

Du siehst ganz in Ordnung aus, sagt Henner unsicher, doch nicht ohne Besorgnis und Anteilnahme. Er weiß, was Lariam unter Umständen im Kopf eines Patienten anrichten kann. Es ist wirklich nur das kleinere Übel, um Schlimmeres zu verhindern, aber natürlich ein teuflisches Zeug.

Geht wieder schlafen!, schreie ich die Besorgten an. Dann greife ich zur Wasserflasche und gieße mir ihren Inhalt über den Kopf, nicht, um sie zu provozieren, sondern einfach nur, um mich irgendwie wachzuhalten. Henner und Ahmed Saleh beratschlagen leise miteinander, Barbara geht tatsächlich zu ihrem Zelt zurück. Das alles muss auf sie wie ein schlechter Film wirken, denke ich, ein europäischer Patient, der sich wichtig macht und mit der Hilflosigkeit der anderen spielt. Doch kann ich euch gar nicht sagen, wie gern ich mich einfach wieder hinlegen, die Augen schließen und mich um nichts weiter scheren würde.

Henner spricht nun mit ruhiger, fester Stimme: Hier können wir im Augenblick nichts tun. Morgen früh fahren wir dich nach Goundam. Dort gibt es immerhin einen Arzt und zur Not auch ein Flugfeld, auf dem Buschpiloten landen können.

Morgen bin ich tot, denke ich. Es ist keine Malaria, Henner, es ist eine Lungenentzündung, glaub mir!

Auch wenn das wahr ist, können wir nichts anderes tun, als dich morgen nach Goundam zu fahren und von einem Arzt untersuchen zu lassen. Wenn nötig können wir dort dann auch einen Rettungsflug für dich organisieren. Hier gibt es im ganzen Ort ja nicht einmal ein Telefon!

Du hast Recht, Henner. Legt euch wieder hin. Ich versuche, bis morgen durchzuhalten. – Ich spüre sofort, dass alles klingt für den afrika- und psychoseerfahrenen Landsmann ein wenig zu melodramatisch, als dass er es wirklich ernst nehmen könnte. Was hat diesen jungen deutschen Schriftsteller, von dem er nie eine Zeile gelesen, ja dessen Namen er von Mamadou Diawara zum ersten Mal gehört hat, überhaupt hierher verschlagen? Welcher Roman ist so wichtig, sich dafür unter so widrigen Umständen auf den Weg nach Timbuktu zu machen und dabei womöglich sogar sein Leben aufs Spiel zu setzen? Ja, es war leichtfertig, ihm die Mitfahrt anzubieten. Und nun stehen sie da mit diesem ärgerlichen Schlamassel, als hätten sie nichts Wichtigeres zu tun! – Ihm fällt kein rechtes Wort der Ermutigung ein, also nickt er stumm und verlässt mit Ahmed Saleh meine Leidensstätte. Ahmed Saleh hat sich vollkommen aus der Auseinandersetzung herausgehalten. Diese Haltung ist es ja, die den Erfolg des Projektes Mali Nord erst ermöglicht hat: aktives Nichtstun, das Unterlassen jeder Intervention.

Stille legt sich über die Dachterrasse, aber nicht die friedvolle Stille einer ruhigen Nacht und tiefer, regelmäßiger Atemzüge. Alle liegen wach, lauschen, besorgt über die Vorgänge, beunruhigt über die unklare Rolle, die sie darin spielen.

Ich sitze durchnässt an die Brüstung gelehnt, heftig atmend, selbst noch ganz erschrocken über die Szene, die sich gerade abgespielt hat. Misstönend hallen die Unfähigkeit, zwischen dem, was in mir vorgeht, und dem, wie es von außen scheinen muss, zu vermitteln und die damit verbundene Demütigung und Lächerlichkeit in mir nach. Nun, der Morgen wird die Dinge in die eine oder andere Richtung klären.

42

Tatsächlich geht das Fieber am Morgen ein wenig zurück. Ich friere in meinen nassen Kleidern. Meine Fingernägel sind blauviolett angelaufen, vermutlich ebenso meine Lippen. Der

Atem geht flach und schnell, nur noch in Gang gehalten, weil mein ganzer Wille darauf konzentriert ist. Aber ich wollte, es wäre zu Ende, ehe sie aufstehen und sich in ihrer Diagnose bestätigt fühlen können: Ei, sieh da, der schwierige Patient lebt ja noch! – Doch hier geschieht nicht, was ich will, ich weiß, du hast es mir ja deutlich genug gesagt!

Sie stehen früher auf als gewöhnlich, haben vielleicht genauso wenig geschlafen wie ich. Sie begrüßen mich ohne jede Genugtuung, mich noch lebend anzutreffen, verrichten ihre Angelegenheiten rasch und mit der ihnen eigenen Effizienz, so dass wir bald aufbrechen können, bringen mir Tee, lassen mich ansonsten aber in Ruhe, und ich beobachte das alles, geistesgegenwärtig und doch mit einer großen Gleichgültigkeit, weil meine Aufmerksamkeit ganz auf die inneren Vorgänge gerichtet ist, lasse die Dinge geschehen, denn das, was ich will, zählt ja ohnehin nicht mehr.

43

Tunis, den 30.12.2015 Spät in der Nacht erreicht mich noch eine Textnachricht von Walid. Ich habe bereits geschlafen. Aber er ist, wie ich inzwischen weiß, eine Nachteule und kommt mit drei Stunden Schlaf aus. Indes arbeitet und liest er auch im Bett, was zwar hin und wieder gar ein Meisterwerk gebiert, aber einem erholsamen Schlaf nicht immer förderlich ist. Er schreibt, er versuche sich gerade vergeblich auf seine Nachtlektüre zu konzentrieren, Sartres *Das Sein und das Nichts*, aber stets spreche der Text mit meiner Stimme zu ihm. Das habe er nun davon, den ganzen Tag mit mir verbracht und meinem andauernden Gerede zugehört zu haben. Dann folgt ein manisches Smiley.

In der Tat ist er gegen Mittag überraschend nach Tunis gekommen und hat mich aus meiner Arbeit gerissen. Er war geradezu misstrauenerregend guter Stimmung, aber hungrig. Nach einer mittelmäßigen Pizza Margherita habe ich ihn zum Büro der Association Voix du Sourd direkt neben dem Zentralmarkt geschleppt, damit er mir übersetzen hilft, wenn wir denn jemanden antreffen sollten. Bei den vorangegangenen Versuchen habe ich das verwahrloste Gebäude immer verschlossen vorgefunden.

Er hat *Crater,* meine Adener Drehbuchfassung von *Class Enemy*, gelesen und war gleich so begeistert, dass er mich drängte, doch noch einmal einen Versuch der Umsetzung, und zwar hier in Tunis, zu wagen, ich könne mit seiner uneingeschränkten Hilfe rechnen. Und tatsächlich ist er nicht nur ein talentierter Maler (soweit die augenverderbenden Handyphotos überhaupt ein Urteil zulassen), sondern auch ein hervorragender Photograph und, wie ich selbst in meiner Jugend, absolut filmbesessen. Ich könnte mir durchaus vorstellen, dass er einen ausgezeichneten Kameramann abgäbe. Aber ein erneuter Versuch hängt ganz allein von den richtigen Darstellern ab. Und diese müssen erst noch gefunden und zu einer Mitarbeit überzeugt werden, bei der es nichts weiter zu gewinnen gibt als die fragwürdige Ehre, eben Mitwirkender unseres ungewissen Filmexperiments gewesen zu sein.

Am Samstag gibt es eine Art Integrationskurs für ältere gehörlose Schüler in die hörende tunesische Mehrheitsgesellschaft. Wasim Bendhieb, der Büroleiter, lädt Walid und mich ein, als Gäste an diesem Treffen teilzunehmen und, wenn es sich ergibt, mögliche Darsteller anzusprechen.

Am Nachmittag nehmen wir die Vorortbahn nach La Marsa. Dort gibt es eine kleine Galerie, die Walid sehr schätzt und in der er in ferner Zukunft gerne selbst einmal ausgestellt sein würde. Obgleich er sie regelmäßig besucht, hat er den Galeristen bisher noch nie angesprochen. Als ich Walid und mich dem freundlichen älteren Galeriebesitzer vorstelle und beiläufig auf Walids Talent und geheime Ambitionen hinweise, lächelt er nur und entgegnet, er habe sich schon gedacht, in Walid einen zukünftigen Maler vor sich zu haben.

Walid ist verärgert. Ich hoffe, unsere Bekanntschaft wird dieses rücksichtlose Outing überleben. Wir gehen hinunter an den Strand. Obgleich La Marsa als einer der teuersten Küstenorte Tunesiens gilt, erscheint mir alles hier nur von einer besonderen Tristesse zu sein. Der einstmals prächtige Sommerpalast des Beys von Tunis ist zu einem schäbigen Strandrestaurant heruntergekommen. Der Strand selbst ist voller Müll, und sogar die Sonne geht auf der falschen Seite, im verbauten Hinterland, unter. Am Horizont verschmelzen Himmel und Meer zu einem dunstigen Grau, so dass noch dem letzten Romantiker jede Sehnsucht vergeht. Ich erkläre Walid in hilflosem Englisch das deutsche Wort »Ungeborgenheit«.

Auf dem Rückweg in der überfüllten Bahn, vorbei an den direkt am Bahndamm liegenden Ruinen Karthagos, streiten wir über Gerhard Richters widersprüchliche Aussagen zur Kunst und Heideggers unbegreifliche Verstrickung in den Nationalsozialismus. Vor allem die auf den Schößen ihrer Väter zum Stillsitzen gezwungenen Kinder starren uns ohne jedes Zwinkern mit ihren großen, wissenden Augen an und lassen sich keines unserer Worte entgehen. Kein Wunder, dass sich Sartre gegen diese erregten Stimmen nicht durchsetzen kann.

Kaum habe ich diese Notizen beendet, erhalte ich die

nächste Kurzmitteilung von meinem schlaflosen Freund, natürlich mit dem obligatorischen Smiley am Ende, dessen magische, die Rachegeister besänftigende Wirkung sich indessen zunehmend abschwächt: »Nichts gebiert nichts, niemals entsteht aus Nichts etwas, und niemals wird aus etwas Nichts, das Nichts nichtet, und das Etwas west … ach wie süß (*cute*) das klingt, wenn du mir Heidegger zu erklären versuchst! :-)«

44

Goundam, den 19.10.1999 Goundam ist die letzte Ortschaft vor Timbuktu. Noch gut hundert Kilometer oder eine Tagesfahrt, und ich hätte das Ziel meiner Reise erreicht. Über eine schmale Pontonbrücke fahren wir in den Ort ein. Er liegt auf einer kleinen Anhöhe, ein vom Dauerregen angeschwollener Seitenarm des Niger umschließt den Ort wie einen Wassergraben und gibt Goundam den Charakter einer Festungsstadt.

Auf der Fahrt von Diré hierher reden wir wenig. Hin und wieder versucht Barbara, ein Gespräch zu beginnen, doch erschöpft sich mein Beitrag in einem zustimmenden Nicken. Ich atme und trinke, nur vom Sicherheitsgurt noch aufrecht in meinem Sitz gehalten.

Vor der Antenne haben sich die Honoratioren des Ortes zum Begrüßungsdefilee aufgestellt, wohl dreißig Männer unterschiedlichen Alters. Obwohl die P.s früher als erwartet eintreffen, haben die »Buschtrommeln« unsere Ankunft offenbar rechtzeitig gemeldet. Wir fünf, Barbara, Henner, Ahmed Saleh, Muhammad Isa und ich, geben allen die Hand. Mich amüsiert dieses Protokoll, und ich wundere mich, dass ich diese Zeremonie durchstehe, die mich im Grunde überhaupt nichts angeht.

Ich spüre jede einzelne Hand. Ich erinnere mich an den Rat, dass wir Europäer uns mit einem festen Händedruck in Afrika zurückhalten sollten, da das kräftige »männliche« Zupacken hier als unhöflich gelte. Doch ergreift jede dieser Hände beherzt die meine und hält sie länger umschlungen, als zum Austausch der Begrüßungsfloskeln notwendig gewesen wäre. Auch jener Ratschlag kommt mir wieder in den Sinn, den Menschen nicht direkt in die Augen zu schauen, weil es als Böser Blick missdeutet und als respektlos angesehen werden könnte. Die fremden Männer aber schauen mir offen und direkt ins Gesicht, länger als es bei uns in Nordeuropa als höflich gilt, dreißig tiefe, von Anteilnahme erfüllte Blicke in meine fieberglänzenden Augen. Von manchen der Tuareg-Gesichter sind nur die Augen zu sehen. Doch mehr als der warmherzige Händedruck und der offene Blick sind nicht nötig, mich aufrecht und würdevoll diese Reihe der Einheimischen entlangschreiten zu lassen, eine vollkommen absurde und zweifellos auch komische Vorstellung.

Nach dieser protokollarischen Anstrengung ziehe ich mich sofort auf das Dach zurück, auf dem sich ein luftiger Aufbau befindet, der tagsüber Schatten spendet und dem Kühlung Suchenden nicht zugleich das Gefühl gibt, in einem düsteren Kerker mit meterdicken Wänden eingeschlossen zu sein.

Während Barbara und Ahmed Saleh ihrer Arbeit nachgehen und die landwirtschaftlichen Projekte besuchen, die mit Unterstützung der Bundesrepublik aufgebaut wurden, begleitet Henner mich zum einzigen Arzt im Ort. Die »Praxis« ist geschlossen, wir müssen den Arzt zu Hause aufsuchen. Dort reißen wir ihn aus seiner Mittagsruhe, und nur widerwillig, denn ein akuter Notfall ist für ihn beim besten Willen nicht zu erkennen, lässt er sich von uns zur fensterlosen Lehmbaracke zurückfahren, die er seine »Klinik« nennt. Ich solle meinen Oberkörper freimachen, fordert er mich mürrisch auf, und mich auf die Trage legen. Dann lauscht er durch sein Stethoskop intensiv in meinen nach Atem ringenden Brustkorb hinein. Das höre sich recht seltsam an, sagt er schließlich, es klinge nicht nach den üblichen Symptomen einer Lungenentzündung, aber es höre sich auch nicht nach einer gesunden Lunge an. Man müsse sie wohl röntgen, um Genaueres festzustellen. Allerdings gebe es in Goundam kein Röntgengerät.

Ich lächle über die Diagnose, ganz ohne Spott, eher ergeben, trotzdem reagiert Henner wütend: Ich solle gefälligst die Bemühungen des Arztes respektieren! – Ich erwidere ruhig, dass ich höchste Achtung vor dem Urteil des Arztes habe, denn er habe mit allem recht. Er hätte auch einfach etwas erfinden können, um seine Zweifel und Unsicherheiten zu überspielen und vor uns sein Gesicht zu wahren.

Der Arzt hat unseren Wortwechsel nicht verstehen können und ist nun seinerseits verärgert, weil er annehmen muss, wir zweifelten an seiner Kompetenz. Er will weder von uns zurück nach Hause gefahren werden, noch will er das übliche Honorar annehmen. Er bittet uns zu gehen. Im Übrigen könnte es eine ernste Angelegenheit sein. Ich sollte auf jeden Fall ein Krankenhaus aufsuchen.

Seit zwei Monaten gibt es in Goundam eine Telefonverbindung mit dem Rest der Welt. Um diesen magischen Apparat wurde ein eigenes aufwendiges Steingebäude errichtet. Dieses Haus der Ferngespräche befindet sich etwas außerhalb der Ortschaft. Henner fragt, ob er mich dorthin fahren solle.

Ich bin unschlüssig, wen ich anrufen, was ich sagen, mit was ich Freunde und Familie beruhigen soll. Schließlich fragt Henner mich, ob es wirklich so ernst sei. Ich antworte ihm, ja, es sei wirklich so ernst. Er nickt, greift zum Hörer und wählt die Nummer der Deutschen Flugrettung. Dort verlangt man zunächst ein ärztliches Attest und eine Kaution von fünfzigtausend Mark, bevor man überhaupt daran denken könne, einen Rettungsflug nach Mali zu entsenden. Im Übrigen könne man im Augenblick ohnehin kein Flugzeug schicken, da bei ihnen, der Deutschen Flugrettung, im Augenblick das totale Chaos herrsche. Es handle sich um eines jener irrsinnigen Wochenenden, wo sich Reisende und Versicherte auf allen Kontinenten offenbar miteinander verschworen hätten, zur selben Zeit in lebensbedrohliche Lagen zu geraten und unverzüglich in zivilisiertere Erdregionen ausgeflogen werden zu müssen. – Es ist Freitagnachmittag.

Wütend wirft Henner den Hörer auf die Gabel. »Wofür schließen wir unsere Reisekrankenversicherung ab, wenn im Notfall dann niemand hilft!«, flucht er. »Attest, Kaution, diese angeblichen Retter müssen verrückt sein! Da bist du ja schneller und billiger mit einem Linienflug zurück in Deutschland!«

Dennoch greift er erneut zum Hörer und lässt sich mit SOS Médecins, einem nationalen malischen Rettungsflugdienst, verbinden. Auch hier endloses Nachfragen nach der genauen Diagnose und der Dringlichkeit des Falls, nach Bürgschaften und Vorauszahlungen, nur um dann zu erfahren, dass er mit dem Hausmeister spreche und die Mitarbeiter von SOS-Médecins bereits nach Hause gegangen und erst am Montag wieder zu erreichen seien.

Henner reicht mir den Hörer und fragt, ob ich noch jemanden anrufen wolle. Ich wähle Franks Nummer. Mein älterer Bruder ist der nüchternste und unsentimentalste Mensch in unserer Familie. Er neigt weder zur Panik noch zur Hysterie, eben durch und durch ein praktischer Arzt. Aber es ist meine Nichte, die meinen Anruf entgegennimmt. Sie ist neun Jahre alt. Frank sei noch in der Praxis, sagt sie und fragt, ob sie ihm etwas ausrichten solle. Ich antworte, ich würde es später noch einmal versuchen, und lege auf.

45

Kuka, den 27.9.1852 Mit der Unzuträglichkeit des Klimas während des Monats September vollkommen bekannt, kommen wir beide überein, uns so viel Bewegung wie möglich zu verschaffen und täglich einen kleinen Ritt zu machen. Wir verabreden demgemäß einen Besuch in dem Dorf Dauergu. Da nun mein Freund an diesem Tage starkes Kopfweh hat, so schlage ich vor, unseren Ausflug auf einen anderen Tag zu verschieben; er meint jedoch, daß ihn die frische Luft stärken werde. Wir brechen daher während der Tageshitze auf; doch scheint die Sonne nicht sehr hell, und Overweg verfehlt nicht, sich den Kopf so viel wie möglich gegen die Sonnenstrahlen zu schützen.

Nachdem wir uns im Schatten eines Hadfidj erholt haben, hält sich Overweg für stark genug, jagen gehen zu können, und ist so unvorsichtig, daß er sich bei der Verfolgung eines Wasservogels in tiefes Wasser begibt und, ohne auch nur ein Wort davon zu sagen, den ganzen Tag über in seinen nassen Kleidern bleibt. Ich habe keine Ahnung davon, bis er nach unserer Rückkehr in die Stadt spät am Abend seine Kleider am Feuer trocknet.

Obgleich er den ganzen Tag über in Bewegung gewesen, vermag er doch nicht, unser einfaches Abendessen zu genießen. Er klagt jedoch nicht. Am folgenden Morgen fühlt er sich so schwach, daß er nicht vom Lager aufzustehen vermag. Anstatt nun ein schweißtreibendes Mittel zu nehmen, wie ich ihm ernstlich rate, ist er so eigensinnig, gar keine Arznei gebrauchen zu wollen, so daß seine Krankheit mit beunruhigender Schnelligkeit zunimmt und am folgenden Tage seine Zunge wie gelähmt und seine Aussprache ganz undeutlich, ja rein unverständlich ist. Er wird sich nun selbst der Gefahr bewußt, in der er sich befindet, und erklärt, er werde in der Stadt nicht genesen können; er müsse durchaus eine Luftveränderung haben und hege die Hoffnung, daß er, wenn ich ihn nach Maduari schaffen könne, bei unserem Freunde, dem Fugo Ali, bald wieder hergestellt sein werde.

Es ist eine schwierigen Aufgabe, meinen kranken Genossen nach dem gewünschten Orte zu bringen, welcher über acht Meilen von Kuka entfernt ist. Obgleich er die Reise am Donnerstagmorgen antritt, vermag er doch nicht, seinen Bestimmungsort am Freitag früh zu erreichen. Ich mache Fugo Ali ein Geschenk, damit er Overweg sorgfältig pflege, ordne das sonst noch Erforderliche an und kehre alsdann nach der Stadt zurück, um meine Depeschen zu schließen; aber noch am selbigen Abend kommt einer von den Dienern, die ich bei Overweg zurückgelassen habe, mit der Nachricht zu mir, daß es viel schlimmer mit dem Kranken gehe und daß sie nicht ein einziges Wort von ihm verstehen könnten. Ich steige alsbald zu Pferde und finde, in Maduari angekommen, meinen Genossen in beklagenswertem Zustande im Hofraum liegen, da er sich hartnäckig geweigert hat, in der Hütte zu schlafen. Er ist in kalten Schweiß gebadet und hat alle Decken von sich geworfen. Er erkennt mich nicht und will weder mir noch sonst jemand gestatten, ihn zuzudecken. Sobald Delirium eintritt, murmelt er fortwährend ganz unverständliche Worte, in welchem ein Gewirr von allen Begebenheiten seines Lebens enthalten zu sein scheint. Er springt wiederholt rasend von seinem Lager auf und rennt mit solcher Wut gegen die Bäume und das Feuer, daß vier Männer ihn kaum zurückzuhalten vermögen.

Gegen Morgen wird er endlich ruhiger und hält sich still auf seinem Lager, ohne daß ich bemerke, wie seine Kraft schon ganz gebrochen ist. Am Nachmittag lege ich ihn in sein Grab, im Schatten eines schönen Hadfidj und gegen Raubtiere wohl geschützt.[72]

46

Tunis, den 31.12.2015 Es gab viele Telefonate an jenem Nachmittag in Goundam, Gespräche mit Freunden und mit Ärzten in Berlin, alle merkwürdig unaufgeregt, dabei waren es, für alle unmissverständlich, Abschiedsgespräche. Tomas, damals mein bester Freund und selbst ein erfahrener Weltenbummler, wollte gleich den nächsten Flieger nach Bamako buchen. Ich konnte es ihm nur mit Mühe ausreden, war ich doch fest davon überzeugt, dass er zu spät kommen würde. Und was hätte er hier auch tun können, wo es im Grunde doch nur um das Anlegen einer Infusion mit dem richtigen Medikament ging? Doktor A., Internist im Berliner Auguste-Viktoria-Krankenhaus, nahm sich unbekannterweise Zeit, sich die Schilderung meiner Situation im fernen Sahel und meine ungesicherte Selbstdiagnose anzuhören. Wenn es sich tatsächlich um diese besondere Form der Lungenentzündung handelt, können Sie im Grunde nur noch Folgendes tun, rät er mir mit einer Art emphatischer Nüchternheit, die ich in jenem Augenblick als äußerst wohltuend empfinde. Versuchen Sie, Bactrim beziehungsweise den Wirkstoff Cotrimoxazol aufzutreiben, ein relativ billiges und weitverbreitetes Antibiotikum, und hoffen Sie, dass es noch rechtzeitig anschlägt, ehe die Lungenschädigung irreversibel ist. Und falls irgendjemand rasch ein ärztliches Gutachten braucht, stehe ich Ihnen sofort zur Verfügung.

Ich habe eine Bactrim-Allergie.

Ich glaube, darauf können Sie in Ihrer Lage keine Rücksicht nehmen!

Während all dieser Telefonate steht Henner mit ausdruckslosem Gesicht neben mir und sorgt stumm für den reibungslosen Nachschub an Telefonkarten. Mehrere malische Monatslöhne gehen in kürzester Zeit in transkontinentale Datenströme auf. Ich reiche Henner den Hörer. Auch er wechselt noch einige Sätze mit Doktor A. Dann fahren wir zur Antenne zurück. Das ganze Haus und der Hof befinden sich in fiebriger Unruhe, denn für den Abend ist ein Fest mit Musik und Tanz und traditionellem Essen zu Ehren der Gäste geplant. Das andauernde Klappern und Plappern und Schimpfen und Lachen hilft mir, mich wach zu halten.

Goundam ist, aber das erfahre ich erst später, vor allem des »Massakers von Goundam« wegen in die Geschichtsbücher, zumindest die französischen, eingegangen. Im Dezember 1893 reiste der französische Oberleutnant Eugène Bonnier mit einer kleinen Truppe auf eigene Faust vom französischen Posten Ségou den Niger flussabwärts, um Timbuktu für Frankreich einzunehmen. Während dieser leichtsinnigen Kampagne versucht die eigene Vorhut unter Leutnant Gaston Boiteaux, dem ehrgeizigen Bonnier zuvorzukommen und den Ruhm, Timbuktu erobert zu haben, für sich einzustreichen. Tatsächlich kommt Bonnier zu spät. Ihm bleibt nur, seinen Untergebenen Boiteaux wegen Missachtung ausdrücklicher Befehle festzunehmen.

Um diesen Ruhm gebracht, marschiert Bonnier mit einer kleinen Zahl afrikanischer Soldaten verbittert Richtung Goundam und raubt unterwegs einer Tuareg-Sippe ihre Herde von etwa fünfhundert Schafen. In den Morgenstunden des 15. Januar 1894 greifen die Tuareg Bonniers Lager an und töten ihn und elf weitere Offiziere, zwei französische Zivilisten, achtundsechzig afrikanische Hilfssoldaten und den Übersetzer.

Drei Wochen später erreicht eine Rettungsexpedition unter Joseph Jacques Joffre den Ort des Überfalls, kommt zur Rettung der Kameraden zwar zu spät, doch erobert am 8. Februar Goundam und am 12. Februar Timbuktu zum Ruhm und zur Ehre der Grande Nation zurück.

Während vom staubigen Platz vor der Antenne der Klang der Trommeln und Flöten zu mir auf die Terrasse heraufdringt, will ich Abbitte leisten, Abbitte an Afrika. Es ist nicht so, dass mir die Menschen hier mit einer besonderen Lebensfreude begegnet wären. Doch genauso wenig ist dieser Kontinent todessehnsüchtiger oder vom Tode überschatteter als irgendein anderer Erdteil. Wir Europäer haben diese Idee von Lebensfeindlichkeit, Krankheit und Tod erst hierher gebracht und meinten natürlich immer nur uns, die Lebensfeindlichkeit und die Lebensgefahr für uns Europäer. Doch was haben wir hier zu suchen? Niemand hat uns eingeladen, es uns hier bequem zu machen. Wenn wir von Hölle reden, meinen wir unsere Hölle. Und ich bin nicht anders als all die vorangegangenen europäischen Reisenden, die hierher gekommen sind, um das Unbekannte zu suchen und am Ende nur den Tod zu finden. Sie haben ihre Erkrankungen, ihr Sein zum Tode bereits mitgebracht, und Afrika muss dieses Jammern und Leiden der ungebetenen Gäste nun ertragen.

Ich bin zu schwach, um noch einmal aufzustehen und mich zum Telefonpalast am Ortsrand zu begeben. Henner macht sich allein auf den Weg, obgleich er eigentlich mit den anderen feiern wollte. Doch lässt er sich keinerlei Unmut anmerken. Er will mit meinem Bruder sprechen.

Ich liege wach und warte auf seine Rückkehr. Er bleibt länger fort als erwartet. Als ich endlich seinen Wagen höre, ist das Fest schon lange vorbei. Er berichtet mit knappen Worten von den Gesprächen. Zweimal habe er mit meinem Bruder telefoniert, offenbar ein entschiedener und unbeirrbarer Mensch. Frank habe von Deutschland aus, obgleich alle schon im Wochenende gewesen seien, mit der Deutschen Botschaft in Bamako, der Deutschen Flugrettung in Köln und sogar mit einem Vertreter von SOS Médecins gesprochen. Eine Maschine der Hilfsorganisation starte morgen früh in Bamako und werde am Mittag hier in Goundam eintreffen und mich nach Bamako zurückfliegen. Die Rettungsmaschine aus Deutschland sei zu groß, um hier auf dem Flugfeld in Goundam landen zu können. Sie werde aber zur selben Zeit, mit meinem Bruder an Bord, in Köln starten und morgen Nachmittag in Bamako eintreffen. Bis dahin müsse ich durchhalten.

Ihr könnt mir helfen, wach zu bleiben.

Gut, ich übernehme die erste Wache, dann löst Barbara oder Ahmed Saleh mich ab.

Tatsächlich bleibt Henner die nächsten zwei Stunden neben mir sitzen, allerdings ohne auch nur ein einziges weiteres Wort mit mir zu wechseln. Ich habe mein Feldbett aus dem Moskitozelt gezerrt; unter dem Zelttuch, mag es auch aus einem noch so zarten und luftigen Gewebe sein, fürchte ich zu ersticken. Mögen die Stechmücken das Ihre tun, mich am Einschlafen zu hindern.

Seltsamerweise ist mir Henners Schweigen nur recht. Zu viele widersprüchliche Dinge gehen mir durch den Kopf, Scham über meine Schwäche und Hilflosigkeit, Scham, anderen damit zur Last zu fallen, eine unendliche Müdigkeit und der Wunsch, das Atmen und Weiterkämpfen einfach einzustellen, die zunehmende Ungewissheit, was wirklich um mich her und was nur in meinem Kopf geschieht.

Nach zwei Stunden weckt Henner seine Frau. Barbara rückt Henners Stuhl ein wenig fort von mir und setzt sich fröstelnd auf die Kante. Sie macht es sich nicht bequem. Und selbst ihr Schweigen ist ein anderes. Deswegen bin ich nicht erstaunt, als sie nach wenigen Minuten erregt auffährt und ruft: Ich bin schon ganz zerstochen! Tut mir leid, ich geh zurück in mein Zelt!

Ich nicke ihr zustimmend zu: Ja, leg dich wieder hin, Barbara. Ich komme schon alleine klar.

Mich haben die ansonsten so mörderischen Moskitos bisher vollkommen verschont. Vielleicht ist ihnen mein Blut schon nicht mehr nahrhaft genug. Stattdessen fällt ein Millionenheer von kleinen, grüngelb leuchtenden, fast gläsernen Käfern über mich her. Sie dringen in meinen Leinenschlafsack ein, krabbeln mir über die Beine und den Bauch, kitzeln mich an den Füßen, den Ohren, im Nacken und halten mich bis zum Morgengrauen in Atem. Eher amüsiert als angewidert schaufle ich händevoll von ihnen auf meiner Haut zusammen, lese sie aus den Haaren und den Falten des Schlafsacks und befördere sie ins Freie, von wo sie erneut ihre Exkursionen zu meinem glühenden Leib starten und auf ihm ihre Orgien feiern oder auch nur ihre Brennstoffzellen wieder aufladen.

Am Morgen ist der Lehmboden um mich herum von Millionen dieser zarten, gelbgrünen Glasleiber bedeckt. Mit unverhohlenem Abscheu fegt Barbara die unter ihren Schritten knirschenden Chitinpanzer zusammen und fragt sich, was die Insekten angezogen und, mehr noch, was sie um ihr Leben gebracht haben mag.

47

Tunis, den 2.1.2016 Schon am Silvesternachmittag ist die Avenue Habib Bourguiba vollständig für den Verkehr gesperrt. Nicht einmal Fußgänger dürfen noch den Gehweg vor der Kathedrale oder der Französischen Botschaft passieren und müssen auf die leere Fahrbahn ausweichen. Nur Polizei- und Armeefahrzeuge sind noch unterwegs, und Abschleppwagen, die jene wenigen Autos, die das absolute Halteverbot entlang des gesamten Boulevards ignoriert haben, fortkarren. Immer wieder sind Polizeisirenen zu hören, ansonsten herrscht eine gespenstische Stille, auch wenn alle Cafés entlang der Prachtstraße geöffnet haben und gut besucht sind.

Die Einlasskontrollen zum Neujahrskonzert im Théâtre Municipal de Tunis sind besonders streng, weil sich hier das Großbürgertum der Stadt einmal im Jahr an einem einzigen Ort versammelt. Nicht nur die Taschen werden kontrolliert, sondern auch die Körper abgetastet. Nicht immer ist der Wohlstandsbauch auf den ersten Blick von einem Sprengstoffgürtel zu unterscheiden.

Das Orchestre Symphonique Tunisien unter Leitung des Maestro Amine Kouider spielt vor allem Werk von Johann

Strauß. Man könnte meinen, man befände sich auf dem Opernball in Wien. Das Théâtre Municipal ist bis auf den letzten Platz ausverkauft. Mir bleibt nur ein behelfsmäßiger Klappsitz am Ende der Reihe D, ein zugiger Platz mit beschränkter Sicht auf das Orchester, aber unerwarteter Beinfreiheit und bester Fluchtmöglichkeit. Der Notausgang liegt nur eine Armlänge von meinem Notsitz entfernt. Und wer weiß, wie viele Strauß-Walzer ich in Tunis noch ertrage, bevor ich mich übergeben muss.

Indes scheint Strauß seine Musik dem tunesischen Publikum des einundzwanzigsten Jahrhunderts auf den Leib geschrieben zuhaben, denn *An der schönen Donau* oder sein *Ägyptischer Marsch* reißen die Zuhörer buchstäblich von den Sitzen. Am Ende holt uns das, vor dem wir eigentlich geflohen sind, dann doch noch wieder ein, wenn auch als Farce.

48

Goundam, den 20.10.1999 Da es, sobald die Sonne aufgegangen ist, auf der Dachterrasse rasch sehr heiß wird, tragen Henner und Muhammad Isa mich hinunter in den Versammlungs- oder Gästeraum. Zunächst herrscht hier noch ein reges Kommen und Gehen der Antennenmitarbeiter, bis sich alle ein Bild von meinem Zustand gemacht haben. Am Ende ist es vor allem Muhammad Isa, der sich meiner annimmt oder von den P.s zu diesem Dienst verpflichtet wird. Im Gegensatz zu allen anderen wirkt sein Gesicht unbeschwert, ja heiter. Jedenfalls entdecke ich kein besonderes Mitleid, keine tiefere Sorge oder gar Furcht darin. Unwillkürlich lächle ich zurück. Bald ist es zu Ende, sage ich. Er legt mir die Hand auf die Stirn, es ist das erste Mal nach Barbaras kühlem Handrücken, dass mich jemand bewusst mit einer fürsorglichen Geste berührt.

Er zerstampft zwei Tabletten Bactrim und löst das Pulver in Wasser auf, weil ich es sonst nicht mehr schlucken könnte. Barbara sitzt mit dem Rücken zu mir an der Diwantür und schaut hinaus auf den sonnigen Platz, den einige Mitarbeiter nun von den Resten des gestrigen Willkommensfestes säubern. Sie überlässt Muhammad Isa meine Pflege. Er verlässt mein Lager nur, um Tee oder Handtücher und kaltes Wasser für Umschläge zu bringen. Nun flößt er mir langsam das Antibiotikum ein. Es ist zu spät, Muhammad Isa, sage ich. Er lacht, weder zustimmend noch abwiegelnd. Dann massiert er mit sanftem Zugriff meine Arme und Beine, um ihre Durchblutung anzuregen. Ich spüre sie schon nicht mehr. Barbara schaut kurz herüber und dann wieder starr auf den staubigen Platz. Diese zärtlichen Gesten zwischen zwei fremden Männern bereiten ihr Unbehagen. Muhammad Isas Fürsorge ist keine ausreichende Rechtfertigung für diese Intimität. Doch seine Berührungen tun mir gut, schienen mir meine Gliedmaßen doch schon wie abgestorben.

Ich wende mich von Muhammad Isa ab, lege mich auf die Seite, damit er mein Gesicht nicht sehen muss, wenn es sich blau verfärbt, aber bitte ihn, seine Hand auf meiner Schulter liegen zu lassen.

Mein Atem beruhigt sich, und selbst mein Herz schlägt weniger hart und wütend, wenn auch nicht wirklich friedvoll. Das Denken und Empfinden zieht sich in den Kopf zurück und konzentriert sich dort auf den Pass, den Durchgang, die Schwelle, die kommen muss. Einen Großteil des Körpers habe ich bereits zurückgelassen. Da zerplatzt etwas in den Ohren oder im Gehörsinn. Die Geräusche um mich herum brechen abrupt ab, sind nur noch dumpf und wie aus weiter Ferne wahrzunehmen. Vom Körper spüre ich nur noch den Teil, auf dem Muhammad Isas Hand ruht.

Keine Schwelle, aber ein Fenster befindet sich in dem Raum, in den sich mein Bewusstsein zurückgezogen hat, die Wände tiefschwarz, der Rahmen schief, die Öffnung eher ins Mauerwerk gehauen als sorgfältig ausgespart. Dahinter, wie durch farbiges Transparentpapier, ein violettes Leuchten, ohne dass ich die Lichtquelle erkennen könnte. Ich stehe vor diesem in die teerschwarze Wand gebrochenen Fenster, nur durch das dünne Leuchtpapier von der Welt dahinter getrennt. Doch bin ich wie gelähmt, kann meine Beine nicht bewegen, diesen letzten Schritt nicht gehen, kann die Hände nicht ausstrecken und das Papier zerreißen, wenn es denn Papier ist.

Immer noch willst du, wo dein Wille nichts mehr gilt! Immer noch hast du nicht verstanden, was in deiner Macht steht und was nicht! In deiner Macht steht Ergebenheit. – Wer spricht? Es gibt kein Gegenüber. Alles ist bereits unendlich oft gesagt, nur noch nicht begriffen. Ein weiteres Mal atme ich tief durch, richte mich auf, schaue in das lächelnde Gesicht Muhammad Isas. Er flößt mir etwas Tee ein, erneuert die kalten Umschläge. In zwei Stunden trifft das Flugzeug aus Bamako ein, sagt er.

Zwei Stunden. Was bedeutet das? Zeit läuft nicht ab, sie wird erlitten. Sie ist keine messbare Bewegung im Raum mehr, sie ist ein zäher körperlicher Prozess, ein Stoffwechselvorgang, Aufbau, Austausch, Verfall, Zersetzung. Ich war immer stolz auf mein absolutes Zeitgefühl, was nichts anderes bedeutet als die absolute Beherrschung des Körpers. Jetzt gehört mir der Körper nicht mehr, und die Zeit verliert jede Bedeutung. Ohne Körper gibt es keine Zeit. Der Körper ist ihr Uhrwerk, der Atem ihr Pendel.

49

Timbuktu, den 8.10.1853 Wir ziehen durch den Schutt, der sich rund um den Erdwall der Stadt angehäuft hat, lassen eine Reihe schmutziger Rohrhütten, welche die ganze Stadt umgeben, zu unserer Rechten und betreten so die engen Straßen und Gassen, welche kaum zwei Reiter nebeneinander passieren können, gefolgt von einem Schwarm von Städtern.

Endlich ruhe ich in einem dem Scheich El Bakáy gehörenden Hause auf seinem Teppich, oder vielmehr auf dem, was die Termiten von ihm übrig gelassen haben, erschöpft von den Strapazen und vom Fieber geschüttelt.

Und doch sind Geistesgegenwart und körperliche Energie mehr denn je vonnöten, denn das Erste, was ich am nächsten Morgen höre, ist, daß Hammadi, der Nebenbuhler und persönliche Feind El Bakáys, die Fulbe davon in Kenntnis gesetzt habe, daß ein Christ die Stadt betreten und daß infolgedessen diese herrschende Klasse den Entschluß gefaßt hätte, mich zu töten.

Ich lasse mich im Vertrauen auf Sidi Alaute keineswegs durch diese Gerüchte einschüchtern. Aber mein Sicherheitsgefühl wird bald zerstört, indem dieser Mann mein größter Quälgeist wird. Er erpreßt Geschenk auf Geschenk und ich darf sein Haus, angeblich zu meiner eigenen Sicherheit, nicht verlassen.

Also verlege ich, indem ich mich bemühe, mich vorsichtig den Umständen, in denen ich mich befinde, anzubequemen, mein Arbeitsfeld auf das luftige und geräumige flache Dach des Hauses und beginne mit gewohnter Gründlichkeit meine Arbeit, ohne mich um das zu bekümmern, was man von dem Fremden, den die Vorübergehenden von weit her sitzen, schreiben und zeichnen sehen, denken und reden mag. Frei schweift mein Blick über die von hier oben aus sich als wohlgehalten darbietende Stadt: über die mehrstöckigen Häuser der wohlhabenden Kaufleute aus Gadames, zu den ragenden Türmen ehrwürdiger Moscheen, zu den von vielen Tauben überflatterten Marktplätzen, zu der im Osten angrenzenden stillen Wüste.[73]

50

Ich hatte ohnehin nicht viel Gelegenheit zu photographieren. Und nun stellen sich zwei der drei vermeintlich belichteten Filme beim Entwickeln als leer heraus, sei es, weil der Photoapparat nur vorgab, den Film zu transportieren, oder sei es, dass ich nicht wirklich so wach und geistesgegenwärtig war, wie ich glaubte, und die letzten beiden Filme im Fieberwahn nur in meiner Einbildung verschoss.

Welche Vergeblichkeit! Ich erinnere mich an einige der wirklich guten Bilder, die ich aufgenommen zu haben glaubte, berührende Motive, die nun allein in meinem Gedächtnis abgespeichert sind, wenngleich unscharf und schon leicht vergilbt.

Muss ich diese Reise wiederholen? Habe ich sie nicht gerade wiederholt? Wenn das Ziel jeder Reise die Desillusionierung ist, so habe ich dieses Ziel im äußersten Sinne erreicht. Ich habe Timbuktu nicht betreten.

Alle Reisen führen uns schließlich zu uns selbst. Und verfehlen uns. Zum Glück. Timbuktu ist unser Lebensziel, das unerreichbar bleiben *muss*. Würden wir je hingelangen, wir fänden dort keine Antwort. Und doch wäre es das Ende unserer Reise. Timbuktu ist der Tod.

Ach, vergeblich das Fahren!
Spät erst erfahren Sie sich:
bleiben und stille bewahren
das sich umgrenzende Ich.
Gottfried Benn: *Reisen*[74]

Bardo II

Tunis, Januar / April / Mai 2016

51

T*unis, den 3.1.2016* In der Nacht erreicht mich eine weitere lange Mail von Walid: »Ich weiß nicht, wie lange ich schon hier sitze und auf den leeren Bildschirm starre, meine Gedanken verwirren sich wie ein altes Kassettenband. Ich bete zu mir selbst, endlich zu meiner vermüllten Beredsamkeit zurückzufinden und wenigstens etwas Abfälliges zu notieren. Doch mein Kopf ist leer, oder übervoll, wie du willst, mit Bedeutungslosem, so wie mein heutiges Geschwätz war, in der Gemeinschaft der Gehörlosen. Oder wenn ich mit dir zusammen bin. Immer nur ein stummer, zurückgebliebener Zuhörer, und wenn sich mal ein Wort über meine Lippen quält, dann nur ein Zeugnis meines Stumpfsinns. Es martert mich, dieses Schweigen, diese Debilität. Ständig versuchen meine Lippen, meine Zungen, meine Kehlköpfe, einen Laut hervorzubringen, und wenn ich meine Stimmorgane endlich überzeugt habe, etwas von sich zu geben, kommt nur heiße Luft dabei heraus. Ich wiederhole in meinen Hirnen das Nichts, das ich von mir gegeben habe, wälze es hin und her, bis es nicht einmal mehr heiß, sondern allenfalls noch lauwarm ist, und schäme mich so sehr dafür, dass ich noch weniger in der Lage bin, ein intelligentes Wort von mir zu geben. Ich weiß nicht einmal, woher dieser Abfall stammt, den ich gerade von mir gebe. Warum hat der Müll sich gerade meinen Kopf ausgesucht, sich durch ihn zu artikulieren? Trotzdem, ich danke dir, dass du mich nicht spüren lässt, wenn mein hirnloses Gestammel deine Intelligenz beleidigt.

Was unser gemeinsames Filmvorhaben angeht, bedarf es von meiner Seite aus keiner weiteren Überlegungen. Wenn du mich, all meiner Selbstzweifel ungeachtet, für eine echte Unterstützung hältst, wisse mich an deiner Seite, auch wenn ich in deiner Gegenwart nie frei von Angst bin. Von Anfang an habe ich mich schwach und verletzlich gefühlt, vielleicht weil ich dir leichtsinnigerweise zu viel von meinen Schwächen und Verletzlichkeiten gezeigt habe, auf die du, dafür bin ich dir dankbar, keinerlei Rücksicht genommen hast. Im Gegenteil, hast du behauptet, seien sie geradezu die Voraussetzung meiner (jeder) Intellektualität, als sei allein sie es, die du an mir schätzt. Inzwischen hast du mir ja unmissverständlich klar gemacht, dass es sich genauso verhält.

Auf der Busfahrt zurück ins Studentenwohnheim habe ich an Marlon Brando gedacht, wie er gerade *The Hollow Men* liest, T. S. Eliots Gedicht über uns hohle, tote, geistlose Menschen. Auf diese Art geht die Welt zu Grunde, nicht mit einem Knall: mit Gewimmer, bis einem noch der letzte Rest aus den Händen gleitet und irreparabel zerschellt. Warum erzähle ich dir das? Ich bin gerade dabei, das letzte Porzellan, dessen Zerbrechlichkeit du großzügigerweise einfach ignoriert hast, aus meinen Händen gleiten und es, in so schlichten Worten, wie sie mir noch möglich sind, zerbrechen zu lassen. Ich denke ständig an dich und wie wenig diese Scherben dich beeindrucken werden, und weil ich meine Hände nicht mehr unter Kontrolle habe, schmerzt mir der ganze Brustkorb mit all den darin angesammelten Splittern, ich habe sie dort angehäuft wie ein Messie die Pfandflaschen aus den Mülleimern, jede einzelne Zurückweisung, jeden begehrlichen Blick auf einen anderen. Und jeder Wiederbelebungsversuch, jeder rettende Druck auf Herz und Lunge vermehrt nur den scharfkantigen Bruch und die Schnittwunden.

Aber nun ist es nur noch eine Wolke aus feinem Glasstaub, die ich ausatme, farb- und glanzlos. Der Asphalt hat mich wieder. Du kannst mit meiner Hilfe rechnen. Die Mühe einer Antwort auf dieses nichtssagende Geschwafel ist weder nötig noch erwünscht.«

52

Wir sind außerordentlich freundlich und ohne jede Verlegenheit von den gehörlosen Schülern aufgenommen worden. Wie es sich für wahre Gastgeber gehört, hat niemand uns gefragt, was wir in ihrer Runde überhaupt zu suchen hätten, stattdessen machten sie uns gleich mit dem grundsätzlichen Austausch von Höflichkeiten zwischen Gast und Gastgeber in der Gebärdensprache vertraut.

Ich wollte im Grunde nur still unter ihnen sitzen und Beobachter sein. Was für eine verfehlte Absicht! Unmöglich, sich ihrer Zuwendung zu entziehen und sich ihnen nicht mit Leib und Seele zuzuwenden! Ihr ganzer Körper schaut mich an, spricht mit mir, keine Zerstreutheit, kein Abschweifen, keine geteilte Aufmerksamkeit. Wie sehr in der Welt der Hörenden unsere Kommunikation zersplittert und zerstreut ist, wird mir hier erst richtig klar. Man kann nicht mit dem Handy spielen oder gedankenverloren eine Zigarette rauchen und sich zugleich mit seinem Gegenüber in Gebärdensprache unterhalten.

Das heißt nicht, wir hätten unsere Darsteller schon gefunden. Sie sind Menschen des Augenblicks. Natürlich wollen alle in unserem Film mitspielen, sagen uns ihre Unterstützung nicht nur aus Freundlichkeit, sondern aus wahrem Enthusiasmus zu, denn wann wäre schon einmal jemand zu ihnen gekommen, sie um Mithilfe bei einem Film zu bitten. Aber noch können sie gar nicht wissen, auf was sie sich möglicherweise einlassen. Jeder hat seine Alltagsverpflichtungen, die meisten von ihnen sind noch Schüler, wer unter ihnen ist am Ende wirklich bereit, über Wochen jeden freien Nachmittag für unsere Filmarbeit zu opfern?

Wir werden sehen, wer bei unserem nächsten Treffen noch wiederkommt. Doch anders als bei den vorangegangenen Drehversuchen bin ich diesmal ganz frei von Erwartungen und Zwängen. Ich bin nicht ihret- oder eines neuen Films wegen hergekommen. Wenn er denn aber endlich verwirklicht werden will und aus eigener magischer Kraft die notwendige Gruppe von Begeisterten zusammenbringt, bin ich bereit, es noch einmal zu wagen.

53

Tunis, den 3.1.2016 Zum wiederholten Mal sehe ich die ältere, dick in ihre knöchellangen Röcke gehüllte Frau, wie sie auf einem der unbequemen Metallpoller am Straßenrand, die verhindern sollen, dass Autos mit Bomben im Kofferraum hier parken, sitzt und dabei ihre linke Hand, in der sie ein zerknülltes Taschentuch hält, an ihr linkes Ohr presst und in ihr Handgelenk oder in die Tuchzipfel spricht, als seien sie ein Mobiltelefon. Sie wirkt auf mich so versunken in ihr Gespräch, dass ich mich mehrfach vergewissere, ob nicht doch irgendwo ein Miniaturmikrofon und ein winziger Kopfhörer versteckt seien. Aber da ist nichts als das zerknitterte Tuch.

Ich erinnere mich, vor gut zehn Jahren im algerischen Badeort Tichy Jugendliche am Strand gesehen zu haben, Handyschutzhüllen an ihre sonnenverbrannten Ohrmuscheln gedrückt, die von Weitem wie echte Mobiltelefone aussahen. Stundenlang wanderten sie vor den Sonnenbadenden oder Fußballspielenden auf und ab und sprachen laut in ihre Schutzhüllen. Manchmal verstand ich sogar ein paar Worte wie *sadiq* oder *habibi.*

Mag vieles von dem, was damals auf meiner Reise nach Timbuktu geschehen ist, von mir bis heute auch missverstanden werden, so bedeuten die Ereignisse doch weniger eine Erschütterung als vielmehr eine Verwandlung. Der wahrhaft Reisende wird niemals Ahnungen und Zeichen als gesicherte Erfahrungen ausgeben, denn von ebendiesen Ahnungen und Zeichen sind ja auch die Urteile der Daheimgebliebenen über das Fremde geprägt.

Die wesentlichen Veränderungen aber betreffen ein Grundgefühl, das ich seit früher Kindheit für zerstört hielt: ein Urvertrauen, das auf dieser Reise neu erwacht ist. Ein Urvertrauen in andere Menschen, in ein grundsätzliches Wohlwollen der Welt (oder des Schicksals) und das Urvertrauen in mein eigenes Dasein: dass es gut sei, wie es ist.

54

Tunis, den 5.1.2016 Ich befinde mich in einem Schwebezustand. Einem Zwischenreich. Die Arbeit, für die ich hergekommen bin, habe ich im Großen und Ganzen abgeschlossen. Wie will ich die Tage, die ich noch in Tunis bin, nutzen?

Der Reisende verlässt seinen anerkannten und vertrauten Status in der Herkunftsgemeinschaft und tritt ein in einen Zustand sozialer Nacktheit und Verletzlichkeit. Möglicherweise gibt es für diese Phase der Liminalität Gesetze oder Rituale zu seinem Schutz, aber nicht selten ist der Schwellenzustand auch ein gesetzesfreier Raum, in dem er sich als ein Schutzloser, Vogelfreier bewegt.

Wir können nicht ein Leben lang auf der Schwelle zubringen, sonst verliert der Begriff seinen Sinn, denn er impliziert ja eine Bewegung von einem Raum in einen anderen. Doch sind durchaus Daseinsweisen denkbar, die einem andauernden Verharren im Zustand der Liminalität gleichkommen. Am anschaulichsten beschreibt Kafka diese existenziellen Schwellenzustände. Und ich vermute, in einer Welt immer uneindeutigerer und ausgedehnterer Übergangsriten nehmen sie zu. Verlieren Räume ihre klaren Umrisse, sind auch Schwellen nicht mehr deutlich abzugrenzen.

Der Zustand auf der Schwelle ist von Unsicherheit, Unordnung, Ambivalenz, sozialer Statuslosigkeit und Ungeborgenheit geprägt und auf Dauer ein lebensbedrohlicher Zustand. Jede Reise, jede Flucht durchläuft diese Phase der Liminalität, ohne zugleich auch eine Initiation zu sein, das heißt, ohne die Aufnahme in einen neuen, sicheren (sozialen) Status zu gewährleisten. Nennen wir aufgenommene Flüchtlinge *Gäste*, verlängern wir die Phase der Liminalität, denn auch der Gast befindet sich nur in einem Schwellenzustand mit einem vorübergehenden Aufenthaltsrecht. Diese Transformation des Flüchtlings zum »Gast« führt ihn nirgendwohin.

Am Nachmittag treffe ich Ghassen, den Pfiffigsten, und Emad, den Verletzlichsten unter den Gehörlosen. Vielleicht finden wir ja tatsächlich noch die richtige Besetzung für einen tunesischen *Klassenfeind*. Dann würde ich das Projekt weiter vorantreiben.

Einige von ihnen beherrschen nur die Gebärdensprache und können nicht einmal Arabisch lesen oder schreiben. Wie sollen sie, in welcher Sprache auch immer, das Drehbuch studieren und ihre Rollen auswendig lernen?

Emad zeigt mir eine Website mit den Profilen vermisster oder entführter Kinder: »Emad Ali Ben-Mrad, vermisst seit dem 7. April 2000, Alter drei Jahre, zuletzt gesehen in Gaithersburg, Maryland. Vermutlich ist er von seinem leiblichen Vater, Mohammed Mayssoum Ben-Mrad, dem das Sorgerecht auf Grund von Misshandlungen entzogen wurde, nach Tunesien entführt worden. Wer in diesem Fall irgendwelche Informationen hat, nehme bitte Kontakt zum Montgomery County Police Department oder dem Federal Bureau of Investigation, Maryland Office, auf.«

Seine Miene bleibt unbewegt, während ich die Seite studiere, aber er wendet die Augen nicht ein einziges Mal von meinem Gesicht ab. Vor einigen Jahren war seine amerikanische Mutter während der Sommerferien in Tunesien. Sein Vater hielt den Besuch der Mutter vor Emad geheim und verhinderte jede Begegnung zwischen ihnen. Er hatte dabei das tunesische Recht auf seiner Seite.

Inzwischen ist Emad neunzehn Jahre alt. Das Internet böte ihm viele Möglichkeiten, selbständig Kontakt zu seiner Mutter aufzunehmen. Aber er hat seine Mutter seit sechzehn Jahren nicht gesehen. Für ihn ist sie eine Fremde, und die einzige Familie, die er kennt, ist die seines Vaters. Ein Tunesier wendet sich nicht gegen den eigenen Vater, mag er das Kind auch seiner eigenen Mutter beraubt haben. Seinem Vater gegenüber wird ein Tunesier nie volljährig.

Aber er zeigt mir die Suchanzeige des FBI, die er irgendwann selbst im Netz entdeckt haben muss. Offenbar ist es ihm wichtig, dass ich von seiner Entführung weiß.

55

Tunis, den 12.1.2016 Demonstrativ bezahlt Walid seinen Kaffee selbst. Weder lässt er sich von mir einladen, noch lädt er mich ein. Er grollt mir noch immer, auch wenn er seinen Groll hinter einer stets freundlichen und wortkargen Maske verbirgt.

Mit den gehörlosen Jugendlichen zusammen jedoch beweist er seine pädagogischen Fähigkeiten. Mit grenzenloser Geduld erklärt er ihnen das Stück und die in ihm enthaltenen Herausforderungen.

Ghassen führt uns in ein Café, wo man ihn und seine Mitschüler kennt und freundlich begrüßt. Hier lassen die Kellner uns stundenlang unbehelligt sitzen und über die Realisierbarkeit unseres Vorhabens streiten.

Zwischendurch stellt Ghassen immer wieder Fragen, warum ich gerade dieses Stück gewählt hätte, warum ich es in Tunis und mit ihnen verfilmen wolle, also legitime Fragen des Misstrauens. Ich erzähle ihnen die Vorgeschichte des Scheiterns und bezeichne unser Zusammentreffen als unerwartete Fügung. Allerdings tue ich wenig, um das Unternehmen voranzutreiben, sondern schwimme diesmal eher mit. Ich übe keinen Druck aus, also stoße ich auch auf keine Widerstände. Womöglich ist mir das Filmprojekt inzwischen gar egal.

56

Berlin, den 15.1.2016 Es gibt auch eine gewisse Melancholie der Rückkehr. Ich will sie nicht *Heimkehr* nennen, denn die Reise hat den Reisenden verändert. Ein Fremder kehrt heim, manchmal ist er gar nicht wiederzuerkennen. Und nicht nur er ist den Vertrauten fremd geworden, sondern auch das Vertraute ihm. Es gibt eine andere Welt, und die eigene ist nun keine selbst-verständliche mehr. Alles, was »normal«, »natürlich« oder »gottgewollt« erschien, ist plötzlich auch ganz anders denkbar. Wie soll man den Daheimgebliebenen davon erzählen? Sie spüren, der Heimgekehrte ist nicht mehr jener, der fortgegangen ist. Er hat sich in der Fremde mit etwas Unheimlichem infiziert, er macht ihnen Angst, er gehört nicht mehr uneingeschränkt dazu.

Die letzten Tage in Tunis waren von einer gewissen Antriebslosigkeit und inneren Leere geprägt. Es sind Walid, Ghassen und seine Kameraden, die mich immer wieder aus meiner Lethargie reißen. Sie nehmen das Filmvorhaben ernster als ich, der im Augenblick eher ein erneutes Scheitern fürchtet. Ghassen wird zum Location-Scout und schleppt mich auf der Suche nach einem geeigneten Klassenraum von Schule zu Schule. Dabei muss ich die Erfahrung machen, dass trotz erfolgreicher Jasmin-Revolution die Hierarchien immer noch dieselben sind. Ohne Genehmigungen von höchster Stelle ist hier gar nichts möglich. An manchen Bildungsanstalten lässt der Hausmeister uns nicht einmal auf den Pausenhof.

Nur in einer katholischen Privatschule werden wir schließlich mit offenen Armen empfangen. Der Direktor persönlich führt uns durch das Gebäude. Allein, alles ist in so bewundernswerter Ordnung, dass die *Klassenfeind*-Rabauken nicht recht hierher passen wollen. Meine eigenen Kinder würde ich hier zur Schule schicken.

Aber die Begeisterung des Direktors über unseren Besuch und unser Vorhaben ist so ansteckend, dass wir in Verbindung bleiben wollen. Merkwürdig, wie das Projekt in dem Augenblick, in dem ich es fast abgeschrieben habe, sein Eigenleben entwickelt!

57

In der Nacht weckt mich ein Alptraum. Ich bin in einer fremden Stadt unterwegs (im Traum ist es Eriwan, wo ich bisher noch nicht gewesen bin). Ich komme von einem ersten Streifzug durch die Stadt zurück und finde die Tür zu meinem Hotelzimmer aufgebrochen. Mein ganzes Gepäck samt Pass und Bargeld ist verschwunden. Der Hotelbesitzer entschuldigt sich lautstark: Was sind wir nur für ein ungastliches Land! Aber vom Einbruch selbst habe angeblich keiner seiner Angestellten etwas mitbekommen. Nein, die Polizei zu rufen könne er mir nicht empfehlen. Die Gendarmen seien doch die größten Schurken im Land.

Ich bin verzweifelt, irre bei strömendem Regen eine ungepflasterte Straße entlang und flüchte mich schließlich in einen überdachten Basar. An einem Bücherstand halte ich inne und frage den bärtigen Bouquinisten, wo ich hier sei. Der Alte versteht mich nicht, und um eine Karte oder einen Stadtplan zu kaufen, fehlt mir nach dem Diebstahl das Geld. Nicht eine einzige Münze trage ich bei mir.

Ich sehe mich nähen, während ich mich auf dem Beifahrersitz eines Wagens befinde. Ich flicke einen Riss in meiner Hosentasche. Ist mir das Geld gar nicht geraubt worden? Habe ich es durch meine eigene Unachtsamkeit verloren?

58

In wenigen Wochen geht es erneut nach Tunis, in diese eher reizlose und ermüdende Stadt. Wer sind diese Jugendlichen überhaupt, mit denen ich nun drehen will? Es ist eine vollkommen andere Gruppe als jene in Aden, die mich erst zu diesem Filmabenteuer angeregt hat. Die Gehörlosen in Aden bildeten eine ungezähmte Bande von Außenseitern, die ihre ganz eigenen Rituale und Codes entwickelt hatte und sich in einem ständigen Kampf gegen die Angriffe und Vorurteile ihrer Mitwelt befand. Die tunesischen Jugendlichen sind wesentlich besser in die hörende Gesellschaft integriert und versuchen, so wenig wie möglich aufzufallen. Während sie gebärden, bleiben sie still, während die Adener ihre Gebärden mit großer Wut auch durch wilde Lautäußerungen unterstützten und dabei auf die empfindsamen Ohren der Hörenden keinerlei Rücksicht nahmen. Überhaupt waren ihnen die Religion und die Moral der Hörenden fremd, niemand hatte sich die Mühe gegeben, sie ihnen zu vermitteln. Sie beteten nicht, glaubten an keinen Gott und gebärdeten schamlos ihre sexuellen Wünsche und Vorlieben, für die es im gesprochenen Arabisch nicht einmal Worte gibt. Mit ihnen habe ich viele Wochen verbracht, bis ich fast zu einem Mitglied ihrer Bande geworden war. Ihnen habe ich in meinem Drehbuch die Rollen auf den Leib geschrieben. Ihre Gesten waren so anmutig und voller Ausdruckskraft, dass man sie auch dann verstanden hat, wenn man ihres besonderen Gebärdenslangs nicht mächtig war.

Bei den jungen Tunesiern wirken selbst die Gebärden zurückgenommen und gebändigt. Sie bleiben nahe am Körper, um nur keine Aufmerksamkeit zu erregen. Die Adener haben sich einfach überall, wo sie zusammenkamen, ihren Raum genommen und das Ausgrenzende ihrer verständnislosen Umgebung ignoriert. Sie haben sich der hörenden Welt nicht einzufügen versucht, sondern ihre eigene Gebärdenwelt erschaffen und behauptet, eine Welt der Augen, der Gerüche, der Erschütterungen und der gegenseitigen Berührungen.

Bei den jungen Tunesiern fehlt noch jedes Gefühl der Nähe und des Vertrauens. Aber sie wollen unbedingt an diesem Film mitwirken, und der Jemen ist für einen weiteren Versuch auf unabsehbare Zeit unerreichbar.

59

Eine Abschiedsmail von Walid, mit der er aus dem Projekt aussteigt und mich mit meinen Ambitionen und Zweifeln alleine lässt: »Mein Vater lebt. Sein vorhergesagter Tod war reiner Wunsch. Wir wissen nicht, wie man einander liebt. Ich komme spät nach Hause, mein kleiner Sohn schläft noch nicht; meine Frau sitzt vor dem Fernseher und schaut einen blutigen Krimi. Plötzlich fällt der Strom aus. Das ist ungewöhnlich in einer ruhigen Januarnacht. Ich verharre einen Moment lang im Dunkeln, und schon habe ich den Täter erraten. Da brüllt mich eine schreckliche Stimme an: Ismail! Es ist die Stimme meines Vaters, aber ich kann mich nicht entsinnen, dass er je *Moby Dick* gelesen hätte.

Was willst du von mir?, frage ich ängstlich.

Ich wollte nur nachsehen, ob es das Leben ist, das du dir

gewünscht hast. Das Wohnzimmer stinkt schlimmer als unser Abort. Ist das der Gestank von Haschisch? Ich werde es der Polizei melden. Außerdem hast du dir einen Hund ins Haus geholt. Ich rieche doch, dass er nicht stubenrein ist!

Es ist an der Zeit, das alles zu beenden, denke ich. Wie knüpft man einen festen Knoten? Wie fühlt sich der raue Hanf auf der Haut an? Unsere Wohnung liegt im dritten Stock, hat aber leider keinen Balkon. Ich stehe auf der Fensterbrüstung, alle sammeln sich auf der Straße und starren hinauf. Mein Vater steht inmitten der Menge, ein Messer in der Hand. Zuerst werfe ich den Hund hinunter. Ich habe ihn *Amal*, Hoffnung, genannt.«

60

Erwarte nicht zu viel von den Jungs. Noch hast du sie nicht spielen sehen. Die Adener Bande hat sich ständig selbst inszeniert, jeder von ihnen war ein geborener Komödiant, Rollenspiele, Sketche, gestenreiche Anekdoten, damit haben sie sich miteinander die Zeit vertrieben.

Die tunesische Gruppe hingegen ist um Ernsthaftigkeit bemüht. Ghassen ist der erste, dem ich begegnet bin. Er hat Walid und mir bei unserem unangemeldeten Besuch im Hauptquartier der Association die Tür geöffnet. Er wurde in Riad geboren, wo sein Vater seinerzeit gearbeitet hat. Er ist einer der Aufgewecktesten und Klügsten der Gruppe. Zugleich spielt er den Filou. Er trägt hautenge Hosen und bewegt sich in ihnen mit der Geschmeidigkeit eines Tänzers. Er flirtet vor meinen Augen mit einem eher unattraktiven gehörlosen Mädchen, wohl nur deshalb, weil es das einzige Mädchen im Raum ist und Flirten nun einmal die unausweichliche Konsequenz solch engsitzender Hosen zu sein hat.

Merkwürdigerweise finde ich bei ihm, wie auch bei seinen gehörlosen Kameraden, unter den Favoriten auf seiner Facebook-Seite auch ein Dutzend Musikgruppen, indessen keinen einzigen Schriftsteller.

Von den anderen habe ich noch flüchtigere Eindrücke als von Ghassen. Und welches Bild haben sie von mir? Es hat mich doch ziemlich überrascht, als sie sich nicht damit abfinden wollten, dass ich nach Walids Absage das ganze Vorhaben aufgeben wollte. Ich hätte erwartet, dass sie darüber erleichtert gewesen wären.

Manel ist die einzige Frau in unserem Team. Sie hat, wie Walid, Englische Literatur studiert und unterrichtet an der Universität von Tunis. Sie ist nicht gehörlos, aber der Gebärdensprache mächtig. Sie hat sich bereit erklärt, das Drehbuch ins tunesische Arabisch zu übersetzen.

Taha scheint mir von allen Darstellern im Augenblick der geheimnisvollste, vielleicht weil ich von ihm am wenigsten weiß, da er erst zur Gruppe gestoßen ist, als mein erster Tunis-Aufenthalt schon dem Ende zuging. Er scheint von großer Wachheit zu sein, einer Raubkatze gleich, der nichts entgeht. Anders als seine Kameraden wirkt er weniger umsorgt und behütet und hat sich eine Art proletarischen, lausbubenhaften Charme bewahrt. Auch er studiert an der Universität von Tunis, doch ich habe keine Ahnung, welches Fach. Astrophysik? Sport?

61

Das Typoskript, das Manel mir zuschickt, überrascht mich, ein kryptischer Text aus lateinischen Buchstaben und arabischen Zahlen, eine Kunstsprache, eine *Laut-Schrift*, die von der tunesischen Jugend für die Kommunikation im Internet und für Kurzmitteilungen benutzt wird. Für mich handelt es sich hingegen um einen Geheimcode. Weder die arabischen noch die lateinischen Schriftzeichen allein scheinen fähig, den tunesischen Dialekt, eine Mischung aus arabischen, französischen und berberischen Elementen, jugendlichem Slang und neuen Fachsprachen, adäquat zu verschriftlichen. Also haben die jungen Leute eine neue, hybride Schrift nur für den augenblicklichen Gebrauch erfunden.

62

Tunis, den 10.3.2016 In der katholischen Privatschule der Maristes-Brüder werden wir mit frommer Herzlichkeit willkommen geheißen. Der uns zur Verfügung gestellte Klassenraum, angeblich der schäbigste der Schule, ist so ordentlich und gepflegt wie das Refektorium der Ordensbrüder, aber das wird sich im Verlauf der Dreharbeiten sicher ändern. Natürlich hat es kleine Veränderungen in der Gruppe der Schauspieler gegeben, aber damit kann ich leben, ja, diese Truppe gefällt mir noch besser als die ursprüngliche Mannschaft. Trotzdem will die Niedergeschlagenheit nicht von mir weichen. Ist die große, zu große Erwartung der Jungs an mich und den Film daran schuld? Sie träumen davon, mit unserem Werk auf Festivals in Europa eingeladen zu werden, während ich noch voller Zweifel bin, ob es uns überhaupt gelingt, unser Vorhaben zu Ende zu bringen. Und selbst dann bleibt es eine bescheidene No-Budget-Produktion von Amateuren, die dankbar sein muss, überhaupt von irgendeinem Festival ins Beiprogramm aufgenommen zu werden.

Nein, das ist es nicht, was mich bedrückt. Das war doch das Schicksal all meiner bisherigen filmischen Experimente. Der Preis der vollkommenen Autonomie ist eben die Beschränkung der Mittel. Ich habe gelacht, lauthals, barbarisch, im Traum, den ich beim Erwachen schon zum größten Teil vergessen hatte. Warum hast du mich geweckt? War mein Gelächter so furchtbar? Es hat mir den Atem geraubt und meine Innereien in Aufruhr versetzt, so dass ich, hätte ich weiter so gelacht, am Gelächter noch erstickt wäre.

Unsere Erfahrungen werden nicht nur in unseren Köpfen gespeichert, sie lagern sich in unseren inneren Organen ab, in unseren Knochen, unseren Haaren und Fingernägeln, ja selbst in unserem Erbgut. Die Erinnerung an Mali ist in meinen Lungen gespeichert, die Erinnerungen an meine großen Lieben wie auch an die großen Ängste haben vor allem im Magen und im Darm ihr Nest gefunden. Und die Narben auf meiner Haut sind nicht einfach totes Gewebe, sondern ein Archiv. Immer wieder mal wache ich mitten in der Nacht voller Panik auf, weil ich zu ersticken glaube.

63

Tunis, den 11.3.2016 Es regnet. Dann ist es wenigstens, bis auf das beruhigende Rauschen, still im nächtlichen Hof, in dem sich sonst die Raucher versammeln, ihrer Sucht frönen und bis zum frühen Morgen schwatzen.

Schon als Kind war ich ein todernster Mensch und bin es unverändert geblieben. Habe ich je einen Witz erzählt? Oder auch nur über einen gelacht? Jede Ausgelassenheit, jeder Rausch war von diesem Ernst gedämpft. Kein Tag vergeht, an dem ich nicht an den Tod oder unsere Vergänglichkeit dächte. Dabei habe ich in meinem ganzen Leben bisher noch keinen einzigen Toten gesehen oder gar berührt, meine Eltern nicht, und nicht die vielen, viel zu jung gestorbenen Freunde. Immer waren die Särge bereits geschlossen. Und gestorben sind sie ohne mich. Und auch ich möchte keinen meiner Freunde oder Verwandten um mich haben, wenn ich im Sterben liege, sondern es allein mit mir und dem Tod ausmachen, den Kampf, den Tanz, die Umarmung oder was auch immer mich erwarten mag.

Heute richten wir den Klassenraum her und machen erste Probeaufnahmen. Mademoiselle Evelina, die Schulsekretärin, bringt uns Getränke und Gebäck. Alle sind frohgemut und voller Zuversicht. Nur ich stehe plötzlich stumm da, gedankenleer, ratlos, bereit, einfach davonzugehen. Welchen Sinn hat das, was wir hier tun, eingesperrt in diesem kahlen Klassenraum mit seinen vergitterten Fenstern? Welche Einsamkeit hier herrscht! War es nicht das tiefere, alles überschattende Gefühl unserer Schulzeit? Eine vorgespielte, vorgetäuschte Nähe und Kameradschaft, in der jeder nur darauf bedacht war, niemanden jemals in die eigene verzweifelte Seele blicken zu lassen. Eine Vorschule der zukünftigen Einsamkeiten und Täuschungen. Bis ans Lebensende verfolgen sie uns, diese Schul-, diese Prüfungsträume, in denen wir selbst da noch durchfallen, wo wir es in jungen Jahren doch mit Ach und Krach geschafft haben. Der Unterschied zwischen Meiose und Mitose? Das Verhalten eines Graphen im Unendlichen? In meiner Jugend habe ich es noch gewusst.

64

Tunis, den 13.3.2016 Es hört gar nicht auf zu regnen. Seit ich hier bin, hat sich kein einziges Mal die Sonne blicken lassen. Nicht, dass es mir etwas ausmachen würde. Tunis im Regen ist so grau und trostlos wie Oberhausen oder Bitterfeld. Das öffentliche Leben in Tunis ist im Wesentlichen ein Leben im Freien. Nun sind die Straßen, Cafés und Basare seit Tagen menschenleer.

Je länger mein Aufenthalt währt, desto mehr Anzeichen der zunehmenden Verarmung entdecke ich, auch wenn die meisten Menschen hier ein Mindestmaß an Würde zu wahren trachten. Am auffälligsten sind die Zähne, die Lücken und Schäden im Gebiss, wie ich sie zuletzt in den frühen Filmen Pasolinis gesehen habe, schon bei den Kindern und Jugendlichen, so dass sie nicht mehr zu lächeln wagen. Dann die Schuhe, oftmals nur Badelatschen oder Flipflops, in denen sie barfuß den ausgedehnten Pfützen auszuweichen versuchen. Offenbar besitzen sie kein einziges Paar fester Schuhe. Männer und Frauen und selbst die Alten tragen billige Jogginghosen aus chinesischer Fabrikation, ohne in ihrem Leben je gejoggt zu sein oder damit noch anfangen zu wollen. Nur auf einen tadellosen Haarschnitt legen zumindest die jüngeren Männer noch wert, auch wenn sie für einen Haarschnitt auf ein Dutzend Zigaretten verzichten müssen.

Keinen einzigen ausländischen Besucher habe ich, seitdem ich wieder in Tunis bin, in der Medina gesehen. Die Stadt verfällt. Es fehlt das Geld und vielleicht inzwischen sogar der Antrieb, zumindest irreparable Schäden zu verhindern. Viele Häuser in der Altstadt sind bereits unrettbar verloren. Mag sein, ich habe meine Melancholie bereits mitgebracht, aber eine spürbare Schwermut und Niedergeschlagenheit liegt auch über der ganzen Stadt. Kein Gelächter, keine heiteren Gesichter, selbst die Kinder sind davon schon angesteckt, haben das Spielen im Freien aufgegeben und halten sich nur noch manisch an ihren Handys fest.

Erstaunlicherweise scheinen meine gehörlosen Freunde von dieser allgemeinen Melancholie unberührt. Für sie hat sich offenbar nichts geändert, sie sind doch schon immer von der hörenden Mehrheit in ihre eigene abgeschlossene Welt zurückgedrängt worden. Die Nachrichten der Anderen interessieren sie nicht mehr, so wenig sich die Anderen für sie interessieren. Indessen ermöglichen die neuen Medien, Handykameras, Messenger, Skype, es ihnen, noch intensiver untereinander zu kommunizieren. Ihr Umgang miteinander ist warmherzig, verantwortungsvoll und fast gänzlich frei von jeder mutwilligen Verletzung. Die Hände sind Mittel der Verständigung, nicht des Abwehrens oder Zuschlagens. Da überrascht es mich nicht, dass auch ihnen die Idee eines körper- und gebärdenlosen Gottes fremd ist. Zu ihnen spricht er nicht, und keiner von ihnen betet. Sie kennen die Gebärde für »Gott«, aber sie ist so inhaltsleer wie jene für »Vogelgezwitscher« oder für das »Säuseln« des Windes.

65

Tunis, den 14.3.2016 Es ist an der Zeit, in den Regiemodus umzuschalten. Ich muss ganz neue Einstellungen erfinden, die dem Umstand Rechnung tragen, dass ein Gespräch unter Gehörlosen immer der Darstellung der Gebärden bedarf. Zwischen- und Gegenschnitte auf den Zuhörenden / Zuschauenden sind nicht möglich, ohne die Konversation zu unterbrechen. Die Kamera kann sich nicht von den Körpern trennen. Verliert sie ihren Protagonisten aus dem Auge, verstummt der Film.

Im Drehbuch eskaliert der Konflikt zwischen *Rambo* und *Angel* in einer blutigen Prügelei. Sie fragen mich, ob ich es tatsächlich so realistisch filmen will. – Noch bewegen sich die Darsteller ziemlich unbeholfen und fremd in unserem Bühnenraum.

Es gebe keine Gehörlosenschulen in Tunesien, erklärt mir Lyes, der die Rolle *Jacksons* übernommen hat und in kürzester Zeit ein unentbehrlicher Übersetzer und Vermittler zwischen mir und der Gruppe geworden ist. Beide Eltern sind gehörlos, daher ist er mit der Gebärdensprache als seiner Mutter- und Vatersprache aufgewachsen. Er selbst kann hören und spricht mit seinen siebzehn Jahren neben Arabisch und Französisch auch fließend Englisch. Er denke und er träume, erzählt er mir, aber immer noch überwiegend in Gebärden. Sie seien körperlicher, anschaulicher als die Gedanken in Worten. Wörter schienen ihm immer noch merkwürdig leicht und durchsichtig, während die Gebärde doch einen wesentlich sinnlicheren Ausdruck darstelle. Wäre das Gebärden in Tunesien eine anerkannte Sprache, so könne er sich durchaus vorstellen, seine zukünftigen Bachelor- und Masterarbeiten in Gebärdensprache zu verfassen und zum Beispiel auf Video aufzunehmen. Doch welcher Prüfer verstünde sie zu lesen und zu bewerten?

Gebärdengedanken seien anders als Wortgedanken. Zwar gebe es auch eine Gebärdengrammatik, aber die gestischen Aussagen seien kürzer und prägnanter. Emotion und Gedanke verschmölzen unauflösbar in derselben Gebärde. Es gebe kein Wort losgelöst von einem individuellen Körper.

66

Tunis, den 16.3.2016 Anstrengend ist diese Arbeit, kraftraubend, aber auch beglückend. Ja, sie haben keine Lust zu Hausaufgaben, schauen lieber Fußball und kommen unvorbereitet, aber sie kommen, alle, fast pünktlich, und sind über viele Stunden unermüdlich bei der Sache, vergessen Hunger und Durst, nehmen die Wartezeiten, die unzähligen Wiederholungen, bis die Szene einigermaßen ansehnlich im Kasten ist, ohne Murren hin und wachsen langsam in ihre Rollen hinein.

Ich muss an ihr leibliches Wohl denken, für Verpflegung sorgen, Kaffeepausen einplanen und auf das allgemeine Befinden achten. Zweimal ist Mohammed beim Kippeln mit seinem Stuhl weggerutscht und hart auf den Fliesen aufgeschlagen, beim zweiten Sturz hätte er sich fast den Knöchel gebrochen, weil sein Fuß sich im Pultfach verkeilt hatte. Ein ernster Unfall wäre in jeder Hinsicht eine Katastrophe. Es ist ein brutales Stück, und sie begeben sich mit großer Leidenschaft, ja Rücksichtslosigkeit hinein. Es ist an mir, sie dabei nicht in Gefahr zu bringen.

Manel war eine unentbehrliche Übersetzerin, nun aber hält uns ihre Anwesenheit eher auf. Ihr lehrerinnenhaftes Verhalten hemmt die Proben, ihr Bestehen auf Texttreue verwirrt die Jungs eher, als dass sie ihnen weiterhilft. Sie nimmt ihnen den Raum für eigene Ideen und Gestaltungen. Ich weiß nicht, ob das alles am Ende einen Sinn ergibt. Sobald ich glaube, die Jungs haben begriffen, um was es in der Szene geht, überlasse ich ihnen die Bühne und verziehe mich hinter die Kamera. Mir ist es nur recht, wenn sie aus Nigel Williams' Drama von 1978 ihre eigene Geschichte machen.

67

Tunis, den 17.3.2016 Ein Dutzend Seiten in meinem Notizbuch ist mit Ghassens Gekritzel gefüllt. Mit Gebärden und Stichworten erzählt er mir von seiner Kindheit in Saudi Arabien und den Jahren, die er im Haus seines Großvaters in der Medina von Tunis verbracht hat, während seine Eltern weiterhin in Riad lebten, bis sie endlich genug Geld für die Rückkehr nach Tunesien zusammengespart hatten. Der Großvater sei vor einigen Wochen gestorben, das Haus verkauft und bereits abgerissen worden. Wir stehen vor dem Trümmergrundstück inmitten der Medina.

Sein Vater würde mich gerne kennenlernen und mit mir über den Film reden. Ich stimme, nicht ohne ein leichtes Unbehagen, einem Treffen zu. Mag Ghassen auch volljährig sein, gegen den Willen seines Vaters kann kein junger Mann in Tunesien eine wichtige Entscheidung treffen. Warum hat er seinem Vater das Drehbuch überhaupt zu lesen gegeben! Es ist doch klar, dass der jugendliche Slang und die drastischen Themen einem Erwachsenen nicht gefallen können.

Erstaunlicherweise befinden wir uns immer noch im Drehplan. Keiner hat uns bisher im Stich gelassen, ist einfach weggeblieben oder auch nur zu spät gekommen. Es ist die Gruppe selbst, die auf Disziplin achtet und alle Mitglieder bei der Stange hält.

Die außerordentliche Gastfreundschaft der Schule beschämt mich. Nicht nur hat sie uns ohne jeden Papierkram ihre Räumlichkeiten zur Verfügung gestellt und lässt uns dort unbeaufsichtigt weit über die vereinbarte Zeit hinaus arbeiten, sie bewirtet uns auch noch tagtäglich mit Kaffee,

Tee und Gebäck. Dabei kann sie sich nicht einmal sicher sein, dass ihre Unterstützung ihr am Ende wirklich zur Ehre gereicht. *Klassenfeind* ist ja nicht gerade ein frommes Stück. An den Schülern wird es indes nicht gelegen haben. Sie überraschen mich jeden Tag aufs Neue. Jeder von ihnen entwickelt sich mehr und mehr zu einem ganz einzigartigen und unverwechselbaren Charakter.

68

Tunis, den 18.3.2016 Ghassens Vater, ein kleiner, grauhaariger Herr mit klugen, aufmerksamen Augen, ist Zahnarzt. Er hat eine bescheidene Praxis in der Nähe der Markthalle. Er unterbricht seine Sprechstunde, lässt Tee bringen und zieht sich mit uns in sein Büro zurück. Er freue sich, dass Ghassen am Film mitwirken dürfe, versichert er mir. Er finde, das Drehbuch erzähle eine Menge über die gegenwärtige Situation der Jugendlichen in Tunesien. Nur mit Manels Übersetzung sei er an verschiedenen Stellen nicht einverstanden. Zu oft glätte und entschärfe sie die Kraftausdrücke des Originals und wähle stattdessen harmlosere Worte, die kein Jugendlicher auf der Straße verwende. Vielleicht liege es daran, dass sie eine Frau sei und Mädchen untereinander nicht dieselben Schimpfwörter und Flüche benutzten wie Jungs. Wie auch immer, ich hätte ihm die Übersetzung anvertrauen sollen. Er habe in Großbritannien Zahnmedizin studiert, ungefähr in jenen Jahren, in denen Nigel Williams das Stück verfasst habe.

Erste Anzeichen der Erschöpfung. Überdrehtheit, Albernheit, mangelnde Konzentration. Kleine Streitereien und eine große Kränkung, die zu Tränen führt. Mohammed zieht, ein schlechter pubertärer Schülerstreich, Emad mitten im Klassenraum die Hose herunter. Sicher geschieht es nicht zufällig an diesem Drehtag, an dem Emad als *Habibi* eine Schulstunde zum Thema Sex abzuhalten gezwungen ist und von seinen Klassenkameraden gnadenlos bloßgestellt und lächerlich gemacht wird.

Sobald der Gruppe klar wird, was Mohammed angerichtet hat, gehen die großen Trost- und Versöhnungsrituale los. Ich halte mich vollkommen heraus. Reifungskrise.

Von nun an geht es ernsthafter weiter. Inzwischen begreifen die Jungs, um was es in unserem Film wirklich geht. Die Schulklasse steht stellvertretend für die tunesische Gesellschaft wie der Walfänger Käpt'n Ahabs für Melvilles Amerika. Jeder Schüler verkörpert einen besonderen Missstand. Habibis Lektion illustriert die mangelnde Sexualerziehung und das zutiefst gestörte Verhältnis zu den Geschlechtern und zum eigenen Körper. Sie mussten die Lehrer nicht erst aus dem Klassenzimmer jagen, um sich von ihnen im Stich gelassen zu fühlen. Die wirklich wichtigen Dinge im Leben stehen nicht im Lehrplan.

Durch das vollkommene Aufgehen in der Arbeit wird mir erst jetzt, am Abend, bewusst, dass heute der erste warme Frühlingstag seit meiner Ankunft zu Ende geht. In der Schule war es noch kalt, so dass wir dort die ganze Zeit unsere Jacken anbehalten mussten. Nun sitze ich auf der Place de la Victoire am Eingang der Medina, die Stadt ist voller Menschen, die das Wochenende genießen, und obgleich im christlichen Norden die Osterferien begonnen haben, ist kaum ein europäisches Gesicht unter den Einheimischen zu entdecken.

Mit dem Sonnenuntergang wird es schnell wieder frisch. Doch morgen soll es erneut sommerlich warm werden. Die Jungs aber müssen weiter ihre Wintersachen tragen, weil die Ereignisse im Film sich innerhalb eines Morgens abspielen. Unser Klassenraum kann also durchaus noch etwas warten, sich auf sommerliche Temperaturen aufzuheizen. Die ständig wechselnden Lichtverhältnisse machen die Schnitte und Anschlüsse schon kompliziert genug.

69

Tunis, den 20.3.2016 Am späten Nachmittag zeigt das Thermometer immer noch siebenundzwanzig Grad an. Eine Art melancholischer Sonntagabendfrieden ruht auf der Place de la Victoire, vielleicht weil aus Sicherheitsgründen im Stadtzentrum wieder einmal ein allgemeines Fahrverbot herrscht.

Die Erschöpfung meiner Darsteller ist unübersehbar. Hinzu kommen Verpflichtungen und Ablenkungen ihres Alltags, am heutigen Nachmittag zum Beispiel ein Fußballturnier. Die Hälfte meiner Truppe gehört der Gehörlosenmannschaft an. Natürlich müssen sie am Match teilnehmen.

Mir kommt ein kurzes Innehalten gerade recht, denn mir scheint unser Film immer noch zu nahe an eine Theateraufführung angelehnt. Was kann der Film, was das Theater nicht kann? Der Film kann wesentlich näher an die Darsteller heranrücken, kann Details herausarbeiten und groß machen. Indessen fordert der Gebrauch der Gebärdensprache von der Kamera, stets einen gewissen Abstand einzuhalten und einen freien Blick auf Gesicht und Hände der Protagonisten zu gewähren, damit der Zuschauer sie verstehen kann.

Eine Idee für das Schlussbild: *Jackson* tanzt auf dem Schuldach, zu einer stillen, inneren Musik, die nur er, der noch nie in seinem Leben Musik gehört hat, wahrnimmt.

70

Tunis, 27.3.2016 Letzter Drehtag. Die vergangene Woche war zu anstrengend, um noch Konzentration und Muße für Notizen zu finden. Nach den Dreharbeiten falle ich einfach kraftlos ins Bett und hoffe, durch so viel Schlaf wie möglich genug Energie für den nächsten Tag zurückzugewinnen. Sieben junge Männer, unvorbereitet, übellaunig, zumindest so früh nach dem Erwachen, unfokussiert, nach Zuwendung und Anerkennung hungernd, und jeder Gedanke, jede Anweisung, jede Dialogzeile muss mehrfach übersetzt werden, vom Englischen ins Arabische, vom Arabischen in die Gebärdensprache, und immer wieder Worte, Slangausdrücke oder Redewendungen, für die es keine Gebärden gibt und für die wir eine Sprache erst noch erfinden müssen.

Dann die Rivalitäten, die Empfindlichkeiten und Kränkungen innerhalb der überforderten Truppe, das Verschmelzen der Darsteller mit ihren wesentlich härteren Filmcharakteren, so dass ich mir nicht immer sicher bin, sind sie noch inmitten des Stücks oder schon dabei, Film und Wirklichkeit nicht mehr sauber trennen zu können.

Gestern bricht sich Mohammed auch noch bei einem Fußballspiel die Nase. Trotzdem findet er sich heute pünktlich zum letzten Dreh an der Schule ein. Wir hätten auch keinen Ersatztermin zur Verfügung gehabt. Heute enden die Ferien für die Schüler dieser Privatschule, morgen herrscht hier wieder der normale Unterrichtsbetrieb.

Hat es ihnen irgendwas gebracht, die ganze Freizeit der letzten Wochen für unseren Film zu opfern, dessen Sinn nicht einmal alle verstanden haben und an dessen Erfolg sie zu Recht Zweifel hegen können? Ghassen fragt mich, ob ich nicht im Sommer wiederkommen und das nächste Projekt mit ihnen starten wolle. Ich frage, wer außer ihm denn noch einmal an solch einem kraftraubenden Unternehmen mit ungewissem Ausgang teilzunehmen bereit wäre. Alle nicken mit einem so großen Ernst, dass ich keinen Grund sehe, an ihrer Aufrichtigkeit zu zweifeln.

Ghassen ist in den letzten Szenen geradezu über sich hinausgewachsen. Er ist es, der dem Film am Ende Glaubwürdigkeit und Berechtigung verleiht. Mögen die Figuren den Zuschauern auch lange fremd geblieben sein, spätestens jetzt kann sich niemand mehr dem Drama entziehen, ohne davon angerührt und ergriffen zu werden. Habe ich gewusst oder auch nur geahnt, dass Ghassen so überzeugend sein wird? Ohne weiter darüber nachzudenken, habe ich ihm die schwierigste Rolle anvertraut, ja, den Film vielleicht nur deshalb zu realisieren gewagt, weil er seine Mitarbeit und seine Unterstützung zugesagt hat.

Den längsten Teil der Menschheitsgeschichte war die ständige körperliche Nähe zu anderen Menschen selbstverständlich. Man berührte sich, es war Teil des alltäglichen Gesprächs, und die Nächte verbrachte man eng aneinandergeschmiegt.

Die Männer gingen Hand in Hand und lachten schläfrig miteinander unter dem blendenden vertikalen Brand, beschreibt Graham Greene in *Reise ohne Landkarten* seinen ersten Eindruck, als er in Dakar afrikanischen Boden betritt. Manchmal legten sie einander den Arm um die Schulter, offenbar berührten sie sich gerne. Es sah aus, als freue es sie, sich zu vergewissern, dass der andere bei ihnen war. Mit Liebe hatte das nichts zu tun; es hatte keine Bedeutung, die wir hätten verstehen können.[75]

71

Tunis, den 29.3.2016 Bin in Gedanken schon bei der Montage. Da wir für alternative Takes kaum Zeit hatten, zwingt mich die Monoperspektive zu radikalen und regelwidrigen Schnitten. Auch die unausgewogenen Lichtverhältnisse stören. Vielleicht sollte ich alle Innenraumszenen radikal entfärben und in Schwarzweiß halten. Nur der Anfang und das Ende, die Blicke aus dem Fenster und die Rückblenden behalten ihre Farbe.

Alle Szenen sind vor allem von der Sichtbarkeit der Gebärden her entwickelt worden. Diese Notwendigkeit erklärt den Mangel an perfekt komponierten Bildern. Kein Design, nirgends. Dazu der rohe Lärm des Zufalls. Setz noch einen drauf! Verstärke die Missklänge, mache die Zumutungen noch größer. Dies ist keine Dogma-Ästhetik, dies ist eine mutwillige Verletzung unserer Seh- und Hörgewohnheiten.

72

Tunis, den 30.3.2016 Das Leben als Film. Am Ende montieren wir das chaotische Material zu einem sinnvollen Ganzen, schneiden alle peinlichen und nichtssagenden Szenen heraus, und wenn wir Glück haben und geschickt genug sind, blicken wir auf einen erfüllten Lebensfilm zurück, mag er auch in einem Verhältnis von eins zu zwanzig oder eins zu zweihundert geschnitten sein. Zumindest bei Dokumentarfilmen ist letztere Ratio nicht selten.

Das ist die Kunst der Postproduktion: Das Schneiden, Glätten, Ausblenden, Einfärben, Nachbearbeiten und der skrupellose Einsatz von dramatischer Musik.

Noch bin ich selbst ganz erschrocken über die brutalen Schnitte, die ich der Erinnerung zugefügt habe. Sie lassen den Erzählfluss stottern und stolpern. Ist das Absicht? Ist das eine Schule des Zuhörens?

Am Ende der Reise ergreift die Melancholie der Heimkehr von mir Besitz. Alles, was sich hier ereignet hat, war nur begrenzt und flüchtig. Was ich mit nach Hause nehme, hat keine Substanz. Wir leben in getrennten Welten, nichts Bleibendes verbindet uns, so wenig, wie mich mit den Gehörlosen in Aden oder meinen Studenten in Kabul noch verbindet. Wie sollte sich das Verbindende auf Dauer und über die große Ferne hinweg auch gestalten? Es bedarf der gemeinsamen Arbeit. Alle Beziehungen sind Verhältnisse auf Zeit, alle Verbindungen sind vorübergehend. Man darf nur den Schmerz darüber nicht zu groß werden lassen.

Es ist nicht das Erlernte, das ich hasse, was ich hasse ist, daß ich darin wohne.
Elias Canetti: *Die Provinz des Menschen*[76]

Die Türme des Schweigens I

Rabat, Dezember 2017 / Januar 2018

Prolog

Mit dem Altern wird das Reisen naturgemäß langsamer. Gewisse Beschwerlichkeiten und Zumutungen werden, soweit es geht, vermieden und damit eine Vielzahl möglicher Abenteuer aus diesen herbstlichen Reiseerfahrungen ausgeschlossen. Die Ängste nehmen zu, ebenso die Enttäuschungen darüber, wie wenig Neues es noch zu entdecken gibt. Vor allem die vielen Mitreisenden erscheinen nun als störend. Aber das Alter lässt es nicht mehr zu, sich an so abgelegene Orte zu begeben, an denen man tatsächlich noch oder wieder ganz auf sich allein gestellt ist. Die großen jugendlichen Abenteuerreisen waren ja vor allem eins: extreme körperliche Strapazen.

Dieses mürrische Reisen, das sich an allen Zumutungen stört, ahnt bereits voller Bitterkeit die letzte Reise voraus, in der aus Langsamkeit endloser Stillstand wird. Früher hat der Reisende sein Leben aufs Spiel gesetzt, nun hofft er, dem Tod noch ein wenig länger zu entkommen. Nicht dort sein, wo der Tod gerade ist! Als wäre das Leben ohne ihn zu haben.

Jeden Tag stelle ich mir die Frage: Wo stehe ich gerade? Jeden Tag fordere ich mich dazu auf: Du musst deinen Standpunkt ändern! Aber nicht nur die körperliche Beweglichkeit ist inzwischen eingeschränkter, auch die geistige ist nicht mehr so regsam, wie sie einmal war. Nur noch selten gibt es einen wirklich neuen, überraschenden Gedanken. Es ist eher eine Zeit des unaufgeregten Bilanzierens, in die ich eingetreten bin, da der größte Teil der in meinem befristeten Dasein erlebbaren Reisen zweifellos hinter mir liegt.

Wie viele Ziele habe ich nicht erreicht und werde ich in diesem Leben auch nicht mehr erreichen? Nun, mit zunehmendem Alter, sind sie in noch größere Ferne gerückt. An wie vielen Orten bin ich gewesen und habe sie dennoch verfehlt, weil ich von mir selbst nicht absehen konnte?

Die Angst vor dem Stillstand ist größer als die Angst vor dem Reisen. Aber treffe ich auf der Reise nur Vertrautes an, ist es doch wieder Stillstand. Schon lange suche ich nicht mehr etwas Bestimmtes, sondern die Suche selbst. Mein Heimweh ist Fernweh. In der Suche, in der Bewegung wohnen.

Das Reisen macht mich immer dünnhäutiger, die Empfindlichkeiten nehmen zu, auch die Ängste. Früher war ich furchtloser. Früher sprach ich mehr. Heute versuche ich, im Lärm der Schwellenorte meine Stille zu verteidigen. Was gibt es noch zu sagen? Die Worte sind abgenutzt, selbst die fremden. Im Grunde unterscheiden sie sich nicht. Alle versuchen auf dieselbe Weise, sich mit ihnen zu behelfen.

Dünnhäutig. Am Ende hautlos. Nur wenn ich reise, wenn ich mich vollkommen fremd fühle, bin ich ohne jede Maske. Der Andere schaut mir ins Gesicht und sieht alles. Er muss mein Gesicht nicht lesen, nicht entschlüsseln, es liegt unverborgen da. Ich brauche die Maske nicht, weil sie mir in der Fremde nichts nützt. Mein einziger Schutz ist, ungeschützt zu sein, offen, arglos, durchschaubar. Nur so eröffne ich mir eine Möglichkeit, auch den Anderen zu erkennen. Anzuerkennen. Mein Gesicht verändert sich, es verschmilzt mit dem Gesicht des Anderen.

Wir müssen einander keine Fragen mehr stellen. Wir sind derselben Herkunft, unser Schmerz fühlt sich gleich an, wir sehnen uns nach einer Nähe, die unmöglich ist, weil sie uns zu Kannibalen machen würde. Wir halten diese Grenze aus, einander nicht zu verschlingen, belassen es bei der gegenseitigen Berührung, wunde Haut an wunder Haut.

Ich steige nicht in die Brandung, schwimme nicht ins Meer hinaus, das Meer brandet in mir. Es brodelt von den Geistern der Ertrunkenen, schäumt vom Gesang der Sirenen.

Exkurs

Abrissarbeiten am Kindlifresserbrunnen zu Bern

I

Das schwule Leben und Lieben bleibt marginalisiert, jeder von uns am Rande Stehende hat seine eigene Verletzungsbiographie. Von den Rändern aus sieht man mehr, das ist wahr, aber es ändert nichts daran, dass uns zeitlebens die Mitte verwehrt wird. Wir stehen am Rande nicht aus freier Wahl.

Wir sollten es aufgeben, dazugehören zu wollen. Wir fügen der tagtäglichen, zum Teil beabsichtigten, zum Teil gedankenlosen Verächtlichmachung nur noch unsere Selbstdemütigung hinzu. Es gibt nichts, das diejenigen, die uns ausgelöscht oder zumindest unsichtbar wünschen, uns gewähren könnten. Selbst unsere Größe vereinnahmen sie noch als ihren Triumph, indem sie ihr tieferes Versagen umfassender Anerkennung aus den Heldengeschichten eliminieren. Sie wollen nicht mit dem, was ihnen fremd, uns aber eine stete Wunde ist, belästigt werden. Bei aller Duldung bleibt ihnen das Ressentiment ins Gesicht geschrieben. Ja, hören wir euch sagen, natürlich seid ihr keine schlechteren Menschen, aber normal ist das nicht.

Unsere Küsse sind für euch eine Zumutung. Ihr wollt sie nicht sehen, nicht darüber lesen, es ekelt euch vor uns. Eine Zumutung, mit der wir hingegen aufwachsen müssen und die uns ein Leben lang begleitet, in jedem Film, den wir sehen, auf den Parkbänken und Liegewiesen, in den Clubs und Bars, die Selbstverständlichkeit eurer Küsse, die wir ohne Verachtung und Gewalt hinnehmen, während man uns allerorten dafür zusammenschlägt. Natürlich zeigt sich die Verachtung und Gewalt an aufgeklärten Orten subtiler. Dazu braucht es für den aufmerksamen Beobachter nicht viel mehr als ein winziges Senken der Mundwinkel oder eine geringe Veränderung der Satzmelodie. Irren wir uns nicht, für die Mehrheit bleibt es, wenn überhaupt, ein marginales Problem. Was wollt ihr denn noch, stöhnt ihr, hier könnt ihr doch tun und lassen, was ihr wollt. Wenn man euch in anderen Ländern auspeitscht, steinigt oder köpft, was können wir dafür?

2

Für Suprematisten ist die Aufklärung nicht gescheitert, sie ist ihr essenzieller Feind. Nicht, dass die von ihnen Herabgewürdigten ihrem schieren Dasein als weiße, heterosexuelle und angeblich christliche Männer je die Anerkennung verweigert hätten. Warum fühlen sie sich dennoch bedroht, warum trotzdem dieser blinde, mörderische Hass? Wir Verfechter der Aufklärung haben als einzige Legitimation nur die Vernunft auf unserer Seite und den zugegebenermaßen recht egoistischen Wunsch, an Leib und Seele unversehrt oder wenigstens am Leben zu bleiben.

Kann man als Schwuler, als Frau, als Jude, Ausländer, Fremder konservativ, nationalistisch oder gar völkisch sein? Nein, das kann man nicht, ohne die uns zugewiesene Inferiorität zu akzeptieren und sich mit der ständigen Abwertung und Marginalisierung abzufinden. Mag man auch sonst alle Werte mit Konservativen teilen, man wird unter ihnen nur geduldet sein. Der Konservatismus lebt von ebendieser

Abwertung und Verächtlichmachung des Anderen. Daraus bezieht er seine eigene Aufwertung und seine Privilegien.

Wir wissen das alles, trotzdem muss es immer und immer wieder gesagt werden, denn mehr und mehr sehen in diesen Privilegien wieder ihr Geburtsrecht. Die Achtung vor der Diversität war nie ein globales Menschenrecht. Tribalismus und Ethnozentrismus sind die immer noch gültigen Universalien.

Wie schnell und widerspruchslos scheinbare Errungenschaften der Akzeptanz und Gleichheit suspendiert und zurückgenommen werden können! Es wäre leichtfertig zu glauben, diese mühsam erstrittenen Rechte hätten langfristig Bestand. Sie müssen von jeder Generation neu erkämpft werden. Und in der Regel sind es immer nur die marginalisierten Gruppen, die sich emanzipieren, und selten die Suprematisten selbst, deren Wut sich mit jedem Emanzipationsschritt nur noch steigert. Wehe, wenn sie ihren rechten Führer finden!

Am Anfang sind wir alle Fremde, am Anfang gibt es noch keinen Unterschied der Geschlechter, der Hautfarben, der Religionen oder Sexualitäten. Die Unterscheidungen und die damit verbundenen Wertungen werden uns anerzogen, uns eingebleut. Der Körper kennt die Hierarchien eher als der Verstand. Wenn der Verstand endlich begreift, ist es fast schon zu spät zum Widerstand. Der Körper hat sein eigenes Gedächtnis.

3

Die Erfahrung, dass es verschiedene Sprachen gibt, ist für jeden wahrheitssuchenden Menschen ein Glücksfall, denn sie bedeutet, dass es für dieselben Dinge verschiedene Bezeichnungen gibt, ja, dass die Dinge selbst womöglich verschieden sind. Soziale Normen indes neigen dazu, sich selbst zu naturalisieren und sich als naturgegeben oder gottgewollt darzustellen. Nur wenn wir anerkennen, dass unser Wissen immer vorläufig und unvollständig sein wird, ist die Grundlage für einen Dialog mit dem Anderen, der Welt und uns selbst gewonnen.

Einmal mehr darf ich unterrichten, leider nicht in Kabul, Damaskus oder Bagdad, sondern im bedächtigen Bern. Ich fürchte die Rolle des Lehrers. Lieber sitze ich einfach da und schaue. Könnte ich nur das Schauen lehren, ohne große Worte! Diesmal sind auch meine Filmarbeiten Teil des Seminars. Doch besteht nicht bereits die Gefahr, dass die Ablösung unserer Sprach- und Schriftkultur durch eine der bewegten Bilder und naiven Piktogramme zu einem immer größeren Begriffsverlust führen, bis unser inneres Erleben sich gänzlich ohne Worte wiederfindet? Was geschieht, wenn wir unsere Worte verlieren, wenn wir sprachlos werden und nur noch schauen, ist Sprache doch trotz ihrer gelegentlichen Gewalttätigkeit das wichtigste Mittel der Verständigung und Anteilnahme, das wir Menschen geschaffen haben? Wie arm ist eine Schaulust ohne Worte!

Doch wie verhält es sich mit der Kontemplation? Ich denke, sie ist nur dann wahre Kontemplation, wenn es sich um die Versenkung in einen *Begriff* handelt. Es ist Cicero, der Meister der Rede, der den griechischen Begriff *theoria* – wörtlich: das Zuschauen, Betrachten – mit *contemplatio* übersetzt.

4

Auch das Schreiben ist eine Form des Reisens. Beim Schreiben wie beim Reisen muss ich allein sein, so allein, dass ich mich und den Anderen wieder wahrzunehmen beginne.

Über Jahre lautete meine Maxime für das Reisen in fremde Territorien: Besser belächelt als gefürchtet werden! Aber Sanftmut gereicht dem Reisenden nicht in allen Gebieten zur Ehre.

Sich ständig aufs Neue beweisen, besser als die anderen sein zu müssen, um ihnen gleich zu sein, sogar besser scheitern zu müssen – was bleibt dem Kämpfenden, der den Kampf hasst, anderes als fortzugehen, in Länder zu reisen, in denen er Niemand ist, *outis*, der Geheimnisvolle, der Gesichtslose, der Fremde schlechthin? In der Fremdheit unterscheiden wir uns nicht mehr, in der Fremdheit sind wir alle gleich.

Geht das Reisen wie das Denken inzwischen nicht in all den massenhaften inneren und äußeren Fluchtbewegungen unter? Wäre das Ausharren nicht die produktivere Haltung der Welt und dem Selbst gegenüber? Dazu müsste die eigene Welt so erträglich sein, uns wenigstens am Leben zu lassen. Doch auch der Schutz des Fremden, das heilige Gastrecht zählt nicht mehr. Der Daheimbleibende wie der Reisende sind plötzlich gleichermaßen in Gefahr.

Aus uns geistigen Nomaden sind wieder unzählige tatsächlich Enthauste und Heimatlose geworden. Der größte Teil unseres Reisens ist, wie vielleicht in seinen Anfängen, nunmehr ein erzwungenes und entbehrungsreiches. Das Andere, Unbekannte hat jede Poesie verloren. Ohnehin war sie schon immer daran gebunden, nichts oder zumindest nichts Wahres vom Zielort zu wissen.

5

Leistungen, die jene Gemeinschaft, gegen die sie erkämpft wurden, nicht zur Kenntnis nimmt, geschweige denn anerkennt, sind keine. Die enttäuschte Hoffnung schlägt in Schwermut um, wir fliehen in die Wüste, den einzigen tröstlichen, weil unwirtlichen Ort. Nichts kann uns hier zurückweisen.

Es ist vorbei, Welt ist nicht mehr erzählte Welt, die Literatur ist nur noch ein müder Abklatsch postfaktischer Wirklichkeit. Mit der Surrealität stündlicher Sensationsnachrichten kann keine literarische Phantasie mithalten, schon gar nicht, wenn sie der Wüste entsprungen, ja Wüste ist. Was berührt uns noch die Todesgefahr, wenn wir nach jedem Fernsehabend auf mehr Tote zurückblicken als ein Landser im Schützengraben vor Verdun? Früher hätten wir der Todesgefahr zu trotzen versucht, heute rufen wir dem Lebensmüden am Abgrund zu: Spring doch endlich! Die Kameras sind gezückt, die Momentaufnahme ist das, was unsere Aufmerksamkeit gerade noch für einen Augenblick fesselt.

Die Beschleunigung unseres Reisens und Denkens hat zur Folge, dass wir Orte und Menschen nur noch streifen, statt ihnen zu begegnen.

Ich muss noch langsamer werden.

6

Die Verachtung des Anderen, des Andersartigen ist nicht das Schlimmste, sondern sein Totschweigen. Mit dem Tod ist auch das Reisen an sein Ende gekommen. Das Reisen wie das

Sterben ist nicht mehr notwendig zur Welterfahrung, wenn es keine Welt außerhalb der scheinbar vertrauten zu entdecken gibt. Sie ist doch in ihrer ganzen Beliebigkeit überall und jederzeit verfügbar, ich muss in nichts mehr hinaus, da alles, wenn auch virtuell, hier ist.

Das Ende des Reisens bedeutet den Sieg der Wahrnehmungsfilter. Welterfahrung wird nun weitgehend beherrscht von Programmierern und Manipulatoren. Die Filter begleiten mich nicht nur, sie bestimmen jede meiner Bewegungen. Sie sind als ständige Prothese zwischen meine Sinnesorgane und meine Wahrnehmung geschaltet, komplexe Algorithmen, die vorgeben, nach meinen Wünschen und Bedürfnissen alle machbaren Erfahrungen vorzusortieren und mir damit Verirrungen, Überforderungen und Unbehagen zu ersparen. Sie lernen, bis sie besser wissen als ich selbst, was und wohin ich will.

Totschweigen, in den Suchmaschinen nicht mehr auftauchen – schon früher war in vielen Gemeinschaften der soziale Tod unüberwindbarer als der physische Tod. Der Charakter der Gemeinschaften hat sich verändert, aber nicht das Ringen um Beachtung und Anerkennung. Das Echo der Lauten schallt noch lauter zurück, der Geist hingegen war von jeher leise.

7

Lektüre interessiert mich dann, wenn sie mich mit dem konfrontiert, was ich nicht sofort verstehe, einer Erzählung des Anderen. Worin besteht der Unterschied zum Reisen? Zur Lektüre kommt eine Gefährdung des Körpers hinzu, die es dem Lesenden / Reisenden nicht erlaubt, einen sicheren

Standpunkt einzunehmen. Er ist in Bewegung, ständig wechselt die Perspektive, und er selbst ist Teil des beobachteten Feldes. Wer ist der Fremde? Ich selbst, der Beobachtende in ungewohnter, noch ungeordneter Umgebung bin es. Mit dem Schreiben versuche ich, Ordnung in meine innere Desorientierung zu bringen.

Die Bewältigung und die Überwältigung des Fremden liegen so nahe beieinander wie die Ethnographie und der Kolonialismus. Natürlich kann ich auch mich selbst fehllesen und mein eigenes Ich kolonisieren. Ich lausche dem Anderen in mir und versuche, das Nichtverstehen, den Un-Sinn zu übertönen. Oder handelt es sich vor allem um ein Übersetzungsproblem?

8

Früher hatte ich als Reisender nichts zu geben, mittellos, ja bedürftig brach ich in die Fremde auf. Immerhin hat es den Einheimischen als meinen Gastgeber, meinen Beschützer die Würde bewahrt. Ich blieb ihnen verpflichtet, sie waren mir nichts schuldig.

Scheinbar selbstlose Gaben schaffen Abhängigkeiten, Hierarchien. Bruce Chatwin hält sie gar für eine ritualisierte Aggression. Man könnte auch sagen, sie hält den Beschenkten in der Rolle des Anderen, Fremden gefangen.

9

Bern, in einem Europa der Narben erschreckend unversehrt. Wie kann man sich selbst in diese hübsch konservierte Oberfläche einschreiben?

Die Stadt stand nie auf meiner Liste noch zu bereisender Sehnsuchtsorte. Höre ich das Wort Bern, schwingen keine erotischen Phantasien mit. Wer würde von diesem beschaulichen Ort behaupten: Bern sehen und sterben?

Alles ist bereits in größter Solidität ausgefüllt. In der mittelalterlichen Topographie gibt es keine Lücken, Brachen, Leerstellen. Die Forderung, mich einzufügen, ergibt keinen Sinn, da es dazu keinen freien Raum gibt. Meine Ankunft trifft auf eine geschlossene Blockrandbebauung mit makelloser Fassadenfront.

Das Erregende an hässlichen Orten ist ihre Offenheit: Sie nehmen uns gleich hinein in ihre Widersprüchlichkeit, ihre Zerrissenheit, ihre zur Schau gestellten Narben. Fließt der Dreck noch in offenen Kloaken durch die Straßen, wird der Fremde nicht gleich als einzige Quelle aller möglichen Infektionen abgesondert.

Aber vermutlich gilt auch für Bern: Es ist wohl vor allem eine Frage der Entfernung, aus der man heranreist. Für Besucher aus Ouagadougou oder Ulan Bator mag diese Stadt durchaus exotisch sein.

Merkwürdig, diese Stadt hat alle ihre Bewohner überdauert. Von wem wird sie nun bewohnt?

10

Bei aller Fremdheit im Alltäglichen gab es so etwas wie einen »Kulturschock« bei meiner ersten Ankunft in Sanaa nicht. Unerwartetes begegnete mir, aber darauf war ich vorbereitet, darauf hatte ich gehofft. Ich kam an und war einfach da, war da womöglich mit einer größeren Gegenwärtigkeit als je zuvor. Die Anderen hatten von Anfang an ein Gesicht. In meinem Haus in Al-Baunia gab es keinen einzigen Spiegel. Ich weiß nicht, wie die Sanaanis mich oder was sie in mir gesehen haben, aber alle haben mich gesehen. Ich war da und musste mir nicht ständig selbst ins Gesicht sehen, um mich meines Daseins zu versichern.

Vom *Leeren Viertel* hatte mir Hans Helfritz berichtet, der als Musikethnologe den Jemen bereist hat, als das Land noch vollkommen von der Außenwelt abgeschnitten war und Fremde es nur unter Lebensgefahr betreten konnten. Dementsprechend abenteuerlich war Helfritz' Expedition in den Dreißigern des letzten Jahrhunderts. Die Wachswalzen, auf denen er die traditionellen Gesänge im Hadramaut aufgenommen hat, kann man sich heute noch im Archiv der Berliner Akademie der Künste anhören.

Die flirrenden Klänge der Laute, die ungeheuren Strapazen der Reise, wofür begibt man sich in Lebensgefahr? Für Hochzeitsgesänge? Für Kinderspiele? Das Heitere, Leicht-Sinnige scheint nur als ein Alibi zu dienen, bis an die Grenzen zu gehen und darüber hinaus. Oder richtet sich die Wahl der Wachswalzen ganz bewusst gegen jene Völkerkunde als Avantgarde anschließender Eroberung? Zuerst die Karten, Wörterbücher, Totems und Tabus, dann der militärische Angriff auf die leichtfertig offenbarten Blößen und Geheimnisse.

Mein Forschungsziel, Wesen und Bedeutung des Spiels in traditionellen Gesellschaften, haben die Einheimischen mir nie geglaubt, vielleicht zu recht. Ich musste meine Forscherneugier auf ihre Kriegstänze und Schlachtgesänge ausdehnen, um von den jemenitischen Stammeskriegern überhaupt ernstgenommen zu werden.

Nun verwüstet, fern der Weltaufmerksamkeit, tatsächlich Krieg das Land, Bomben fallen auf Sanaa, die Cholera wütet, zwei Drittel der Bevölkerung leidet Hunger, die Neugeborenen erleben ihren ersten Geburtstag nicht. Der Reisende war immer auch Zeuge. Doch nun ist es nicht nur für Fremde wieder unmöglich, ins Land zu gelangen, auch die Verwandten in New York oder Montreal können nicht einmal zur Beerdigung ihrer Brüder, Nichten oder Neffen in ihr Heimatdorf reisen.

II

Noch mehr als die Reise selbst ist der Bericht darüber eine Herausforderung. Der Ethnograph ist immer auch Archivar. Aber ich reise nicht, um später darüber zu berichten, ich reise, um das Schreiben in Gang zu setzen. Das Schreiben ist bereits Teil der Reiseerfahrung. Der Wunsch und die Absicht, für einen Schriftsteller vielleicht sogar die Notwendigkeit, schreibend zu reisen, verändert die Reise, so wie das Mitführen einer Kamera oder eines Gewehrs sie verändern würde. Sinn der äußeren Bewegung ist es, eine innere Bewegung anzustoßen, dieses Schiffchen webt den Text. Von Anfang an hält der Autor den Faden in der Hand. Selbst wenn er wollte, könnte er nicht in die Irre gehen, denn das Gehen selbst ist der Text.

12

Someone is Sleeping in my Pain, so der Titel der Shakespeare-Verfilmung jenes Dramas, dessen Namen zu nennen nach fester Überzeugung von Theaterleuten Unglück bringt. Macbeth mordet den Schlaf. Tatsächlich waren die Dreharbeiten mörderisch und standen mehrfach vor dem Abbruch. Nicht nur wurden wir von Film- und Fremdenfeinden mit dem Tod bedroht, während der Nachtaufnahmen in Thafir ist von militanten Dorfbewohnern sogar auf uns geschossen worden.

Was sich am Ende aus unserem Material schneiden ließ, ist ein hybrides Gebilde aus naivem Spiel und rohen Dokumentarszenen. Im Herbst 2001 fand die Uraufführung auf dem internationalen Independant Film Festival in New York statt, wenige Wochen nach dem Anschlag auf das World Trade Center. Wir saßen mit unseren wenigen Freunden fast allein im dunklen Kinosaal. Niemand in New York wollte in jenen Tagen einen jemenitischen Macbeth sehen.

Nun sind sie fast alle tot. Andrea Smith, amerikanischer Tänzer und Schauspieler, der im Film den Regisseur und Lady Macbeth verkörpert, starb im Sommer 2004 an den Folgen einer HIV-Infektion. Unser Inverness, Thafir, wo wir die meisten Szenen unseres Films gedreht und fast alle Dorfbewohner mitgewirkt haben, ist im Frühjahr 2005 von einem Bergsturz vollständig verschüttet worden. Nur Jahja, unser erster und letzter Macbeth, hat überlebt, da er während des Unglücks gerade in Sanaa war. Ich habe ihn auf einer späteren Jemenreise wiedergesehen, doch zunächst nicht wiedererkannt. Die Unmöglichkeit, den Verlust seiner Familie und seines Dorfes zu bewältigen, hatten aus dem jungen Studenten einen alten Mann gemacht.

Und vor wenigen Tagen erhalte ich eine Nachricht von Abdul Malik, meinem Gefährten im *Leeren Viertel*, dass sein Bruder Achmed, der während der Dreharbeiten unser Übersetzer und Vermittler war, durch einen Luftangriff der Saudis mit seiner Frau, den Schwiegereltern und den Kindern in seinem zerbombten Haus am Stadtrand von Sanaa ums Leben gekommen ist.

13

Wenn man sich an die Ränder begibt, diese durchlässigen Räume zwischen einem (imaginären) Inneren und Äußeren, kann man die unser Denken ständig durchziehende Dichotomie zwischen dem Eigenen und dem Anderen, dem Selbst und dem Fremden endlich aufgeben, denn in diesem Dazwischen sind wir alle auf unterschiedliche Weise de-platziert, ver-rückt, fremd und vertraut zugleich und in ständiger Übersetzung begriffen. Hier, an den liminalen, synkretistischen Rändern ändert sich der Blick auf den Anderen, der zuallererst immer der Selbsterkundung diente. Subversiv ist allein der begehrende Blick, der von sich selbst absieht und die Überwindung des vermeintlich Trennenden ersehnt. Der Rand ist ebenjener Ort, wo die Begegnung von Verschiedenem erst möglich ist.

14

Meine Drehreise auf die Arabische Halbinsel unterschied sich fundamental von meinen vorangegangenen Jemen-Besuchen. Die Dreharbeiten waren im wahrsten Sinne des

Wortes ein *Gewaltakt*. Ich war nicht mehr Gast, nicht Beobachter, Seismograph, ich wollte etwas von den Menschen, ihre Mitarbeit, ihre Teilnahme an der Verwirklichung von Ideen, die ich bereits formuliert und mitgebracht hatte. Da ich sie nicht bezahlen konnte, wollte ich sie verführen. Aber das ändert nichts an dem Umstand, dass nicht sie, sondern die Dreharbeiten im Mittelpunkt meiner Aufmerksamkeit standen.

Pasolini hatte das Feld bereits auf fatale Weise mit seinem persönlichen Kunstverständnis kontaminiert. Seine *Erotischen Geschichten aus 1001 Nacht* waren so weit entfernt von jenen Geschichten, die Jemeniten einander erzählen, dass sie tödlich gekränkt waren von der Knabennacktheit auf der Kinoleinwand und für Jahrzehnte keinem westlichen Regisseur mehr erlaubten, in ihrem Land zu drehen.

Tatsächlich gibt der von der Kamera Gefilmte die Souveränität über sein Bild, sein *Gesicht* vollständig ab, an den Kameramann, den Regisseur, den Cutter, den Produzenten, vielleicht sogar an den Zuschauer. Selbst wenn er den Filmemachern vollkommen vertraut, kann er nicht sicher sein, sich später auf der Leinwand so wiederzufinden, wie er gerne gesehen würde. Diese Enteignung des eigenen Bildes erfahren wir inzwischen ja selbst, wenn wir unseren Namen in eine Suchmaschine eingeben und Schnappschüsse und Videos auftauchen, die angeblich uns darstellen sollen. Mehr als je zuvor sehen wir ohnmächtig zu, wie wir unser Gesicht verlieren.

15

Der fremde Körper, der Fremdkörper, der herausgeschnitten, ausgestoßen, ausgekotzt werden muss. Fremd ist bereits alles, was nicht unmittelbar nützt, der Schmuck, die Ausgelassenheit, die Trauer, der Tanz, die Perversion, die Verausgabungen der reinen Lust. Wer erklärt welchen Überschuss zum Gift? Wer reißt diesen Fremdkörper gewaltsam aus uns heraus? Es sind wir weißen Männer, die noch beweisen müssen, dass wir Menschen sind. Der Andere ist unsere Fiktion, ist das uns fremd Gewordene in uns selbst. Die Anderen, das sind die Dämonen, die von uns Besitz ergreifen wollen. Alles, was von außen in uns eindringt, ist eine Verunreinigung, ist Dreck. Lieber verhungern wir, als uns verunreinigen zu lassen. Nennt es ruhig soziale Magersucht, für uns ist das ständige Kotzen ein Akt der Reinigung. Im Grunde sind wir doch die wahren Menschenfreunde. Denn jede Begegnung, jeder Austausch mit einem Fremden wäre nichts anderes als reiner Kannibalismus: Entweder verschlingen wir dich, oder wir werden von dir verschlungen.

Die Türme des Schweigens II

I

R*abat, den 21.12.2017* Die Medina ist voller räudiger Katzen. Diese verschlagenen Jäger sind den Muslimen heilig, Heilige Kühe gleichsam, da eine Katze dem Propheten das Leben gerettet haben soll. Eines Abends kroch eine Schlange zu ihm ins Zimmer. In sein Gebet versunken, bemerkte der Prophet sie nicht, aber eine seiner Katzen sah sie und biss ihr den Kopf ab. Aus Dankbarkeit schenkte Mohammed den Katzen die Fähigkeit, bei einem Sturz immer auf den Beinen zu landen. Wer hingegen eine Katze quält, dem droht die ewige Verdammnis.

Ratten sieht man nur, wo es den Katzen zu ungemütlich ist, auf dem Pier zum Beispiel, wenn eine hohe Brandung die klugen Nager aus ihren Hohlräumen treibt. Streunende Hunde gibt es in der Stadt gar nicht, und Hunde als Haustiere nur selten. Manchmal kläfft mich ein Hofhund durch ein Torgitter oder einen Maschendrahtzaun an.

Alles Metallische korrodiert in der Salzsiedeluft Rabats binnen kürzester Zeit. Setze ich mich aufs Rad, befürchte ich, dass mir die durchgerostete Lenkstange unter dem leichten Druck meiner Hände wegbricht. Ein Pedal ist mir schon bei rasender Fahrt hangabwärts verloren gegangen. Die Wendeltreppe im Hof meines kleinen Riads betrete ich nur mit größter Vorsicht. Sie besteht aus nichts anderem mehr als freischwebendem Rost.

Blumen habe ich entgegen der Verabredung bisher nicht

gießen müssen. Sie sind schier ertrunken in den außergewöhnlich heftigen Regenschauern der vergangenen Wochen. Alle meine Kleider, Handtücher, Bettlaken und Decken sind klamm. Selbst im Sonnenschein trocknen sie nicht, denn der Seewind hält sie feucht, und das Salz, das sich in alle Poren setzt, zieht die Nässe an. Das Klima verjüngt die Haut, doch zersetzt die Knochen. Der Reißverschluss meiner Winterjacke lässt sich nicht mehr schließen, meine Wildlederschuhe beginnen zu schimmeln.

Statt im Park, am Strand oder im Hammam trifft man sich nun im anonymen und doch so ungeschützten virtuellen Raum. Die Sicherheitsdienste müssen sich gar nicht mehr von ihrem Schreibtisch wegbewegen, um das soziale Leben ihrer Bevölkerung lückenlos zu überwachen. Warum nicht spazieren gehen, sich in ein Café setzen und alles Weitere auf mich zukommen lassen? Dort ist doch jederzeit noch ein Rückzug ohne Gesichtsverlust möglich.

2

Kenitra, den 4.6.2004 Eine mittelgroße Industriestadt, nördlich von Rabat. Hohe Jugendarbeitslosigkeit, wenig Sehenswürdigkeiten, keine Touristen. Das Internetcafé liegt versteckt in einer Seitenstraße im zweiten Stock eines unauffälligen Wohnhauses. Ein kleines, blasses Schild weist auf den verstiegenen Ort hin, als handle es sich um ein anrüchiges Etablissement.

Das Verwinkelte und Nischenhafte setzt sich innerhalb des Cybercafés fort, denn die uneinsehbaren Plätze sind die begehrtesten. Der Grund wird mir gleich bei meinem ersten

Besuch auf drastische Weise klar. Von zwanzig Besuchern sind achtzehn im Chat. Jeder zweite Platz ist mit einer kleinen Kamera ausgerüstet. Pickelige, flaumbärtige Jungengesichter und blasse Mädchen mit Kopftüchern sitzen davor, eine Hand an der Tastatur, die andere unruhig im Schritt. Ich kann noch einen ungenierten Blick auf ihren Chatpartner werfen, ehe das Mädchen ihn wegzuklicken vermag, jenen nackten, mitteleuropäischen Mann, der ihr am anderen Ende des Netzes via Webcam seinen faltigen Bauch und sein erigiertes Glied entgegenreckt.

Ich frage sie, wie oft sie hierher ins Internetcafé kommt. Seit zwei Jahren komme sie her, gibt sie bereitwillig Auskunft, vormittags und nachmittags, jeden Tag. Sie gehe noch aufs Lyzeum. Und von der Schule komme sie direkt ins Cybercafé und verbringe hier ihre Zeit.

Das Internet scheint in gewisser Hinsicht den traditionellen Formen der Geschlechtertrennung, den Haremsmauern und Schleiern verwandter, als dass es diese Traditionen tatsächlich unterminiert. Auch das Internet arbeitet mit Schleiern, im Chatroom begegnen sich Masken, keine Gesichter.

Um jemanden oder etwas zu lieben, brauche ich den realen Gegenstand meiner Liebe nicht vor Augen zu haben, ja, der reale Gegenstand könnte meinem Begehren sogar im Wege stehen. Viel tiefer, dauerhafter ist es, durch eine innere Arbeit, eine Art poetischen Akt, den Gegenstand vor mein inneres Auge zu rufen. Genau in diesem uralten Prinzip der Verweigerung des *Begreifens*, diesem Prinzip der reinen, schöpferischen Imagination liegt die Verführungskraft des Chatrooms.

Harem, das heißt im Arabischen »das Verbotene«, benennt den für Außenstehende unzugänglichen, nur für Frauen bestimmten Teil des Hauses. Dieser »verbotene« Raum existiert in der islamischen Kultur bis heute.

Fünfzehn Jahre später gibt es so gut wie keine Internetcafés mehr, wenngleich unzählige Cafés mit Internetzugang. Jeder hat inzwischen seinen eigenen Netzanschluss stets bei sich, ist angebunden, ortbar, nein geortet. Ein Herumirren, ein Untertauchen und Verschwinden ist inzwischen schier unmöglich. Aber wer will das denn auch? Wir stellen uns Odysseus als einen unglücklichen Menschen vor.

Mit der Allgegenwart des Netzes wird das eigene Wissen wertlos. Ich hole mir die Information, wenn ich sie brauche, ansonsten belaste ich meinen Kopf nicht weiter mit Dingen, aus denen ich womöglich nie einen Nutzen ziehe. Andernfalls weiß ich ja, wo ich schnelle Antworten finde.

Muss man etwas wissen, um es zu versehen? Muss man bereits etwas wissen, um zu begreifen, dass man etwas nicht versteht?

Warum siehst du dir pornographische Filme an?

Ich schaue sie mir nicht an, um mich zu befriedigen. Sie sind ja nur virtuell und nicht wirklich. Ich will durch sie nur etwas über die europäische Kultur erfahren. Hier brauchen wir diese Dinge nicht. Wir müssen nur warten, bis wir verheiratet sind, dann können wir das alles mit Anstand genießen.

Und warum schaust du dir Pornos an?

Ich schaue mir Pornos an, weil wir uns hier ja nicht wirklich mit den Frauen vergnügen können. Hier herrscht ein absoluter sexueller Notstand, es sei denn, du hast Geld. Da man hier ein anständiges Mädchen nicht einmal interessiert ansehen darf, bleibt mir nur das Vergnügen, Pornos zu gucken. Aber ich wollte auch nicht, dass man meine eigene

Schwester so anschaut oder dass jemand sie sogar anfasst. Wenn ich sie mit einem anderen Jungen zusammen anträfe, würde ich sie beide umbringen, sie und den Jungen, nicht weil ich gerne jemanden töte, sondern weil mein Herz diesen Anblick nicht ertrüge.

3

Rabat, den 24.12.2017 Das gepostete Photo berührt mich, das für einen Maghrebiner ungewöhnlich lange, zu einem Zopf gebundene Haar, das eher zarte, bartlose Gesicht, es erinnert mich an die Gitarrenspieler auf den Stufen des Montmartre, vor vierzig Jahren, als die Jugend noch durch Europa trampte. Also wage ich ein Treffen mit Taghis. Das Glück, das ich mir selbst zu schaffen vermag, ist ohnehin begrenzt genug. Und schließlich ist heute Heiligabend, auch wenn nichts in Rabat außer meiner eigenen Sentimentalität an Weihnachten erinnert.

Ich bin hier in Rabat am falschen Ort oder, genauer, an einem Ersatzort, weil mir die Rückkehr nach Algerien nicht gestattet wird. Immerhin liegt auch Rabat im Maghreb und am Meer, wenn auch an einem anderen, raueren. Auch hier sind die Spannungen zwischen arabischer und berberischer Kultur spürbar, und ebenso wie in der Kabylei leidet vor allem die Jugend unter den Einschränkungen ihrer Freiheit und der allgemeinen Perspektivlosigkeit.

Vom ersten Augenblick an fasziniert mich N.s spöttische Distanz, die er mir gegenüber zeigt und die ihm sich selbst gegenüber ganz und gar zu fehlen scheint. Noch bevor wir das erste Wort miteinander gewechselt haben, glaubt er, mich bis in die Tiefen meiner Seele durchschaut zu haben, von sich selbst hingegen ahnt er wenig oder gar nichts. Spott und Ironie sind sein Panier.

Will ich meine Erlebnisse mit N., siebzehn Jahre später, wirklich noch einmal so nah an mich heranlassen? An der Berner Universität habe ich gerade alle Werke, in denen N. eine entscheidende Rolle spielt, in meinem Seminar behandelt, *Stadt des Glücks, Timimoun, Elevation*. Es ist mir gelungen, während dieser filmischen Wiederbelebung erstaunlich ungerührt zu bleiben. Baccaru, Inbegriff des Hässlichen, kein Dorf, eine unfertige Siedlung an einer schlaglöchrigen Straße, unweit eines vermüllten Strandes. Kann es an einem derart reizlosen, ja abstoßenden Ort anziehende Menschen geben? Die Behausungen wirken wie die Überreste eines Erdrutsches, eines früheren Dorfes, das von Schlamm- oder Geröllawinen von den Berghängen gerissen und hier, am Fuß des Hohen Atlas, achtlos liegen gelassen wurde. Häuser wie Menschen haben etwas Versehrtes an sich, deshalb meiden sie den Strand und das Meer. Zu viel Licht und Nacktheit könnte die hinter dünnem Putz versteckten Risse und Brüche sichtbar werden lassen.

Solch einen Ort sucht man sich nicht aus, hierher wird man verschlagen. Nun sieh zu, wie du von hier wieder fortkommst, im Rücken das schroffe Gebirge, vor dir der weite Ozean. Die Männer bauen an ihren notdürftigen Unterkünften, ansonsten spielen sie Karten. Frauen und Kinder fürchten ihre Heimkehr. N. befindet sich im Streik. Im Streik mit der Schule, den Lehrern, den Vätern, den Politikern, der Polizei. Schon sein Leben lang. Nun hat der Streik andere angesteckt und ist zu einem allgemeinen Aufruhr angeschwollen. Die Jugend hat sich mit Knüppeln bewaffnet und sammelt sich in der einzigen Straße des Ortes, die aus dem

Nirgendwo ans Meer führt. Die Stimmung ist aufgeheizt, die Ladenbesitzer haben ihre Geschäfte geschlossen und die eisernen Rollläden heruntergelassen. Ich sehe den Gegner nicht, von Polizei keine Spur. Niemand über dreißig ist auf der Straße. Und auch ich bleibe in meiner Ferienwohnung.

Es macht keinen Sinn, dass wir uns begegnen. Es widerspricht jeder Wahrscheinlichkeit. Nichts gibt es hier, das einen Besuch rechtfertigen würde. Deswegen fragen sich die Bewohner vollkommen zu recht: Was will der Fremde hier?

Die Nächte sind von bedrückender Stille. Das Meer hört man nur, wenn der Wind aus Norden weht. Nicht einmal der Ruf des Muezzins lässt mich aufschrecken. Es gibt keine Moschee in Baccaru. Wie gottverlassen muss ein Ort in der muslimischen Welt sein, in dem es nicht einmal einen Versammlungsraum für das Gebet gibt?

Den Strom zapfen sich die Bewohner illegal von der Hochspannungsleitung zwischen Tichy und Aukas ab. Nicht wenige sollen dabei schon zu Tode gekommen sein. Für die Wasserversorgung haben sie Brunnen gegraben, tagsüber hört man die Motorpumpen. Der Espresso in den Cafés schmeckt zum Erbrechen salzig. Das nahe Meer sei schuld, sagen sie achselzuckend. Auch ich gehe ins Café schließlich nicht des Espressos wegen, sondern um der Stille zu entkommen.

Auch N. riecht nach Salz und Meer, und so schmeckt seine Haut.

Vor der unveränderten Kälte fliehe ich ins Bett, der einzige warme Ort in meinem Haus, aufgeheizt durch das Fieber meiner beginnenden Erkältung. In den traditionellen Häusern des Maghreb gibt es keine Heizungen. Nie in meinem Leben habe ich so sehr gefroren wie in den Wintern im vermeintlich so sonnigen Süden. Dieses Jahr hat es, wie nur einmal alle zwanzig Jahre, in der Sahara geschneit. Das letzte Mal war ich dabei, während der Dreharbeiten zu *Timimoun*, als wir in einem klapprigen Überlandbus vom Hohen Atlas hinab zur Oasenstadt Bou Saada, *Stadt des Glücks*, gefahren sind, N., Laid, Nacer und ich, der Rest unserer Filmcrew, der sich von den zunehmenden Einschüchterungsversuchen des algerischen Geheimdienstes noch nicht hatte entmutigen lassen.

Ist es überhaupt möglich, über Reisen linear zu schreiben? Es sind doch niemals nur Reisen zu Orten, sondern in Räume. Von allen Seiten stürzen Bruchstücke auf mich ein, Erinnerungssplitter, Verfälschungen.

Rüttle sie noch ärger durch, die Erinnerung. Wer weiß, welches Goldkorn du noch findest unter all dem Schutt!

Das goldglänzende Haar, obwohl es doch tiefschwarz war, sobald du es hattest nachwachsen lassen.

Was zunächst nicht auffällt, ist das vollständige Fehlen der Alten. Sie sind allein in den Bergen zurückgeblieben. Gelegentlich besuchen ihre Söhne und Töchter sie an Festtagen. N.s Vater ist Maurer, er selbst Student an der Universität Bejaia, Englische Literatur. Was fängt man an mit Lord Byron und Oscar Wilde in der Kabylei?

Seine Furcht vor dem Vater. Sein Hass auf ihn. Das Gesicht, das er ihm gab, dem Sohn, nein, nicht gab, sondern nur lieh. Es gehört dir nicht, dein Gesicht! Vergiss das nicht! Ich verstehe mich gut mit seinem Vater. Wir wissen nichts voneinander. Aber ich sehe die Striemen, die er N. zugefügt hat.

Wenn ich von N. träume, sind es Szenen, in denen er mir entgleitet, davongeht, mich warten lässt, nicht zurückkehrt. Immer bleibt die Suche nach ihm vergeblich.

Er schreibt seine Masterarbeit über *Das Bildnis des Dorian*

Gray. Er braucht Monate, einen Betreuer dafür zu finden. Schließlich ist es eine Dozentin, die einzige Frau im Professorenkollegium, die mutig genug ist, diese Masterarbeit anzunehmen.

4

Rabat, den 26.12.2017 Die Stadt in all ihrer Nüchternheit und Distinktion kommt, anders als Marrakesch oder Fes, dem Schwermütigen entgegen, indem sie nicht unnötig mit seinen Orientphantasien spielt. Ein ständiger grauer Dunstschwaden liegt über der Stadt, das Gegenteil eines halluzinatorischen Hitzeflimmerns, eher ein kühler Nebel, der auf das Naheliegende und auf sich selbst verweist.

Blitzblank ist die Kasbah, morgens und abends wird sie gefegt, und keine Schabe, keine Fruchtfliege und der kalten Jahreszeit und des beständigen Seewinds wegen nur eine einzige Mücke verirrt sich in meinen kleinen Riad. Nichts, vor dem ich mich ekeln müsste, kein Uringeruch, kein Hundekot, keine bettelnden Kinder, keine Obdachlosen, die ihre Versehrtheit zur Schau stellen. Bin ich überhaupt in Afrika? In Marokko?

Rabat ist die Stadt der Mauern. Vierzig Kilometer Stadtmauer, vollkommen erhalten, Haus- und Hofmauern in der Medina, nahezu fenster- und schmucklos, eine spartanische Altstadt, die Gassen schachbrettartig, untypisch für die arabische Stadt, die sich in der Regel in vielen Windungen eng um die zentrale Moschee legt.

Rabat, den 8.6.2004 Wir sprechen mit einem Imam. Aber er will nicht, dass wir das Gespräch aufzeichnen. Nach den

Terroranschlägen von Casablanca haben viele Geistliche Angst, offen ihre Meinung zu sagen. Karim fasst das Gespräch zusammen:

Der Imam hat mir geantwortet, das Internet sei wie eine Stadt. Wenn man in einer Stadt lebe, könne man ins Kino, ins Theater, aber auch in eine Bar gehen.

Wenn man gute Absichten habe, sagt er, besuche man nur gute Webseiten im Internet. Wenn man schlechte Absichten habe, besuche man die schlechten Seiten.

Seit Tagen begleitet Karim mich auf meinen Streifzügen, vermittelt Kontakte und übersetzt für mich. Nun frage ich ihn nach seinen eigenen Erfahrungen im Internet.

Viele Leute lügen im Internet, antwortet er. Auch ich lüge im Internet. Wenn ich spüre, dass die Leute nicht die Wahrheit sagen, sage auch ich nicht die Wahrheit. So einfach ist das.

Wenn ich meine Vernunft verliere, gehe ich in den Chatroom. Aber jedes Mal, wenn ich aus dem Cybercafé komme, bedauere ich die Zeit, die ich dort verbracht habe.

Jeder sucht dort einen Freund, und alle sitzen sie im selben Raum. Warum schließen wir nicht Freundschaft untereinander, anstatt Freunde im Ausland, anstatt eine virtuelle Freundschaft zu suchen?

Als wir aus der Moschee zurück auf die Straße treten wollen, werden wir von der Polizei zurückgehalten. Eine Demonstration junger Leute hat sich formiert, Hochschulabsolventen, wie Karim mir erklärt, die gegen ihre Arbeitslosigkeit protestieren. Jahrelang hätten sie studiert und für ihre Diplome und Doktorate gekämpft, und nun fänden sie keine Anstellung, obwohl überall im Land Fachkräfte fehlten.

Die Polizei lässt uns nicht aus dem Moscheehof heraus. Hundertschaften in Kampfuniformen haben die vielleicht fünfhundert Demonstranten, die immer noch mutig ihren Protest skandieren, bereits eingekesselt, während die Prügeltruppe auf ihren Einsatz wartet.

Junge Frauen in knöchellangen Kleidern und Kopftüchern strömen aus der Menge der protestierenden Akademiker an den Rand, fassen sich bei den Händen und bilden ein weibliches Schild zwischen den behelmten Männern mit den Hartgummiknüppeln und ihren verzweifelten Kommilitonen.

Währenddessen drängen die Polizisten uns in die Moschee zurück, damit wir nicht zufällig Opfer und wohl auch nicht Augenzeuge der drohenden Kampfhandlung werden. Wo denn die Kameraleute und Photographen seien, frage ich Karim. Marokkanische Zeitungen interessierten sich nicht für Demonstrationen, antwortet er. Jeder hätte ein Dutzend eigener Gründe, für die er auf die Straße gehen könnte. Aber wozu? Als würde Protest, selbst wenn es eine Öffentlichkeit dafür gäbe, etwas in diesem Land ändern!

Die ganze Macht des Zaubers liegt in der Zustimmung, das Orakel zu befragen und ihm zu glauben. – Die Cyberspinnen knüpfen ihre Fäden wie Scheherazade um den König von Samarkand, damit wir nicht auf *escape* drücken, dem Tod der virtuellen Welt. Wir sind seine Energiedepots, die zuckenden Fleischbeutel der Matrix. Virtuell heißt nichts anderes als von unserer Wirklichkeit, als von unserem Gehirn schmarotzend. Wir sind die Matrix. Wir leihen ihr unsere Sinne und Empfindungen, wir leihen ihr unser Bewusstsein, ohne das sie nicht existieren würde; denn das Netz hat nur dieses eine, unser Bewusstsein.

5

Rabat, den 27.12.2017 An manchen Abenden rieche ich verbranntes Holz in der Kasbah. Heizen einige meiner Nachbarn ihre Häuser noch mit Holz? Zusammen mit dem Salzgeruch ergibt sich ein würziger und zugleich reiner Duft.

Auch in meinem Haus gibt es keine Fenster, sondern nur Türen, Flügeltüren zum gefliesten Innenhof und eine schwere Eichentür mit mehreren Riegeln und Schlössern zur Gasse. Schließe ich der Kälte wegen die Türen, ist es dunkel in meinem Diwan oder in der Schlafkammer. So verbringe ich selbst am Tag die meiste Zeit im Dämmerlicht und sehe den weiten Himmel über der Stadt und dem Meer nur, wenn ich das Haus verlasse.

Ich lese und schreibe viel und verlasse das Haus nur selten. Ich esse weniger und gesünder als daheim, und jeden Abend gehe ich zur Zeit des Sonnenuntergangs ans Meer. Trotz der Kälte finde ich jedes Mal junge Surfer in ihren hautengen Neoprenanzügen in der Brandung des Atlantiks. Nirgendwo ist ein Rettungsschwimmer zu sehen. Wenn die Strömung irgendeinen dieser leichtsinnigen Jungs hinaus aufs Meer zieht, wird man es womöglich erst bemerken, wenn mit der nächsten Flut sein Leichnam ans Ufer gespült wird.

Der Strand ist bei nahezu jedem Wetter ein Treffpunkt der Paare. Während die meisten Mädchen und jungen Frauen Rabats sich unverschleiert und kopftuchlos auf den Straßen bewegen, tragen die jungen Frauen, die hier auf und zwischen den Klippen mit ihren Freunden sitzen, durchweg ein Kopftuch, als wollten sie damit von vornherein jeden Eindruck vermeiden, es könnte sich um ein unzüchtiges Rendezvous handeln. Aber natürlich geht es um ein intimes Zusammensein, das im Elternhaus nicht möglich ist. Also sitzt man in der ersten Reihe am Strand, die gleichsam die letzte Kinoreihe ersetzt, den Blick starr aufs Meer gerichtet, der Stadt den Rücken zugekehrt. Man bleibt aufrecht sitzen, im Wesentlichen angekleidet, und belässt es beim Spiel der Hände.

Ein junger bärtiger Mann im Gespräch mit einer ebenso jungen Frau. Sie ernst, das Haar unter ihrem Kopftuch verborgen, die Beine übereinandergeschlagen, die Hände im Schoß. Er werbend, erklärend, mit großen Gesten, sich und die Welt. Sie scheint wie eine Fremde, der er sich verständlich zu machen sucht. Sie *ist* eine Fremde, eine Frau.

Dann tauche ich auf, ebenso Fremder, in diesem Sinne ebenso Frau. Und er wendet seine Aufmerksamkeit mir zu, überrascht, neugierig, uneingeschränkt, als müsse er um mich werben wie um die Frau. Als fände er mich ebenso interessant, ja begehrenswert.

Scheint mir deshalb in den Ländern strikter Geschlechtertrennung die Neugier auf den Fremden größer?

Plötzlich fängt sie, die bisher nur zugehört hatte, an zu reden, versucht, seine Aufmerksamkeit von mir fort wieder auf sich zurückzulenken, als wäre sie eifersüchtig auf dieses Abschweifen. Als gäbe es einen Grund zur Eifersucht.

Die meisten jungen Marokkaner scheuen sich, mit einem Ausländer in der Öffentlichkeit gesehen zu werden. Sofort erregt man Verdacht. Die Polizei oder, noch schlimmer, Freunde und Bekannte, denen man über den Weg laufen könnte, machen sich ihre Gedanken. Nur allzu oft vergessen sie das Gesicht der Tugend, doch das des Lasters vergessen sie nie. Daher ist es für das Zusammenleben außerordentlich wichtig, nicht so genau hinzusehen. Der böse Blick ist jener, dem nichts entgeht.

Anders als bei früheren Aufenthalten sehe ich nur wenige Polizisten und kaum Soldaten in den Straßen. Ist er inzwischen verblasst, der Stolz auf die Uniform? Lässt man sie zu Hause, wenn man sie nicht tragen muss? Vielleicht geht diese Veränderung einher mit einem allgemeinen Wandel der Haltung zu Autoritäten. Es reicht nicht mehr der abgewetzte Glanz angemaßter Macht, um die Menschen einzuschüchtern.

6

Rabat den 31.12.2017 Selbst in den sternklaren Nächten, in denen man am Strand Lichtjahre weit ins All blicken können sollte, liegt ein feiner Gischtnebel über Ufer und Wasser. Kleinste Salzkristalle setzen sich auf meinen Brillengläsern ab, meine Lippen schmecken salzig, und die Lungen erinnern sich ihrer Herkunft aus dem Meer. Die Tiefseebewohner wissen vom Weltall und seinen Wundern nichts. Ihnen ist selbst das Land schon ein fremder Planet.

Das Café Bab Laalou liegt direkt dem Haupteingang zum Großen Friedhof der Märtyrer gegenüber. Jeden Tag passieren Leichenzüge die Caféterrasse, der Verkehr stockt, die Gäste erheben sich. Särge gibt es nicht, nur eine Holzbahre, von vier Männern getragen, auf die der Leichnam in eine Decke gehüllt ruht. Frauen befinden sich nicht in dem Trauerzug, selbst wenn eine Frau zu Grabe getragen wird, ebenso wenig wie unter den Gästen des Cafés. So lebe ich hier mit dem alltäglichen Tod, auch wenn ich mich als einziger unter den unaufhörlich rauchenden Männern vor ihm nicht erhebe.

Rabat, den 3.6.2004 Zwischen der alten Medina und dem Strand liegt der Zentralfriedhof von Rabat. Er bedeckt einen wohl fünf Fußballfelder großen Abhang und garantiert den Auferstehenden am Tage des Jüngsten Gerichts einen phantastischen, nur von einem schlanken, weißen, minarettgleichen Leuchtturm verstellten Blick auf die graugrünen Fluten des Altantischen Ozeans.

Jeden Tag überqueren Hunderte Kinder und Jugendliche in T-Shirts und Shorts diesen Friedhof, weil er die kürzeste Verbindung zwischen der Altstadt und dem Strand darstellt. Ein Schild am der Medina zugewandten Osttor des Friedhofs bittet um Respekt für die Totenruhe.

Das hindert die jungen Menschen nicht daran, vergnügt Sonnenschirme und Surfbretter über die Gräber zu zerren, da die Friedhofswege recht unklug angelegt sind und es keine direkte Verbindung zwischen Stadttor und Strandtor gibt. So schlängeln sich Trampelpfade zwischen den dicht an dicht liegenden Gräbern hindurch, Tausende, zum Teil von Gestrüpp überwucherte oder der staubigen gelben Erde schon wieder zurückgegebene, mit braunroten Lehmziegeln umfriedete Parzellen, die vom Gelächter und dem Geschrei der Kinder widerhallen, sodass von einer Ruhestätte keine Rede sein kann.

Doch die Totengräber heben kaum einmal den Kopf angesichts des erwartungsfrohen Kommen und Gehens, während sie selbst unter ausgebleichten, ehemals mit Tabak- oder Spirituosenwerbung bedruckten Sonnenschirmchen das nächste Grab ausheben oder eine niedergetrampelte Lehmumfriedung erneuern. Und auch die Toten scheint es nicht zu stören.

Ungerührt nehmen sie den Freudenzug der Kinder hin, wie die Kinder sich unbeeindruckt von dem tausendfachen

Memento mori zeigen. – Ohne Scheu trotte ich den Kindern hinterher über die Gräber und denke, dies ist ein Platz, wo auch ich gerne begraben läge.

Mohammed sitzt mit Freunden zusammen unter einem Sonnenschirm, ein wenig abseits vom allgemeinen Strandvergnügen. Er studiert Jura, wirkt aber noch sehr jungenhaft, ein Bursche, der lieber in der Gasse Fußball spielt als hinter Büchern sitzt. An seinen Armen und an seinem Rücken hat er tiefe Schürfwunden, die von einem blauvioletten Jodersatz überpinselt sind. Beim Schwimmen auf dieser wilden, unbeaufsichtigten Seite des Strandes ist er in die messerscharfen Klippen geraten und brauchte eine Weile, bis er sich wieder freischwimmen konnte.

Natürlich, das Internet hat Einiges leichter gemacht, sagt er. Früher musste man zum Beispiel in vielen Büchern nachschlagen, um irgendetwas zu einem bestimmten Thema zu finden. Aber hier am Strand kann man noch wirkliche Dinge erleben.

7

Rabat, den 1.1.2018 Früher debattierte man in den Teestuben und Cafés, vielleicht über die immer gleichen Dinge, aber man sprach. Oder schwieg, träumte, ließ die Gedanken schweifen, dachte an den Tod und was danach kommen mag. Jetzt läuft ununterbrochen der Fernseher, alle Aufmerksamkeit ist auf sein Flimmern und Dröhnen gerichtet, und wenn nicht er, so sorgt das Mobiltelefon für ständige Zerstreuung. Jeder hat es vor sich liegen, die Augen darauf gerichtet, auch im Kreis der ehemals streitbaren Freunde, wartet auf ein

Blinken, ein Summen, das einen aus der Gedankenlosigkeit erlösen möge.

Die halbe Nacht chatte ich mit N., ein Gespräch über die Grenzen hinweg. Ja, auch das ermöglicht das Netz. Er lädt mich in die Kabylei ein, er habe in seiner kleinen Wohnung schon ein Zimmer für mich hergerichtet. Will ich ihn überhaupt wiedersehen, zwanzig Jahre nach unserer ersten Begegnung, damals noch ein junger Student, nun wohl eher seinem Vater ähnlich? Will ich ihn zusammen mit seiner Frau, die ihn in den tristen Alltag Algeriens zurückgelockt hat, und mit seinem Sohn, an dem er die Gewalt, die sein eigener Vater ihm angetan hat, nun wiederholt, erleben? Ich verstehe, endlich will er selbst der Gastgeber sein, endlich der Rolle des Gastes entwachsen, die ihn so lange unmündig und abhängig gehalten hat. Ich weiß um die Mühen und Beschränkungen des Gastseins.

Wenn er mir von dieser Gewalttätigkeit via Skype erzählt, weint er. Zunächst wohnt er wieder im Haus seines Vaters, weil das Geld aus seiner Tagelöhnerei nicht für eine eigene Wohnung reicht. Keiner seiner ehemaligen Freunde lebt noch in Baccaru. Und neue, sagt er, habe er bisher nicht finden können, da er zu lange fortgewesen sei.

In der Erinnerung wird Baccaru immer leerer, dunkler, unwirklicher, ein Ort des Unheimlichen, nur unter großen Mühen überhaupt zu erreichen, um dort dann der ganzen Ungeborgenheit des Daseins ausgeliefert zu sein. Wir fühlten uns erst erlöst, wenn wir fort waren aus Baccaru, unterwegs, nach Tamanrasset oder Timimoun, durch eine selbstmörderische Glut, und trotzdem froh. Ich verstehe bis heute nicht, wie wir die tagelangen Fahrten in überfüllten, unklimatisierten Bussen unter der Julisonne durch die Sahara überlebt haben. Sie konnten nur tagsüber fahren, weil es der ständigen

Terroranschläge auf Reisende wegen nächtliche Ausgangs- und Straßensperren gab. Doch selbst am Tage kam es regelmäßig zu Überfällen und Massakern, die Armee konnte ja nicht überall sein, wenn sie nicht gar selbst in die Anschläge verstrickt war. Wo blieb unsere Furcht? Es war, als stünden wir unter Drogen. Habe ich mich in meinem Leben je so lebendig gefühlt?

8

Rabat, den 10.6.2004 Unser Streifzug führt uns tief in den Suq der Medina, einen Teil der Altstadt, den nur noch die Einheimischen aufsuchen und in den sich Fremde allenfalls verirren. Die Gassen werden enger, dunkler, auch schmutziger. Wir nähern uns der Mellah, dem ehemaligen Jüdischen Viertel der Medina. Sie ist dichter bebaut, spiegelt die jahrhundertelange Ghettosituation wider.

Nun leben hier kaum noch Juden. Landflüchtlinge sind nachgezogen, Zugewanderte, die in der Medina nicht verwurzelt sind. Arbeitslose Jugendliche lungern herum, beäugen uns misstrauisch. Einige bieten uns unverhohlen Drogen an. Was sollten wir auch sonst in diesem eher verwahrlosten Teil der Altstadt zu suchen haben?

Abdul-Latif ist fünfzehn Jahre alt, er sitzt vor der Steinmetzwerkstatt seiner Familie und behaut einen Marmorblock. Gehst du manchmal ins Internetcafé?, frage ich ihn.

Ich habe keine Zeit. Ich arbeite vom Morgen bis zum Abend. Und wenn ich mit der Arbeit fertig bin, bin ich zu müde, um noch etwas zu unternehmen. Ich gehe nach Hause, esse, schlafe, und am nächsten Morgen gehe ich wieder in die Werkstatt. Das Internetcafé ist etwas für Schüler und Studenten. Was sollen wir Handwerker dort? Aber wenn mir jemand zeigen würde, wie man das macht, ins Internet gehen, würde ich es vielleicht mal versuchen, auch wenn ich nicht recht weiß, was es da zu finden geben soll.

Amin ist ein Jahr jünger als sein Bruder und geht noch zur Schule. Nach dem Unterricht hilft er hin und wieder in der Werkstatt seines Vaters aus. Wer nicht ins Cybercafé geht, sagt er, ist einer, der nicht lesen und schreiben kann. Das Internet ist das Lesen und Schreiben von heute.

Die alte Frau in der Mellah weiß gar nicht, was ein Internetcafé ist. Wir überraschen sie beim Ausklopfen ihrer Teppiche vor dem Haus, direkt an der Stadtmauer zum Flussbett des Bov-Regreg hin, die hier niedriger ist, so dass unser Blick aus der ärmlichen Gasse hinaus auf das flache sandige Flussdelta und das graugrüne Meer fällt.

Sie hat eine kleine blaue Tätowierung auf dem Kinn. Zunächst will sie ihr Gesicht hinter dem Teppich verbergen. Doch als sie merkt, dass ich ein Fremder bin, verliert sie ihre Scheu, als sei ein Fremder kein Mann im herkömmlichen Sinn.

Für sie ist bereits das Fernsehen ein neues, kaum zu beherrschendes Phänomen. Sie weiß nicht, ob sie es für einen Segen oder einen Fluch halten soll. Wenn sie unmoralische Sendungen sieht und das Fernsehen ausschalten will, protestieren die Kinder und sagen: Nein, nein! Wir wollen den Film weitersehen!

Sie sagt, beim Fernsehen guckten alle auf die Mattscheibe und interessierten sich nicht füreinander. Das Fernsehen sei der eigentliche Herr im Haus. Sie habe sich angewöhnt, dieses neumodische Ding einfach zu ignorieren. Sie mache die gleichen Sachen weiter, die sie immer gemacht habe, während alle fernsähen: Sie fragt ihre Kinder nach der Schule, erteilt Aufträge und so weiter, als liefe der Apparat gar nicht.

Ist das überhaupt wahr, was dort gezeigt wird? Ist es nicht eher etwas Dschinnhaftes, eine Art Besessenheit, die nur im Kopf ihrer Kinder existiert? Früher, als man in den Familien noch wirklich miteinander gesprochen habe, wusste man noch, ob das, von dem man sprach, wahr oder erfunden war.

In einem Maße, das Nordeuropäer bereits als permanente Belästigung empfinden, ist die Marktkultur eine Inszenierung, eine Kultur der ständigen Erregung von Aufmerksamkeit: Die Schuhputzer klopfen mit ihren Schmutzbürsten auf die Holzkästen, sobald sie einen Passanten mit Lederschuhwerk entdecken, und der Passant, sofern er kein Europäer ist, reagiert mit einem kurzen Nicken oder Kopfschütteln auf diese gestische Frage. Die Zigarettenverkäufer klimpern mit einer Hand voll Dirhammünzen, da die Müßiggänger hier die Zigaretten oftmals einzeln kaufen, zum Espresso im Café oder einer kurzen Raucherpause. Die Spielzeugverkäufer lassen ihre Handpuppen quietschen und ihre Gummibälle springen, um die Passanten auf ihr Angebot aufmerksam zu machen, die Wasserverkäufer in ihrer folkloristischen Tracht schlagen die glänzenden Messingbecher aneinander, auf dass wir uns an unseren Durst erinnern. Hier fällt nur der auf, der sich unauffällig durch die Menschenmenge schiebt.

Vielleicht, weil ich mich in unmittelbarer Nähe der alten Synagoge befinde, stellt sich mir ein streng blickender Schutzmann in den Weg. Wie in Europa, so sind auch hier jüdische Einrichtungen angesichts der politischen Lage im Nahen Osten besonders bedroht.

Der Polizist versteht nicht recht meine Absicht, Stimmen zu sammeln, und besteht darauf, eine Genehmigung zu sehen. Bevor er mir mein Aufnahmegerät entreißen kann, überrumple ich ihn mit der Frage, ob auch er manchmal ins Internetcafé gehe.

Für derartigen Unsinn lässt mein Dienst mir keine Zeit. Wenn ich mal eine freie Stunde habe, gehe ich ins Fitnessstudio und treibe Sport.

Anerkennend lasse ich meinen Blick über die Schwellungen unter seiner blauen Uniform gleiten und verabschiede mich mit einem Kompliment, das er abwehrend, aber nicht ohne einen Anflug von Eitelkeit entgegennimmt.

Natürlich, im Internet ist jeder ein König. Doch den wirklichen König von Marokko treffen wir in einem kleinen Café am Rande der Mellah, als er sich, wie einst Harun al-Raschid, seiner Ratgeber müde, unter das Volk mischt.

Zunächst will ich es nicht glauben, auch wenn sein rundes, etwas feistes Gesicht dem Portrait, das neben der großen Bahnhofsuhr an der Caféwand hängt, nicht unähnlich sieht. Aber mit der Überzeugungskraft dessen, der die Wahrheit spricht, sagt er, es sei ihm vollkommen egal, ob wir ihm glaubten oder nicht. Er sei, was er sei.

Ich frage ihn nach seinen Eindrücken, hier, außerhalb seines Palastes.

There is a lot of bullshit, lies and hustle, looking for small money, misery, looking for food, calamity, looking for pot, for kif, for coffee, for a beer, squalor, distress, bale, unhappiness, twenty four years ago I never saw the young little boys sniffing the glue from the cycles.

Schon in Algier ist mir die besonders grausame Sucht der Armen, das Benzinschnüffeln, aufgefallen. Auch hier in Rabat durchziehen zerlumpte Jungengruppen mit den verwüsteten Gesichtern von Demenzkranken, benzingetränkte

Lappen vor Mund und Nase gepresst, die Gassen des Fisch- und Gemüsesuqs und suchen in den Abfallhaufen nach Essbarem. In einem abgelegenen Teil des riesigen Friedhofs von Rabat verbringen sie, viele von ihnen noch Kinder, zwischen den Gräbern die Nacht.

So, what do you think about new technologies like the internet?

Oh, pollution!

Cyber-pollution?

Here life itself is poisoned!

9

Rabat, den 2.1.2018 Schreibe ich nicht, schlafe ich. Ich schlafe zweifellos zuviel, mehr als gesund ist, mehr als mir gut tut. Die Träume sind klar, sie spulen sich vor meinem inneren Auge ab wie ein Film, in dem ich zugleich mitspiele. Ich kann den Film zurückspulen und die Handlung manipulieren. Der viele Schlaf hat mich tatsächlich zu einem meisterlichen Traumwandler gemacht. Es gibt Tage, da verlasse ich das Bett nur, um mir etwas zum Essen zuzubereiten.

Ich weiß recht gut, an welchen Stellen die Erinnerung mich täuscht, aber ich lasse auch die Täuschungen stehen. War es nicht Januar, war es nicht so kalt, dass das Wasser in unseren Flaschen gefror, als wir uns in den Sanddünen hinter der Gare routière von Ain Salah bis zur Abfahrt des Busses aneinandergeschmiegt und gegenseitig gewärmt haben? Waren wir einander je wieder so nah? Die Splitter bewegen sich unter der Haut, fort von den Stellen, wo sie in den Körper eingedrungen sind und sich entzündet haben, dem Herzen zu. Zehn Jahre lang hast du mein Leben maßgeblich mitbestimmt. Doch wen interessiert das? Wen geht das etwas an? Gut, zwei Romane sind dieser außerordentlichen Begegnung entsprungen und drei Filme, in denen du die Hauptrolle gespielt hast und die es ohne dich nicht gäbe. Bröcklige Torwege, knotige Maulaffenbäume, verblühte Bourgainvilleen an den unverputzten Ziegelwänden, grünbemooste Regenwasserspuren, Café de la Liberté in Spiegelschrift an der staubigen Fensterscheibe, über der Wüste der Perseidenschauer, also muss es doch Mitte August in Tamanrasset gewesen sein. Wir sind auf der Suche nach Tuareg. Wir stellen uns diese Wüstenbewohner als freie Menschen vor, denn nicht anders nennen sie sich selbst: *Imuhagh*, die Freien. Ja, wenn sie reich wären, sagen sie uns, während sie N. und mich an ihrem Feuer mit Tee und Geschichten bewirten, wenn sie Geld hätten, könnten sie sich zu recht die Freien nennen. Aber *Tuareg* treffe es im Augenblick eher: Das von Gott verlassene Volk. Sie lachen und fragen mich, ob ich nicht mit einer reichen europäischen Witwe bekannt sei, der sie, unsere jungen Tuareg, gefallen könnten. Ich bin sicher, davon gibt es eine ganze Menge. Plötzlich wird es still, das Feuer erlischt, in jeder Minute fallen mindestens ein Dutzend Sternschnuppen vom Himmel, so viele, dass man mit dem Wünschen gar nicht nachkommt. N. ist am Feuer eingeschlafen, doch atmet schwer. Selbst bis hierher, zweitausend Kilometer von seinem Zuhause entfernt, verfolgen ihn seine schlimmsten Träume.

Sie entführen uns nicht, unsere Tuareg, verlangen kein Lösegeld. Meinetwegen hätte niemand auch nur einen Cent für meine Befreiung hergeben müssen. Die Phantasie, zusammen mit N. entführt und an einen einsamen Ort in der Wüste für unbestimmte Zeit verschleppt zu werden, verfolgt mich auf der ganzen Reise. Als wir das nächste Mal für unseren Film diese Strecke fahren, liegt, als wir den Hohen Atlas herabkommen, Schnee in der Sahara. Nachts tritt N. um sich, nicht nur, wenn ihn ein Alptraum quält, sondern auch in traumlosen Phasen. Dann darf man ihm nicht zu nahe kommen. Jede Berührung stellt für ihn bereits eine Bedrohung dar. Dazu die Wärme, die der andere Körper ausstrahlt. Er tritt die Decke fort und strampelt sich frei. Seit früher Kindheit plagen ihn Nebenhöhlen- und Blasenentzündungen, und kein Tag vergeht ohne Migräneanfälle. Erst in Berlin lässt er sich die Nebenhöhlen aufmeißeln und ausspülen. Danach klingt seine Stimme anders, heller, verletzlicher. Schon bald vermisst er den Schmerz. Mehrfach stürzt er mit dem Rad, einmal wird er fast vor einen Müllwagen überfahren. Ein anderes Mal schlägt er sich die Stirn auf. Die Wunde sieht schlimmer aus, als sie ist, aber sie muss genäht werden. Das blutüberströmte T-Shirt nagelt er über sein Bett in der Kammer. Die Löcher sind noch immer in der Wand zu sehen. Geblieben ist auch die dunkle Stelle in der Badewanne, ein augengroßes Stück abgeplatzter Emaille, als N. die Haarschneidemaschine hineinfallen lässt. Durch das Sternbild des Perseus zieht sich die Milchstraße, die hier aber nicht weiter auffällt, da zahlreiche Dunkelwolken das Sternenlicht dämpfen. Als er sein abrasiertes Haar einfach fortspülen will, verstopft es den Abfluss. Er versucht, das Malheur selbst zu beheben. Anschließend muss ich einen Klempner kommen lassen. Aber zu Hause bist du doch nie satt geworden, sage ich. Das ist wahr, entgegnet N. Aber satt sein, genügt das?

10

Rabat, den 3.1.2018 Im Innern der Mauern warten die Dinge. Wieviel unnützes Zeug sich angesammelt hat! Und wie schwer es ist, es sauber zu halten. Ich habe keinen Sinn für diesen dekorativen Überschwang, mein Ideal ist ein mönchisches. Doch an was glaube ich jenseits der Dinge? Und was wären sie uns, wäre ihnen über den Nutzen hinaus nicht auch eine besondere Schönheit zu eigen?

Wie geht das zusammen, diese jede Nische besetzende Religiosität und der geradezu infame Materialismus, der um ein paar Dirham willen jede Moral und Würde verrät? Ist die Religiosität eine eher oberflächliche und so selbstverständlich, dass man sie sich nicht erarbeiten muss, dass ihr gleichsam das Protestantische fehlt, die ständige Gewissensprüfung? Indes ist auch dem Protestantismus die Idee der Habgier und des irdischen Reichtums nicht fremd.

Rabat, den 8.6.2004 Kein Zweifel, die Hauptbeschäftigung der jungen Internetbenutzer besteht darin, einen Ehepartner zu finden. Doch was ist dagegen zu sagen? Früher waren es unsere Eltern, die uns verheirateten, allein unter Gesichtspunkten materieller Sicherheit und familiärer Opportunität. Liebesheiraten galten als wenig solide. Dasselbe findet auch die Internetgeneration! Für ihre Suche gelten dieselben strengen Anforderungen, die schon unsere Eltern an eine angemessene Heirat stellten!

Die ägyptische Zeitschrift *Wighaat Nazar* spekuliert in einem Artikel über »Heirat per Computer«, bei dem Tempo der technologischen Entwicklung könne es in zwanzig Jahren bereits möglich sein, sich virtuell zu lieben – als Alternative zu einer kostspieligen Ehe. Ein solcher technologischer Durchbruch könnte es den Partnern ermöglichen, sich virtuell nahe zu sein, ohne den Verlust der Jungfräulichkeit oder eine ungewollte Schwangerschaft befürchten zu müssen.

II

Rabat, den 4.1.2018 Bis auf einen Koffer mit Kleidung, viel zu wenig für die lange Zeit, die ich hier verbringen will, gehört mir nichts in diesem Haus. Umgibt mich deshalb dieses Gefühl von Unbeschwertheit, von Sorglosigkeit, das sich in Berlin inmitten meiner deckenhohen Bücherwände schon lange nicht mehr einstellen will? Drängt es mich auch oder vor allem dieses Gefühls wegen immer wieder zum Aufbruch? Das Zuhause ist doch im Wesentlichen da, wo die Sorge ist. Irgendwann wird die tonnenschwere Bücherwand mir einmal über dem Kopf zusammenbrechen.

Was soll diese Reise in die Vergangenheit? Als sein älterer Bruder Yussef, der Erstgeborene und Mutters Liebling, wegen einer mangelhaften Schulnote N. den Arm bricht, muss N. erst mit einem Fremden in die Wüste fahren, um über diese Züchtigung, die ihm bisher als eine gerechte und angemessene erschien, wütend zu werden. Aber die Wut währt nicht lange, ehe sie in Schuldgefühle umschlägt. Mit dem Glück ist es ähnlich: Es muss verdient sein. Und wie könnte ein so aufsässiger und unverbesserlicher Bursche wie N. auch nur einen Augenblick glauben, er habe irgendeinen Anspruch auf Glück? Das Familienleben ist Krieg. Was hielte die Gesellschaft sonst zusammen?

Tagelang verkriecht er sich im Bett, die Hände wächsern, bläulich, aus dem Gesicht jede Farbe gekratzt, ein Keilrahmen mit leergespachtelter Leinwand, der Titel noch entzifferbar, *Der Schiffbrüchige, Der ausgeraubte Wandergesell.* Oft denke ich, er ist nur ausgegangen, der Tag ist schön, er macht nur einen weiten Gang zu jenen Höh'n, die Krankheit kennt kein Mitleid mit dem Kranken, wozu hat sie die Brust entblößt, während sie doch unbarmherzig schneidet, je stumpfer das Messer, desto länger anhaltend der Schmerz, der Überfallene hat sich schon fast gänzlich aus dem Bild geschleppt, nur ein Fuß ist noch zu sehen, gerade gewachsene Zehen, die in der Kindheit kein Schuhwerk kannten. Unsere Eltern hängten noch die Heiligenbilder und Kruzifixe ab und löschten das Licht, wenn sie ihren ehelichen Pflichten nachkamen, du kennst diese Scham nicht, bist selbst der Heilige, blind für deine närrische Nacktheit. Früher hatte ich Nachtaugen, denen das Sternenlicht reichte, um die Gesichtszüge zu erkennen, selbst wenn ich gar nicht wissen wollte, mit wem ich es im Dunkeln trieb. Was man nicht alles erkennen kann, wenn sich ein paar Wassertropfen in Ruß auflösen: Gnome, Krüppel, Kriegsversehrte, Zuchthäusler, Syphilitiker, Zyklopen, Homunkuli, Philharmoniker.

12

Rabat, den 5.1.2018 Der ältere Mensch ist wählerischer in seinem Umgang, manche Freundschaft, die er eher aus Gewohnheit denn aus Neigung jahrelang gepflegt hat, lässt er fallen, nur wenige neue kommen noch hinzu.

Empfinden die Jüngeren in ihren virtuellen Chat- und Darkrooms die Abwesenheit der Körper überhaupt als einen

Mangel? Beruht Porno*graphie* nicht zunächst und vor allem auf einem Bild, einer erotischen Phantasie, die sich über das wirkliche Geschehen legt und bei deren Erfüllung der reale Andere im Grunde nur stört?

Vielleicht ist die Vereinigung mit dem Fremden immer nur unter Aufgabe der eigenen Biographie möglich.

Rabat, den 30.5.2004 Ich sitze im Café des Jardin du triangle de vue. Einsame alte Männer auf den Parkbänken entlang der staubigen Wege. Sie gleichen sich wohl in allen Parks der Welt, die Zeitung ausgelesen auf dem Schoß, den Blick fragend auf jeden jungen Passanten gerichtet.

Einige wenige Paare, die nebeneinanderher gehen, ohne sich zu berühren. Eine Gruppe junger schwuler Marokkaner am Nebentisch. Ich erkenne sie gleich, weil sie keinen Hehl aus ihrem Anderssein machen und sich zu erkennen geben wollen.

Einer der jungen Männer spricht mich an. Vor wenigen Jahren habe man hier in Marokko noch keine Frauen mit Männern zusammen gesehen! – Er lächelt, ich weiß nicht, ob arglos oder ironisch, und lädt mich an ihren Tisch ein. Er heißt Rachid. Ich frage ihn, ob es für Schwule heute noch ein Problem sei, in Marokko zu leben.

Für meine Eltern ist es sicher ein Problem, dass ich schwul bin, erzählt er. Aber ich bin unabhängig von ihnen, habe mein eigenes Einkommen, habe meine eigene Wohnung. Ich bin frei. Für mich ist es kein Problem.

Wissen deine Eltern denn von deiner Homosexualität?

Nein, Gott bewahre, sie würden mich umbringen! Es ist unmöglich, zu Hause darüber zu sprechen. Aber ich denke, sie ahnen es.

In marokkanischen Medien ist ein Homosexueller immer

noch eine Karikatur, wirft sein Sitznachbar ein. Im Bewusstsein der Marokkaner ist ein Schwuler bis heute kein wirklicher Mann, sondern eine Frau oder eine Transe. Es ist schwer, die Mentalität der Marokkaner zu verändern. Alles wird immer noch in Beziehung zur Religion gesehen.

In Agadir, fährt Rachid fort, gab es eine Party mit schwulen Marokkanern und Deutschen. Plötzlich tauchte die Polizei auf und nahm alle fest. Die Marokkaner landeten im Knast. Nach marokkanischem Recht können sie mit Gefängnis bis zu fünf Jahren bestraft werden. Noch schlimmer ist die Scham und die Schande, die du über deine Familie gebracht hast und die im Grunde eine lebenslängliche Haft bedeutet.

Manchmal, wenn du mit jemandem im Internet chattest, erzählt der Dritte in der Runde, stößt du auf Männer, die gar nicht schwul sind, sich aber als schwul ausgeben. Dann verabredest du dich mit ihnen, und plötzlich hast du den Skandal: Er ist hetero, aber er weiß nun, dass du schwul bist, und kann dich damit erpressen.

Oder er ist ein Polizist und nimmt dich gleich fest, fügt Rachid hinzu. In Casablanca sitzen zwei Freunde in Haft, die von der Polizei gezielt in eine Falle gelockt wurden.

13

Rabat, den 12.1.2018 Das andere Rabat, das der Goya-Ausstellung, der Zigarilloraucher, der neuen geräuschlosen Straßenbahn, selbst der Muezzin ist hier nicht zu hören, in der alten Franzosen-Stadt. Von hier über das Mare Nostrum oder, wie die Araber es nennen, das Weiße Meer sich nach Paris zu sehnen, gibt es keinen Grund. In diesem Stadtteil ist das Leben europäischer als in Paris. Im Café Carrion des Musée Mohammed VI sitzt am Nachbartisch ein junger unrasierter Mann, Michel Foucaults *Les mots et les choses* aufgeschlagen in der Hand. Seine Lippen bewegen sich, während er liest. Alles scheint verspätet, ich erinnere mich an den Foucault lesenden Studenten im Schwarzen Café vor dreißig Jahren in Berlin.

Vergnügen ist ein Zeichen von Macht, sagt der große Aristoteles. Doch auch dieser Gedanke ist richtig: Allmacht bereitet uns Vergnügen! Dieser ganze Aufwand an Geld und Schönheit, um an Frauen oder Männer heranzukommen, und das zu einem großen Teil noch vergeblich, weil die einen jeweils an dem interessiert sind, worüber der andere nun gerade nicht verfügt, die Frauen an materieller Sicherheit, und die jungen Männer – nun, war sie nicht schon einmal gerührt von so viel Ergebenheit, die Göttin der Schönheit, dass sie das Bild, ihr Bild, mit menschlicher Wärme belebt hat?

Nicht einmal im Netz findet eine Kommunikation unter Gleichen statt. Vielmehr spiegelt es die globale Ungleichheit und Desinformation wider: Auf der einen Seite Internethändler, die in jeden Winkel Europas liefern, auf der anderen Seite des Netzes der marokkanische Student ohne Kreditkarte, der angesichts der schlecht sortierten Buchläden und Bibliotheken vom globalen Wissens- und Warenaustausch profitieren könnte, aber einmal mehr reiner Zaungast bleibt. Auf der einen Seite der europäische Soziopath mit heruntergelassenen Hosen vor seiner Webcam, auf der anderen Seite die fünfzehnjährige Koranschülerin mit Kopftuch auf der Suche nach einem europäischen Ehemann. Was wissen beide voneinander? Sehen sie überhaupt dasselbe, wenn sie ihr Abbild mit kurzer Zeitverzögerung auf dem Bildschirm wiederfinden?

Das Nichtwissen scheint mir hinnehmbarer als dieses falsche Wissen voneinander.

Die einfachen Weber in den Dörfern des Hohen Atlas bieten nun ihre handgefertigten Teppiche im Internet an. Und Beduinen aus den Oasenstädten der Sahara stellen eigene Webseiten über ihren Stammbaum, ihr Stammesleben oder auch die Angebote für Touristenausflüge in ihr Stammesgebiet ins Netz. Doch kann das Internet die Auflösung des sozialen Netzes nicht kompensieren, und keine Suchmaschine ist in der Lage, ein neues Sinn- und Wertesystem zu erstellen. Es ist das Netz, das durch seine schiere Quantität an Daten jede Information zerstört und Kommunikation zu einem nichtssagenden Rauschen degradiert.

Schrift und Körper bildeten einmal einen unmittelbaren Zusammenhang. Es war ja immer eher die Hand als die Vernunft, die unsere Schriften aufs Papier geworfen hat. Nun sind wir ganz und gar der Entsinnlichung der Zeichen ausgesetzt. Es fehlt ihnen an allem.

14

Rabat, den 13.1.2018 Das Internet hat die Schere zwischen Allmacht und Ohnmacht ins Grenzenlose geöffnet. Der Einzelne ist einer gesichtslosen Öffentlichkeit ausgeliefert und hat keine Gewalt mehr darüber, sein eigenes Gesicht zu wahren. Das Netz kennt keine Höflichkeit und keine Scham, es ist nicht satisfaktionsfähig, es zerstört das soziale Gleichgewicht, von dessen ausgesprochenen und unausgesprochenen Regeln es nichts weiß, und es schafft eigene, unmenschliche Regeln, die in unser soziales Leben eingreifen, ohne dass wir noch auf seine Einfluss hätten. Die Folgen sind weitreichender, als die weitsichtigsten Mahner haben vorhersehen können. Es handelt sich um eine soziale Kernenergie, über deren jedes Zeitmaß sprengende Strahlung wir einmal mehr keinen vorausschauenden Gedanken verloren haben. Wir sollten anerkennen, dass es sich um eine letztlich unbeherrschbare Technik handelt, die uns in einem Maße abhängig und verletzlich macht, wie wir es in der Menschheitsgeschichte noch nicht erlebt haben. Wir sollten aus der totalen digitalen Vernetzung aussteigen, ehe sie uns dessen beraubt, was uns als Menschen auszeichnet und von dem sie selbst nichts weiß, weil sie nicht einen Augenblick gelebt hat, unserem analogen, körperlichen Dasein. Denn am Ende steht sonst das Aus realer Erfahrung, das Verschwinden einer Wirklichkeit, wie wir sie bisher erkannt haben und für deren Erkennen und Erleben wir ausgestattet sind. Offenbar können wir uns wieder einmal nicht mit unserer Begrenztheit und Verwundbarkeit abfinden und schaffen uns einen unheimlichen Verbündeten, der, wie wir doch wissen, als Preis für unsere Allmacht unsere Seele verlangen wird.

15

»Ich suche einen Zufluchtsort bei Allah gegen Satan, den Gesteinigten«, steht auf dem Torbogen zur Chellah, der Meriniden-Nekropole vor den Mauern Rabats. Ohne die sich pausenlos selbst photographierenden Touristen könnte dieser Ruinen- und Gräbergarten ein spiritueller Ort sein. Üppiges Grün, Katzen und Störche, unzählige Störche, auf jeder Zinne, jedem Baumwipfel ein Nest, und ein konzertantes Geklapper, als seien ihre Schnäbel Klanghölzer. Trotzdem wirken die Störche an diesem Ort wie Totenvögel, wie die Geier, die über den Türmen des Schweigens der Parsen kreisen oder bei der Himmelsbestattung der Tibeter die zerteilten Toten ins Bardo tragen.

Nach einer Weile, manchmal schon nach Tagen, manchmal erst nach Wochen, überfällt den Reisenden die Apathie des Abenteurers, der sich fragt, was zum Teufel er hier zu suchen und warum er für die Zumutungen des Fremdseins die Bequemlichkeit des Vertrauten und Heimischen aufgegeben hat. In dieser Zeit der Apathie scheint es, als mache er keinerlei neue Erfahrungen, und er weiß nicht, ob die Apathie Grund oder Folge der vollkommenen Ereignislosigkeit ist. Das Neue hat den Reiz des Fremdseins verloren, ohne indes vertraut geworden zu sein. Es erscheint auf einmal als das, was es ist, glanzlos und gewöhnlich und um keinen Deut erstrebenswerter als das, was man zurückgelassen hat. Warum also bin ich hier?

Ich leiste keinen Widerstand, gebe mich einfach den Umständen hin. Ist das schon Dasein? Schon Kunst? Ich bin wachsam, aber ohne jede Vorsicht. Es ist, als wäre die Wirklichkeit für mich nichts anderes als ein Buch. Ich habe es zufällig aus einer Bücherkiste gewühlt, Algerien, am Anfang des dritten Jahrtausends, und schlage es nun auf. Mir scheint das Land wenig liebenswert, im Grunde interessiert es mich nicht, seine grausame Geschichte, seine noch grausamere Gegenwart, ich kann daran nichts ändern, und wenn es mir zu viel wird, kann ich jederzeit gehen, das Buch zuschlagen, unausgelesen am Strand oder im Flieger zurücklassen, die Hälfte der Seiten war ohnehin leer. Wenn sich der Geheimdienst für mich interessiert, dann lässt er es mich nicht merken. Das Schreiben und Lesen scheint ihm harmloser, als es in Wirklichkeit ist. Erst als ich zu filmen beginne, heftet er sich an meine Fersen. Nach und nach bleiben die Unterstützer fort. Hausbesuche, Einschüchterungsversuche, unverhohlene Drohungen zermürben sie, mich indessen belästigen die Agenten nicht. Nur N. bleibt bis zum Schluss, mehrfach hole ich ihn von der Wache ab, sie haben ihn geschlagen, er hat sich gewehrt, sie haben ihn noch brutaler geschlagen, er lächelt darüber: Sie müssen mich schon totschlagen, wenn sie mich brechen wollen. – Er wäre nicht der Erste.

Meine Erkundungen Algeriens scheinen allein auf einer Reihe von Zufällen zu beruhen, bis ich nach dem Tod meines Vaters die Photos entdecke: Mein Vater mit einem Legionärskameraden in Bou Saada, 1957. Dass er mit siebzehn von zu Hause fortgelaufen ist, sich bis nach Marseille durchgeschlagen und sich dort zur Fremdenlegion gemeldet hat, wusste ich von meiner Großmutter, die ihn nach einer abenteuerlichen Verfolgungsjagd aus der Legion herausgeholt und zurückgebracht hat. Dass es aber eine zweite Flucht gab, die meinen Vater dann tatsächlich bis nach Algerien geführt hat, war mir bis zum Auffinden dieser Bilder unbekannt. Selbst als ich N. nach Deutschland hole und meinem Vater vorstelle, verliert er kein einziges Wort darüber, dass er Algerien kennt, als junger Mann einmal dort war und auf Seiten der Franzosen gekämpft hat. Erstaunlicherweise verstehen mein Vater und N. sich auf Anhieb, dabei hat mein Vater noch nie einen meiner Freunde gemocht.

Der junge Mann auf dem Photo hätte auch ich mit siebzehn Jahren sein können. Mein Vater und ich haben einander immer sehr ähnlich gesehen. Jetzt kann ich es zugeben. Früher hätte ich jede Ähnlichkeit strikt geleugnet. Dabei war mein Vater ein äußerst attraktiver junger Mann, verletzlich, schwermütig, ein junger Horst Buchholz oder James Dean. Erst in späteren Jahren habe ich verstanden, was meine Mutter an diesem zerrissenen, unberechenbaren Halbstarken gefunden haben mag, wenn auch nicht, wie sie es bis zu ihrem Tod an seiner Seite ausgehalten hat.

16

Ist die Hoffnung unberechtigt, dass wir mit zunehmender Medienkompetenz den Manipulationen des Netzes entkommen werden; dass es wenigstens die Klugen klüger, wenn auch die Dummen dümmer macht? Die bisherigen Erfahrungen zeigen vielmehr, dass die Manipulationen unserer wachsenden Kompetenz immer einen Schritt voraus sind. Wenn wir sie endlich durchschauen, soweit das überhaupt noch möglich ist, hat sich das Netz längst noch enger um unsere vermeintlichen Wünsche und Ansichten geknüpft.

Bis vor Kurzem war allein der Tod, das heißt unsere Vorstellung von dem, was uns nach dem Sterben widerfährt, virtuell. Nun existieren Avatare von uns in beiden Welten und nähren die Illusion, wir wären in beiden unsterblich, während wir am Ende doch weder in der einen noch der anderen lebendig waren. Lebendig sind wir, weil es den Tod gibt. Was ist die Quelle unserer Lebendigkeit? Unser Körper. Was ist die Quelle unserer Erfahrung? Unser unmittelbares Da-Sein.

Dein Lieblingsautor war Genet. Wundert mich das? Du hast ihn im Original gelesen. Deutsch hast du im Übrigen binnen sechs Monaten gelernt. Ohne dich hätte ich nicht dreimal durch die ganze Sahara reisen können. In jeder Oase eine andere Sprache, und du hast sie fast alle beherrscht. Aber du hast mit dieser Vielfalt gehadert, wusstest am Ende nicht mehr, was deine eigene, deine Muttersprache ist. Polyphones Gestammel, Fragmente aus Chansons und kabylischer Folklore, Plagiate, Genet, Oscar Wilde, Foucault, nichts ist dir heilig, am Ende Aphasie und Schweigen.

Fast wärst du vom Balkon gesprungen, als die Polizei dich nach Hause bringt. Ladendiebstahl, ein Paar Laufschuhe, zwei Nummern zu klein, weil große Füße in deiner Heimat als unschicklich, ja obszön gelten. Dabei liebe ich, wie Jakob Wassermann, Witold Gombrowicz, Julio Cortázar und überhaupt alle großen Romanciers, große Füße, haben mir die immer viel zu kleinen Schuhe meiner Kindheit doch die Zehen verkrüppelt. Der jüngere der beiden Beamten folgt dir auf den Balkon, damit du nicht noch eine weitere Dummheit begehst. Er bietet dir eine Zigarette an, ich sehe euch beide dort wie ein altes Freundespaar rauchen.

Sind das schon die ersten Symptome des Heimwehs? Willst du, da du selbst noch hin- und hergerissen bist, dein Schicksal den Parzen der Ausländerbehörde überlassen? Wenn man dich einmal ausgewiesen hat, wirst du niemals wieder zurückkommen können, zumindest nicht auf legalem Wege.

17

Rabat, den 14.1.2018 Zwei Eigenschaften müssen für das Böse zusammenkommen: Gefühlskälte und die Fähigkeit zur Manipulation. Das leise Geräusch in unserem Rücken, wir dürfen die Gesichter der Parzen nicht sehen, die ihre Milch in Kuheutern kochen und mit Schürhaken auf unsere

Hoden eindreschen, denn ihre Fäden sind aus Samensträngen gesponnen. Der Ziemer hingegen ist aus dem getrockneten Penis eines Ochsen gedrillt. Untereinander benutzen sie eine Art Knotensprache. Man kann einen Mann aus Algerien herausholen, aber nicht Algerien aus ihm.

Nein, wir sind nicht widersprüchlich, wir verzweigen uns nur in unendlich viele, auch entgegengesetzte Richtungen. Schwarzes, haariges Korsett aus Buchstaben. Ah, du bist verliebt! Vermietung von Juli bis August. Sonette bringen dich zum Lachen? Wir nähern uns der Sommerfrische der Latrinen. Wer glaubt, Lieben wäre eine Kunst, der irrt. Sie ist der schmutzige Pinsel, der das schon fast fertige Gemälde verdirbt, der zerlumpte Scheuerlappen, der den Rotz des Künstlers vom Boden wischt. Was du tatsächlich denkst, geht mich nichts an. Caravaggio, wer hat dir von ihm erzählt? Cervantes' jahrelange Gefangenschaft in den Kerkern Algiers? In der Schule hat man kein Wort darüber verloren. Die Geschichte Algeriens beginnt mit Massinissa. Ich finde es gar nicht witzig, dass du unser Laken aus dem Fenster hängst. Als du noch wütend warst, ging es dir besser. Doch irgendwann frisst der Zorn sich nach innen, und du bist allein mit ihm, und niemand schaut mehr vorbei mit den neuesten Nachrichten, einem gebratenen Huhn oder dem *Wachturm*.

18

Rabat, den 15.1.2018 Ich gehe, wie ich gekommen bin, habe viel gearbeitet, viel nachgedacht, wenig geträumt und noch weniger erlebt. Ich lasse nur Freunde zurück, mit denen ich schon vor dieser Reise befreundet war. Niemand ist dazugekommen. Vielleicht bin ich inzwischen zu alt für neue

Freundschaften, denn Freunde zu gewinnen braucht Zeit, Zeit und Geduld. Der Misanthropismus des Alters schließt nahtlos an den der Jugend an, auch wenn sich die Einsamkeiten unterscheiden mögen. Früher war ich der Überzeugung, ich sei nur an jenen Orten wirklich gewesen, an denen Freundschaften gewachsen seien. Und ich lag damit wohl richtig.

Die meisten schleppen bis zum Ende das Viele mit, das sie nie losgeworden sind. Da können wir Schreibenden uns doch glücklich schätzen, all das Viele noch zu Lebzeiten zu Papier gebracht zu haben. Die Fleißigsten von uns werden vollkommen leer sterben.

Anhang

Tunesisches Tagebuch

Dezember 2009

S*ousse 6.12.* Hier ist es nicht einsam genug, um mit sich und der Welt allein zu sein. Gibt es überhaupt noch jenen Ort, die Wüste, wo man mit sich in ein Selbstgespräch treten muss, um mit jemandem zu reden?

Im schlechtbeleuchteten Frühstückssaal der einzige Gast. Bedrückende Überzahl der Angestellten. Ihr gefrorenes Lächeln in den Hotelfachschulgesichtern.

Dann tritt ein weiterer Gast in den dämmrigen Raum, ich sehe es zunächst an der Veränderung ihrer Mienen, das warme Leuchten, das durch den dünnen lehmfarbenen Firnis nach außen dringt. Dann sehe ich den jungen Mann, den erwarteten Helden, vielleicht ein bekannter Sänger oder Fußballer, sein arrogantes, nichtssagendes Gesicht, das die verschleierten Augen der Serviererinnen zum Leuchten bringt. Und in meiner Nische am Fernster wird es noch dämmriger.

Nachdem ich mich mein Leben lang darin geübt habe, alles zu sehen, eine Art optischer Fresssucht, nicht weniger unästhetisch als jede andere Form von Gier, überfällt mich seit Kurzem eine zunehmende Übelkeit bei meiner unersättlichen Schaulust. Ich muss lernen, hin und wieder die Augen zu schließen oder wenigstens das eine oder andere zu übersehen. Es ist das Auge des Inquisitors, das sich alles zu sehen bemüht, mit einem eher abschätzenden als genießenden Blick. Der Genuss ist der Feind der Inquisition, den diese auszumerzen versucht.

Sousse 10.12. Leben im Hotel: Leben in Verantwortungslosigkeit. Nur in der Kindheit sind wir noch zu Hause. Erwachsen zu werden bedeutet, sein Zuhause zu verlieren und in ein Hotel zu ziehen. Und das Leben im Hotel ist immer unerträglich. Hier gehört mir nichts. Alles ist mir nur für eine kurze Frist geborgt, für die ich, je nach Klasse, entsprechend zu zahlen habe.

Entweder versteht das Zimmermädchen nicht die roten Lettern *Please do not disturb* oder will mir mit ihrem entschuldigenden Lächeln unmissverständlich klarmachen, dass ich hier nicht einmal Herr meiner Zeit bin!

Früher waren der Fremde und die Fremde erotisch besetzt. Deswegen reisen wir noch immer. Doch heute gibt es zu viele von meinesgleichen.

Einen Augenblick überfällt mich Panik, weil ich nach der Flucht der meisten Gäste auf den Straßen so auffalle.

Es fehlen die spielenden Kinder auf der Straße. Und die Gruppen junger, untätiger Männer wirken verstörend. Ihre Augen schauen nicht neugierig, sondern abschätzend. Die Alten schauen im Übrigen nicht freundlicher. Eine freudlose Atmosphäre der Geschäftemacherei liegt über allem.

Auf meinem Weg durch die Altstadt spricht mich ein älterer, von tiefen Aknenarben gezeichneter Mann an: Are you American? – Als ich ohne zu antworten meinen Weg fortsetze, folgt er mir und geht, weiterhin auf Englisch, alle westlichen Nationalitäten durch, die ihm geläufig sind. Endlich bleibe ich stehen und schüttle bestimmt den Kopf. Nun beginnt er, mich in seiner Landessprache zu beschimpfen, sodass ich für einen Augenblick bedaure, ihm nicht geantwortet zu haben. Ich schüttle ein weiteres Mal den Kopf. Einige der Passanten bleiben stehen, doch nicht, um dem beschimpften Fremden beizustehen, sondern um Zuschauer einer erhofften Eskalation zu werden. Ich weiß nicht, wen ich im Moment mehr verachte.

Was mir nie wirklich gelungen ist: Ein Gleichgewicht zwischen Nähe und Distanz herzustellen.

Sousse 14.12. Inbesitznahme der Stadt. Der Wintersonne, die hier noch wärmt. Selbst die laut scheppernden Gesänge der Muezzine nehme ich in Kauf, während ich in Berlin doch schon das leise Fernsehen meiner Nachbarn kaum ertrage.

Der Kampf der Händler um ihre Würde. Wie Tauben hocken sie vor ihren Ständen und picken nach jedem Passanten, blind, reflexartig, traurig. Niemand spürt die Zeit so sinnlos verrinnen wie sie, die auf ihrer billigen Ware sitzen und auf Kundschaft warten, Makler, Agenten, die nichts hergestellt haben und von denen nichts bleiben wird. Niemand von ihnen strahlt Anmut aus. Anmut verkauft sich nicht. Das Wissen um das Verrinnen der Zeit macht sie hässlich vor Schwermut.

Das Nichtstun der Jungen ist anders, ein Warten ohne Erwartung, ohne Hoffnung auf Kundschaft, es ist voller Trotz und ohne Anbiederung, eher wütend als traurig, eher demonstrativ als introvertiert. Niemand ist der Jugend so verhasst wie der Händler, dieser Inbegriff sinnloser Geschäftigkeit. Die Jungen erwarten zu Recht, dass sie es sind, die verführen, und nicht ihre feilgebotenen Waren. Sie warten, dass jemand kommt und sagt: Ich will dich!, im Guten oder im Bösen, um dem Begehrenden antworten zu können, dass er den zu zahlenden Preis nicht aufzubringen vermag. Aus dieser Überheblichkeit, die sie arm erscheinen lässt, ziehen sie den ihr eigenen Stolz.

Sousse 15.12. Ein merkwürdiges, geradezu stoisches Gefühl der Freiheit erfüllt mich an diesem Ort, der ja im Grunde nur die äußerste Grenze der Unfreiheit aufzeigt, der unser ganzes Leben, der Einheimischen wie der Fremden, unentrinnbar unterworfen ist. Immer steht uns ein letzter Weg zur Freiheit offen: Die Verweigerung, unter diesen Umständen weiterzuleben.

Stelle ich mich diesem Gedanken, ist es, als würde ich mit offenen Augen in die Sonne blicken. Ich spüre vor lauter gleißendem Licht nicht, wie es mich blendet.

Die Stimmen auf der Straße, die in meinen Ohren aggressiv klingen, weil ich weder die Worte noch ihre Melodie verstehe. Vielleicht ist es gar kein Streit, sondern Belehrung oder Absprache: klar, akzentuiert, um Eindeutigkeit bemüht, die in meiner Sprachheimat bereits als zornige Zurechtweisung oder ungezügelter Wutausbruch gedeutet würde. Wie oft habe ich auf Reisen erlebt, dass meine Sanftheit missverstanden wurde, als Schwäche, als Unentschiedenheit oder als böse Ironie. Wieviel wir als selbstverständlich annehmen! Erst das Reisen lehrt uns, dass es das nicht gibt, das Selbstverständliche.

Sousse 16.12. Das Einzige, was uns vor dem Missverständnis schützt, ist, aus unserem Fremdsein keinen Hehl zu machen.

Ein Lärm auf der Straße, vielleicht das Hinaufziehen einer Metalljalousie, hat mich aufgeweckt.

Auf Reisen verlangsamt sich die Zeit, vielleicht weil die Fülle neuer Eindrücke den Erfahrungen unserer Kindheit gleicht.

Im Park eine Gruppe von Jugendlichen. Sie liegen, ihre Schulmappen im Nacken, auf dem frischgemähten Rasen, die Gesichter mit geschlossenen Augen der Sonne zugewandt, friedvoll, bis einer von ihnen, mit der Vorsicht eines Bombenlegers, einem Kameraden das Zöpfchen abschneidet, das jener sich, wieviel Widerständen zum Trotz, hat wachsen lassen. Die anderen tragen ihr Haar so konform wie ihre Schuluniform. Und nun schreckt er auf, fasst sich an den Kopf und beginnt zu weinen, während der Junge mit der Schere und dem Haarbüschel verlegen dasteht und jetzt erst begreift, dass dieser Schnitt mehr war als ein dummer Jungenstreich.

Sousse 17.12. Wollte ich ein Drama in Gang setzen, müsste ich zu fragen beginnen. Das Fragen zeugte von einem Interesse für den anderen, erlaubte Antworten, Missverständnisse, Meinungsverschiedenheiten. Solange ich nur schaue, gibt es keinen Konflikt.

Die Irre, die auf der Straße vor dem Café laut zur Musik aus ihrem großen Kassettenrekorder, den sie wie ein totes Kind in ihrem Arm hält, singt und dazu plumpe hüpfende Bewegungen macht, ist der erste Mensch in dieser Stadt, der ein wirkliches Interesse in mir erregt. Ich sage zu dem Kellner, im Alter würde ich gerne so sein wie die Verrückte dort.

Sie ist nicht verrückt, antwortet der Kellner, sie ist nur blind.

Sousse 19.12. Das, was wir uns vorstellen, ist immer stärker als das, was wir tun.

Sousse 20.12. Was verstehe ich hier, in der Fremde, besser? In meiner Heimat hat das Vertraute bereits den Charakter des Unwirklichen angenommen. Ich lebe in ihm wie in einem Raum der Müdigkeit, in einem verschwommenen Dazwischen, weder wach noch träumend.

Sousse 20.12. Der Rollstuhlfahrer vor dem Bahnhof von Sousse, der anstatt mit einem stummen Pappschild mit einer an sein Fahrgestell montierten Polizeisirene auf seine Bedürftigkeit aufmerksam macht. Strategie und Parodie fallen genial zusammen, allein dafür verdient der Erfinder schon einen Obolus.

Der Andere, Fremde, wird bald in diesem Leben, auf dieser Erde – sei es auf Reisen, sei es in der Lektüre – nicht mehr zu finden sein. Jeder »exotische« Winkel wird entweder durch die unersättliche Neugier der Medien ausgeleuchtet und vertraut sein oder der globalen interkulturellen Nivellierung anheimfallen.

Am Ende wird das Andere, Fremde nur noch unser eigener Tod sein.

Tunis 21.12. Ein Regentag. Zum ersten Mal, seitdem ich in diesem Land bin, betrete ich einen Buchladen. Die Buchhändlerin: eine junge Frau mit brombeerschwarzem Haar und einem blassen mürrischen Mund, der von Unglück und Intelligenz zeugt. Im Gegensatz zu ihrem sehr femininen moosgrünen Kostüm stehen die alten braunen Sandalen, in der kleine, weiße, strumpflose Füße stecken.

Sie blickt nur kurz auf und vertieft sich dann wieder in ihr eigenes Buch. So muss es sein in einem Buchladen! Die guten Bücher brauchen den Händler nicht. Sie wollen vom Leser selbst gefunden werden.

Tunis 22.12. Nach dem Regen die warme Sonne. Aus dem dampfenden Asphalt steigen Erinnerungen auf, und der teerfischige Geruch exhumiert weitere, tieferliegende.

Sousse 23.12. In einer Seitenstraße, nicht weit von meinem Hotel entfernt, wo am Tage noch eine Art improvisierter Flohmarkt stattfand, stoße ich nun auf eine zurückgelassene Pyramide herrenloser Schuhe, in der ein Rudel Straßenköter vergeblich nach Fressbarem wühlt.

Sousse 24.12. Auf der östlichen Seite grenzt ein Tennisplatz an den Friedhof, auf der westlichen Seite ein Golfplatz. Statt Blumen schmücken verirrte Golf- und Tennisbälle die verwaisten Gräber.

Ein weitverzweigtes System von Gängen durchzieht die Erde unter dem Gräberfeld. Ein kleiner Teil ist uns neugierigen Touristen zugänglich gemacht. Von einem gruselfilmgeschulten Beleuchter wirkungsvoll gesetztes Licht erzeugt eine eher schauerliche als andächtige Atmosphäre. Sind die wenigen plexiglasverkleideten Grabnischen authentisch oder schlicht jenen aus frühchristlichen Katakomben nachempfunden? Die Skelette wirken künstlich wie aus dem Theaterfundus. Eine der blauen Plastikfolien, die das Grabnischenlicht dämpfen sollte, ist auf das gipsfarbene Gerippe gefallen und bedeckt nun wie ein unverwestes, aber obsolet gewordenes Kondom das Schambein des mutmaßlichen Skeletts.

Sousse 25.12. Als ich im Café beim Überfliegen meiner Notizen laut auflache, werde ich verwundert angeblickt.

Sousse 26.12. Jeder Besuch entzaubert die für ihre Schönheit berühmten Orte dieser Welt.

In der kleinen Galerie in der Medina die Ausstellung eines hiesigen Malers, Aquarelle, deren Sujets Edward Said »Orientalismus« in Reinform nennen würde. Identifikation mit dem Kolonisator? Oder ist Saids Analyse zu kurz gedacht, und die abendländische Kunst des neunzehnten Jahrhunderts spiegelt nicht nur die Orientaffinität der Europäer wider, sondern im Grunde auch jene Idyllen und Wunschbilder, die die »Orientalen« von sich selber träumen?

Ein anderer Aspekt: Das Bilderverbot als Traumverbot! Was könnte Gottes vorbestimmte Ordnung tiefer in Frage stellen als der Traum einer anderen, noch zu gestaltenden Wirklichkeit?

Doch dann, beim Gehen über die antiken Mosaike im Kabbah-Museum von Susa, ein Gefühl von Ehrfurcht. Vollkommene Abwesenheit greller Farben, sanfte Grau- und Blautöne, Elfenbein, blasses Rosa. Selbst die kämpfenden Pferde traumleicht, geflügelt. Die kleinen zwinkernden Steinchen bringen jede Geometrie zum Schweigen, zum Leben. Mich mit der Vergangenheit verbinden, sie durch meine Fußsohlen in mir aufsteigen fühlen. Sonne und Erde und die Menschenmenge, die sich durch den Suq drängt, werden vollkommen gleichgültig.

Sousse 29.12. Die Straßen stockfinster. Stromausfall. Oder Stromsperre. Kerzen und Petroleumlampen brennen in den Fenstern. Aus den Häusern dringt das Wetzen und Schärfen der Schächtmesser für das bevorstehende Opferfest. Noch spielen die Kinder mit den Tieren, denen ihre Väter morgen die Kehle durchschneiden werden.

In der Dunkelheit gewinnt meine Wahrnehmung an Farbe. Im grellen Tageslicht waren meine Eindrücke ausschließlich schwarzweiß.

Sousse 30.12. Krähen ziehen ihre Kreise über der Stadt. Selbst die Möwen haben die Abfallhalden verlassen und sammeln sich auf den Minaretten. Blutgeruch liegt in der Luft. Messerwetzen, ein ebenso hässliches Geräusch wie das Knacken brechender Knochen. Die Hunde sind verstummt, in Erwartung und Schrecken über das kommende Massaker. Durch die offenen Rinnsteine im Suq strömt das Blut. Am Ausgang der Stadtkanäle färbt es das Meer rot, dann den Hafen, den Strand. Schlappt rostfarben an die Fischerboote, die Kaimauer, flutet zurück in die Stadt. Auf dass sich jeder Vater in der Kunst des Kehledurchschneidens übe. Opferfest.

In den Höfen, auf den Dachterrassen, in jedem Haus wird geschlachtet. Und wer keinen offenen oder gekachelten Raum hat, nimmt die Straße.

Haben sie im Traum geübt, wie man das Messer richtig führt, die Väter? Haben sie Angst vor einem quälenden Massaker oder Mitleid mit der entsetzensstarren Kreatur, die ihren Hals für den erstgeborenen Sohn hinzuhalten hat?

Aufklärung heißt, auch das Ersatzopfer zu verweigern. Nichts und niemanden mehr zu opfern. Und sich jedem, der Opfer fordert, zu widersetzen.

Sousse 31.12. Lächelnd reichen sie ihre Handgelenke zum Gruß und reiben die unrasierten Wangen aneinander, die altgewordenen Männer mit ihren fetttriefenden Händen und verkohlten Fleischbrocken zwischen den Zähnen. Der ausgelassene Epilog des Opferfestes.

Am Abend dann die Scharen Halbwüchsiger, die sich durch das jahrhundertealte Bordellviertel von Sousse drängen, während das Blut der geschächteten Lämmer noch knöcheltief in den Gassen steht, gruppenweise, aneinander Halt suchend, fast Kinder noch. In den dämmrig beleuchteten Vorräumen alte faltige Puffmütter, zur Abschreckung?, zur

Mahnung?, und an den geöffneten Fenstern – nicht anders als in den entsprechenden Vierteln Amsterdams – die Kunden heranwinkenden dicklippigen Nutten, spöttisch lächelnd, plötzlich erschrockene Knaben, mit Münzgeld in den Taschen, gerade genug, um zu schauen. – Wissen die Väter davon? Wurden sie gar von ihnen geschickt? Heute, am Abend des Opferfestes?

Reisen und Sterben

Lubrich: Denkst du auf Reisen öfter als sonst an den Tod?

Roes: Ich denke jeden Tag an den Tod, seit meiner Jugend. Das ist aber kein beängstigendes Gefühl, sondern eine ständige Selbstvergewisserung. Lebe ich auch lebendig, mache ich das Beste aus meiner Zeit? Das Reisen ist die höchste Form der Lebendigkeit. Denn das Leben selbst ist ja Reise, Lebensreise. In den Phasen der Stagnation, wenn keine Bewegung stattfindet, weder innere noch äußere, ist der Tod viel näher als bei unseren Aufbrüchen, wohin auch immer.

Lenkt diese besonders lebendige Erfahrung auf Reisen von existenziellen Gedanken eher ab, oder verstärkt sie diese?

Sie verstärkt sie auf jeden Fall, denn Leben und Tod lassen sich nicht trennen. Es gibt auf Reisen, zumindest auf meinen Reisen, durchaus lebensgefährliche Situationen, und es ist das höchste Gefühl der Lebendigkeit, wenn das Leben bedroht ist. Das unbewegte Leben ist dem Tod deswegen so nah, weil es so unlebendig ist. Reisen bedeutet, sich der Gefahr auszusetzen. Es gibt eine ganze Industrie abenteuerlicher Selbstgefährdung, weil wir Menschen das in unserem Alltag offenbar vermissen, die Konfrontation mit unserer Verletzlichkeit, unserer Sterblichkeit, und auf Reisen, zumindest wenn man nicht als Pauschaltourist reist, ist man dieser Verletzlichkeit viel stärker ausgeliefert. Verletzlichkeit ist auch Lebendigkeit. Lebendigkeit ohne Verletzlichkeit ist nicht denkbar.

Verletzlichkeit, Lebendigkeit, das Reisen ist also eine intensivere Form der Erfahrung. Hat eine Reise auch etwas Experimentelles? Sie hat einen Anfang, ein Ende, und dazwischen passiert etwas, das man sehr bewusst wahrnimmt, beobachtet, auswertet – und das einen verändern kann. Nimmst du das Reisen als eine Art Selbstversuch wahr?

Ja. Weil meine Reisen vor allem Arbeitsreisen sind, bin ich mein eigener Seismograph. Mein Körper ist mein wichtigstes Werkzeug der Wahrnehmung. Das Reisen erzeugt eine gesteigerte Bewusstheit für Körperliches, für die Gerüche, die Temperaturen, das Atmosphärische, für alles, was man nicht nur durch das Lesen am Schreibtisch erfahren kann. Man kann beim Lesen eine Menge erfahren, nicht aber das unmittelbare körperliche Da-Sein an einem anderen Ort, dazu muss ich mich dorthin bewegen. Deswegen muss ich da gewesen sein, an den Schauplätzen, über die ich schreibe, weil der Reflexion über sie sonst etwas Elementares fehlt. Es ist eine Art Dissoziation, die da stattfindet: Ich nehme mich wahr, ich nehme meinen Körper wahr, um den fremden Ort wahrzunehmen. Ich leide oft auf meinen Reisen, früher bin ich immer krank geworden, auch ernsthaft krank, manchmal war ich vielleicht auch sehr unvernünftig. Das ist dann auszuhalten statt abzubrechen. Diese extremen Erfahrungen sind das Material, das über das Ausgedachte hinausgeht. Das Sinnliche ist mir in der Literatur absolut wichtig.

Die körperliche Erfahrung beim Reisen spielt in deinen Texten eine wichtige Rolle. In Haut des Südens *(2000) zum Beispiel, deinem Roman vom Mississippi, wird die Haut, wie du sagst, zu einem Seismographen.*

Im Jemen wiederum, in *Rub' Al-Khali* (1996), waren es die ständigen Erkrankungen, die Malaria. Die Fremde muss körperlich erfahren werden. Im extremen Fall muss sie erlitten werden. Und ich meine Erleiden gar nicht im negativen Sinn, sondern im Sinn von Passion. Wenn sich der Körper nicht in diese Anpassung begibt, bin ich nicht wirklich an dem anderen Ort gewesen. Der andere Ort erzwingt eine physische Assimilation. Deswegen sind meine früheren Reisen sehr lang gewesen, damit genug Zeit blieb für diesen Prozess. Sonst wäre ich nur kurz zu Besuch gewesen. Auch auf kurzen Reisen macht man Erfahrungen, man kann auch daraus etwas machen, aber man war nicht wirklich da, man war nicht wirklich an-wesend. An*wesend*, das heißt: im *Wesen* muss etwas passieren und nicht nur an der Oberfläche.

Wie bewusst nimmst du in der Situation selbst, während du auf Reisen bist, wahr, dass körperliche Reaktionen zu deiner Wahrnehmung der Fremde so wesentlich dazugehören? Oder wird dir das erst im Rückblick klar? Sind das Deutungen, die du nachträglich vornimmst?

Nein, ich nehme das sehr bewusst wahr. Es ist eine Art von Passivität, ich überlasse meinen Körper der Situation. Man könnte es psychopathologisch fast Masochismus nennen. Früher war ich beim Reisen wesentlich aktiver, bis ich gemerkt habe, das aktive Reisen verhindert die Begegnung. So bin ich immer passiver geworden, habe immer weniger geplant und agiert. Jetzt sitze ich einfach irgendwo, schaue, höre, empfinde und lasse zu, lasse geschehen. Das ist eher eine Art von Hingabe als ein aktives Steuern der Situation. Denn je aktiver ich bin, desto mehr verfremde ich das, dem ich begegnen will. Wenn ich ins Feld eingreife, ist das eine Form der Manipulation. Der Blick von außen sieht vielleicht nur den Autor, den Reisenden, der beobachtet – oder vielleicht nicht einmal beobachtet, sondern nur wahrnimmt oder träumt. Ich bin dann in einer Art von Bewusstheit, von Gegenwärtigkeit, wie ich es nur sein kann, wenn ich nicht permanent über etwas nachdenke, etwas suche. Diese freischwebende Aufmerksamkeit ist eine Art von buddhistischer Leere, die vollkommen offen ist für das, was geschieht.

Das sind ethnologische Konzepte, die du ansprichst: Wie kann sich der teilnehmende Beobachter möglichst wenig invasiv verhalten? Geht es dir also um eine doppelte Beobachtung: Du beobachtest, was um dich herum geschieht, aber eine psychophysische Selbstbeobachtung läuft immer mit?

Ja, genau. Das kommt wahrscheinlich auch aus meiner Herkunft als Psychologe. Mir ist klar, je mehr ich eingreife, desto mehr störe ich die Prozesse. Und es geht nicht nur um das Zuhören, es geht wirklich darum, sich selbst abwesend zu machen, um ganz anwesend zu sein. Es sind asiatische Paradoxa, in denen man sich bewegt. Aber mein Reisen hat sich in den vergangenen 40 Jahren auch verändert. Am Anfang hatte ich zum Beispiel immer noch eine Photokamera dabei, bis ich gemerkt habe, diese Kamera ist zerstörerisch. Sie schafft Distanz, sie ist ein Objekt, das ich zwischen den Anderen und mich stelle, das ich auch zwischen die Bilder stelle. Ich sehe nicht mehr richtig, ich sehe durch das Auge des

Apparats. Was ich sehen will, wird von der Kamera manipuliert. Sie schreckt viele Menschen ab. Irgendwann habe ich sie weggelassen. Viel wichtiger sind die Bilder, die mein Gehirn wahrnimmt. Was ich erinnere, hat eine Bedeutung; nicht, was ein Objektiv auf einen Film gebannt hat.

Wenn du sagst, das Reisen verändert sich über die Jahre und Jahrzehnte, bringt die Erfahrung einen Gewinn an Einfühlung? Wirst du immer sensibler für die Beobachtung der Anderen und auch deiner selbst? Oder kommt es zum gegenteiligen Effekt der Routinisierung, Professionalisierung, Abstumpfung? Wird man als Reisender mit der Zeit sensibler oder weniger sensibel?

Ich suche mit jedem neuen Projekt ein neues Thema, eine neue Umgebung, eine neue Herausforderung. Es gibt sicher eine Kontinuität in meiner Arbeit, aber es gibt keine Routine. Nach einem China-Roman (*Die Legende von der weißen Schlange*, 2014) kam ein Preußen-Roman (*Zeithain*, 2017), der auch voller Reisen ist, aber größer könnten die Gegensätze nicht sein. Es geht jedesmal darum, sich neu einzulassen. Ich reise an die Orte, auch für einen Katte-Roman, um das Atmosphärische aufzunehmen, das vielleicht aus den Ruinen noch aufsteigt. Das Reisemotiv ist selbst in einem Roman, der 300 Jahre zurückreicht, permanent präsent, weil im Roman gereist wird und weil die Zeitreise selbst eine Form der Reise ist. Die Herausforderung ist, nicht auf Routinen zurückzugreifen und nicht nur neue Erfahrungen zu machen, sondern für diese neuen Erfahrungen auch eine neue Sprache zu finden. Ich versuche in meinen Büchern, für jede neue Annäherung eine eigene Form zu erarbeiten.

Zu den sprachlichen Formen, die du aus deinen Reisen entwickelst, möchte ich dich gerne gleich noch Einiges fragen. Zunächst interessiert mich noch die Beobachtung der physischen Erfahrung, die ja auch eine psychologische Selbstbeobachtung ist, und dabei vor allem ein besonderer Aspekt: Welche Rolle spielen in diesem Zusammenhang Emotionen, Gefühle, Affekte? Inwiefern ist es für dich produktiv oder auch störend, beim Reisen deine emotionalen Reaktionen zu beobachten?

Die Selbstbeobachtung ist absolut notwendig. Es gibt ja keine objektive Instanz, die unsere Wahrnehmung festhalten kann. Meine erste Frage ist immer: Was passiert hier gerade mit mir? Es ist die Selbstwahrnehmung, die mich eine Situation verstehen lässt. Aber diese Selbstwahrnehmung ist komplex. Es ist nicht einfach nur ein Gefühl. Es ist ein Gefühlskomplex. Das Erste, worüber man sich im Klaren sein muss, ist das, was man die *konstitutionelle* Emotion nennen könnte. Wenn ich zum Beispiel sage, »ich bin ein melancholischer Reisender«, ist das schon ein Filter – ein Filter der Schwermut, der Schwere, der Zurückhaltung. Dieser Filter beeinflusst das Reisen und jede Begegnung. Ein heiterer Mensch begegnet einem Fremden anders. Dann gibt es das *situative* Gefühl, das unabhängig von meiner Konstitution ist, das aus der Situation entsteht. Wenn ich müde bin oder auf Ablehnung stoße oder alles schiefgeht, dann überlagert das alles andere. Das ist ein weiterer Filter, und ich kann eine Situation nicht angemessen beschreiben, ohne mir über dieses situative Gefühl, zum Beispiel Ärger, im Klaren zu sein. Und dann gibt es noch eine dritte Ebene, man könnte es die *manipulative* Emotion nennen. Wenn ich etwas erreichen will, kann ich meine Gefühle oder die des Anderen bewusst beeinflussen. Das kennen wir aus dem Alltag, wenn wir uns höflich verhalten, weil wir etwas vom anderen wollen, oder wenn wir verärgert sind. Wie gehen wir damit um, wie machen wir das produktiv? Wir sind nicht nur Opfer unserer Affekte. Sie sind nicht nur etwas, das wir passiv erleiden, sondern auch etwas, das wir taktisch einsetzen. Gerade wenn ich nicht nur reise, um zu recherchieren, sondern dabei Filme mache, ist es notwendig, Situationen affektiv zu kontrollieren. Wie gehe ich mit den jungen Schauspielern um, wie halte ich sie bei der Stange, wie motiviere ich sie? Das sind ganz bewusste, manchmal anstrengende Prozesse. Ich muss, um bestimmte Prozesse voranzubringen, meine Affekte entweder zurückhalten oder gezielt einsetzen.

Wird der Reiseschriftsteller, der Ethnograph dann zum Schauspieler?

Ja, aber Schauspieler klingt dabei zu negativ. Ich würde es soziale Kompetenz nennen. Wenn Menschen das nicht können, wenn sie Opfer ihrer konstitutionellen Affekte bleiben, dann ist das fast eine soziale Behinderung. Es handelt sich um Lernprozesse. Man lernt, Affekte beherrschen zu können. Ich will das gar nicht bewerten. Es gibt natürlich Situationen, in denen sie auch missbraucht werden. Aber es gehört zur sozialen Kompetenz, wahrnehmen zu können, wie Affekte mich affizieren, wie ich sie durchschaue, wie ich auf sie reagiere, mich möglicherweise gegen sie wehre. Das ist ein komplexer Kontinent.

Gibt es Grenzen für das, was im Feld affektiv angemessen oder zulässig ist? Gibt es Affekte, die du dir verbietest? Die dir, wenn du sie empfindest, peinlich sind? Und die du beim Schreiben deshalb ausblendest?

Natürlich gibt es diese Grenzen. Affekte zu beherrschen ist Teil unseres sozialen Lebens. Grundsätzlich sind diese Grenzen sicher kontextuell. Aber unsere Geschichte, unsere Kolonialgeschichte ist von einer Fülle von Grenzüberschreitungen geprägt, die höchst unmoralisch, ja verbrecherisch waren. Und auch im Tourismus kommt es zu Grenzüberschreitungen, die nicht zulässig sind. Ich versuche, die Grenze für mich immer wieder neu zu definieren. Der Maßstab dabei ist für mich die Scham. Sie signalisiert mir, hier ist eine Grenze, die du bitte nicht überschreitest. Es klingt altmodisch, aber ich spüre, dass heute die Schamgrenze oft überschritten wird, dass viele sich mit einer Schamlosigkeit in der Öffentlichkeit bewegen, die vor Jahren nicht möglich gewesen wäre. Menschen haben vielleicht dasselbe empfunden, aber sie hätten einen Teufel getan, das öffentlich zu machen. Sie hätten sich geschämt. Da ist etwas verloren gegangen, das für unser Miteinander zentral ist. Scham ermöglicht erst ein gelingendes Zusammenleben, Schamlosigkeit zerstört es.

Scham ist kulturell sehr unterschiedlich kodiert. Wenn du sie bei dir selbst beobachtest, lernst du dabei auch etwas über die Gefühle der Anderen, der Einheimischen, denen du auf Reisen begegnest?

Das ist genau die Balance zwischen dem Kontextuellen und dem Universellen. Die Scham selbst ist sicher universell, aber das, wofür man sich schämt, ist kontextuell. Sie ist nicht einfach nur ein eigenes Gefühl. Scham ist Projektion und Interaktion. Es kann sein, dass ich etwas tue und dabei nicht merke, dass ich eine Grenze überschreite, aber der Andere spiegelt mir die Grenzüberschreitung, und dann schäme ich mich. Diese Kommunikation vollzieht sich teils bewusst, teils unbewusst. Wenn ich das verleugne, verfälsche ich das Gespräch. Wie Touristen, die mit der Badehose vom Strand in den Suq spazieren und nicht merken, wie unangemessen das ist, und zwar nicht nur oberflächlich, denn es geht nicht bloß um Etikette, sondern um tiefe Gefühle des Miteinanders, die im Anderen verletzt werden.

Das gilt für Touristen, aber auch für Schriftsteller oder Ethnographen?

Selbstverständlich. Wir sind ja nicht nur – oder vielleicht nicht einmal in erster Linie – als Schriftsteller unterwegs, sondern auch mit vergleichbaren Bedürfnissen wie jeder Tourist. Wir wollen etwas erleben, uns vielleicht sogar erholen. Auch das ist komplex. Was uns vielleicht unterscheidet, was mich unterscheidet, ist, dass ich das Nachdenken über das, was ich mit anderen Menschen teile, zu meiner Arbeit gemacht habe. Das ist ein Privileg, den größten Teil meiner Zeit scheinbar müßig damit verbringen zu können, darüber nachzudenken: Wer bin ich? Warum bin ich hier? Was mache ich hier? Aber ich tue das stellvertretend für andere, die sich dafür interessieren. Es ist also auch eine gewisse Verpflichtung mit diesem Privileg verbunden. Wenn ich das schon zu meiner Arbeit machen darf, dann nehme ich sie auch ernst, und ich werde nicht überheblich durch dieses Privileg, nein, das ist eine gesellschaftliche Arbeitsteilung.

Nun stellt sich für dich als Schriftsteller, aber auch für Ethnologen, die sich beobachtend und sich selbst beobachtend im Feld bewegen, die Frage: Wie bringe ich das zur Sprache? Welche Form wähle ich? Gibt es Grenzen dessen, was in bestimmten Genres sagbar ist? Der Fall Malinowski ist dafür beispielhaft: Posthum wird das Tagebuch herausgegeben, in dem Affekte zur Sprache kommen, die in den publizierten Texten ausgeblendet wurden: Begehren, Scham, Ärger über die Informanten. Inwiefern ist es auch für dich als Schriftsteller wichtig, bestimmte Grenzen dessen, was du sagen kannst oder willst, in deinen Texten zu wahren?

Das ist ein vielschichtiges Thema und lässt sich hier nur grob umreißen: Wie versuche ich, mit der konstitutionellen Mangelhaftigkeit unserer Sprache umzugehen? Sprache kann Wirklichkeit nie eins zu eins widerspiegeln. Selbst wenn wir alle Sprachen der Welt zusammennehmen, wird es immer einen Rest geben, der unsagbar bleibt. Um diesem Irrtum, Sprache könnte etwas objektiv und vollständig wiedergeben, zuvorzukommen, verzichte ich in fast allen meinen Arbeiten auf einen auktorialen Erzähler, der suggerieren würde, es gäbe einen allwissenden Erzählergott, der die ganze Situation überblickt und in die Menschen hineinzuschauen vermag. Ich versuche, die Unvollständigkeit, das Fragmentarische unserer Wahrnehmung auch in die Form zu übersetzen. Deswegen gibt es in meinen Texten meistens einen oder mehrere Ich-Erzähler, also eine multiperspektivische Herangehensweise, so dass der Leser die letzte Instanz ist, um die Leerstellen zu ergänzen oder auch nicht zu ergänzen. Vollständigkeit gibt es nicht. Man kann nur eine gewisse Komplexität herstellen. Selbst wenn es meine Geschichte ist, wenn es meine Figuren sind, fangen sie erst an zu leben, wenn sie eine Autonomie haben. Ein Roman weiß immer mehr als sein Autor. Das heißt, ich muss von der narzisstischen Allmachtsphantasie des Schriftstellers zurücktreten und mir sagen: Ich kann versuchen, diese Geschichte so komplex wie möglich zu erzählen, aber es wird immer einen unsagbaren Rest geben, und wenn es ihn nicht gibt, interessiert dieser Roman den aufmerksamen Leser nicht.

*Du hast auch akademische Erfahrungen mit der Anthropologie gemacht, du hast promoviert mit einer Studie über das Sohnesopfer (*Jizchak. Versuch über das Sohnesopfer, *1992). Hast du in der Literatur andere Möglichkeiten, die du in der Ethnographie nicht hättest? Hast du versucht, bestimmte Reisen, bestimmte Felderfahrungen zunächst ethnographisch zu verarbeiten, und dann gemerkt, das geht in dieser Form nicht? Wie würdest du die beiden Genres, die beiden Poetiken, die beiden Disziplinen ins Verhältnis setzen?*

Von Anfang an schien mir diese Abgrenzung zwischen Ethnographie und Literatur fragwürdig, denn gute Ethnographie ist gute Literatur und umgekehrt. Meine Weltaneignung ging immer über gute Literatur, die auch Ethnographie sein kann, und gute Literatur war immer auch Ethnographie. Wenn ich mich für Russland im neunzehnten Jahrhundert interessiere, finde ich bei Dostojewski unendlich viel mehr als bei irgendwelchen scheinbar objektiven Berichten. Das gilt nicht nur für die Ethnographie, sondern eigentlich für alle Geisteswissenschaften. Mir ging es schon während meines Studiums so, dass wissenschaftliche Autoren, geisteswissenschaftliche Autoren, die nicht schreiben konnten, die keine Sprache gefunden hatten, mich auch nicht interessierten. Es ging nie um die reine Botschaft, sondern immer auch um die Form, um eine angemessene Sprache. Es gibt Grenzgänger, Nietzsche, Lévi-Strauss, Roland Barthes, bei denen man nicht genau weiß, ist das jetzt ein wissenschaftlicher oder ein poetischer Text? Erkenntnisprozesse haben nicht nur mit einer Botschaft zu tun, sondern auch mit dem Angerührtwerden durch Sprache. Die Literatur verzichtet auf die Anmaßung, Wahrheiten zu behaupten. Sie enthält Wahrheit, aber sie behauptet sie nicht. Ihre Offenheit, das »offene Kunstwerk«, wie Umberto Eco es genannt hat, ist der Welt angemessener, weil die Welt offen ist. Das ist unsere Urerfahrung, alle Erkenntnis ist zeitlich und räumlich gebunden. In zehn, in hundert Jahren werden wir die Welt anders sehen. Das Offene, Prozessuale ist das Wesen der Erkenntnis. In der Literatur kommt das wahrhaftiger zur Sprache als in der Wissenschaft, gerade in der Wissenschaft vom Menschen. Da braucht es eine Annäherung, eine Umkreisung, keine Definition. Etwas im Wesen zu treffen hat auch etwas Mörderisches.

Hast du in der Literatur mehr Möglichkeiten, experimentellere Spielräume als in der disziplinären Ethnographie? Gerade auch emotional?

Ja. Zum Beispiel bei meiner Annäherung an Hans Hermann von Katte (1704–1730) und seine Zeit las ich natürlich viel von Historikern, aber über Waisenhäuser und Internatserziehung erfuhr ich doch viel mehr bei Charles Dickens. Dadurch dass Autoren das Kognitive und das Affektive verbinden, fügen sie mehr Aspekte der Welt zusammen als jemand, der sich auf Grund seiner Disziplin auf bestimmte Aspekte beschränken muss und andere ausblendet – gerade das Affektive, das Poetische, die eigene Erfahrung, die eigene Berührtheit. Diese Reduktion ist der Preis einer scheinbar objektiven Wissenschaft. Statt die Komplexität der Welt einzufangen, muss sie so weit reduziert werden, dass sie in das experimentelle Gefüge passt, und das ist am Ende eine Verfälschung – wie bei Malinowski.

Bei ihm sieht man im Nachhinein im Tagebuch, was in der disziplinären Ethnologie ausgeblendet werden musste. Was könnte die Ethnologie von der Literatur lernen, wie könnte sie sich von ihr inspirieren lassen, sich öffnen für andere Schreibformen, aber auch für die Möglichkeit, die Affekte des Beobachters nicht mehr auszuklammern, sondern einzubeziehen?

Es gibt den Ansatz der »dichten Beschreibung« von Clifford Geertz und die Schule der »Ethnopoesie«. Gerade in den Geisteswissenschaften haben manche, unter ihnen mein Doktorvater Dietmar Kamper (1936–2001), erkannt, dass wir uns der Wahrheit nur annähern können, indem wir den Beobachter einbeziehen.

Einschließlich seiner Affekte?

Einschließlich seiner ganzen Komplexität. Denn er ist derjenige, der uns etwas vermittelt, und wenn er sich ausblendet, fehlen uns die Parameter, um zu verstehen, was er wahrgenommen hat. Eine Wahrnehmung an sich gibt es nicht, sondern immer nur die Wahrnehmung durch einen Beobachter. Und das gilt für die Wissenschaft wie für die Literatur. Die Literatur erzeugt einen Metadiskurs, der immer wieder selbstreflexiv deutlich macht: Was ihr lest, ist Literatur. Wie wichtig es ist, einen eigenen Metatext mitzuliefern, haben beide – scheinbar getrennten – Disziplinen begriffen. Denn es gibt nicht das objektive Werk für einen subjektiven Leser, sondern nur ein Dreieck, in dem man den Text nur versteht, wenn man etwas über seinen Autor weiß und vielleicht auch etwas über seinen Empfänger. Erst in dieser Triangulierung setzt sich die Erfahrung zusammen.

Nun schreibst du ebensowenig wie Malinowski im Feld direkt einen Text, wie er dann erscheint, sondern du führst zunächst Reisetagebücher, machst Notizen, die dann dein Material bilden. Inwiefern unterscheiden sie sich von der publizierten Fassung deiner Arbeiten? Haben sie eine experimentelle, offene Form, bilden sie ein Rohmaterial, aus dem du später Erzählungen, Romane, Novellen konzipierst? Und welche psychoemotionale Funktion hat dabei das Schreiben im Feld? Hat es etwas Stabilisierendes?

Da ich nicht als Ethnograph unterwegs bin, bin ich nicht verpflichtet, ein Feld umfassend abzubilden. Meistens steht das Konzept des Buches von vornherein, nicht nur die Idee, sondern fast schon die Details, die Geschichte ist da.

Vor der Abreise?

Vor der Abreise ist bereits alles im Kopf. Fast alle Projekte haben einen Vorlauf in der Phantasie. Was dann im Feld geschieht, ist die Versinnlichung. Die Form ist da, die Idee ist da, die Geschichte ist da, aber was hinzukommen muss, ist die Authentizität des Körperlichen. Die Gerüche müssen stimmen. Ich muss überprüfen, wie ich das Klima spüre, wie sich die Menschen darin bewegen, wie es dort riecht, deshalb muss ich dorthin. Ich breche auf und weiß, was ich suche. Ich bin nicht ziellos. Ich fokussiere mich auf etwas. Das war zum Beispiel im Jemen das Spiel. Auch wenn ich immer noch offen dafür bin, dass ich etwas anderes finden werde. Es ist ein Paradox von Fokussierung und Offenheit, was vielleicht auch nur ein scheinbarer Gegensatz ist. Offenheit ist nur möglich, wenn es wiederum eine Instanz gibt, die auswählt. Wir hören ja ständig alles, unser Ohr ist nicht wie das Auge, das wir schließen können; und würden wir es nicht schaffen, selektiv zu hören – das ist ja, was Autisten passiert –, so würden wir unter der Flut der Eindrücke, die wir nicht ordnen können, zusammenbrechen. Das ist beim Reisen dasselbe. So viele neue sensorische Daten verarbeiten und ordnen zu können, ist eine der großen Leistungen in unserem Leben, die uns übrigens auch von der künstlichen Intelligenz unterscheidet.

Das Konzept der Reise steht also von vornherein fest?

Das Konzept des Werkes. Die Reise ist Teil der Recherche, aber das Werk muss im Kopf sein. Das Verhältnis zwischen Fokussierung und Offenheit ist dialektisch.

Du hast von verschiedenen Ebenen der Emotionen des Reisens gesprochen, der konstitutionellen, der situativen und der manipulativen. Gibt es typische Emotionen, die du auch mit zunehmender Erfahrung immer wieder feststellst? Und gibt es eine regelmäßige Sequenz der Affekte? Einen bestimmten Verlauf deiner eigenen Erfahrung, unabhängig davon, ob du dich in China, im Jemen oder in Algerien aufhältst?

Ja, es gibt einen Rhythmus des Reisens. Es gibt den Anfang mit einer großen Neugier, einer großen Energie, und dann nach einigen Wochen einen emotionalen Abfall, eine depressive Verstimmung, die große Frage: Warum mute ich mir das zu? Was mache ich hier? Ich will nach Hause. Es folgt eine Phase von Heimweh, Verlassenheit, in der sich die Kommunikation immer mehr einschränkt bis hin zur Idiosynkrasie, dass mich alles nervt, die Stimmen, die fremde Sprache, eine Phase, in der ich überempfindlich werde, ohne dass mir jemand etwas tut oder zumutet, aber ich reagiere auf alles missmutig und abweisend. Bis dann zum Ende hin wieder Energie aufkommt. Diesen Zyklus kenne ich. Und ich gehe damit inzwischen gelassener um als früher. Ich lächle dann über mich und denke: Ah, ja, jetzt kommt also die Phase des Überdrusses und der Depression, jetzt muss ich vorsichtig sein, damit ich den anderen Menschen gegenüber gerecht bleibe, sie können ja nichts dafür, dass ich ihre Sprache nicht mehr hören kann oder die Gerüche und den Autoverkehr und den Lärm oder den Muezzinruf nicht mehr ertrage. Das bin ich, das ist nicht die Umgebung. Das bin ich in dieser fremden Umgebung, in der gerade etwas Wichtiges geschieht, das ich nur noch nicht durchschaue. Hier trennt sich das Eigene vom Fremden, in dieser Überempfindlichkeit gegenüber dem, was mich am Anfang fasziniert hat und am Ende wieder faszinieren wird, weswegen ich gereist bin. Dabei wird mir auch klar, dass ich niemals das Andere sein kann. Ich werde mich nicht so weit assimilieren, dass ich *selbstverständlich* hier bin, sondern ich bleibe, egal wie lange ich mich an diesem Ort aufhalte, ein Fremder. Es war eine Illusion, dass diese Fremde meine Welt werden könnte. Wenn die Faszination nachlässt, wird das Trennende deutlich.

Wie kannst du diese Regelmäßigkeit berücksichtigen? Rechnest du diesen Rhythmus des Reisens ein in deine Seismographie, in die Diagnose deiner Affekte?

Ja, und auch das findet eigentlich schon im Vorlauf statt. Die Tage vor dem Aufbruch sind eine einzige Quälerei. Je näher der Aufbruch kommt, desto größer werden die Zweifel: Schon wieder diese Anstrengung, diese Unbehaustheit, diese Verlorenheit an einem fremden Flughafen, bis man sich irgendwo wieder zurechtgefunden hat. Das geht bis zum Tag des Aufbruchs, wenn ich denke, eigentlich will ich überhaupt nicht weg, mit einer Regelmäßigkeit, die beim Reisen dazu gehört, sodass ich versuchen muss, sie einzuhegen, damit sie mich nicht daran hindert, überhaupt aufzubrechen. Aber in dem Augenblick, in dem ich das Haus verlasse, ist es vorbei. Dann gibt es keinen Zweifel, keine Verstimmung mehr. Ja, das sind aufschlussreiche Gefühle. Und sie sind durchaus archaisch, weil sie etwas Tieferes berühren. Man gibt etwas auf, lässt alles zurück, weiß nicht, ob man zurückkehren wird. Es ist ein Wagnis, etwas, vor dem wir zurückscheuen. Das ist die Ambivalenz unseres kulturellen Erbes. Es gibt eine nomadische Sehnsucht, die uns immer wieder aufbrechen lässt. Und es gibt eine Urangst vor dem Verlust von Heimat, Geborgenheit, Vertrautheit, dem eigenen tribalen Umfeld. Die Fremde ist eben auch gefährlich.

Wenn das Reisen und die Gefahr, anthropologisch gesehen, eine Urerfahrung sind, welche Rolle spielen in diesem Zusammenhang nicht nur allgemeine Rhythmen, sondern bestimmte Emotionen? Zum Beispiel die Erotik als Verlockung, die Angst als Mahnung oder der Ekel als Warnsignal in Gefahr? Denkst du zum Beispiel, in dem Moment, in dem ich mich vor etwas ekele, sagt mir das etwas über ein gesteigertes Differenzempfinden? Gibt es bestimmte Affekte, die eine sensorische Funktion haben?

Ich bin immer wieder erstaunt, wie ich bestimmte sehr starke Affekte, wie zum Beispiel Ekel, zurücklassen kann. Ich hätte zum Beispiel nicht geglaubt, dass ich in der Lage bin, in einem Land wie Jemen in einem Dorf, wo es keine sanitären Anlagen gibt, auf einen Acker zu gehen und dort meine Notdurft zu verrichten und mich dann mit der Hand zu säubern. Hier ist das für mich unvorstellbar, dort ist es so, wie es ist. Es funktioniert, und ich komme nicht so schnell an meine Grenzen, wie ich es zuvor vermutet hätte. Das beruht vielleicht auf dieser Haltung, die ich als Passivität oder vielleicht sogar als Masochismus beschrieben habe, ich überlasse mich dieser Situation und lasse mich von meinen Affekten nicht dominieren. Ich sage mir dann, das gehört nach Berlin, das gehört in meine westliche Kultur, das spielt hier keine Rolle. In China war es vor allem die Küche, die mich an meine Grenzen geführt hat, weil die Chinesen ja buchstäblich alles essen. Das sind Urerfahrungen, die ganz tief in unser körperliches Dasein hineinreichen: Worauf lassen wir uns ein, was probieren wir aus? Da gibt es die irrationalen Affekte, man sagt sich, »ich werde nie einen Hund oder eine Ratte essen«, aber dann ist man da in einem Restaurant und bekommt die Delikatessen vorgesetzt, und schon bin ich erstaunt, wie viel ich zulasse. Es kann immer noch sein, dass ich dann Grenzen wahrnehme und überschreite, aber genau diese Gefühle wie Ekel oder auch Hass spielen keine große Rolle. Dann gibt es eigentlich nur noch die letzte Grenze einer schweren Erkrankung, die man nicht überlebt. Aber bis dahin habe ich fast alle Zumutungen erlebt, die man erleben kann, und bin in den Situationen selbst überraschend gelassen geblieben. In der Vorstellung sind sie dramatischer als in der Wirklichkeit: Was passiert in solch einer Situation? Das werde ich nie aushalten … Das kenne ich auch von Unfällen, die ich erlebt habe, ich werde in dramatischen Situationen absolut ruhig. Danach kann es sein, dass die große Aufregung kommt oder der Zusammenbruch. Ich habe Kriegssituationen erlebt, in meiner Nähe schlugen Bomben ein, aber je dramatischer, lebensbedrohlicher die Situation war, desto ruhiger wurde ich. Panik bringt nichts, lass es geschehen. Meine Emotion widerspricht der Situation. Sogar bei Überfällen. Ich werde dann ruhig. Es ist fast eine Selbstkenntnis, die mich schützt: Ich weiß, in gefährlichen Situationen flippe ich nicht aus und mache es noch schlimmer, sondern es gibt einen Gegenimpuls, der mich das Angemessene tun lässt.

Sind das Voraussetzungen des idealen Reisenden oder des idealen Ethnographen, besonders gut Affektregulation betreiben zu können, kulturell einkodierte Affekte wie Ekel besonders gut unterdrücken zu können?

Nein.

Wie fühlt dann der ideale Ethnograph, der ideale Reisende?

Den gibt es gar nicht. Ich glaube, das ist auch gar nicht notwendig. Notwendig ist, sich die Fähigkeit zur Introspektion, zur Selbstwahrnehmung zu bewahren. Dann kann ich reisen, wie ich will. Dann kann ich auch als Diva reisen oder als empfindsamer Mensch, der sich vor allem ekelt. Was ich aber in jedem Fall wissen will, wer ist derjenige, der hier reist. Alles ist möglich. Am Ende zählt die Form. Die Form oder die Sprache, in der ich meine Gefühle beschreibe und dem Anderen mitteile und ihm die Freiheit lasse zu sagen: Was für ein merkwürdiger Reisender! Aber wir alle sind merkwürdige Reisende, und diese Merkwürdigkeit will ich wahrnehmen. Der ideale Reisende? Der wäre langweilig. Das wäre ein Roboter.

Wenn die physische und emotionale Erfahrung auf Reisen ein Schlüssel zum Fremdverstehen ist, aber auch zum Selbstver-

ständnis, was hast du über dich erfahren, das dir prekär vorkam oder unangenehm war? Du bewegst dich ja nicht nur in sehr fremden, sondern auch in patriarchalen Kulturen, in Diktaturen, in problematischen Gesellschaftssystemen. Gibt es zum Beispiel eine Faszination, die du bei dir selbst festgestellt hast, die dir im Nachhinein unangenehm ist? Was bringen die Affekte über uns selbst in Erfahrung, das uns vielleicht gar nicht recht ist?

Ja, die gibt es, diese Affekte, aber sie sind nicht vermeidbar. Ich denke an meine Algerienreisen. Ich habe dort zwei Filme gedreht (*City of Happiness*, 2003/2004; *Timimoun*, 2004/2005) und bin jedes Mal mit der Polizei aneinandergeraten. Das ist ein autoritäres, schreckliches Land mit einer großen Gewalttätigkeit. Aber auf mehreren dieser Reisen, gerade im Zusammenhang mit meinen Filmen, haben mich die Situationen gezwungen, selbst autoritär zu werden, fast arrogant aufzutreten, um mich gegen diese Gewalt zu wehren, weil das der einzige Schutz für mich und meine Mitarbeiter war. Da musste ich den Europäer »raushängen« lassen, der unter konsularischem Schutz steht, damit wir nicht auf der Polizeistation verprügelt werden. Diese Arroganz, gerade in Ländern mit kolonialer Vergangenheit, finde ich furchtbar. Ich musste mich aber dazu zwingen, weil mir klar war, diese Polizisten verstehen nicht die Sprache partnerzentrierter Gespräche, für sie ist das Schwäche, da muss ich auftreten wie ein französischer Diplomat und keinen Zweifel lassen, dass ich genau diese Autorität habe. Das war wahnsinnig anstrengend, wahnsinnig unangenehm, das bestärkte auch meine Zweifel an dem, was ich dort machte, nämlich unter diesen Bedingungen ohne behördliche Erlaubnis Filme zu drehen. Ich fragte mich dann, ob das Werk es wert ist, ob ich am Ende nicht nur Schaden anrichte und die Mitarbeiter und mich in Gefahr bringe. Wir haben dort Tage auf Polizeirevieren verbracht, ich habe Dinge erlebt, die nah an der Folter waren, und ich war ohnmächtig – es wahrzunehmen und nichts tun zu können, den Polizisten nicht sagen zu können, was auch immer ihr in euren Kellern macht, ich will nicht sehen, wie ihr vor meinen Augen einen jungen Gefangenen zusammenschlagt ... Da komme ich natürlich an Grenzen, und es braucht Zeit, nicht nur das, was da geschieht, zu verstehen, sondern auch mein eigenes Verhalten. Mische ich mich in etwas ein, das mich als Besucher nichts angeht, das mich aber als Menschen angeht, bin ich sogar dazu gezwungen, meine eigenen Standards zu verteidigen, auch wenn ich weiß, dass sie relativ sind, aber nicht für mich, nicht in dieser Situation? Man darf nicht foltern, auch hier nicht. Und ich bin dabei, als Zeuge mit meiner Ohnmacht, vielleicht aber auch mit meiner Macht als Zeuge. Wie gehe ich damit um? Schreibe ich später darüber oder interveniere ich hier und jetzt und gehe damit das Risiko ein, selbst zusammengeschlagen zu werden? Auf jeden Fall geht es hier um affektive Kompetenz, um die Fähigkeit, etwas darzustellen, das ich eigentlich nicht bin, das aber in dieser Situation notwendig ist. Das bedeutet eine ungeheure Anstrengung, aber wenn ich sie nicht aufgebracht hätte, wären manche Konflikte wirklich in Katastrophen geendet.

Das sind situative, taktische, im Grunde doch verständliche Handlungsweisen.

Ja, aber es bleibt das ambivalente Gefühl, ich bin zwar da, aber es ändert nichts. Oder ich tue zwar etwas, aber das macht es vielleicht sogar noch schlimmer. Vielleicht tue ich es auch nur für mich selbst, um nicht mit Scham und Schuld aus dieser Situation hinauszugehen. Und der arme Mensch bekommt dann vielleicht doppelt Prügel. Das ist kompliziert. Es gibt keine richtigen Lösungen für verfahrene Situationen. Als Reisender muss man manchmal einfach hinnehmen, dass man eine Seite der Welt wahrnimmt, die einen entsetzt und die auch das Schreiben nicht ändert. Vielleicht ist das sogar der größere Teil der Welt. Manchmal bekommen wir einen kleinen Einblick. Aber ich will auch nicht einfach der Voyeur sein, der das literarisch ausbeutet, als Held furchtbarer Verhältnisse. Das sind Gratwanderungen, Abwägungen.

Was du in Algerien erlebt hast, ist eine koloniale Situation, und sie ist besonders unangenehm, weil du dich als weißer Westeuropäer in einer ehemaligen Kolonie autoritär verhalten musst. Gibt es solche Emotionen oder Affekte auch, ohne dass sie situativ oder taktisch herbeigeführt werden? Stellst du bei dir selbst manchmal fest, was ich gerade empfinde, ist eigentlich ein kolonialer Affekt? Befriedigt mich die Exotik, übertreibe ich die Fremdheit, genieße ich die Armut? Gibt es Modi der Wahrnehmung, deren du dich im Nachhinein schämst?

Nein, ich erlebe das bei mir nicht. Es kann sein, dass andere aus der Außenperspektive es bei mir sehen oder mir unterstellen. Aber ich bin eher erstaunt, dass es diesen Komplex des Exotismus überhaupt gibt. Meine wichtigste Urerfahrung ist der Jemen, und davor waren es meine Reiseerfahrungen in Israel / Palästina. Das Merkwürdige an den Orten, die mir über längere Zeiträume wichtig wurden, war immer, dass meine erste Empfindung die einer Heimkehr war. Ich komme an den Ort, bin sowieso nie unvorbereitet, weiß schon eine Menge, und ich steige aus dem Flugzeug und denke: Endlich bin ich hier, zu Hause. Woher kommt das? Es gibt offenbar eine imaginäre Heimat, aber auch Fremdheitsgefühle im Eigenen, und dann kommt man an einen Ort, wo man sich plötzlich nicht mehr als Fremder empfindet, sondern eine Geborgenheit spürt, die man zu Hause vermisst. Das einzige Land, an dem ich *meinen* Ort nicht gefunden habe, ist China, da ich mich dort von der Fülle neuer Eindrücke bis zum Ende überfordert gefühlt habe.

Ist es eine zu große Fremdheit, die einen zu sehr herausfordert?

Ja, dort, wo zu wenig Entgegenkommen vorhanden ist und keine Bereitschaft besteht, mir einen Ort zu gewähren. Es gab sehr viel Abwehr vonseiten der Chinesen, mich als etwas anderes als nur als Touristen wahrzunehmen. Aber überall sonst, selbst in Algerien, war es so, dass ich meinen Platz finden konnte – als Fremder, für den es einen Ort gibt. Die meisten Kulturen haben ihre Rituale und ihre Strukturen, in denen Fremde ihren Platz finden. Das reicht vom Hotel oder der Karawanserei bis hin zum Gastrecht. Man kann sich einfügen, diesen Raum erweitern, verändern. Das ist auch Teil eines Spiels. Ich habe mich weder ausgeschlossen gefühlt noch als Eindringling. Das war ein Fügen, ein Wahrgenommenwerden. Ich versuche eher, unter dem Radar zu bleiben. Als ich kürzlich in Rabat war, bin ich allen Orten aus dem Weg gegangen, wo sich Touristen aufhielten, ich hatte mein Stammcafé bei den Einheimischen. Natürlich braucht es ein paar Tage, bis man nicht mehr nur als einmaliger Gast wahrgenommen wird, aber dann entsteht eine Selbstverständlichkeit, die auch meinem Wesen entspricht. Die Blicke verändern sich nach drei, vier Tagen. »Ah, der ist jetzt wieder da, vielleicht arbeitet der hier.« Jeder hat seine Phantasien, meine anfängliche Fremdheit nivelliert sich. Ich ritualisiere sehr schnell meine Alltage, auch an fremden Orten. So entstehen Möglichkeiten für beide Seiten, eine kurzfristige Selbstverständlichkeit zu entwickeln. Ich bin nicht immer auf der Suche nach einer neuen Sensation, sondern eher auf der Suche nach der Antwort auf die Frage: Wie funktioniert hier der Alltag? Und das verstehe ich nur, wenn ich ein Teil davon werde. Dann sehe ich, um diese Zeit kommt immer der Lieferwagen mit den Mehlsäcken, und jede halbe Stunde kommt dieser Typ vorbei, um sich von einem anderen Gast eine Zigarette zu schnorren. So entwickelt man ein Gefühl für Zeitabläufe, für Rhythmen, aber nur wenn man sich diese Zeit lässt und sich sensibilisiert für das scheinbar Alltägliche.

Woher dann die Melancholie?

Die kommt aus meiner Biographie, aus meinem Körper, aus meinen Genen. Das ist eine komplexe Geschichte. Das, was man die Natur der Persönlichkeit nennt. Es gibt Frohnaturen, und es gibt schwermütige Naturen.

Also hätte es nichts mit dem Reisen zu tun? Du arbeitest aber an einem Projekt mit dem Titel Die Melancholie des Reisens*...*

Ja *(lacht)*. Und nein. Die Melancholie hat erst einmal mit mir zu tun. Aber wenn ein Melancholiker auf Reisen geht, ist es ein anderes Reisen, als wenn ein Abenteurer loszieht oder eben eine Frohnatur, die dann mit tausend neuen Bekannten zurückkommt. Ich bin zurückhaltend mit Bekanntschaften, Freundschaften, Gesprächen, überhaupt sehr zurückhaltend. Alles, was ich sage, beschreibt nur *meine* Art zu reisen. Sie ist kein Maßstab für das Reisen überhaupt und auch keine Wertung, wie man reisen müsste. Ich beneide die Menschen, die mit großer Offenheit und Empathie reisen und jeden Tag an jeder Ecke neue Leute kennenlernen. Das kann auch eine Form des Reisens sein. Es kommen andere Ergebnisse dabei heraus, als man erwartet hätte. Aber genau diese Vielfalt ist so wesentlich, weil es *das* Reisen, *den* idealen Reisenden, nach dem du gefragt hast, nicht geben kann.

Claude Lévi-Strauss sprach von den traurigen Tropen …

Ein weiterer melancholischer Reisender. Vielleicht sind sie es, die nicht das Fremde, das Reiseabenteuer suchen, sondern wirklich reisen, um an einem Werk zu arbeiten, introvertierte Menschen, mit einer reichen inneren Welt, die mit anderen Erwartungen reisen und deren Texte in ihrer Melancholie viel mehr enthalten, als die meisten Reisenden an Erfahrungen erleben. Aber die meisten Reisenden sind auch keine Poeten und schreiben danach keine Gedichte, sondern machen vielleicht ein paar Selfies. Wahrscheinlich hängt das sogar zusammen, dass der extrovertierte Reisende reich an Erfahrungen zurückkommt und nicht unter dem Druck steht, sie noch weiter zu verarbeiten, während wir Melancholiker unsere Erfahrungen reduzieren, damit sie verarbeitbar werden. Wenn es zu viele Bekannte, zu viele Eindrücke sind, kann man das Material nicht mehr bewältigen, also werden wir in unserer Wahrnehmung immer zurückhaltender, damit wir überhaupt noch darüber reflektieren können, wir denken dann den ganzen Tag nur über diesen einen Menschen nach, der da in der Ecke sitzt und bettelt oder uns blöd angemacht hat. Ja, so kommt die Melancholie meiner Arbeit entgegen, aber weder für das Reisen noch für das Schreiben ist sie eine Voraussetzung.

Nicht nur für den Melancholiker hat das Reisen etwas Melancholisches, sondern regelmäßig für uns alle, spätestens am Ende, beim Abschied. Man verlässt eine fremde Kultur, lässt Freunde zurück, kehrt heim ins Gewohnte. Ist das Reisen, nicht nur für Melancholiker, nicht vielleicht doch eine Flucht vor dem Tod oder vor dem Gedanken an den Tod, der uns beim Abschied dann einholt? Womit wir zum Anfang unseres Gesprächs zurückgekehrt wären.

Nein, es ist keine Flucht. Der Melancholiker ist sich seiner eigenen Sterblichkeit immer bewusst. Er sucht Bestätigung dafür, wie fragil alles ist, und er findet diese Bestätigung außerhalb Deutschlands oder Europas an vielen Orten noch elementarer, wo die Verletzlichkeit auf der Straße liegt. Ich glaube, das ist kein Zurückweichen, sondern im Gegenteil eine Konfrontation, vielleicht um eine philosophische Haltung zum Tod zu finden, die wir weitgehend verloren haben. Unser Umgang mit dem Tod ist katastrophal. Er begegnet uns tagtäglich, aber viele haben in Wirklichkeit noch nie einen Toten gesehen. Die Rituale sind verloren gegangen. Mein Stammcafé in Rabat lag gegenüber vom Zentralfriedhof. Jeden Tag zogen die Prozessionen vorbei. Es ist ein wunderbarer Friedhof, direkt zwischen der Medina, der Altstadt und dem Strand gelegen. Jetzt gibt es eine Mauer, aber als ich das erste Mal in Rabat war, musste ich, wenn ich an den Strand wollte, jedes Mal über den Friedhof gehen. Das Vergnügen und der Tod waren benachbart. Jetzt saß ich dort im Café, und mindestens drei, vier Leichenzüge kamen jeden Tag vorbei. Und es ist ja anders als bei uns, die Toten sind nur mit einer Decke bedeckt, es gibt keine Särge, und man geht zu Fuß durch die Stadt. Die Menschen im Café standen auf, und ich wusste nicht, stehe ich auch auf oder nicht, ich bin dann nicht aufgestanden, ich dachte, es ist albern, Rituale zu übernehmen, die nicht meine sind. Aber der Tod war präsent, er hat natürlich auch meine Gedanken erfüllt, und ich habe gedacht, wie alltäglich er hier doch ist. Da gehen nur Männer, Frauen sind bei diesen Beerdigungszügen nicht dabei, und zehn Minuten später sehe ich sie schon zurückkommen. Ich habe das Café nicht gewechselt. Ich habe es auch nicht bewusst ausgesucht. Aber ich dachte, auch das ist sicher kein Zufall. Das ist nicht der erste Ort, wo der Tod allgegenwärtig ist. Es hat mich nicht gestört, auch nicht beglückt, aber es hat mich der Wirklichkeit nähergebracht. Einer Wirklichkeit, die dort eine andere ist. Nicht nur, aber auch zum Reisen gehört das Sterben dazu.

Oliver Lubrich ist Professor für Neuere Deutsche Literatur und Komparatistik an der Universität Bern. Das Gespräch fand Anfang 2018 in Berlin statt.[77]

Anmerkungen

1 Giuseppe Ungaretti: *Corre sopra le sabbie favolose / E il suo piede è leggero*; ins Deutsche übertragen vom Autor. http://ilbaroneinesistente.blogspot.com/2014/05/giuseppe-ungaretti-caino.html.

2 Arthur Rimbaud: *Une Saison en Enfer*, prologue; aus Arthur Rimbaud: *Sämtliche Dichtungen*, Lambert Schneider, Heidelberg 1982, S. 264; ins Deutsche übertragen vom Autor.

3 Maintenant je puis dire que l'art est une sottise. Nos grands poètes/Ma beauté (?) aussi facile: l'art est une sottise. Entwurf zu Alchimie du verbe, Une Saison en Enfer, Délires II, aus Arthur Rimbaud: *Sämtliche Dichtungen*, dtv, München 2016, S. 278; ins Deutsche übertragen vom Autor.

4 Arthur Rimbaud: *Briefe und Dokumente*, übersetzt von Curd Ochwadt, Lambert Schneider, Heidelberg 1961, S. 129.

5 Graham Robb: *Rimbaud*, Picador, London 2000, S. 313.

6 Brief von Alfred Bardey an Paterne Berrichon vom 16. Juli 1897; Jean-Jacques Lefrère: *Arthur Rimbaud*, Fayard, Paris 2001, S. 893; ins Deutsche übertragen vom Autor.

7 Jean-Paul Vaillant: Rimbaud tel qu'il fut […]. Paris 1930, S. 38 f.

8 Arthur Rimbaud: *Briefe und Dokumente*, Lambert Schneider, Heidelberg 1961, S. 85.

9 Ebd., S. 87.

10 Michel Butor: *Versuch über Rimbaud*, übersetzt von Beate Thill, Rimbaud, Aachen 1994, S. 150.

11 Arthur Rimbaud: *Rapport sur l'Ogadine,* Comptes rendus des séances de la Société de Géographie et de la Commission centrale, Paris 1884; zit. nach Michel Butor: *Versuch über Rimbaud*, Aachen 1994, S. 166 f.

12 Robert Goffin: *Rimbaud vivant: Documents et témoignages inédits*. Prix de la critique 34, Les Cahiers du journal des poètes, Brüssel 1937, S. 48.

13 Brief aus Aden vom 7.10.1884; Arthur Rimbaud: *Briefe und Dokumente*, Lambert Schneider, Heidelberg 1961, S. 116.

14 Ebd., S. 129.

15 Verfasser anonym; *Nachforschungen über die ersten Franzosen am Roten Meer und Äthiopien*; zit. nach Arthur Rimbaud: *Briefe und Dokumente*, Rowohlt, Reinbek bei Hamburg 1964, S. 294.

16 Arthur Rimbaud: *Brief an Paul Demeny*, Arthur Rimbaud: *Briefe und Dokumente*, Lambert Schneider, Heidelberg 1961, S. 20.
17 Enid Starkie: *Das trunkene Schiff*, übersetzt von Margarete Gräfin Montgelas und Hans B. Wagenseil, Leibniz, Hamburg 1963, S. 245.
18 Henry Miller: *Vom großen Aufstand*, übersetzt von Oswalt von Nostitz, Rowohlt, Reinbek bei Hamburg 1976.
19 Benjamin Fondane: *Rimbaud der Strolch*, übersetzt von Michaela Meßner, Matthes & Seitz, München 1991, S. 166.
20 Arthur Rimbaud: *Une Saison en Enfer*, Sämtliche Dichtungen, übersetzt von Thomas Eichhorn, dtv, München 1997, S. 231.
21 Tomas Tranströmer: *Sämtliche Gedichte*, übersetzt von Hanns Grössel, Hanser, München 1997, S. 81.
22 Pier Paolo Pasolini: *Reisen in 1001 Nacht*, übersetzt von Annette Kopetzki und Dorothea Dieckmann, Corso, Hamburg 2011, S. 33.
23 Ebd., S. 51.
24 Franz Kafka: *Der Aufbruch*, Sämtliche Erzählungen, Fischer, Frankfurt a. M. 1970, S. 320.
25 Aus einem Interview mit Paul Bowles, Heike Bentheimer: *Marokko. Tradition und Kultur im Land der Berber*, Trescher, Berlin 2016, S. 282.
26 Theodor Fontane: *Wanderungen durch die Mark Brandenburg*, dtv, München 2006, Band I, S. 154 ff.
27 Frank Wedekind: *Frühlings Erwachen*, Zweiter Akt, Siebente Szene.
28 Die biographischen Angaben und Zitate sind seiner Autobiographie entnommen. Paul Bowles: *Without Stopping*, The Ecco Press, New York 1972, ins Deutsche übertragen vom Autor.
29 Gena Dagel Caponi: *Conversations with Paul Bowles*, University Press of Mississippi 1993, S. 193.
30 Ebd.
31 »Es ist ein Irrenhaus, ein Irrenhaus!«, erklärte Aaron. »Es ist ein ununterbrochenes Theater«, sagte ich zufrieden. Schon bevor ich nach Tanger kam, wusste ich, dass ich nicht müde werden würde, den Marokkanern zuzusehen, wie sie ihre Rolle spielen. Paul Bowles: *Without Stopping*, New York 1972, S. 127.
32 Ebd., S. 128.
33 Jean-Claude Carrière: *Der unsichtbare Film*, übersetzt von Sibylle Brockhaus, Alexander Verlag, Berlin 2003, S. 5.
34 Ebd., S. 7.
35 Paul Bowles: *Tagebuch Tanger 1987–1989*, übersetzt von Lilian Faschinger und Thomas Priebsch, Droschl, Graz 1991, S. 49.
36 Ebd., 23. April 1989, S. 56 f.
37 Gerrit Bartels: »Paul Bowles / Der Fremde im Glück«, *Der Tagesspiegel* 29.12.2010.
38 Siehe http://www.paulbowles.org/tangier.html.
39 Interview mit Daniel Halpern, 1970, paulbowles.org/tangier.html.

40 Claudia Kramatschek: *An der Grenze zweier Welten*, Deutschlandfunk, 30.7.2011.
41 Paul Bowles: *Briefe*; ebd.
42 Elizabeth Bishop: *Questions of Travel*, zweisprachige Ausgabe der *Gedichte*, Carl Hanser Verlag, München 2018, S. 128; ins Deutsche übertragen vom Autor.
43 Paul Bowles: *Tagebuch Tanger 1987–1989*, Graz 1991, S. 11.
44 Ebd., S. 12.
45 Ebd., S. 37.
46 Ebd., S. 24.
47 Ebd., S. 34.
48 Rainer Maria Rilke: *Die Gedichte*, Insel, Frankfurt a. M. 1986, S. 897.
49 Roland Barthes: *Über mich selbst*, übersetzt von Jürgen Hoch, Matthes & Seitz, München 1978, S. 70.
50 Michael Roes: *Durus Arabij / Arabische Lektionen*, Eichborn, Frankfurt a. M. 1997.
51 Robert Louis Stevenson: *Der Ausschlachter*, übersetzt von Hanna Neves, dtv, München 1994, S. 260.
52 Roberto Bolaño: *Die Nöte des wahren Polizisten*, übersetzt von Christian Hansen, Hanser, München 2013, S. 118.
53 Pier Paolo Pasolini: *Le belle bandiere. Dialoghi 1960–65*, Bologna 1978, zit. nach Enzo Siciliano: *Pasolini. Leben und Werk*, übersetzt von Christel Galliani, Beltz & Gelberg, Weinheim 1980, S. 342.
54 Nico Naldini: *Pier Paolo Pasolini*, übersetzt von Maja Pflug, Wagenbach, Berlin 1991, S. 256.
55 *Pasolini Roma* (Ausstellungskatalog), München 2014, S. 169.
56 Ebd.
57 Michel de Montaigne: *Essais*, übersetzt von Herbert Lüthy, Manesse, Zürich 1985, S. 766.
58 Frantz Fanon: *Black Skin, White Masks,* Grove Press, New York 2008, S. 206.
59 Michael Roes: *David Kanchelli*, Roman, Berlin Verlag, Berlin 2001.
60 René Caillié: *Reise nach Timbuktu*, übersetzt von Susanne Zanker, Edition Erdmann, Wiesbaden 2012, S. 15.
61 Ebd., S. 222 f.
62 Ebd., S. 250 f.
63 Vgl. ebd., S. 248 f.
64 Zit. nach Heinrich Barth: *Im Sattel durch Nord- und Zentralafrika*, Edition Erdmann, Stuttgart 2000, S. 28 f.
65 Gustav von Schubert: *Heinrich Barth, der Bahnbrecher der deutschen Afrikaforschung*, Berlin 1897; zit. nach Heinrich Barth: *Im Sattel durch Nord- und Zentralafrika*, Edition Erdmann, Stuttgart 2000, S. 9.
66 Ebd.
67 Ebd., S. 31.

68 Ebd., S. 39.
69 Ebd., S. 87–90.
70 Ebd., S. 90 f.
71 Ebd., S. 183–185.
72 Ebd., S. 245 f.
73 Ebd., S. 300 f.
74 Gottfried Benn: *Reisen*, *Gesammelte Werke, Bd. III, Gedichte*, Limes, Wiesbaden & München 1978, S. 327.
75 Graham Greene: *Reise ohne Landkarten*, übersetzt von Michael Kleeberg, Liebeskind, München 2015, S. 45.
76 Elias Canetti: *Die Provinz des Menschen*, Fischer, Frankfurt a. M. 1976, S. 177.
77 Katja Liebal, Oliver Lubrich, Thomas Stodulka (Hg.): *Emotionen im Feld*, transcript, Bielefeld 2019, S. 157–178.

Im Rahmen der 37. Poetikdozentur sind bereits leicht gekürzte Fassungen der ersten drei Essays, *Kains Grab*, *Jenseits der Mauer beginnt die Stadt* und *Frühlings Erwachen* im Wintersemester 2018 / 2019 an der Universität Paderborn vorgetragen worden.

Inhalt

Michael Roes
Herida Duro
Roman
584 Seiten. Gebunden. Lesebändchen.
ISBN 978-3-89561-178-0

Herida Duro ist das einzige Kind von Zef Duro. Weil ein männlicher Erbe fehlt, wird sie Marijan gerufen und wächst in Männerkleidung wie ein Junge auf. Doch unter den Männern bleibt sie Beobachterin. Die Umbrüche im 20. Jahrhundert verändern das Leben in Albanien. Vom ländlichen Lazarú, wo die Partisanen kämpfen, führt Heridas Weg in die Hauptstadt Tirana, dort muss sie mit ihrem Freund Gjon harte Arbeit verrichten. Während Gjon ein Flüchtlingsschiff besteigt, um Elend und Zensur zu entgehen, macht Herida Karriere im neugegründeten »Kinostudio«, der nationalen albanischen Filmproduktion, die ganz im Dienst des Machthabers Enver Hoxha steht. Ihr eigenes Werk kann sie frei erst in Italien verwirklichen, wohin sie ins Exil geht. In Rom freundet sie sich mit dem umstrittenen Regisseur Paolo Piermonte an und findet dort auch den provozierenden Stoff für ihren ersten unabhängigen Film.
In seinem epischen Roman, der Heridas Geschichte immer wieder mit Gegenwelten, Träumen und Rauschzuständen verwebt, fängt Michael Roes die Entwicklung eines Lebensgefühls jenseits der Geschlechterkategorien ein. Vom Rande Europas und von den Ausgegrenzten kommt für ihn wahre Kunst.

»Ein hemmungslos epischer Roman.«
Judith von Sternburg, *Frankfurter Rundschau*

»Michael Roes hat das große Talent, sich in fremde, archaische Welten einzufühlen, sie plastisch zu machen.«
Joachim Scholl, *Deutschlandfunk Kultur*

»Virtuos und kraftvoll erzählt.«
Ronald Schneider, *ekz*

Michael Roes
Zeithain
Roman
808 Seiten. Farbige Vorsätze. Gebunden. Lesebändchen
ISBN 978-3-89561-177-3

Eines der erschütterndsten Dramen der deutschen Geschichte ereignete sich im 18. Jahrhundert in Zeithain. Es handelt von Friedrich dem Großen, der als junger Kronprinz unter dem Regime seines Vaters unvorstellbar leidet. In seiner Not wendet sich Fritz an seinen einzigen Freund, Hans Hermann von Katte. Er soll ihm helfen, ins Ausland zu fliehen, während sein Vater von der Militärparade in Zeithain abgelenkt ist. Katte, ein Offizier des Königs, gerät in einen tiefen Zwiespalt, doch er kann der Zuspitzung der Ereignisse nicht entrinnen. Als die Pläne auffliegen, ist es Katte, an dem ein Exempel statuiert wird – und der Kronprinz muss bei seiner Hinrichtung zusehen.
Wer war dieser Katte? Wie konnte er, der selbst mit einem strengen, distanzierten Vater aufwuchs, sich verhalten? Philip Stanhope, ein entfernter Nachfahre, sucht an den Orten von Kattes Leben nach Antworten. Er fühlt sich ein in die Welt des pietistischen Preußen und zeigt, wie stark die Gefühle und Werte der damaligen Zeit uns immer noch prägen. Michael Roes' Roman ist eine gewaltige literarische Recherche und zugleich ein faszinierendes Abenteuer deutscher Geistesgeschichte.

»Es geht nicht nur um Aufklärung damals, es geht auch um Aufklärung heute. (…) Ein wunderbar lesbares Buch.«
Mario Scalla, *hr2 Kultur*

»Roes erzählt Kattes Lebensgeschichte (…) als wahres Breitwandepos. (…) Wahnsinnig dicht, schön und farbenfroh erzählt. (…) Ein wunderbarer, einprägsamer Roman.«
Jörg Magenau, *Deutschlandfunk Kultur*

»Wie die Tragödie zum Aufstiegsmythos umgebogen wird, was uns mit der Vergangenheit verbindet, davon handelt Michael Roes‘ beeindruckender Roman.«
Tim Evers, *MDR Kultur*